沉睡的帝國

王若、蔣重躍◎合著

權臣的上位鬥爭與朋黨派系之患

權臣的上位鬥爭與朋黨派系之患

權臣的上位鬥爭與朋黨派系之患

自己的才能去造孽，其禍也烈。奸相嚴嵩，也算是飽讀詩書，但他把才智用在爭權於朝，爭利於市的權爭中，結果權裂財損，如惡夢一場。

149

權爭於朝，盛年致仕

爭權反為權誤，歷史無數次給人教訓。但權力的誘惑，往往使人心存僥倖。晚明宰相高拱，才高氣傲，欲與眾臣一較高下，結果兩次遭貶，盛年致仕。空懷滿腹經綸，只有望權與嘆。

160

各懷心事，虎狼相爭

為了共同的目的，他們勾結在一起。為了各自的欲望，他們又互相廝殺。明朝奸相溫體仁、周延儒為獨攬大權而進行的虎狼之爭，空留後人唾棄。

171

惑主陷臣，國破家亡

明末宰相馬士英，文不能定國，武不能安

囤積奇貨，只為竊國

小盜竊珠，大盜竊國。戰國末年呂不韋，以千金之資，預購秦之相國，引出千古奇談。

呂不韋原是戰國末期的韓國商人，家住韓國都城陽翟（今河南禹縣）。他的父親靠小本生意起家，雖不算巨富，但日子過得也算殷實，因此希望兒子能繼承父業。可是這呂不韋從小熟讀詩書，心高志大，哪裡會把父親這點殷切期望作為自己的終極目標。他生活的年代正是群雄爭霸之世，英雄人物一日數起。有的人憑三寸不爛之舌，一夜之間稱王為相。雞鳴狗盜之輩，附龍攀鳳，也將彪炳千古。可是他不明白，父親千辛萬苦，經商營業，雖然吃穿不愁，但是卻不為人們所看重。人生竟是這樣不公平。他覺得自己不應該再像父親那樣，為一點蠅頭小利而勞苦一生。有一次他問父親：「爹，耕種一年的盈利是幾倍？」

「有十倍的盈利。」父親回答。

呂不韋又問：「販賣珠寶玉器的盈利是幾倍？」

「有百倍的盈利。」父親漫不經心地回答。

想了一會兒，呂不韋又問：「如果擁立國君呢？」

「其利千萬倍，不可計算。」父親疑惑地看著他說：「別胡思亂想了，好好做你的生意吧。」

擁立國君不僅可以盈利千萬倍，還可以顯耀一時，並保子子孫孫榮華富貴。呂不韋於是暗下決心，要做這盈利千萬倍的生意。

當然，眼下他還是要做那盈利百倍的生意。他來往於各國之間，經商營業，悟通行情。從販賣布帛，到倒賣珠寶，低價買高價賣，雖然歷經千辛萬苦，但幾年下來，卻積攢了萬貫家產。他一邊做生意，一邊注意留心觀察各國的政治形勢。這不僅是做買賣的需要，因為兵荒馬亂，你征我伐，商路不通，會給做生意帶來不便。更主要的是，他在觀察各國的政治行情，是否有千萬倍的生意可做。

這一年呂不韋又來到趙國都城邯鄲，這裡是趙國最繁華的地區，市場十分繁榮。以前他也經常來這裡販賣珠寶玉器，可是這一次他準備長期住在這裡。

此時的呂不韋，已不再是幾年前跑單幫的小商人，而是一位赫赫有名的巨商富賈。憑著自己的萬貫財產，他準備做盈利千萬倍的生意，開始結交各種人物。

有一天，呂不韋來到一家飯店，偶然看見一位公子，二十多歲，儀表不凡，但卻衣著寒酸。他一下子便被這位年輕人給吸引住了，忙問店主：「這個年輕人是幹什麼的？看他的樣子不該是人下之人。」

店主說：「他是秦國的公子，名叫異人，在這裡已經好幾年了。」

原來這異人是秦昭王太子安國君嬴柱的兒子，安國君共有二十幾個兒子，這異人是第九子。他的生母夏姬不受安國君寵愛，又非嫡出，於是便被秦王送到趙國當人質，作為趙、秦交好的條件。可是秦國根本不管異人的死活，多次派兵攻打趙國，所以趙國也就開始對他失禮。戰爭一打起來，趙國便把他抓起來，準備殺掉。雖然現在暫時沒有戰爭，但異人身處異鄉，舉目無親，生活很苦。

呂不韋回到家裡，眼前總是出現異人的影子。他隱約感到，這異人也許就是自己要做的那樁盈利千萬倍的買賣。作為商人，做買賣是要細加盤算的，絕對不能虧本。他對秦國的情況十分了解，秦昭王如果去世，繼承王位的自然是安國君。安國君最寵愛的是華陽夫人，但這位尊貴的夫人卻沒有子嗣。目前安國君尚未立嗣，所以很難預料安國君之後何人為王。如果能想辦法使他成為安國君的嗣子，有朝一日他如果登上王位，憑此時的擁立之功，起碼給自己弄個將相當當？呂不韋反覆思索著，幾乎一夜沒闔眼。

第二天，呂不韋打聽好異人的住處，親自登門拜訪。

異人的住處十分簡陋，他在這裡已經五年了，但秦、趙之間戰爭不斷，他不僅不受禮遇，而且生命都朝不保夕，有個地方安身就行了，哪還敢貪圖在秦國時的豪華舒適。

呂不韋一進屋，四處打量了一番後說：「公子的住處太簡陋了，我可以使你的門第高大起來。」

異人見進來的人一身商人打扮，心裡便有幾分看不上。在那個重農抑商的社會裡，沒幾個人能瞧得起商人。異人笑著說：「我看還是請你先高大自己的門第，然後再來高大我的門第吧。」

呂不韋並沒有計較異人的話中帶刺，接著說：「不，你不懂，我的門第是靠你的門第高大了之後才能高大起來。」異人覺得呂不韋話中有話，便讓他坐下，與他深談了起來。

呂不韋說：「秦昭王年紀大了，可能年壽不會太久。安國君是當今太子，我聽說安國君最寵愛華陽夫人，但是華陽夫人沒有兒子。不過，能夠左右安國君確立嗣位的，只有華陽夫人。如今你有兄弟二十多人，你又是排行中間，不怎麼受到重視，而且經常在諸侯國被抵押作人質。假如秦昭王死去，安國君繼承王位，長子子傒最有希望成為新太子，其他兄弟早晚侍奉在父親跟前，也都能想辦法爭奪太子之位，可你卻一點機會也沒有啊。」

異人聽了他的話，無可奈何地說：「你說得很對，可是又有什麼辦法好想呢？」

呂不韋見他一籌莫展、唉聲嘆氣的樣子，看出異人也絕非安於現狀、不爭不搶之人，覺得可以做這樁買賣。於是便說：「現在你是作為人質，被迫客居在趙國，又很貧窮，肯定拿不出什麼錢財去孝敬親長、交結朋友。這樣吧，我雖然也並不富有，但是願意拿出千金替你西去秦國游說，想辦法打通華陽夫人的關節，讓他們立你為她的嗣子。」

正處在窮途末路的異人，聽後十分激動，當即跪到地上向呂不韋叩頭，他熱淚盈眶地表示：「如果您的計策真的能夠實現，我執政之後，願意把秦國的一半分給您，與您共同享有它。」

於是，一個盈千萬之利的買賣成交了。

呂不韋知道，做買賣是要花本錢的。他先拿出五百金給異人，讓他廣泛地結交社會名流，擴大自己的社會影響，又拿出五百金，購買了一批金銀首飾，奇珍異寶，自己帶著到秦國都城咸陽進行游說活動。

從此，呂不韋走上了一條政治冒險之路，他表面上是去為異人爭奪太子之位，更主要是為自己爭奪一席政治地位。

呂不韋來到咸陽之後，首先找到華陽夫人的大姐。他獻上一些珠寶，打通了關節，第二天順利地見到了華陽夫人。呂不韋把所有的珠寶首飾全部獻上。雖然華陽夫人貴為王妃，但呂不韋是位大珠寶商，有些東西卻是華陽夫人所未見過的，因此令華陽夫人十分高興，愛不釋手。

善於察顏觀色的呂不韋見華陽夫人正在興頭上，趕忙向夫人說：「這些奇珍異寶，都是在趙國的秦公子異人孝敬您的。異人是個非常賢孝的人，他廣交諸侯賓客，遍於天下，名滿朝野。異人非常想念夫人和太子，日夜流淚，他常說『我的終身就靠夫人了』。」華陽夫人聽了十分感動。

接著呂不韋又去拜見華陽夫人的姐姐，向她指陳利害，並讓她轉告華陽夫人說：「我聽說過，憑藉姿色侍奉人，到容顏衰老時寵愛就會減退。現在夫人侍奉太子安國君，備受寵愛，但是卻沒有為安國君生兒子，應該早作打算，在諸子中挑選一個最賢孝的立為嫡子，認作親子。這樣夫在則尊榮，夫百年之後，所認的兒子繼承王位，您始終不會失去權勢，這樣才能保住萬世富貴。這就是所謂靠一句話就能夠得到萬世之利的上策。如果不抓住目前受寵的有利時機打好基礎，那麼等年老色衰再想說話，還有用處嗎？如今異人賢能，而他又知道自己排行居中，按次位不能被立為嫡子。況且，他的母親夏姬不為安國君喜愛，主動要求依靠夫人。夫人如果能在這個時候提攜異人，讓他成為安國君的嫡子，那麼夫人終生都會在秦國受寵。」

華陽夫人聽完姐姐轉達呂不韋的話後，心裡久久不能平靜。的確，當一個人一切都十分順利的時候，大多想不到還會有不順利，尤其此時華陽夫人寵幸一時，更是想不到日後的危險。當然她也耳聞、目睹了失寵後的王妃是怎樣的悲慘，今天經呂不韋一語點破，心中大為感激。

當天夜裡，她便找機會在太子面前誇讚異人十分聰惠賢能，並說往來趙國的人都很稱讚他。接著華陽夫人又哭哭啼啼地說：「我有幸能夠列位後宮，可是不幸未能生子，希望得到異人，立他為嫡子，這樣也使我有個依靠。」安國君見她說得情真意切，便答應了她的請求，並刻玉符作為憑證，約定推立異人為嫡子。安國君和華陽夫人又贈送很多財物給異人，並且請呂不韋作為異人的老師。因此，異人在諸侯中的名望更大了，趙國君臣對他也改變了看法。

呂不韋的秦國之行，已經達到了預期的目的。因此，他向王侯的寶座之路，又邁近了一大步。

異人在邯鄲城內也沒閒著，他憑著呂不韋給他的黃金，四處打點，上下交通，很快在趙國受到了很多人的稱讚。

現在呂不韋更是不同了，他已經是未來太子的老師。此時他想的不再是如何絞盡腦汁去販賣珠寶，賺取蠅頭小利，他幾乎把全部精力都用在怎樣更牢固地控制異人。

呂不韋在邯鄲城內挑選了一名叫趙姬的歌妓，年方十八歲。此女生得色美質艷，能歌善舞。他不惜重金把她買下，並與之同居。過了一段時間，知道她已懷有身孕。為了爭得日後的權位，呂不韋便同趙姬設下了圈套。

一天，異人應呂不韋的邀請，前往呂不韋的住所飲酒。酒過三巡之後，呂不韋便把趙姬請出來歌舞助興。異人醉眼朦朧向上一瞧，但見這女子如天仙下凡，看得他如癡如狂，兩只眼睛幾乎釘在了趙姬身上。呂不韋馬上使了個眼色，讓她上前給異人敬酒。這趙姬含顰撒嬌，媚態百出，更引得異人六神無主，神魂顛倒。呂不韋此時裝作酒已過量，倒在席上睡著了。異人此刻已不能自制，酒架色膽，便將趙姬順勢攬在懷中，動手動腳。哪知就在此時，只見呂不韋立身而起，滿面怒容，指著異人大聲叱道：「你太不知好歹，竟敢當面調戲我的愛妾。」異人讓呂不韋這一叫，酒登時醒了一半，連忙賠罪。

呂不韋沉思了片刻說：「你我相交多年，如果你真的喜歡趙姬，可以向我直說，何必來這一手。」異人一聽呂不韋的話，忙說：「你對我恩重如山，日後必當重報。」於是呂不韋便慷慨地把趙姬送給異人，但趙姬隱瞞了與呂不韋的祕密。

異人得到了趙姬之後，二人花前月下，情濃意厚地打發著日子。時間過得也真快，不覺數月一轉眼就過去了，趙姬生下一個男孩，異人給他起名叫政。這便是後來的秦始皇，趙姬被立為正夫人。

孩子生下之後，呂不韋和異人的關係更加密切了，他們經常你來我往，呂不韋更是對異人一家慷慨解囊。尤其對孩子更是關懷備至。轉眼三年過去了，孩子長得聰明可愛。

這些年來，呂不韋密切注意秦國的形勢，常常派人去秦國打探消息。

他早已知道，因為安國君私立異人為嫡子，宮中諸子們便開始騷動起來。尤其長子子傒，對異人更是不滿。如果按次位排列，他最有希望立嫡。當然他知道眾兄弟肯定也會千方百計與其爭鋒，因此他把全部力量都用在了防止宮內兄弟，哪會想到那個長年在外當人質的異人，不僅得到了父王和華陽夫人的寵愛，還被立為華陽夫人的嫡子。如果按照立嫡不立庶的慣例，自己當太子的希望就沒有了，於是他便千方百計想辦法除掉異人。

他設計了一個陰毒的計劃，想借趙國之手除掉自己的敵手。因此，他串通秦王身邊的人攻打趙國，這樣一來，趙國便很有可能殺掉人質異人，那麼自己才有可能再繼王位。秦昭王為了實行「遠交近攻」，最後統一六國的戰略，完全不顧忌押在趙國的人質異人，同意了派人攻打趙國的請求。他可能覺得自己有二十多個孫子，異人在他們中間並不過分出色，即使被趙國殺了，對秦國的影響也不會太大，反而會增加秦國攻打趙國的口實。

秦昭王五十年十二月，秦國派二十萬大軍攻打趙國，邯鄲的形勢十分緊張。呂不韋因事先探得消息、便在秦軍到來之前，就先把自己的家眷安排好，然後拎著已經準備好的兩個包裹，急忙趕到異人家。他告訴異人現在情況十分危急，必須趕緊離開邯鄲，晚了便走不了了。異人想不到父兄如此無情，匆忙間竟不知所措，呂不韋忙說：「夫人和孩子暫時留在趙國隱藏起來，如果一起走就一個也走不脫。請夫人以大局為重，日後公子有了出頭之日，便來接夫人和孩子，共享富貴。」說著呂不韋從包袱裡拿出一套楚國人的服裝，讓異人穿好，又讓夫人和孩子馬上回娘家躲起來。

呂不韋拉著異人後門出來，當他們跑到城門時，趙國人已經接到秦國派兵攻打邯鄲的密報，正在關閉城門。呂不韋急忙跑上前，對守門的軍官說：「我們倆有筆買賣很急，要到楚國去，請軍爺方便一下。」說著便把包袱裡的黃金遞了上去，那位軍官一看足有五、六百金，忙招呼正在關門的士兵說：「他們有急事到楚國，放他們過去。」他們就這樣逃出了邯鄲城。回到咸陽後，他們便急忙去拜見華陽夫人。

此時，華陽夫人正坐臥不安，秦國大軍已經向邯鄲出發。她知道，如果兩國交兵，趙國必殺異人，自己的一番心血便付之東流。尤其聽了上次呂不韋的話，更使她為自己未來的命運擔憂。她在屋裡來回踱著步子，甚至埋怨安國君為什麼不攔住秦國軍隊。正在此時，門人進來報告，說有位楚國人和一位商人求見。

華陽夫人一見來人，非常驚喜，眼前站著的兩個人正是呂不韋和異人。她見異人穿了一身楚服，以為是異人故意這麼穿的，不無感慨地說：「我本是楚國人，我兒是因為體諒我的心思，才作的這個打扮吧。真是個孝子，我一看這衣服便想起故國，你就改名叫子楚吧。」異人連忙叩頭謝恩。

從此之後，華陽夫人與子楚便以母子相稱。子楚經過呂不韋的教導，已經變得十分乖巧，還連帶幾分狡猾。他每天進宮向華陽夫人請安，十分殷勤。

幾年後，秦昭王病死，五十八歲的太子安國君贏柱登上了王位，華陽夫人被冊封為王后，立三十二歲的子楚為太子。子楚當了太子之後，地位和權勢盛極一時，趙國為了討好子楚，交結秦國，便派人把趙姬和十歲的贏政送回秦國。

安國君登上王位之後，因為呂不韋護送公子有功，被留在咸陽，但是沒封他什麼官爵。為了實現自己的夢想，早日兌現「盈千萬倍之利」的買賣，呂不韋用重金賄賂孝文王身邊的侍從，偷偷在他的飯食中放了慢性毒藥，三個月後，孝文王便一命歸天，子楚即位登基，是為秦莊襄王。又尊華陽王后為太后，尊生母夏姬為夏太后。立趙姬為王后，嬴政為太子。為了報答呂不韋的「擁立」之功，子楚按照原來的密約，任呂不韋為相國、金印紫綬，封為文信侯，並把河南洛陽附近十萬戶封賞呂不韋做采邑。呂不韋以千金之本錢，終於獲千萬倍之盈利。他終於從商界步入政界，掌握了秦國的軍政大權。

其實呂不韋爭奪權力的方式也並不奇特，靠擁立太子奪得權力的例子不勝枚舉，只是呂不韋採用了商人的手段，使這場爭權更富有戲劇性。

呂不韋掌握了秦國的大權之後，他十分清楚此時的他地位並不穩固。且不說子楚兄弟們與他的明爭暗鬥，就以自己一個商人，只憑三寸不爛之舌，再就是花了點銀兩便當上了宰相，別說朝中大臣不服，就是自己心裡也覺得對不住這相國之位。但是既然當上了，就要保住這相位。於是他開始極力籠絡人才，藉以擴大自己的勢力。他開始招攬各諸侯國的名士、謀士、奇人怪杰作為自己的賓客，他不僅有相國之位，又有十萬戶采邑，對賓客的待遇十分優厚，再加上此時秦國是七雄中最大，秦最終統一中國只是時間問題，所以天下豪杰之士紛紛趕來，把作為呂不韋的門客當成一種榮譽。這些門客大多是滿腹經綸、飽讀詩書之士，為呂不韋出謀進言，使呂不韋明白了許多為政之道。他此時也懂了，必須牢牢掌握軍隊，才是鞏固政權的關鍵所在。

呂不韋決定在軍隊中培植自己的心腹親信，他在這方面不僅有眼力，而且還很會玩權術。他沒有找那些功高名盛的將軍，而是先選中了被信陵君打敗不久的敗軍之將蒙驁。此時蒙驁因兵敗，被置於一邊不用，整天消磨在酒中。作為一個將軍打了敗仗，心裡自然覺得羞愧難當，因此意志消沉，準備就此混過餘生。當呂不韋親自登門拜訪，請其重新出山做前鋒將軍時，他激動得不知如何表達自己的感激之情。

呂不韋絕對不用庸人，他選擇敗軍之將蒙驁作心腹是從兩個方面考慮。第一，蒙驁為人忠勇剛毅，曾經戰功赫赫，被信陵君打敗有個中原因，確是將才。第二，蒙驁此時正是走入逆境，如果重新重用，他便會產生知遇之恩，定會忠心不一。

有了蒙驁、王翦等一批虎將作為自己在軍隊中的親信，呂不韋於是著手計劃對外用兵，以進一步掌握、控制軍權。

呂不韋掌握了軍政大權，國家的事務便都由他進行處理，秦莊襄王子楚坐享榮華富貴。他與王后趙姬整日在後宮飲酒作樂，由於縱欲過度，一病不起，不久便去世了。自從呂不韋來到秦國，四年間死了三個國君，因此史有傳說，是呂不韋搞的鬼，是他為了爭權所採取的步驟之一。但卻又無史料以證，姑且存疑。但秦莊襄王確實是死了。

西元前二四六年，呂不韋扶持太子嬴政繼承王位，即後來的秦始皇。趙姬被尊為太后。尊奉呂不韋為相國。國王年紀尚小，因此國家大事，全由呂不韋決策。趙姬讓嬴政尊稱呂不韋為「仲父」。國家的大權全部落在了呂不韋手中，他成了秦國的真正主宰，他可以不受任何約束地按照自己的意圖從事各種活動。此時秦統一六國已基本上成為定局，他正在思索著統一六國後秦帝國長治久安的問題。他常常與門客們討論如何為大一統的新型國家建立一套可行的制度，並在理論上進行探討。他不拘哪門哪派，讓他們暢所欲言，充分發表自己的看法。呂不韋派人分別記錄下來，由他最後編定，並寫了前言，定名為《呂氏春秋》。全書分為八覽、六論、十二紀，共一百六十篇，二十萬言。

很有意思的是，就在秦王嬴政親政的前一年，呂不韋讓人把這部書稿掛在咸陽城門上，更讓人不解的是，書的上方還懸掛著黃金千金，附有呂不韋發布的告示：「有人能增加或減少書中的一個字，就把這千金賞給他。」咸陽城門懸書求改，並且還有千金之賞，一時間吸引了來往過客在此駐足，更有各諸侯國的賓客來此瀏覽。但是轉眼間兩個月過去了，竟沒有一個人敢去為書中增一字或損一字。

呂不韋的這一空前絕後之舉，引來了後代史家們無數的猜測和聯想。這是向即將親政的秦王進行一次無聲的挑戰呢？還是向各國昭示秦國即將完成的封建集權體制？是想檢驗一下自己在國人中的權威呢？還是故弄玄虛？或許這本身是在告示天下，治國平天下的大政方針我已定下，無論你是誰，照著做就是了。或者乾脆說，這也是呂不韋權力之爭的一種方式。

的確，秦王嬴政已經長大了。呂不韋憑著自己多年政治鬥爭的經驗，他感覺到這位少主是一個絕不容許別人與他分享權力的人。他暴虐、殘忍，但卻是一位有所作為的君主。

秦王嬴政長到二十歲時，體貌魁偉，聰明機敏。呂不韋心裡越來越感到發慌，因為這位秦王越來越不聽話。秦王嬴政有自己的主張，任誰也別想擺布他。尤其令呂不韋擔心的是，他與太后的私情一旦被他看破，那便將是一場災難。

當年莊襄王死時，太子嬴政年僅十三歲。國中的大小事情都是由相國呂不韋和太后決定。因此呂不韋得以經常以商量國事為由，出入太后的甘泉宮。於是倆人舊情復發，每次呂不韋一到，太后便將宮女全部打發出去，以商量國家機密為藉口，不准任何人打擾。宮女們一走開，他們便插上房門，過上濃情蜜意的夫妻生活。秦王是一個十三歲的孩子，當然不知其中究竟。現在孩子長大了，呂不韋便想找藉口疏遠她。但是趙太后死死抓住他不放，使他欲罷不能。這種擔驚受怕的日子，呂不韋真的過夠了，他必須想辦法從中抽出身來。

終於，呂不韋想出了一個脫身之計，就是把一個淫棍推薦給趙太后，不僅自己可以免於敗露，同時還能討好太后。

呂不韋推薦的這個人名叫嫪毐，是他的一個門客。此人性慾極強，白淨的臉上長著幾根淡淡的鬍鬚，冷眼一看，還真以為是個太監。呂不韋藉與太后商談國事為由，把他帶進後宮，初試雲雨之後，令太后大加歡喜。

呂不韋見太后滿意，便用重金收買了施行宮刑的刑官，拔去了他的鬍子，假裝割去了陽物，便讓他以太監的身分進入後宮，侍奉太后。趙太后得到滿足，嫪毐也如願以償。不久趙太后便懷孕了，太后怕被人發覺內情，便裝病求醫，又求神問卜。太后早已買通算卦先生，說宮中有股邪氣致使太后中病，必須遷到西方避災。嬴政不知發生了什麼事情，便同意趙太后遷到城外的一座別宮中去。到了別宮，他們更加大膽妄為，簡直就像夫妻一般生活。在兩年多的時間裡，他們竟生了兩個孩子。他們在私下商議，待始皇死後，就由二子中的長子來接班。

呂不韋終於擺脫太后，可以千方百計來進行權力的爭奪。秦王一旦親政，對他來說真是一個威脅。為了控制秦王，他開始同繆毐互相勾結，培植勢力。

嫪毐現在今非昔比，有太后作靠山，又有相國呂不韋的支持，膽子一大便開始胡作非為。他的欲望也一天大過一天，要求太后為他請功封賞。秦王壓根想不到太后會如此下作，更沒有注意繆毐這樣一個太監，還以為他侍候母親盡心，便封他為長信侯，又給他山陽、河西、太原等地做封地。這謬毐靠出賣肉體，換來了數不清的財富，於是便也學著呂不韋的樣子大興土木。同時他的政治野心也膨脹起來，開始培植死黨，交結權貴，勢力大增。不少勢利小人，也開始走他的門路，悄悄爬上政治舞臺。甚至連掌管秦王璽印的內史肆和主管宮廷保衛的衛尉竭等都是他的死黨，秦王的一切行動都在他的監視之下。

一次參加秦王贏政的冠禮大典，群臣歡宴，嫪毐自然少不了來湊熱鬧。他與幾位太監下棋賭酒，哪知他棋藝不精，連輸幾盤，酒已半酣。接著他們為一棋子爭吵起來，嫪毐大叫：「你們竟敢對我無禮，我是當今皇上的後爹。」太監們一聽，早嚇得魂飛魄散，轉身就跑。繆毐突然覺得自己惹了大禍，酒登時醒了，便急忙帶著隨從跑了。有人把此事報告秦王，秦王即刻派人捉拿嫪毐。

嫪毐回到別宮，請太后給出主意。太后忙將太后璽給他，寫好調兵命令。他又去找內史肆和衛尉竭，騙他們說秦王要誅殺他們，逼他們與自己聯手。繆毐謊稱宮中有人造反，便帶著人向宮中殺來。他想趁機殺死秦王，立自己的兒子為王。秦王聞報，遠處有兵馬殺來，便知是繆毐企圖謀反。即命昌平君、昌文君率部迎敵。並親自登上城樓，向準備攻城的士兵大喊：「宮中無事，惡人造反，望你們反戈一擊，定有重賞。」那些兵士只是受繆毐的蒙蔽，一見秦王在城樓上喊話，便紛紛散去。嫪毐見大勢已去，領著幾個死黨從東門逃跑，但全被捉住。

接著，秦王帶人到太後宮中進行搜捕，在別宮中搜出太后的兩個兒子，當場令人將其裝在麻袋中打死。然後把太后遷到棫陽宮，軟禁起來，發誓永不相見。對嫪毐的處罰是五馬分屍，滅其宗族。凡其死黨爪牙，不是殺頭就是判刑。此案被牽連進去的有四千餘人，統統被沒收土地財產，押送到四川居住。

呂不韋與此案實有關係，他不僅把嫪毐推薦給太后，而且還是他的支持者。但是呂不韋為相十幾年，黨羽眾多，處理不妥的話，可能會節外生枝。但是此人不除，將來後患無窮。為了暫時穩住他，秦王先免了他相國的職務，讓他回到自己的采邑河南。

呂不韋在河南住了一年多，但是他的影響依然很大，據報去探望他的人很多，很多諸侯國派人來請他到自己國家做官。秦王知道，只要給他機會，他一定還會東山再起。於是秦王給呂不韋寫了一封信：「你對秦國有什麼功勞，秦國封給你河南十萬戶作采邑？你是秦國什麼親人，卻稱呼你為仲父。請你早識時務，快帶上家屬搬到四川去吧！」

讀完秦王的信，呂不韋仰天長嘆，秦王這不是要我自盡嗎？於是懷著極為矛盾的心情，喝下早已備好的一杯鴆酒。

呂不韋一生投機鑽營，為了竊國爭權費盡心機。他本以為做「盈利千萬倍」的買賣可以永世享用，可是到頭來竟人死財亡。秦王沒收了呂不韋的全部財產。

趙高篡權，禍災秦朝

弄權術者最終被權術所殺，無論你有多大的智慧與貢獻，只要受到權術誘惑，最終都是在劫難逃，秦時的趙高、李斯均未逃脫。

趙高（西元前？至西元前二〇七年）是秦始皇的中車府令，專門掌管皇帝出行車輿之事。其父受秦宮刑，母親是官奴婢，兄弟幾個都生於隱宮。雖然他出身低賤，但卻十分精明，善於阿諛取寵，並對獄法律令有很深的研究，很得秦始皇賞識。秦始皇還讓自己最寵愛的第十八子胡亥，跟趙高學習獄訟律法，並常常在外出巡幸中，把皇帝的玉璽交給他保管。然而趙高並不滿足於只作一個侍奉皇帝的中車府令，秦始皇的寵信更使他野心勃勃，幻想當丞相居萬人之上，甚至要過把皇帝癮號令天下。

秦始皇三十七年（西元前二一〇年）中歷十月，他第五次外出巡游，隨行的有丞相李斯、十八子胡亥及中車府令趙高等。

一行人向東南進發，從雲夢乘船沿江而下，經游九嶷、丹陽、浙江、會稽，又順梅到瑯邪、成山、芝罘等地。一路游山玩水，祭拜先王，刻石記功，轉眼間已達九個月。旅途勞頓，使秦始皇精疲力竭，漸漸生起病來，行至平原津便一病不起，急忙往回返。行至沙丘平臺（今河北省廣宗縣西北大平臺），秦始皇自知不行了，便讓李斯和趙高起草詔書給在陝西榆林監，蒙恬軍的長子扶蘇：「以兵屬蒙恬，與喪會咸陽而葬。」始皇讓趙高趕快蓋印加封，火速送達。然而信還未交給使者，秦始皇便病死沙丘平臺，信、璽都在趙高手中。

丞相李斯覺得皇帝死在外地，尚未封立太子，怕發生變亂，因此祕不發喪。於是把秦始皇的屍體放在原來乘坐的轀輬車中，每天照樣派人送飯送藥，又讓內侍坐在車中答覆群臣奏事。

車隊照常緩緩西行，彷彿什麼也沒有發生。但是中車府令趙高卻心中狂動，他覺得這是實現自己政治野心的極好機會，必須抓住，於是一個偽造遺詔、政變竊權的陰謀便產生了。

趙高晉見胡亥，試探地說：「始皇帝去世，沒有留下詔書封別的公子為王，而只單獨賜書給大公子扶蘇，他的意思很清楚。等大公子扶蘇到，辦完喪事就會登基做皇帝，而你卻無尺寸之地，怎麼辦呢？」

胡亥聽了，無可奈何地說：「那也沒有辦法，我聽說明君知臣，明父知子，父皇去世，沒封其他兒子，那還有什麼可說的呢？」

趙高聽了胡亥的話後，便拿出老師教導學生的口氣說：「我看不是這樣，現在天下的生死存亡大權就操在您、我和丞相手中，希望您能認真考慮考慮。況且做皇帝讓別人向自己稱臣，和自己當臣子；統治別人和受別人統治，那可真是天大的差別呀！」

其實胡亥很聽趙高的話，心裡早就動心了，但他也知道此事關係重大，弄不好便會有殺身之禍。十分擔心地說：「廢兄立弟，是不義；不遵從父詔畏死，是不孝；才能淺薄，借助別人的力量取得成功，是無能；三者逆德，天下不服，不僅自身難保，就是國家也不會安寧。」

趙高見胡亥信心不足，便歷數歷史上的一些例子來說服他：「我聽說商湯、周武王殺死其國王，天下稱義，不為不忠；衛君殺死其父親，而衛國卻記載其有德，孔子記述了這件事，不為不孝。大行不小謹，有盛德絕不辭讓。鄉村里曲各有特點，文武百官功績不同。因此，顧小而忘大，後必有害。狐疑猶豫，後必有悔。斷而敢行，鬼神都會回避。如果我的想法能成功，希望您能順從。」

胡亥終於被說服，下定決心要隨趙高幹一場，但又怕李斯不同意。趙高心裡也明白：「不與丞相謀，恐事不能成。」下一步就是如何說服李斯了。

李斯原本是楚國上蔡（今河南上蔡縣）的一介布衣。年輕時曾做過管理鄉文書的小吏，每天侍奉長官，唯恐有失。有一次，他看到一種現象：廁所中的老鼠偷吃糞便，總是受到人和狗的驚嚇，一旦人來狗咬，立刻倉皇逃竄；可是糧倉中的老鼠則不同，牠們吃著上等的粟米，住的是寬敞的庫房，沒有人、犬的驚嚇。他藉此感悟到：「人的賢達與不肖就像老鼠一樣，只不過是所處的環境和地位不同。」於是他決心脫離貧賤的布衣處境，去做一番事業。追求功名富貴的強烈欲望，使李斯將雄心和野心攪在一起。

他辭去了小吏的職位，到千里之外從學於名士荀子，學習帝王之術。完成學業之後，他通過對天下形勢的分析，認為只有秦國在戰國七雄中實力最強，具備了統一中國的條件。在向老師辭行時，他說的一番話，反映了他為自己能做上「糧倉中老鼠」的欲望和人生目標：「我聽人說，機不可失，時不再來，現在七國鬥爭激烈，正是游說之士大顯身手的時刻。出身貧賤不要緊。但是如果安貧樂道，毫無改變生活處境以取榮華富貴的願望，那只是徒有一張好臉孔的禽獸而已。卑賤與貧困是可悲的。處士橫議而又說自己羞於富貴，如此『無為』，只是人們掩飾自己無能的表現，這是不合人之常情的。我將西行游說秦王以取榮華富貴。」在這樣坦率的人生宣言中，李斯邁開了爭功求利的人生之路。

李斯到了秦國後，便投到權勢顯赫的文信侯呂不韋門下為舍人，又被推薦到秦王嬴政身邊當侍從官。他不放過任何一個進言的機會，正如他向秦王所說的那樣：「要成大事便要不失時機，一發現諸侯中有空子可鑽，就要毫不留情地去做。從秦孝公以來，秦國的富強超過關東六國，已經有了六世。現在憑秦的富強，大王的賢能，滅諸侯、成帝業，統一天下，好比掃淨灶上的灰塵那樣方便。這是萬世難逢的良機。」秦王十分讚賞，提他做了長史。李斯竭盡全力輔佐秦王兼併六國，自己也升任丞相，達到了人臣之至尊。

趙高對李斯十分了解，他見到李斯後先問道：「皇上駕崩，賜長子書信讓他經辦喪事，並立他為繼承人，信還沒發出去，皇帝就去世了，沒有人知道這件事。所賜長子的信和符璽都在胡亥那裡，立誰為太子只看您與我怎麼說了，這事您打算怎麼辦？」

李斯不知趙高心裡打什麼主意，當即反駁說：「怎麼說這種亡國之言！這不是人臣所該說的。」

趙高緊逼一步問道：「您自料能力與蒙恬比誰高？功勞與蒙恬比誰高？謀遠而不失與蒙恬比誰高？您與蒙恬比誰更得人心？您與蒙恬比誰同長子的交情更深、更得他的信任？」

蒙氏一家世為秦將，掌管重兵，功高蓋世，李斯只好承認：「這五條皆不如蒙恬。」

趙高於是利用李斯為保功名富貴的心理，直接指陳利弊：「我本來是內宮的廝役，幸以刀筆之文進入秦宮，管事二十餘年，沒見哪一位被罷免的丞相功臣有封為二世的輔佐之臣，全是被誅殺身亡。皇帝這二十幾個兒子，您都了解，長子剛毅勇武，偏愛故人，即位後一定讓蒙恬為丞相，這樣一來，您就不可能拿著王侯的印綬回家享福了。」接著趙高又吹噓胡亥說：「我接受皇上的命令，教胡亥學習，我教他學習法令諸事好多年了，從未看到他有過失。胡亥慈祥仁愛，敦厚篤實，輕視財物，看重士人，聰明但不善言辭，對士人都非常敬重有禮，秦國的那些公子沒有能比上他的。所以他可以繼承皇位。你最好計劃一下，確定他為太子。」

趙高向李斯陳示利害，並將兩兄弟的性情作了詳細的比較。但這似乎並未打動李斯。的確，這是犯上作亂的奸行，李斯對此事並不了解底細，弄不好要殺身滅族的。於是他厲聲說：「您趁早回去管好自己分內的事。我李斯遵照皇帝遺囑，自己的命運聽從上天安排，還有什麼拿不定主意的嗎？」

趙高並不退讓，略帶威脅地說：「你自以為現在的處境很安穩，但也可能是很危險的。如果你參與我的計劃，你可能覺得很危險，說不定卻平安無事。一個人要是不能掌握自己的命運，怎能算是聰明人呢？」

李斯聽完了趙高的話，憂心忡忡地說：「我本來是上蔡閭巷的一個布衣，僥幸被皇上提拔為丞相，封為通侯，子孫都封了尊位，賜給厚祿。皇帝是把國家的存亡安危囑托給我，我怎麼能辜負他的恩義呢？忠臣不因怕死而存僥幸於萬一的心理，孝子也不宜過於勤勞而使自己的生命遭受危險，做臣子的只要各守本分的職責就夠了。你不要再說了，再說可要陷我於罪了。」李斯的內心矛盾極了，他幾乎是在哀求趙高，不要讓自己捲入這生死未卜的政治旋渦之中。

趙高聽後早已探出了李斯的心理，於是擺出一副老師的派頭教訓說：「我聽說聰明人處世，凡事靈活多變，不會固執不通。他能夠抓住局勢變化的關鍵，順應潮流；看到事物發展的苗頭，就能知道它原本的方向；看到事物發展的動向，就能知道它的最後結果。現在天下的權威和命運都掌握在胡亥手中，我有辦法揣摩出胡亥的意思來。而且現在扶蘇在外，胡亥在內，始皇為上，扶蘇為下，如果從內部控制外部，由上邊控制下邊，自較方便。一旦錯過機會，上下內外的形勢變化，再想反對扶蘇，就不免變成亂臣賊子了。所以秋天天寒霜降，草木自然零落凋謝；春天天暖冰消，萬物自然生長，這是必然的結果，客觀的形勢，是足以決定人的行為和取捨呀！你怎麼現在還不明白這種道理呢？」

李斯博學多才，對歷史上發生的事十分清楚，他知道這件事的結果是什麼。他不好過分談論個人身家性命的問題，於是只冠冕堂皇地大談對國家的危害如何如何。

趙高看透了李斯的心思，知道他不過是想保住自己的功名利祿，便利誘說：「在上位的和在下位的如果同心協力，就可以保有長久的富貴；宮裡的人和宮外的百官大臣如果互相應和，事情就會成功。你要是聽我的計策，就可以長期享有侯爵，還可以傳給子孫萬代。而且你也可以像王子喬和赤松子兩位仙人那樣長壽，像孔子和墨子兩位聖賢那般聰明智慧。現在你卻捨棄這個好機會不肯聽從，那麼連你的子孫都不免遭殃，我很替你擔心害怕。一個善於自處的人是能因禍而得福的，你打算怎樣處置呢？」

李斯一生為名求利，為子孫著想，趙高的一番話引起了他的沉思。他知道趙高現在的地位，如果不從他，自己一生的富貴可能前功盡棄，甚至會有滅族之災。左思右想不禁老淚縱橫，仰望蒼天，長嘆道：「唉！我偏偏不幸生長在亂世裡，既然不能自殺來報答皇帝，要向哪去寄托我的生命呢？」最終同意了趙高的陰謀，使趙高順利完成了陰謀奪權的第一步。

在趙高精心策劃下，以及胡亥、李斯的參與配合下，一場宮廷政變爆發了。

政變的首要任務是除掉公子扶蘇，因為始皇臨終前只賜詔書給他，要他辦理喪事，他是長子，是當然的皇位繼承者。要殺他並不是一件容易的事，怎麼辦呢？李斯和趙高便偽造了一份皇帝遺詔送給扶蘇，企圖利用死去的秦始皇來殺掉他。

偽造的遺詔中寫道：「我巡行天下，祈禱祭祀各地名山的神明，以便降福延長壽命。現在扶蘇和將軍蒙恬帶領幾十萬大軍，駐紮在邊疆，已有十多年了，不能向前伸展國家領土，士兵的傷亡損失又很嚴重，沒有一點功勞，卻屢次上疏直言誹謗我的所作所為。只因不能解除監軍的職務，以便回朝來做太子，就整天怨恨不平。扶蘇作為人子，實在太不懂得孝順，現在賜劍給你，讓你自殺。將軍蒙恬跟隨扶蘇在外面，卻不能改正扶蘇的錯誤，顯然是有意如此，那你也應該知道扶蘇心裡的打算。做人臣的卻不知道忠於國家，現在也賜你自殺，把軍隊交給副將王離。」假詔書很快就送到了上郡扶蘇的手中。

當扶蘇接過偽詔書後，禁不住失聲痛哭，他的確想不到父親會無緣無故地置自己於死地。但是封建的倫理道德要求君叫臣死，臣不得不死，況且扶蘇是一位仁厚的人，自知蒙冤也不肯違抗父命，於是走入內宅，準備揮劍自殺。大將蒙恬覺得事情有些不對頭，忙勸扶蘇說：「陛下如今在外面，還沒有立太子，派我率領三十萬大軍駐守邊疆，讓公子來監督，這關係到國家的安危呀，如今只因來了一個使者，您就想自殺，您怎麼知道這不是奸計呢？我請求您重新去請示一下，等請示之後再死也不遲。」然而扶蘇是一個仁弱的人，他覺得既然父親命令自己自殺，還有什麼請示的必要呢？便揮劍自刎。蒙恬是位剛毅之人，不肯不明不白地死去，被使者派人囚禁在陽周縣。

趙高等人知道扶蘇已死，大喜過望，隨即來到咸陽辦理喪事，立胡亥為太子，即位二世皇帝。胡亥任命趙高為郎中令，成為皇帝近臣，操縱著朝中大權。

然而趙高並未就此罷休，因為他十分清楚，他想真正掌握權力，必須除掉秦始皇的其他兒子，否則他的陰謀敗露時也就是他的死期。於是他又在策劃新的陰謀。

有一次秦二世問趙高，一個君主怎樣做才能既保江山，又能盡情享樂？趙高覺得實施第二個陰謀的機會來，於是挑唆說：「臣不敢回避斧鉞罪誅，且讓臣說給陛下聽聽，但願陛下能夠考慮，說到沙丘篡位的密謀，諸位公子以及朝中大臣都在懷疑。現在陛下剛剛即位，他們這班人心中總是不服氣，只怕他們要造反了。臣可真是心驚膽寒，就怕沒有好下場，陛下又哪裡能盡情享受這種快樂呢？」

秦二世讓趙高這麼一說，心裡不免慌張，忙問：「那該怎麼辦呢？」

趙高見二世面有懼色，覺得掃除自己弄權障礙的時機來了，便陰狠地說：「嚴法而刻刑，令有罪者相坐誅，至收族，滅大臣而遠骨肉；貧者富之，賤者貴之。盡除先帝之故臣，更置陛下之所親信者近之。此則陰德歸陛下，害除而奸謀塞，群臣莫不被潤澤，蒙厚德，陛下則高枕肆志寵樂矣。」

秦二世非常相信趙高的話，讓趙高全權處理此事。

於是趙高操起屠刀，大開殺戒，凡是他覺得不順眼的，都堅決除掉。

趙高第一個想除掉的人是蒙毅，當年趙高受寵時，犯下大罪，秦始皇一時震怒，命上卿蒙毅審訊他，結果被依法判處死刑。然而始皇卻慈心大發，覺得趙高對自己忠心耿耿，又有辦事能力，不忍心殺他，下令免其罪，並官復原職。從此趙高便懷恨在心，總想進行報復。現在機會來了，於是對二世說：「臣聞先帝欲舉賢立太子久矣，而毅諫曰『不可』。若知賢而不立，則是不忠而惑主也。以臣愚見，不若誅之。」昏庸的二世言聽計從，馬上派人囚禁了蒙毅，並下詔給蒙毅：「先主欲立太子而卿難之，今丞相以卿為不忠，罪及其宗，朕不忍，乃賜卿死，亦甚幸矣。卿其圖之。」儘管蒙毅申辯沒有此事，但御史根本不理，將其殺死。

接著趙高又把屠刀揮向十二個公子，其殘暴令人目不忍睹。殺死十二個公子後，還陳屍市面讓眾人看。令人髮指的是，他對十個公主也不肯放過，手段極為殘忍，將她們斷裂肢體而死，也陳屍市面上。把她們的財物抄沒充公，被牽連的人很多。

趙高對大臣及公子、公主的屠殺，使上下一片驚恐。公子高準備逃走，但又怕被滅族，於是上疏說：「先帝健在的時候，每逢臣入宮，先帝就賜給吃的，出宮的時候，也賜臣坐他的車子。先帝內府裡的衣物，臣能得到賞賜，先帝宮中馬房裡珍貴的馬匹，臣也能得到賞賜。臣應該跟隨先帝一同死去，可是當時卻沒能做到。做人子沒盡到孝順，做人臣沒做到忠誠。不忠不孝之人，聲名已經敗壞，是沒有立足在世上的必要了。臣請求准許隨先帝一同死去，但願能安葬在驪山腳下。請陛下可憐臣，讓臣僥幸實現這個願望吧。」

公子高原本想喚起二世的兄弟之情，引發他的惻隱之心。然而愚蠢的二世卻早已泯滅人性，他高興地對趙高說：「他是不是原想叛亂，只因大勢已去才這樣說的。」趙高可不管二世是否有兄弟感情，只要對自己有威脅的人去一個少一個，忙請二世下詔賜死。

二世在趙高的唆使下，對大臣的誅殺越來越兇，群臣們惶惶不可終日，人人都自覺生命不保。

秦二世不理朝政，日日荒淫。他覺得殺了大批宗室人員和大臣，自己便可以盡情玩樂了，便下令修建阿房宮供自己使用。一時間賦斂加劇，守邊城，服勞役，連續的徵調逼迫，使全國傾動。人們怨聲載道，不久便爆發了陳勝、吳廣起義。

此時的趙高，並未看重陳勝、吳廣起義的後果，全部心思都用在如何弄權上。因為公子、公主及大臣們該殺的都殺了，現在是該除掉李斯的時候了。

一天，趙高對李斯說：「關東群盜多，今上急益發繇，治阿房宮，聚無用之物。臣欲諫，為位賤，此真君侯之事，君何不諫？」

李斯在奸謀上的確稍遜趙高。因為趙高為報私仇陷害了太多人，怕大臣們入朝奏事時在二世面前揭露他，於是編了一套瞎話騙二世說：「天子所以貴者，但以聲聞，群臣莫得見其面，故號曰『朕』。且陛下富於春秋，未必盡通諸事，今坐朝廷，遣舉有不當者，則見短於大臣，非所以示神明於天下也。且陛下深拱禁中，與臣及侍中習法事者待事，事來有以揆之。如此則大臣不敢奏疑事，天下稱聖主也。」因此二世聽了他的話，從此深居宮中，不再視朝和召見大臣，一切由趙高處理。當時能見到二世的唯趙高等少數人，李斯也很難見到他。

李斯並不知趙高的奸計，認真地說：「我早就想對他說了，可是現在皇上不坐在朝中和召見大臣，住在深宮裡，我有很多話，沒法傳給他，想見面又無機會。」

趙高見李斯中計，當即表示可以想辦法在二世閒暇時幫他見到二世。

一次，趙高看到二世正與嬪妃歡宴淫樂，忙派人去告訴李斯說二世正有時間，馬上可去上奏。一連三次，李斯都是在二世與嬪妃歡狎的時候去上奏，二世不明究竟，不禁勃然大怒說：「我平時閑暇的時候丞相不來，我正在閒居獨處時，丞相卻偏偏來請示事情，是瞧不起我呢，還是存心出我的醜？」

趙高見二人都中了自己的奸計，便添鹽加醋地說：「當時沙丘的密謀，丞相曾經參與，現在陛下已經立為皇帝，可是丞相的地位卻沒有提高，顯然他的心裡想割地封王呀，而且陛下不問臣，臣不敢說，丞相的長子李由擔任三川郡守，楚地盜寇陳勝等都是丞相鄰縣的居民，所以丞相縱容他們造反。那些盜寇公開橫行，經過三川郡，李由只是守城，卻不肯出擊。我聽說李由同那些盜寇有公文往來，還沒有調查清楚，所以不敢向陛下報告。而且丞相在外頭的聲威權勢，還超過陛下呢！」

秦二世不辨真偽，對趙高的謊言深信不疑，當即命令趙高派人去調查李由與農民起義軍串通的事。

李斯得知這事後，驚恐萬分，急忙去宮中覲見二世，想把事情說清楚。可是二世正在甘泉宮觀看角力表演，沒能得見。於是上疏訴說趙高的罪行。李斯畢竟是有經驗的政治家，他通過趙高的所作所為，早已知道其企圖篡位的野心。信中說：「現在有個大臣在您身邊，無論好事壞事，他都獨斷專行，同您的權力沒有兩樣，這就非常危險了……趙高私人的財富，像當年的田常在齊國那樣多，趙高使用田常和子罕倆人的叛逆方式，因而篡奪了陛下的威信。趙高的志向就像韓玘輔佐韓王安一樣，想要滅亡國家。陛下要是不早做打算，臣怕他遲早會叛亂。」

秦二世早已被趙高弄昏了頭，他壓根就沒有對趙高有一絲懷疑，甚至怕李斯藉機把趙高殺了，偷偷把趙高叫來，把李斯上疏的內容告訴了他。

李斯的洞察嚇得趙高一身冷汗，心想如果不趕快殺掉李斯，自己就會被李斯所殺。於是假裝替二世擔心的樣子說：「現在丞相所顧慮的只有我趙高了，等我一死，丞相就要弒君篡位了。」二世聽了，還真以為趙高是在為自己著想，決定由趙高去逮捕李斯。

李斯被戴上刑具關進監獄，他透過大牆上邊的小窗口仰望蒼天，不覺悲憤交加，哀聲嘆道：「唉！可悲呀！無道的君王，怎能為他出謀獻策呢？從前夏桀殺了關龍逢，商紂殺了王子比干，吳王夫差殺了伍子胥，這三個臣子不是都對國家赤膽忠心嗎？可是最後卻都逃不脫被殺的命運。這是因為他們看錯了對象，盡忠於無道君主啊！如今我的聰明智慧不如他們三位，可是二世皇帝的昏庸荒淫，卻又遠過桀紂和夫差，我因盡忠於二世而被殺，也是應該的……不久的將來，我必定會親眼看到盜寇攻打咸陽城，朝廷轉眼變成廢墟。」

然而，趙高是不會讓李斯活太久的，他根本沒有機會看到他所預想的一切。

趙高緊鑼密鼓地辦著李斯一案，李斯此時可以說是他最大的敵人，除掉他不僅可以得到垂涎已久的相位，而且也為篡位鋪平了道路。趙高幾乎逮捕了李斯的所有親族和賓客，同時對李斯進行嚴刑拷打。李斯忍受不了皮肉之苦，只好承認自己有罪。但其內心卻在幻想二世會翻然醒悟，將他赦免。還給二世上疏，敘寫了自己為秦國立下的汗馬功勞，企圖以此打動二世。

趙高知道李斯並未死心，但自己又不能擅自殺他，對此案二世一定會派人復審。趙高於是想了個詭計，命他的親信十幾人，假扮成御史等官員，輪流審訊李斯，如果他改口供，為自己申辯，便遭到趙高手下的嚴刑拷打。皇帝終於派人來覆核李斯一案，對證口供，李斯以為和從前一樣，一說真話就挨打，不敢再改口供，承認了自己有罪。覆核李斯案的官員不知其中究竟，便按李斯的口供回覆二世。秦二世還真嚇出了一身冷汗，今天終於按照趙高的意圖將李斯挖了出來，高興地說：「要不是趙君細察，我差點上了丞相的當。」忙下令將李斯腰斬。

西元前二〇八年七月的一天，咸陽市籠罩在血雨腥風之中。李斯與其兒子一同被押往刑場，他艱難地行走著，望著眼前熟悉的街市，想到自己將要命喪黃泉，不禁悲從心起。對兒子說：「我想同你再牽著黃狗到上蔡東門外去獵兔子，但那再也不可能了。」父子倆抱頭痛哭。這位幫助秦始皇統一天下，建立起中國第一個中央集權制封建國家的勛臣，被權力所惑，受奸人利用，結果被腰斬於咸陽城下，其父母、兄弟、妻子三族之眾，全被誅殺。

李斯死後，趙高便被任命為中丞相，他終於靠玩弄權術，實現了自己政治野心的第一步。

趙高完全掌握了朝中的大小權力，尤其害死李斯之後，大臣們無不人人自危，趙高更是無所忌憚，為所欲為。有一次他想檢驗一下自己的權威，便讓人帶來一隻鹿到朝中，對二世說：「臣下將這匹獨特的馬獻給陛下。」秦二世仔細地看著眼前的鹿，以為趙高一時搞錯了，說：「趙丞相弄錯了吧，這分明是隻鹿，怎麼說成是馬呢？」他又求證於左右朝臣，說：「眾臣們說說，這不是一隻鹿嗎？」侍立在兩側的大臣們明知這動物確實是一隻鹿，但憑趙高此時的威勢，誰敢說馬？便異口同聲說：「陛下，這的確是一匹獨特的馬。」二世更加驚異，還真以為是自己看走了眼。於是便召來太卜，命將這事算上一卦。那位皇家算命先生煞有介事地說：「陛下春秋郊祀，奉宗廟鬼神，齋戒不明，故至於此，可依盛德而明齋戒。」聽了太卜的分析之後，二世信以為真，於是便進入上林做齋戒。可是二世每天在上林中不是持齋祭祖，而是到處巡行打獵。有個行人誤入其中，竟被二世射死。趙高此時正圖謀推翻二世，藉機奪其權，便命他的女婿咸陽令閻樂上奏，說不知什麼人被殺後移入上林。接著趙高便直接勸諫二世：「天子無故戕殺不幸人，此上帝之禁也，鬼神不享，天且降殃，當遠避宮以禳之。」趙高的目的是以避居深宮消災為藉口，讓二世不再過問朝中事，大臣們也不敢向其匯報，自己便可以找機會除掉他。二世為了消災，便聽了趙高的話，出居望夷宮。

一天趙高到望夷宮，詐稱「山東群盜兵大至」。二世聽了嚇得魂飛魄散。問趙高怎麼辦才好，趙高便逼使二世自殺。二世哭著說：「我不當皇帝不行嗎？」趙高陰沉地說：「不行，天下的人都背叛了你，你不死他們是不會甘心的。」二世沒辦法，只好引頸自刎了。

秦二世自殺後，趙高自己掌管起皇帝的璽印，想取而代之，但百官不從，他只好立二世的哥哥子嬰即位。子嬰也是一位很有心計的人，他早已看出趙高的野心，知道如果自己不及早動手，必死於趙高之手。於是便與宦官韓談及其子密謀誅殺了趙高，又夷滅其三族。

歷史無情地告訴人們：弄權術者必死於權術。

亦奸亦雄，千古評說

亂世宰相曹操，有雄才大略，亦不乏小人之計，挾天子以令諸侯，逐鹿中原，三分天下，漢室不再復。

曹操，字孟德，小字阿瞞。其祖父曹騰是漢朝末年有名的大宦官。父親曹嵩是曹騰的養子，他官迷心竅，做到大司農還不過癮，又花錢一萬萬買了個太尉。生長在官宦人家的曹操，少年時喜好飛鷹走狗，游蕩無度。但他卻頭腦機敏，善於權詐應變。

隨著年齡增長，曹操開始留心世事。眼看奸盜四起，漢室衰敗，陡然激發他立志用世的決心和抱負。漢靈帝熹平三年（西元一七四年），曹操以孝廉被薦為郎，時年二十歲。當時任尚書右丞、京兆尹的司馬防對曹操很賞識，舉薦他當了洛陽北部尉，負責分管京城北部的秩序。

京城洛陽是魚龍聚集之處，什麼貨色都有，不拿出點真章來，這小官也真就坐不穩。他一上任，先修好所管區內四道城門，又讓人造了數十條五色棒，分掛在門的兩側，並貼出告示：「有犯禁者，不避豪強，皆棒殺之。」漢靈帝身邊太監蹇碩的叔父根本沒把曹操這北部尉放在眼裡，違令夜行，並且還口吐狂言，被曹操棒殺。從此「莫敢犯者」，顯示了曹操執法的嚴明和膽識。

然而，社會治安雖然好了，但是那些宦官卻恨透了他，千方百計找碴要整他，但一時又拿不出把柄，只好以升官的名義，將曹操打發到離京城較遠的頓丘（今河南清豐西南）當縣令。不久，曹操又被拜為議郎，召回朝廷。但無奈仕途多舛，議郎沒當上一年，曹操又因事被免了官。

當曹操第二次做議郎時，爆發了黃巾農民起義。為了挽救風雨飄搖的東漢王朝，政府派出了全國最精銳的部隊前去鎮壓。於是曹操被任命為騎都尉，操起屠刀，跟隨左中郎將皇甫嵩和右中郎將朱儁，對河南的黃巾軍進行了血腥鎮壓，屠殺了農民軍幾萬人。曹操因戰功升任濟南國相。

濟南是封國，國相的地位相當於太守，管轄十幾個縣。當時縣裡的官吏多是倚仗權貴、魚肉鄉里、無惡不做的貪官汙吏。另外當地迷信之風盛行，僅祠堂就有六百多座，每到拜廟時，一些商人和官吏便大搞迎神賽會，成了他們詐騙錢財的場所。經過一番調查之後，曹操下令把轄區內的祠廟全部拆除，規定一律不准燒香拜神。又上疏揭發了一些貪贓枉法的官吏，結果有八、九個為非作歹的縣官被罷免。但是曹操此舉又得罪了那些有權勢的宦官，他們更加痛恨曹操。沒多久，曹操就被召回洛陽，留在朝中當了議郎。

中平六年（西元一八九年）漢靈帝去世，十四歲的皇子劉辯即位，是為漢少帝。由於少帝年幼，由太后臨朝，國舅何進以大將軍身分輔政。何進欲趁機誅殺宦官，便暗召涼州軍閥董卓進京相助。不料事泄，在董卓進入洛陽前，宦官便殺了何進。袁紹和曹操都是欲殺宦官的同盟，因此袁紹被迫提前行動，把兩千多個宦官全殺了。董卓是個兇殘的人，其早就有占據洛陽的想法。進城之後，大肆燒殺，殘害百姓，掠奪錢財。不久，董卓將袁紹逼走，又廢少帝，另立九歲的陳留王劉協為漢獻帝，自封為太尉，再自為相國。董卓十分欣賞曹操的才能，想拉他當驍騎校尉。曹操是個極具政治頭腦的人，他早已看到董卓的表演，認為他只是逞一時之兇，終必敗，於是改名換姓，離開了洛陽。

回到陳留之後，曹操便開始招兵買馬，準備聯合四方豪杰，共同討伐董卓。陳留太守張邈，兗州刺史劉岱也在準備討伐董卓，對曹操非常支持。尤其當地大財主衛茲見到曹操後對人說：「平天下者，必此人也。」於是傾囊相助，曹操很快建立起了一支一千五百人的軍隊。

不久，各州、郡紛紛起兵，組成了討董聯軍，推袁紹為盟主。然而各軍互相觀望，心懷異志，都想乘機擴大自己的勢力，卻不想與董軍交戰。這使曹操感到心灰意冷，決定獨自發展自己的軍事力量。可是不久，討董聯軍發生內訌，他們之間打得昏天黑地。此時黃巾軍和河北黑山軍的力量也壯大了起來，袁紹為了把自己的勢力擴展到兗州，便派曹操到東郡圍攻黑山軍。接著因青州的黃巾軍進攻兗州，殺死了刺史劉岱，曹操乘機進入兗州，被陳宮等人推為州牧。同時曹操又率軍擊垮了青州的黃巾軍，收黃巾軍中精銳部隊編為青州軍，為自己未來爭奪權力奠定了基礎。

興平二年，曹操打敗呂布，再攻下雍丘以後，兗州的統治基本上穩定了。第二年又擊敗了汝南、潁川等地的黃巾軍，攻下了許昌，使曹操的軍事力量更加壯大起來。此時各地武裝也都各自擁兵自重，稱霸一方，伺機而動。曹操為了使自己在軍事和政治上能站穩腳跟，便企圖把漢獻帝控制在手中。獻帝雖然是個傀儡，但畢竟是漢代最高權力的象徵，如果把他拉在手中，便可以掌握主動權。

當漢獻帝因長安兵變外遷，行至河東時，袁紹的謀士沮授對袁紹說：「現在我們冀州剛定，正好把皇上接來，安宮鄴都，挾天子以令諸侯，蓄士馬以討不庭，誰敢作對！」他表示贊同，可馬上又被部將郭圖等人的意見說服，認為漢朝將亡，獻帝也就成了廢物，因此失之交臂。不久獻帝在將軍楊奉等人護送下回到洛陽。可是曹操卻不同，他聽說獻帝到了洛陽後，馬上派部將曹洪去迎聖駕，還親自到洛陽去拜見。他利用朝中大臣之間的矛盾，採納董昭的計謀，派人告訴楊奉，洛陽缺糧，皇上無法居住，請把獻帝暫時南遷魯陽。楊奉此時與舊將各懷異心，也沒加阻攔，於是曹操就把獻帝接到許縣，定許縣為都城，同時把這一年年號改為建安。漢獻帝晉升曹操為大將軍，又加封武平侯，總攬了朝中大權。

袁紹在鄴城聽到曹操迎獻帝到了許都，十分後悔，他知道這將意味著什麼。於是便挖空心思，與曹操爭奪獻帝。他給曹操寫信說：「許下埤濕，洛陽殘破，宜徙都鄄城，以就全實。」此時的曹操「挾天子以令諸侯」，他根本沒理袁紹擺的盟主架子，反請獻帝下詔訓了袁紹一頓：「你地廣兵多，專門謀取私利，樹立私黨，既不勤王，又擅自征伐，眼裡根本沒有朝廷。」袁紹知道這都是曹操在作祟，但此時已無可奈何。

不久，曹操還是給了袁紹點面子，讓獻帝下詔任命他為太尉，又封鄴侯。這太尉雖位至三公，但卻在大將軍之下，這下可惹火了袁紹，他破口大罵說：「曹操曾幾次走上絕路，都是我救了他，現在竟敢挾天子以令我了。」袁紹一直以盟主自居，甚至野心勃勃，想爭奪大權。早在劉岱殺了東郡太守橋瑁時，袁紹便曾想另立幽州牧劉虞為帝，想拉曹操支持。曹操拒絕說：「董卓的罪惡已暴露天下。我們興兵討伐而遠近紛紛響應，因為這是正義的行為。現在皇帝年幼勢弱，又被奸臣控制，並沒有犯昌邑王劉賀那般罪過，你們卻要改朝換代，天下怎能安定呢？也罷，諸位自去北方向劉虞稱臣，我還是向西討伐董卓。」袁紹在席上亮出藏了很久的玉印，舉向曹操，以表示自己稱霸天下的野心。曹操這時已下定決心，一定在適當時候，殺掉袁紹。但此時時機未到，因為他知道現在自己的力量還不足以抵擋袁紹大軍。為了暫時緩和關係，曹操只好把大將軍的職務讓給他，而自己則任司空，執行車騎將軍的職務。同時任命謀士荀彧做侍中，掌管尚書的事務。從此，曹操總攬了朝廷軍政大權。

由於董卓之亂，引出軍閥混戰，農業生產受到極為嚴重的破壞。曹操感覺到軍糧是取勝的重要基礎，不少軍閥隊伍，雖一時聲勢浩大，但因缺乏糧草，不戰自潰。要想兼併天下，必須糧足兵壯。他接受了棗祗、韓浩等人的建議，開始實行屯田。曹操下達〈置屯田令〉，同時進行了一系列組織安排，首先在許縣開始實行屯田。結果屯田的第一年，即得穀百萬石。接著，曹操又把屯田制度逐步推廣到所轄的兗、豫全境，從根本上改善了糧食問題。既安定了民生，又滿足了軍用，為曹操的統一大業提供了物質條件。

待曹操把朝中各種事情安排妥當之後，便開始運籌帷幄，準備拉開逐鹿中原的戰爭帷幕。曹操分析了當時的軍事形勢：北面是冀州袁紹，南邊是袁術，東邊為呂布，西面是張繡等。在這樣四面受敵的形勢下，曹操決定利用他們各自的矛盾，把他們分化瓦解，然後再逐一擊破。

首先曹操覺得袁紹此時不僅兵強馬壯，而且又是討董盟主，在當時有些影響力，如果與之爭鋒，弄不好會召來圍攻。於是先讓獻帝給其進官加爵把他穩住，留到之後對付。淮南和徐州是兵家必爭之地，此時正由袁術和呂布分據。淮、徐兩地曹操不能不得，但時機不到，於是先用計挑撥呂布和袁術的關係，待他們相爭之後，坐收漁人之利。劉備暫立足於徐州，一時對自己還沒有威脅，先封其為鎮東將軍收買之。

曹操決定首先率軍征討張繡。張繡是驃騎將軍張濟的侄子，張濟在進攻穰城死後，投靠了劉表屯軍宛城。曹操十分清楚，劉表之所以招納張繡，不僅是為了壯大自己的力量，而且更主要是讓他來守住荊州的北大門，藉以對付曹操。尤其他在謀士賈詡的輔助下，在南陽招兵買馬，勢力日盛，必須及時剿滅。張繡覺得不是曹操的對手，在賈詡的勸導下舉兵投降。

曹操因納張繡叔母為妾惹惱了張繡，於是夜襲曹軍。曹操毫無準備，結果受傷退至舞陰。張繡再率騎兵來攻，曹操敗退許都，張繡乘勢占領了舞陰。曹操多次派曹洪領兵攻打，但皆失利，還屯葉縣。建安三年曹操沒有聽從軍師荀彧的勸戒，又率軍進攻穰城。張繡急忙請求劉表援助，結果劉表出兵，屯於安重，切斷了曹軍後路。恰在此時，荀彧告急，說袁紹準備偷襲許都。曹操匆忙率軍回護，他急中生智，用計打敗張繡，返回許都。張繡感到曹操此去，必來報復，於是便想投奔袁紹。賈詡為其分析利害，勸他投靠曹操。曹操不計舊怨，拜張繡為揚武將軍，又為兒子曹均娶了張繡的女兒，成了親家。

戰爭其實只是不同政治勢力爭奪權力的手段，此時曹操挾天子號令諸侯，很多人便覺得爭之無望，又按捺不住權力的欲望，便想獨立稱帝，另立一家天下。就在曹操第一次征張繡時，袁術便迫不急待地在壽春稱帝。為了培植勢力，他想以聯姻為手段，拉攏呂布以對抗曹操。但由於陳珪的反對，聯姻未成。呂布是一員虎將，曹操想眼下必須穩住他，於是便用獻帝的名義，將呂布封為左將軍，並去信稱讚他制止袁術稱帝，對王室的擁戴，要他同自己共同輔政。呂布得書大喜，立即派陳珪的兒子陳登為特使，到許都謝恩。曹操乘機為陳登父子加官增祿，陳登答應待機為內應滅呂布。袁術對呂布歸服曹操非常憤恨，便派大將張勛分七路殺奔徐州，結果被呂布擊敗，袁術元氣大傷。曹操趁機親統大軍，準備徹底將其擊垮。哪知袁術沒等曹軍到，便棄軍南逃，他的部將橋蕤等被曹軍打得大敗。從此袁術退縮在淮水以南，一蹶不振。第二年曹操消滅呂布之後，袁術的日子更加難過。於是寫信給哥哥袁紹，表示願意與袁紹聯手禦敵，並擁立袁紹當皇帝。袁紹接到袁術的信後，馬上派人通知袁術，取道徐州北上到冀州來。曹操聞訊後，立即派劉備和朱靈等率軍截擊。袁術剛到徐州，便遭到阻擊，只好掉頭南逃，氣急敗壞，從此一病不起，於建安四年（西元一九九年）死於江亭。不久曹操又將劉備趕出徐州。

經過三年多的艱苦奮戰，曹操收張繡，殺呂布，逼死袁術，逐走劉備，勢力大增，終於具備了與袁紹爭奪霸權的實力。因此，曹操逐鹿中原的最後決戰即將展開。

建安四年（西元一九九年），袁紹在河北地區消滅了公孫瓚之後，取得了幽、冀、青、並四州之地。當他聽說袁術北上被曹軍截擊致死的消息後，怒火中燒，他早有與曹操決戰的想法，但沒有抓住機會。此次想一舉殲滅曹操，統一北方後即稱帝。他親自精選十萬兵卒，戰馬萬匹，準備進攻許都。他的謀士沮授勸他，眼下爭戰不休兵困馬乏，不可輕易出兵，用以逸待勞之計可敗曹軍。但也有些匹勇之夫，好大喜功，鼓動袁紹：「以明公之英武，統河北之強眾，去討伐曹操，易如反掌，何必那麼費事。」經過一番爭論之後，袁紹終於親率大軍，直接殺奔許都。

袁紹將率軍攻打許都，曹軍的一些將領深感恐懼。曹操對眾將說：「我深知袁紹的為人，志大而智少，外表上很兇，內心很膽小。疑心重也很缺威嚴，兵多而指揮不力，將驕而政令不一。土地雖廣，糧食雖豐，正好取來作為我的軍糧。」曹操的確深知袁紹，這番話說得十分透澈，諸將打消了顧慮，積極準備抗擊袁紹大軍。

袁紹大軍進入黎陽後，即派顏良過黃河攻打駐守白馬的東郡太守劉延。劉延告急，曹操一時抽不出兵馬營救。四月，曹操採納了荀彧聲東擊西的戰術，從官渡率軍北上，佯作攻打袁紹後方。袁紹上當，便分出一部分軍隊調往延津，曹操立即率領輕騎直奔白馬，攻其不備，殺了大將顏良。曹操遂解白馬之圍，然後將軍民全部遷出。袁紹聞訊，急忙下令渡河追擊曹軍。曹操見袁軍越來越多，便下令騎兵解鞍放馬，讓馬匹亂跑，以誘敵深入。大將文醜和劉備率五六千騎兵趕到，看見曹軍輜重丟滿地，便搶作一團。曹操見時機已到，令六百騎兵上馬奮擊，袁軍被打得措手不及，混戰中文醜被殺。

初次交鋒，袁紹便連失兩員名將，士氣銳減。曹操企圖乘勝追擊，結果未能取勝。於是雙方展開了對峙。

經過一段時間的休整，袁紹又調集主力部隊向官渡進攻，準備與曹操決戰。此時曹操的軍隊是糧少兵寡，便有收兵的打算。曹操派人給荀彧送信，商討撤兵之事。可是荀彧分析了形勢說：「袁紹以全師聚集官渡，要與明公決勝負。明公以至弱擋至強，若不能打敗袁紹，必為袁紹所乘。這是處在改變天下大局的關頭。」並且進一步指出，曹操以袁紹十分之一的兵力，阻其半年有餘，袁紹不能取勝，說明他已是智窮計盡，千萬不可失去這次擊敗袁紹的機會。曹操堅定了與袁紹決戰的信心，接著曹操採納了荀彧的計策，派徐晃、史渙截燒了袁紹幾千車軍糧。不久，袁紹又從河北運到軍糧一萬多車，屯積在大營以北的烏巢，派大將淳于瓊率近萬名士兵守護。這時袁紹的謀士許攸因家屬被捕而投奔了曹操，把袁紹屯糧的情況全部告訴曹操。

曹操大喜，親自率五千人馬，藉夜色掩護，打著袁軍旗號，直奔烏巢。一到烏巢，便縱兵圍屯焚燒起來，淳于瓊慌忙迎戰。曹操率軍猛攻，大破袁軍，斬殺淳于瓊等數千人，把袁紹的一萬多車糧食全部燒盡。

其實在曹操夜襲烏巢時，張郃已建議袁紹派重兵前往營救，可是他只派了少數部隊前往。反而自作聰明地對袁譚說：「趁曹操進攻淳于瓊，我們就去拿下他的大營，使他再無歸處了。」竟令張郃、高覽率重兵去攻打，結果大營未攻下，損失慘重。

烏巢失守，糧食盡焚，使袁軍大亂。張郃見大勢已去，又有郭圖陷害他，說他「快軍之敗，幸災樂禍，恐懼不安」。便一氣之下，與高覽投奔了曹操。袁軍全線崩潰，曹操乘勢發起總攻，大獲全勝。袁紹帶領八百騎兵渡河北逃，餘部投降。此一戰，曹操斬殺袁軍將士七萬多人。

官渡之戰的勝利，改變了整個局勢，為曹操統一北方奠定了基礎。

曹操平定了冀、幽、並、青州後，又征服了烏桓，回到鄴城後，為了加強對朝廷的控制，他上疏漢獻帝，「罷三公官，置丞相、御史大夫」。結果由他自己擔任了丞相，事權歸一，總攬了朝中大權。曹操的舉動，引起了一些士族和皇族成員的極大不滿。

此時孫權在長江下游，皇族劉表占據荊州。為了實現統一中原的雄心，曹操決定率軍南下。他首先攻擊的目標是荊州，然後由徐州沿江東下，夾擊孫權。

曹操親自率領十萬大軍直奔宛城，還沒有到達荊州，劉表因病去世。劉表的兩個兒子向來不和，長子劉琦在劉表死前出任江夏太守，次子劉琮繼承了荊州牧。曹操的軍隊一到新野，劉琮便派使者去迎降，曹操非常高興，便欣然接受了他的降請，並且接收了劉表的七、八萬軍隊和大量軍用物資。此時曹軍已擴大到二十幾萬人，並在江陵設立了大本營。

劉備自被曹操趕出徐州後，失去了地盤，只好依附劉表，屯兵樊城。他正在加緊訓練軍隊，準備迎擊曹軍。等他知道劉琮投降時，曹軍已到達宛城，於是急忙率領一萬多軍隊向江陵逃去。曹操擔心劉備先占江陵，便親率五千騎兵，日夜兼程進行追擊，結果在長坂擊潰劉備，占據江陵。曹操輕取荊州，再據江陵，躊躇滿志，準備一舉擊敗孫權。

曹操大軍席捲江東，孫權手下的文武官員十分懼怕。是戰是降，孫權一時拿不定主意。又收到曹操的恐嚇信，信中號稱有八十萬大軍，要在吳地同孫權一決高下，意思是逼孫權投降。劉備準備聯合孫權共同抗擊曹操，便令諸葛亮去游說孫權。諸葛亮向孫權分析了取得勝利的可能性：「曹操士卒疲乏，不習水戰，新收民眾心裡不服。」孫權表示贊同，於是孫劉聯軍組成，準備共同抗擊曹操。

當時，曹操的軍隊屯駐烏林，孫權、劉備聯軍駐在赤壁。曹軍面對大江，發揮不出戰鬥優勢。水軍中又有不習水戰的，而新附的水軍又沒有戰鬥力。再加上北方人不習慣水上生活，很多人得了流行性疫病。為了減少風浪的波動，曹操下令把船艦分排用鐵環鎖在一起。老謀深算的曹操，自以為這是好辦法，便準備尋機向南岸發動進攻。東吳老將黃蓋，看出了連環船的致命要害，趁機向周瑜獻上火攻之計。黃蓋便寫了一封詐降書，約定好投降的日期和信號。曹操因屢戰皆勝，便放鬆了警惕，欣然接受。

一天夜晚，黃蓋帶領數十艘大船出發，船上裝滿了澆了油的乾柴草，外面用布圍好，插上約定旗號，順風向曹操大營駛去。在離曹營不遠的地方，黃蓋命令同時點火，衝向水寨。火借風勢，頃刻間曹營中一片火海。結果曹操的連環船被燒得一乾二淨，周瑜和劉備乘勢向曹軍猛攻，曹軍大敗。這便是有名的「赤壁之戰」。從此曹操退回北方。

赤壁之戰失利後，曹操才真正感到兼並群雄，消除異己並不那麼容易。此時，他的政敵們正在利用他的失敗加緊對他的攻擊。尤其他在政治上實行「挾天子而令諸侯」的方針，政敵們懷疑他有「不遜之志」，要他交出兵權。權力之爭是你死我活的，尤其在漢朝末年那特殊的戰亂年代，更是如此。當然曹操對威脅到自己政權的人，是從來不講客氣的。官渡之戰前，他對車騎將軍董承等人的政變，進行了無情的鎮壓，尤其南下兩個月後，便命親信殺死了政敵孔融。

曹操應該說是一個有頭腦的政治家，如果一味殺戮消滅政敵，反而會樹敵日多，應該在意識形態方面做些工作。於是他發表了《讓縣自明本志令》，表明自己對漢室的忠心，決無「不遜之志」。同時也表明讓他放棄權力是不可能的。可是過了不久，權力的欲望竟使他又逼死了心腹謀士荀彧。說穿了，他的這個目的，只是想安撫一下政敵，但若真的對他有威脅，他還是不留情面的。

為了進一步加強對朝廷的控制，鞏固自己的權力，曹操又上疏要獻帝下詔，任命曹丕為五官中郎將，「置官屬，為丞相副」。朝中的事情處理好後，曹操的權力也穩固了，於是他開始新的征戰。

赤壁之戰後，曹、劉、孫三足鼎立之勢基本形成，曹操只好先鞏固北方，然後再想怎樣對付孫權與劉備。

建安十六年（西元二一一年）三月，曹操表面上派鍾繇討張魯，以激關中諸將反叛，然後再名正言順去討伐。因為當時割據關中的馬超、韓遂都是朝廷命官，如果隨意進攻他們，可能會引起其他地方官不滿。這樣一來，關中諸將因為猜測鍾繇準備來攻打自己，便被迫反叛。當馬超等十餘部屯居潼關，聯合反叛時，便於七月親率大軍前去平叛，向關中進軍。

曹操一到潼關，便把兵馬集中起來，擺出了一副決戰的架式，用以牽制關中聯軍主力。然後暗中派遣徐晃等帶領四千步騎，從蒲坂渡黃河，從而使關西軍腹背受敵。

其實馬超早已料到曹操會來這一手，他估計只要截住曹操的河中糧道，不出二十天必會不戰而退，但由於韓遂的阻止而沒有實行。

在曹操指揮軍隊北渡河水與徐晃等會合時，曹操斷後，馬超率步騎萬餘殺到。當時曹操還在胡床上坐著，遇險不驚。許褚、張郃等急忙扶曹操上船，渡船被順流沖走四、五里，馬超等騎兵追射。曹操渡河北上，與徐晃等會合後，打通了河東地區向前線運糧的通道，從而掌握了戰爭的主動權。

當曹軍主力渡過渭水後，馬超多次率軍進行挑戰，曹操緊閉不出，使其戰不能，退不得，只好向曹操求和。曹操乘機挑撥馬超和韓遂的關係，結果使聯軍內部不和，戰鬥力削弱，曹操便突然進攻，大敗關西聯軍，取得統一關西的勝利。

關中平定後，曹操便沒有了西顧之憂，於是開始與孫權爭奪江淮地區。建安十七年（西元二一二年）十月，曹操率軍征討孫權。在出兵之前，曹操給孫權寫了一封長信，對其進行規勸，勸他投順漢室，並捉劉備以見其誠。孫權當然不會這麼做，當曹操大軍到來時，孫權急忙率軍反擊，大挫曹軍。曹操於是堅守不戰，孫權無論怎樣挑戰，曹操也不加理睬。兩軍相持了一個多月，曹操只好撤軍。

建安二十一年（西元二一六年），獻帝進封曹操為魏王。曹操雖然做了王，但他仍舊以丞相兼領冀州牧事。王只是權力的一種象徵，但是丞相卻真正操著權柄，在有生之年，他大概不想讓出這個相位了，前此他已將兒子曹丕進為副相，可見他是讓這漢室的相權世代握在曹氏手中了。

不久，曹操又親率大軍南征，迫使孫權同他和好。就在這年冬天，劉備親統趙雲、黃忠等大軍進兵漢中，並用張飛、馬超等配合牽制曹操主力。曹操此次沒有親自迎敵，他擔心朝中可能有人與其爭權，便派曹洪率軍爭奪下辯，命夏侯淵在陽平關阻止劉備的攻勢，他本人坐鎮鄴城，讓丞相長史王必統管御林兵馬督守許都。

這時宮中發生了一次政變，企圖藉機將曹操趕下臺。政變主謀是京兆人，名叫金禕，是武帝時大臣金密滴的後代，對曹操控制漢室大權不滿，於是與少府耿紀、司直韋晃等人密謀，他們準備首先殺掉王必以掌握軍隊，然後挾持獻帝以掃除曹魏勢力。他們帶領家兵一千多人，向王必發動進攻，同時放火燒軍營，王必負傷走脫。後來援兵來救，政變者勢單力薄，終於被鎮壓下去了。曹操為了趁機掃除異己，消滅政敵，在宮中進行了一場大清洗，朝廷漢官差不多全被曹操殺掉了。朝中暫時穩定下來。

就在此時，漢中局勢更加嚴峻，劉備大軍與夏侯淵等在陽平關對峙，並派人請諸葛亮發益州兵前往增援。曹操準備親率大軍南入漢中，忽然消息傳來，說劉備在定軍山以老將黃忠斬殺了曹軍主將夏侯淵，令曹操大感悲痛。便率兵經斜谷道進發，三月抵達漢中。劉備此時鬥志正旺，得曹操前來的消息後，自信地說：「曹公雖來，無能為也，我必有漢川矣。」曹操復仇心切，想立即與劉備鬥個輸贏。但是劉備憑險據守，拒不出戰。使曹操處於戰不能，退又不忍的境地。相持了一個多月之後，曹操感到無能為力，加上軍中士兵多有逃亡，於是退還長安。劉備便控制了漢中，這年七月稱「漢中王」。

關羽趁著劉備奪得漢中之時，統率本部軍士從江陵北上，殺奔襄、樊。正好天下大雨，漢水暴漲，淹沒於禁營屯，關羽乘船猛攻，于禁被活捉投降。龐德與關羽展開水上廝殺，後因船翻落水被擒，龐德拒絕投降，被關羽斬殺。曹操急忙加派兵馬，以解樊城之危。不久，曹丕派人來報，說魏諷暗中結黨，勾結衛尉陳禕等人謀反，現在由於陳禕告密，魏諷等人已被誅殺。曹操不由得嚇出了一身冷汗，看來與自己爭權的人從未停止過活動，一旦鄴城有個閃失，那問題可就大了。為了穩固自己的權力，曹操命令曹丕對謀反者進行了殘酷鎮壓，只要受牽連者一概格殺勿論。於是一場血腥的鎮壓開始了，有數千人被殺。

與此同時，曹操又利用孫權與劉備之間的矛盾，拆散了孫劉原定的聯盟。尤其關羽圍攻襄、樊，也使江東的孫權感到威脅，終於說服孫權與曹操聯合起來，並決定偷襲江陵。曹操的謀士故意將孫權準備襲取荊州的消息傳出，以瓦解關羽的鬥志。果然關羽聞知這一消息後，準備回兵救援後方，被徐晃乘機打敗。

在回救江陵的途中，關羽得知公安守將士仁、江陵守將糜芳都降了東吳後，派人到上庸請求蜀將劉封救援，但劉封藉口上庸新定，拒不派兵援助。關羽只好走入麥城孤守，被孫權大軍圍困，最後被擒殺，孫權把關羽的頭獻給了曹操。曹操為了表彰孫權，上表漢獻帝封孫權為驃騎將軍，領荊州牧，封南昌侯。孫權上疏向曹操稱說「天命」，勸曹操當皇帝。曹操把孫權的信公開給群臣看，說：「孫權這小子是想把我放到爐火上烤啊。」他當然早已識破孫權的用意。一些大臣如侍中陳群、尚書桓階等，覺得不管孫權什麼用意，曹操征戰三十多年，掃除了群雄，理應正位。陳群說：「現在的漢朝，只不過僅有名分罷了……魏王應期，十分天下有其九，完全應該代漢。民心所望，遠近臣服。所以，孫權稱臣，此天人之應，異氣齊聲。」曹操心裡雖然十分高興，但卻搖了搖頭說：「如果天命在我，我當周文王也就夠了。」也就是說，要像周文王那樣，創造條件，讓兒子去坐天下。

建安二十五年（西元二二〇年）正月，曹操在洛陽病逝，終年六十六歲。他在遺囑中說：「天下還沒有安定，不得遵循古代的喪制為我安排葬禮。我有頭痛病，一向戴頭巾，死後穿戴要像活著的時候一樣。下葬後，百官都要馬上脫去喪服。屯戍邊防的將士，都不得離開屯所。官員們要各盡職守。入棺時只穿平時穿的衣服，不得用金玉珍寶陪葬。」

曹操的死，也結束了漢朝的歷史。自此，魏、蜀、吳三國鼎立的時代到來。

太監宰相，欺君壓臣

太監本是大內奴才、皇家走狗，然而事有例外，唐朝太監李輔國卻是狗仗人勢，權傾朝野，欺君壓臣。

李輔國，本名叫李靜忠。小時候身體很弱，因此不善活動，能夠坐在家裡讀書，雖說不是飽讀詩書，也算懂得一點書計。稍長之後，由於相貌醜陋，又找不到其他合適職業，剛好皇宮內徵召餵養馬匹的仆役，便閹割應徵，進了皇家的養馬院。也許是略知書計的原因，他在做養馬官時幹得十分出色，加上他善於察顏觀色，討好上級，很得大太監高力士的賞識。

在李輔國四十歲的時候，被提升為養馬院財務主管。別看這個財務主管官不大，如果幹得好，在朝中的影響是很大的，李輔國十分明白這一點，工作起來更加賣力。自從他主管財務之後，由於他管理得嚴格，大部分馬匹養得膘肥體壯。當時御史大夫王拱兼專管皇家車馬的閑廄使，沒事經常會到養馬院來看看，對他的工作十分滿意，覺得他是個人才，再加上他對人十分謙恭，很有禮貌，便推薦他到太子李亨宮中聽差。王拱當時深受唐玄宗的寵愛，也算是朝中重臣，得到他的推薦，自然會受到李亨太子的重用。

李輔國憑著自己在宮中多年的經驗，清楚地感覺到，自己如果把太子侍候好了，便不愁發不了跡。於是他辦事更加賣力，也更加小心謹慎。事事迎合太子的心意，漸漸取得了太子李亨的信任。

天寶十五年（西元七六五年）六月，安史叛軍攻陷潼關，長安形勢十分危急。唐玄宗在萬般無奈的情況下，攜楊貴妃姐妹、皇子、皇孫及楊國忠等倉皇出逃。李輔國不分晝夜跟隨在太子左右，表現得十分忠誠，因此更加贏得太子李亨的信任。唐玄宗一行走至馬嵬驛時，從行將士發生嘩變，殺死楊國忠，又迫使玄宗令高力士縊殺了楊貴妃。李輔國知道楊國忠曾勾結李林甫企圖廢掉太子李亨，立武惠妃的兒子壽王李瑁為太子，逼得太子李亨休妻，險遭殺害，此時太子李亨恨透了楊國忠。於是他積極參與了誅殺楊氏兄妹的行動，太子李亨對他更加器重。

誅殺了楊家兄妹之後，當地的百姓紛紛要求玄宗留下領導平叛，但玄宗此時已無心戰事，繼續向西逃跑。

在逃跑的途中，建寧王李倓、廣平王李俶和侍奉皇太子的李輔國看到這是一個不可多得機會，力勸太子李亨分兵北上。李輔國對太子說：「如今殿下跟隨皇上去四川，一旦叛軍燒毀棧道，你還能回來嗎？人心一散，不可復合。不如北上朔方，招集西北邊境兵士，召入郭子儀、李光弼諸將，並力討賊，以安社稷。」李輔國的一番話，令太子李亨十分感動。他感到李輔國不僅忠心耿耿，而且對局勢分析得有條有理，從此對他不僅信任，而且更加器重。同年七月，太子率領部分官兵到達靈武，李輔國同裴冕、杜鴻漸等人聯名上疏，勸進太子李亨即位稱帝。此舉事關重大，太子猶豫不決，李輔國跪拜在太子腳下，說：「將士們都是關中人，每個人都想早點重返家園。如今大家不怕艱難困苦，追隨殿下來到這邊遠之地，無外乎是希望在您的庇護下建功立業。如果殿下您現在不想稱帝，就難以維繫天下人心。」在李輔國的勸說下，太子李亨在靈武城南樓，宣布即位稱帝，這就是唐肅宗，改元至德，尊玄宗為上皇天地。

李輔國因為擁立有功，青雲直上，肅宗任命他為太子詹事、判元帥府行軍司馬。從此，李輔國掌握了朝廷禁軍，成了肅宗的心腹大員。接著肅宗又把宣傳詔命、文奏、符璽、軍號等全都交給了他，這樣李輔國便獲得了軍政大權。

為了鞏固已經得到的權力，李輔國知道自己出身卑賤，必須取得周圍人的好感，同時也必須有可靠的同盟者支持。這個同盟者必須也是皇帝身邊的人，能夠對皇帝施加影響才行。最後他選中了一個人，就是皇帝身邊的張良娣。

早在肅宗做太子的時候，李林甫為了廢太子，製造了韋堅一案，玄宗認為太子與韋堅之間確有不尋常的關係，太子李亨畏懼不已。因為太子妃是韋堅的妹妹，為了表示自己決心割斷與韋氏家族的聯繫，慌忙上表請與韋妃離婚，逼得太子妃做尼姑。當時太子身邊有一姓張的侍妾，長得也很俊俏，便納為良娣（太子內官）。在隨玄宗逃難之際，張良娣時時伴在太子身邊。每天晚上睡覺的時候，張良娣便在外屋就寢，太子問她這是為什麼，她機靈地說：「如果遇到不測，我在外屋可以擋住敵人，殿下便可從後門逃走。」真是患難見真情，太子聽了她的話，心裡十分感動，難得她在離亂中的一片忠心，從此對張良娣格外厚愛。

李輔國為了得到張良娣的支持，首先就是取得她的好感。平時李輔國想盡辦法討好她，因此事事對她曲意逢迎。恰好此時張良娣也在物色幫手，她見李輔國權傾朝野，深得肅宗寵信，對自己又是百般依附，可為自己所用。二人各懷心腹事，一拍即合。原來這張良娣生下一個兒子，取名李佋。肅宗對這個孩子非常喜歡，封他為興王。張良娣因受寵於肅宗，便想借自己現在的勢頭，讓肅宗立兒子為將來的太子，這樣也可牢固自己以後在宮中的地位。於是在各自利益的基礎上，李輔國和張良娣互相勾結起來。

李輔國首先要鏟除自已繼續向上爬的敵人，而張良娣首先要清除掉兒子將來做太子可能遇到的阻礙。他們經過密謀之後，確定第一個要鏟除的是肅宗的長子李俶，因為按照封建制度，長子首先是太子的人選。第二個要鏟除的便是肅宗的第三個兒子李倓。因為李倓當時被封為建寧王，他很有頭腦，看問題也十分尖銳，尤其遇事敢言，由於他平時對李輔國的所作所為十分反感，更看不慣張良娣干預朝政，有時私下提醒肅宗，對張良娣和李輔國的話要加以思考，不可過分偏聽偏信。他的話不知怎麼傳到了張良娣、李輔國耳中，他們又氣又怕，對李倓恨之入骨。他們擔心李倓的話會引起肅宗的警覺，必欲置之死地而後快。於是張良娣和李輔國密謀，先讓張良娣在肅宗眼前吹風，然後由李輔國進讒言，兩面夾擊，他們向肅宗說：「建寧王對皇上沒有讓他當兵馬大元帥十分不滿，怨氣十足，現在他心懷不軌，企圖謀害兵馬大元帥廣平王。」肅宗聽了非常氣憤，他因為對張良娣的感激和對李輔國的過分信任，也不去調查是否屬實，立即下詔處死李倓。他以為皇子之間爭權奪位是常有的事，殺死李倓可以警示其他皇子，根本想不到這是二位心腹合謀害自己的兒子。李倓對父皇偏信好人的話十分失望，尤其他不顧父子之情，聽風是雨，對自己慘下毒手更感傷心，於是服藥自盡。聽到皇上賜建寧王李倓死的消息，滿朝大臣都感到十分震驚，他們怎麼也弄不懂，皇上為何無原無故要處死李倓，趕緊進宮勸諫，但建寧王李倓已經含冤九泉。就這樣，耿介忠直的皇子成了張、李專權的第一個犧牲品。張良娣、李輔國十分順利地除掉李倓之後，開始陰謀實施第二個計劃，利用同樣的方式陷害廣平王李俶，但是由於大臣們的竭力保護，他們的陰謀才沒有得逞。

至德二年（西元七五七年）十月，郭子儀率大軍打敗安祿山叛軍，唐軍收復長安後，肅宗返回京師長安。坐穩皇帝寶座的肅宗被張良娣和李輔國所惑，提升李輔國為殿中監，領閑廄、五坊、營田、裁接、總監使，兼隴右群牧、京畿鑄錢、長春宮等使，又為少府、殿中二監都使。由此可見肅宗對李輔國的恩寵是何等優渥。此時的李輔國已不再是昔日皇宮中養馬院安分守己的養馬小童和管帳先生了，由於官越升越大，權越握越重，肅宗對自己越發信任，他心中權力欲火也越燒越旺。當然，富有心計的李輔國也清楚，眼下想過宰相癮為時尚早，當務之急是穩固自己現有的地位。為了鞏固自己的地位，李輔國又設置偵聽數十人，分散在各地，負責監視官員的一舉一動，收集各方面的情報。在這些探子們的監視下，各地官員的言行都十分小心，誰稍有一點不利於李輔國的言行，馬上就會遭到刑詢。各州縣報上的案子及對官員的處罰，全都是李輔國一個人說了算，從不講什麼國家法律，全由他個人的好惡決定，他也從來不向皇上匯報。

李輔國正是利用這一切，限制和打擊不利於自己的人。宰相李峴是宗室成員，他對李輔國的專權感到很擔心，於是多次勸諫肅宗，不許李輔國專權亂政。這使李輔國非常嫉恨，便千方百計找機會進行報復。一次，天興縣令處決了風翔馬場一個搶劫的犯人，其實這是在執行國法，為民除害，但別有用心的李輔國卻極力縱容這位搶劫犯的妻子多次上告，說這是一起冤案。在李輔國的操縱下，上告最後成功。於是李輔國乘機大作文章，使一批敢於執法的正直官員被貶。由於宰相李峴與此案有牽連，也被貶為蜀州刺史。李輔國就是這樣，利用一切卑劣的手段，一個一個鏟除可能動搖自己地位的人。

對那些順從依附自己的人，不管是什麼東西，李輔國也會千方百計的收買拉攏，並且封官許願，培植自己的勢力。

有一個名叫申泰芝的奸佞小人，看到李輔國在朝中的權勢日盛，便專拍他的馬屁，以求得一官半職。李輔國用人心切，不久即推薦他當了諫議大夫，後來看申泰芝對自己還是忠心耿耿，又向肅宗奏請，在道州置軍，讓他擔任軍校。這還不算，又假傳聖旨賞賜緋紫品官衣服。結果這申泰芝露出了流氓本性，帶領這些穿金紫衣服的軍士，到處進行搶劫，鬧得當地雞犬不寧。當地人對他們恨之入骨，卻又沒有辦法。申泰芝狗仗人勢，根本不把地方官放在眼裡，雖然有人對他的行為有所指責，但他依然故我。潭州刺史龐承鼎對申泰芝的行為進行了調查，準備為當地除害。就在申泰芝路過潭州北上時，把他捉拿歸案，繳獲他搶來的大量錢財。人贓俱在，按國家法律應判申泰芝死罪。李輔國的探子們在申泰芝被捕之後，早已把消息傳給李輔國，李輔國立刻矯詔，要龐承鼎派人護送申泰芝進京，此案不了了之，使罪犯逍遙法外。不久，李輔國卻另找藉口，殺害了潭州刺史龐承鼎。國家的法律公然被當權者踐踏，令朝野之士齒冷，但礙於他的權力，只有敢怒不敢言。

張良娣被冊封為皇后，使李輔國感覺到腰桿更硬了，他與皇后勾結得更加緊密了。他們相互勾結利用，權力更加大了。在張皇后的幫助下，李輔國掌握了禁衛軍，肅宗還在宮內賞賜給李輔國一套住宅。宰相、文武百官要和皇上討論國家大事，都得經過李輔國事先同意。就是皇帝下的詔書，也必須經過他的簽署，才得以施行。官員們屈於他的權勢，沒有人敢提出疑義。

其實肅宗對李輔國橫行朝中，張皇后干預政事、培植死黨早有耳聞，心裡十分沉重，但事已至此，又拿他們沒有辦法。雖然前有宰相李峴陳奏輔國專權亂政之事，肅宗也下詔分輔國之權，但仍無濟於事。反而使李峴被貶。自此沒人敢再上疏言及李輔國。真是權傾朝野，令人側目。

李輔國有效地打擊了自己的敵人之後，氣勢更加囂張，他每次外出，都有數百名武士前呼後擁，好不威風，滿朝文武，都尊稱其為「五郎」。就連當朝宰相李揆，出身名門望族，被肅宗稱為門第、人物、文章三絕，仍屈於輔國的淫威，稱他為「五父」，對他執弟子之禮。可見此人權勢之一斑。

小人一旦得志，確實什麼事情都幹得出來。要嘛是出於無知，要嘛便是實在控制不住自己的野心。至德二年（西元七五七年）十二月，李輔國又得加開府儀同三司，封郕國公，賜允常住內宅，內宅在皇宮裡。恰好同月裡唐玄宗從四川避難後返回長安。唐玄宗與肅宗經過離亂之後重逢，父子難免互訴流離之苦，因此常在一起談論事變後的一些事情。

這使李輔國作賊心虛，內心十分緊張。再加上他出身微賤，雖然成了暴發戶，但玄宗周圍的人都很看不起他，這令他非常氣憤。真是又恨又怕。於是他私下暗自謀劃，一定要想辦法把玄宗除掉。玄宗回來，張皇后心裡也著實緊張。因為玄宗在位時就不喜歡她，她當時只是肅宗身邊的一個良娣。她擔心玄宗給肅宗施加影響，使自己失寵。小人總是以自己卑劣的心理去揣度別人，越想越覺得是這麼回事。張皇后、李輔國於是再次勾結在一起，決定把唐玄宗除掉。連太上皇他們都敢算計，其猖狂程度可想而知。

唐玄宗回到長安之後，更加想念在安史之亂中死去的楊貴妃，常常一個人暗自哭泣。事有湊巧，玄宗回來不久，張皇后的兒子李佋患病死去，張皇后十分悲痛，大約是悲極生怨，她硬是把兒子的死同玄宗聯繫在一起，於是向肅宗哭訴說：「老不死的總是哭泣，殃及我的兒子。」從此她更恨玄宗。

肅宗十分關心父親的生活，為了讓玄宗忘掉過去的一切，快樂地度過晚年，他加派了一些宦官、宮人和梨園子弟在玄宗身邊。玄宗住在興慶宮的長慶樓，長慶樓四周的風景十分宜人，玄宗常常在樓上觀賞景色。長慶樓的南邊是大路，有時在樓下過往的老百姓看到玄宗，都跪拜於地，口呼萬歲，玄宗有時也順便在樓下準備些酒食招待他們。尤其外地來京的官員經過長慶樓時，也都順便來拜見玄宗，玄宗都下樓接見，並讓龍武大將軍陳玄禮、內侍太監高力士等陪他們吃飯。李輔國的暗探們早已把這事告知他，他也曾親自看到過人們對玄宗的崇敬之情，這使他萬分恐懼，他害怕玄宗在百官及百姓的擁戴下再度得勢。他知道，如果這樣自己的一切都將化為泡影。他越想越怕，越覺得玄宗的威脅太大，由此加劇了他讒害玄宗的心。

當然，他知道肅宗與玄宗有父子之情，如果明目張膽地害玄宗，肅宗絕不會答應。於是便假裝對玄宗十分關心的樣子，反覆對肅宗說：「太上皇住的興慶宮，離街市太近了，經常有一些外地官員和當地百姓打擾他，常常與外邊的人往來並不是一件好事。我聽說太上皇身邊的龍武將軍陳玄禮和太監高力士等人圖謀不軌，企圖奪您的權。如今禁衛六軍的將士，都是您在靈武時擁戴您作皇帝的功臣，他們現在都感到惶恐不安，我反覆向他們解釋，他們還是不放心，我不得不如實向您奏報。」肅宗為人膽小，但比較正派，因此他不太相信李輔國的話，他沉思著說：「上皇年事已高，他不會再來奪取皇位。」

李輔國覺得肅宗平時對自己信任有加，言聽計從，今天說到他父親，可能有些不順耳，於是轉過話頭說：「上皇即使本人沒有這個想法，但他能控制住他身邊的那些人嗎？為了國家的安定，現在最重要的是把上皇搬到禁宮住。這樣既可以避開塵囂，又能夠杜絕那些圖謀不軌的人。再說他搬到禁宮後，你們父子還可以常相見，有什麼不好呢？」肅宗為難地說：「上皇願意住在興慶宮，我怎能忍心強讓他搬走呢？」這時張皇后馬上插嘴附和李輔國說：「我們替陛下考慮，還是讓上皇搬遷好了。這樣可以避免後患，請陛下深思。」肅宗仍然覺得這樣不妥，搖頭不語。張皇后不高興地說：「陛下今日不聽良言勸告，日後不要後悔。」說著轉身退了下去。

肅宗覺得玄宗確實不可能同自己爭奪皇位，早在安史之亂發生不久，皇帝已經有意把皇位讓給自己，要不是楊國忠兄妹竭力阻攔，詔書就會下來。現在父親在興慶宮安度晚年，如果強令他遷至禁宮，他一定會有想法。李輔國見肅宗沉思不語，真的有些急了，說：「陛下是國家的主宰，應當為國家考慮，應把禍亂消滅在萌芽前，不可以學那些普通人所謂的孝。」說著也轉身出去。

李輔國出宮後，又唆使禁衛六軍的將士，讓他們跪在宮外磕頭大哭請願，要求將玄宗遷到太極宮。肅宗仍然不同意。李輔國見肅宗態度堅決，心裡不由得慌亂起來，他時時擔心玄宗及舊臣對他下手。看來由肅宗下旨讓玄宗搬遷是不可能了，他於是想找其他的辦法試試。

恰巧這幾天肅宗病倒了，李輔國便抓住這個機會假傳聖旨，把興慶宮原有的三百匹馬調走了二百九十匹，僅僅留下了十匹供使用。玄宗不知詳情，以為真是肅宗下的旨意，便無可奈何地對高力士說：「吾兒為李輔國所惑。」

緊接著李輔國又偽造肅宗旨意，請玄宗遊太極宮。玄宗不知其故，便帶高力士等人來到睿武門外，只見有五百多禁衛六軍的武士持刀攔住去路。玄宗十分吃驚，問這是幹什麼？李輔國驕狂地說：「迎請上皇遷居內宮。」高力士趕忙衝上前，指斥李輔國大膽妄為，對太上皇無禮，並令他下馬答話。李輔國原是高力士手下的奴才，高力士本以為他會讓幾分。然而此一時彼一時，眼下李輔國勢頭正旺，根本沒把高力士放在眼裡，他隨手殺了玄宗的一名侍從，同時大罵高力士不識時務，緊接著過來要拉玄宗馬的轡繩，玄宗一驚，差點掉下馬來。高力士並不懼怕，急忙過來扶住玄宗。然後他上前擋住持刀的禁衛軍士：「對太上皇不得無禮！」虎死還有餘威，況且玄宗還是太上皇。武士們收回兵刃，向後稍退。然而李輔國卻並不退讓，他堅持非讓玄宗遷進太極宮不可，玄宗沒辦法，只好在高力士的陪同下來到宮內，居住在甘露殿。一代君主，如今卻受小人脅迫，歷史竟是如此無情。

玄宗住進甘露殿之後，李輔國只許他身邊留下幾個老殘瘦弱的衛兵，像陳玄禮、高力士及其他宮中舊人都被趕走。為了徹底孤立玄宗，李輔國又以陳玄禮、高力士等人陰謀反叛的罪名，強迫陳玄禮告老還鄉，而玄宗的心腹太監高力士被流放巫州。高力士一生侍候玄宗，可謂情同手足，眼下要與玄宗分離，十分悲傷，他想此次一別，可能便是永訣，要求臨行前再見玄宗一面，但是李輔國堅決不同意。

李輔國懼怕玄宗東山再起，威脅自己的地位，對玄宗的孤立達到了病態的程度。不久他強迫玄宗身邊的玉真公主居住道觀，又日夜監視有什麼人同玄宗往來。當時任刑部尚書的顏真卿，率領百官上表向玄宗問安，李輔國馬上上奏肅宗，將顏真卿貶為蓬州刺史。在李輔國的淫威下，就連肅宗皇帝也不敢去向上皇請安了。晚年的玄宗在孤獨和寂寞中度過，他幾乎與世隔絕，最後憂鬱而死。

李輔國有效地控制了玄宗，進而又將他除掉之後，當上了兵部尚書。他的野心又進一步膨脹，公然向肅宗提出要當宰相。肅宗對他的無理要求很不滿意，但又不好矢口拒絕，便寬慰他說：「以你的功勛，什麼官都可以當，只是你的資歷淺了一點，現在提你當宰相，怕大家不服。」李輔國不知難而退，權力的欲望使他不知羞恥，急忙去找僕射裴冕，要他去串通朝中大臣，聯名上疏推薦自己當宰相。

肅宗此時已經看清了李輔國的嘴臉，心想如果他當上了宰相，自己便會更受他的挾制，便暗派心腹告訴裴冕，千萬不可聯合上表推薦李輔國當宰相。裴冕知道李輔國是個野心家，如果他做宰相，朝廷便會永無寧日。他對宰相蕭華說：「我寧可砍掉手臂，也不會推薦他當宰相。」肅宗聽了這個消息後十分高興，但李輔國卻恨透了裴冕，不久便將裴冕貶為施州刺史。李輔國為了將裴冕的好友蕭華趕下相位，便在肅宗面前竭力推薦自己的親信元載為宰相，肅宗無奈，只好用元載代蕭華為相，把蕭華降為禮部尚書。這樣李輔國不僅打擊了反對派，也在內閣安插了自己的親信。

李輔國的專權，引起了眾朝臣的不滿，也導致了張皇后與他的矛盾。玄宗死後，肅宗病情惡化。由於張皇后的兒子早逝，便由太子李俶主持處理國事。張皇后召見太子李俶說：「李輔國長期掌管禁衛兵，皇帝的詔令都由他下達，並且擅自逼迫聖皇玄宗遷到太極宮，罪大惡極。他現在最恨的就是你和我了。如今皇上病危，李輔國同程元振陰謀作亂，不可不誅殺他們。」太子是個軟弱之人，毫無主見，卻流著淚說：「父皇的病情非常危險，這兩個人都是父皇的元老功臣，如果現在就殺了他們，萬一父皇知道了一定會受驚，他怎能受得了呢？」張皇后十分失望，知道他無意殺李輔國，便冷冷地說：「讓我再想想這事。」張皇后的內心十分惶恐，她知道在這狗咬狗的鬥爭中，不是你死就是我死。如果讓李輔國勝了，自己的下場將會很慘。

她急忙派人去找越王李係，對他說：「太子是個仁弱的人，不能誅殺賊臣，就指望你們了。」於是越王李係挑選了勇敢善戰的太監二百名，全副武裝埋伏在長生殿後面。然後張皇后假借肅宗的名義召太子進宮，準備實施自己的計劃。但她的這個陰謀被詭計多端的李輔國得悉，於是李輔國同程元振也作了準備，在陵霄門伏兵把守。當太子走到陵霄門時，被李輔國等人攔住，送到飛龍廄，並派兵嚴加守護。接著李輔國和程元振親自帶兵進入宮城，捉住了越王李係、段恒俊等二百多人。並且假借太子的命令，將張皇后遷於別殿幽禁起來。第二天肅宗皇帝駕崩，李輔國下令將張皇后、越王李係等全殺了。當天李輔國護衛太子穿孝服與宰相和大臣見面，宣布皇上去世的消息，太子行監國之令。發喪完畢，擁立太子即位，是為代宗。

代宗即位後，李輔國自恃擁立之功，更加驕橫，不可一世。加上對他有威脅的政敵大多已除，他更加無所顧忌，公然對代宗說：「你就好好坐在宮裡吧，外邊的事就由我來處理。」代宗心裡雖然不高興，但因為他手握禁軍，表面上又不得不以禮相待，尊他為「尚父」。在他的策劃下，寶應元年（西元七六二年），李輔國終於爬上了宰相的寶座。從此，朝臣便都不得不屈服於他，國家大權也由他一個人把持。

物極必反，就在李輔國的權力達到頂點之時，朝中有不少人便開始算計他了。權力的爭鬥在封建官場上，猶如風吹海浪，一波未平一波又起。而這次與李輔國較量的卻是他的幫兇程元振。程元振原是一個地位很低的太監，由於此人機敏狡詐，很得李輔國賞識，把他看作自己爭權奪利的最好幫手。於是經李輔國的提攜，才開始平步青雲。當他看到李輔國權傾朝野時，便暗下決心，把李輔國的權力奪過來。

他看出代宗皇帝對李輔國的挾制大為不滿，心中暗自琢磨，何不利用代宗之手和朝臣的情緒把他除掉。於是他利用一切能接近代宗的機會，勸說代宗：「李輔國掌握軍政大權，對朝廷和陛下都十分危險，如果不加以限制，後患無窮。」他的話正符合代宗的心意。代宗也早想這麼做，但卻無處下手，眼下正好利用李輔國、程元振之間的矛盾。於是代宗下令撤銷了李輔國行軍司馬、兵部尚書等職務，以程元振代其行軍司馬職務，解除了李輔國的兵權。接著又讓左武衛大將軍彭體盈取代了李輔國任的閑廄、牧群、苑內、營田、玉坊等使，並讓李輔國遷到宮外居住。聽到這個消息，朝廷內外，無不慶賀，可見李輔國專權不得人心。

李輔國一向認為代宗也是無能之輩，當他一些重要職務一個一個被解除後，才感到事情不妙，十分害怕。他知道這樣下去，自己將處於十分危險的境地。他想試著以退為進，向代宗提出辭去宰相職務，哪知代宗絲毫未加挽留，同意了他的辭職，這樣又罷去了其宰相職務。這使他感到自己被別人暗算了。李輔國有些承受不了，氣急敗壞地找代宗說：「我不能侍奉陛下，那我請求一死。」企圖用死來嚇唬代宗，以挽回局勢。但已經晚了。

程元振為了取代李輔國，積極向代宗獻計獻策。他們首先把李輔國的親信流放嶺南，有的在途中被殺害。接下來便開始對李輔國進行正面打擊。經過一番密謀，唐代宗派牙門將杜濟在李輔國家中將其處死。這是他始料不及的。一代權奸從此結束了罪惡的一生。

太監當宰相，無法無天，禍亂朝政。歷史告訴人們要防小人，遠佞人。他們以諂媚騙取信任，一旦得勢，便會露出兇殘的本相。

虎父犬子，殘害朝臣

父為英雄，兒未必都是好漢，唐朝著名丞相盧懷慎清廉方正，其孫盧杞卻是一個慣使奸計殘害朝臣的小人。

盧杞，字子良，滑州靈昌（今河南滑縣西南）人。其父盧奕是天寶末期的御史中丞。安史之亂時洛陽失陷，很多官員被迫變節做了偽官，但盧奕寧死不降，被安祿山叛軍所殺。正是由於其祖父的賢德和父親的壯烈，他才受蔭當上了清道率府兵曹。盧杞為人機靈善變，很會在官場上周旋，因此官運很順，到了唐德宗時，他已當上了吏部郎中，虢州刺史。

盧杞從小受祖父盧懷慎清廉儉樸的作風影響，少年時代便穿著樸素，吃的是粗茶淡飯，這日常生活中的小事情，卻給他帶來了很多讚譽，以為繼承了祖父的好傳統。這外觀上給人的好印象，往往使人對他疏於防範，容易騙取別人的信任。

盧杞做虢州刺史時，唐德宗到那裡視察工作，老百姓紛紛告狀，說虢州官府為皇宮飼養的三千口豬，經常四處亂竄，糟踏莊稼。德宗聽後順口說：「把這些豬轉移到同州的沙苑吧。」盧杞靈機一動，對唐德宗說：「同州的百姓也是陛下的臣民，這些豬遷到那裡照樣會禍害於民，臣認為還是把它們都殺了吃掉比較好。」

德宗聽了，不覺一愣，點了點頭說：「你身為虢州官員，卻能想著他州的百姓，真是個宰相之材。」唐德宗一下子覺得自己發現了個人才，十分高興，便下令把那三千口官豬無償分給百姓。盧杞對德宗的誇獎也暗自得意，他知道只要順著德宗的心意去說話，那就不愁沒官做。果然，德宗回京城不久，就將他升任為御史中丞。隨著官位的不斷提高，盧杞漸漸掩蓋不住自己內心暗含的殺機，雖然他還貌似恭謹，但細心的人已經感覺到了什麼。

一次他去拜訪老臣郭子儀，這位平定安史之亂的重臣正在生病，臥床休息。當聽到門人報告盧杞來時，他馬上讓左右姬妾們都退過後堂去，他自己站在几案前等盧杞進來。家裡人對此都覺得十分奇怪。盧杞走後，姬妾們問郭子儀：「很多朝中官員來看望您，您從未讓我們回避。盧中丞來為什麼就讓我們回避呢？」郭子儀告訴她們：「這位盧中丞相貌非常醜陋，而內心又十分陰險毒辣，妳們看到他那個樣子一定會忍不住發笑。如果這樣，他一定會忌恨在心，如果此人將來得勢，我們的家族就要遭殃了。」盧杞的確奇醜無比，一雙小眼睛就像誰不小心在臉上割了兩個小孔。沒有鼻梁，而兩個大鼻孔卻朝天翹著。整個臉又寬又短，如同被人從頭頂上坐了一屁股，看了讓人忍俊不禁。

郭子儀的確久經官場，遇人知面識心，他的判斷十分正確。一年後盧杞果然當上了負責監察、執法的御史大夫，十天後又再度升為門下侍郎同中書門下平章事。在不到一年的時間內，盧杞由一名普通的地方官爬上了丞相的寶座，同宰相楊炎共同輔政。

楊炎覺得盧杞不僅相貌醜，而且又無真才實學，很瞧不起他。按照唐朝慣例，幾位丞相每天要在政事堂一起會餐。因為楊炎看不起盧杞，經常借故推辭。盧杞對此懷恨在心，時時在找機會報復。

建中二年（西元七八一年）七月，山南東道節度使在成德等三鎮聯合拒絕接受朝廷命令，形成藩鎮割據之勢，背叛唐朝。德宗命淮西節度使李希烈進行征討。楊炎因為此人反覆無常，就不同意讓此人前往，極力勸阻，德宗心裡十分不高興，沒有採納楊炎的諫意。李希烈率大軍出征，因碰上連日陰雨，沒有進軍。德宗十分不滿，就去找盧杞商量怎麼辦。盧杞感到對楊炎報復的機會來了，一定要抓住，他乘機說：「李希烈遷延徘徊、久留不進，是因為楊炎曾建議陛下不重用他的原因。陛下何必為了一個楊炎而耽誤了討伐梁崇義的大事呢？依我之見，不如暫時免除楊炎宰相職務，使李希烈心情舒暢就會竭心盡力於朝廷了。等政局穩定下來再起用他，也沒有什麼關係。」德宗覺得此話有理，再說德宗早對楊炎失去了信任。

原來安史之亂使唐朝社會組織和經濟遭到了巨大破壞，唐朝前期採用的租庸調稅法早已名存實亡了。楊炎當丞相後，提出了一些改革措施，用兩稅法取代了租庸調法，對緩解財政困難發揮了積極作用。當時的財政專家劉晏在改變財政狀況中立下了汗馬功勞，受到了朝廷的器重。楊炎對此十分嫉恨。再加上楊炎是代宗時奸相元載的黨徒，元載被誅時，劉晏參與了策劃，本來對他就有深仇，現在劉晏政聲卓著，大有取代自己之勢，於是就想藉口除掉他。楊炎指使親信誣奏劉晏勾結叛黨，企圖謀反，並親自出面作證。

德宗不明真相，疑心又重，寧錯殺也不留後患，便暗中派太監把劉晏殺死。劉晏的死，使朝野震驚，很多朝臣都替劉晏鳴冤。尤其山東的李正已聯合諸鎮，多次追問殺劉晏的罪名，朝廷沒辦法回答。楊炎做賊心虛，為了推托責任，便派人到各地去向節度使們暗中解釋：「劉晏曾與奸佞之輩朋比為奸，要立獨孤后，是皇上要殺他的。」後來德宗知道了此事後，心中大怒，其實把盧杞舉上相位，就是為了取代他。眼下正好順水推舟，便下詔罷免了楊炎的宰相之職。

楊炎被罷相之後，盧杞覺得還未解心頭之恨，必欲置之死地而後快。不久，盧杞又用楊炎家廟臨近曲江一事對他做進一步的打擊，他對德宗說：「曲江附近王氣很重，蕭嵩曾在那裡建過家廟，唐玄宗命令他遷走，楊炎又在那裡建家廟，很顯然是想謀反。」德宗沒有什麼頭腦，聽風是雨，尤其謀反對他來說是最不能容忍的，當即將楊炎從左僕射貶為崖州司馬。德宗在盧杞的讒言惑動下還不放心，乾脆又派人在楊炎尚未到崖州時，把他殺害了。

其實楊炎對李希烈的看法是正確的，盧杞是為了除掉自己的政敵才極力主張重用李希烈，後來李希烈的叛變給唐朝帶來了更深重的災難。

盧杞在當上宰相之後，便著手組織力量打擊能夠給自己造成威脅的敵手。而且他很會利用朝臣中相互之間的矛盾，讓他們互相傾軋，自己坐收漁翁之利。楊炎被害之前，盧杞知道京兆尹嚴郢受楊炎的排擠，就把嚴郢提拔為御史大夫。嚴郢在盧杞的支持下，對楊炎進行了殘酷的報復。楊炎被德宗貶死之後，盧杞見嚴郢失去了使用價值，又恐其對自己不利，於是便預謀整垮他。

新任丞相張鎰為人正直，才華橫溢，處事很有主見，很得德宗器重。有一次巡官崔程受徐州刺史李洧之托請求朝廷下詔書，以應付當地的局勢，崔程只找宰相張鎰作了請示。盧杞感到自己的地位受到了威脅，對張鎰十分嫉恨，並由此產生了仇恨，於是千方百計要設法除掉他。

建中三年（西元七八二年）四月，唐德宗準備向西部用兵，想找一位德高望重的大臣取代朱泚。盧杞決心趁此機會把張鎰排擠出京都，一旦張鎰離開，大權便由自己獨攬了。盧杞於是假裝自告奮勇請求德宗：「朱泚名高位重，尤其鳳翔軍官個個驕橫，如果不是朝中宰相重臣，就無法鎮服他們，我請求前去。」德宗沉思著沒有回答，盧杞急忙脫身說：「陛下如果認為我長的醜陋，不被三軍所服，那麼陛下只有自己決定人選了。」說著向張鎰站的地方瞥了一眼，並且嘴角向那邊一努，暗示德宗要張鎰去。德宗沒有多想，他確實認為張鎰是最合適的人選，便對張鎰說：「你文武雙全，德高望重，再沒有比你更合適的人選了。」張鎰心裡明白這是盧杞為排擠自己設的奸計，但德宗已經發話，自己不好再說什麼，便接受了鳳翔隴右節度使這一職務。

張鎰剛離京赴任，盧杞就迫不急待地對殿中侍御史鄭詹和嚴郢大下毒手。

當時朱泚的司馬蔡廷玉畏罪自殺，盧杞便借此大作文章，上奏德宗說：「蔡廷玉之死，關係重大。恐怕朱泚懷疑是朝廷旨意，又生事端，請三司審判鄭詹；鄭詹身為御史，所作所為當受御史大夫的指令，請同時審查嚴郢。」其實此事與嚴郢等毫無關係，但奏本一上，三司便開始準備辦理此案。

原來這盧杞醉翁之意不在酒，是想藉機除掉張鎰。鄭詹和張鎰私交很深，張鎰和盧杞同在相位，他們中午休息時各有一個休息室。在盧杞陷害忠良的日子裡，鄭詹不敢公開同張鎰接觸，便利用盧杞午睡的習慣，當他睡熟的時候，悄悄跑到張鎰的屋中閒談。時間長了，事情便被盧杞發覺了。但是狡猾的盧杞並沒有聲張，他假裝什麼也不知道，照舊睡他的大覺。有一天，盧杞知道鄭詹一定會去看張鎰，就假裝睡得很熟，鼻子還打著鼾聲。他發現鄭詹進到了張鎰的閣房中，門才剛剛關上，盧杞便急忙爬起來去敲張鎰閣房門。鄭詹還沒來得及坐下，就聽到盧杞的敲門聲，不知怎麼辦才好。張鎰趕忙示意，讓鄭詹暫時躲一下。

盧杞進屋後，裝作什麼也不知道的樣子，與張鎰談論朝廷中發生的重要要事，甚至談到鄭詹的案子。張鎰是個正人君子，他壓根不知道盧杞是沖著鄭詹來的，他見盧杞談得很多，怕洩漏了機密，就對盧杞說：「殿中鄭侍御史在此。」盧杞裝出大驚失色的樣子說：「我們談話的內容全是機密大事，都是不能讓外人知道的事情，你怎能讓人在這裡偷聽呢？」張鎰不知這是盧杞的陰謀，一時不知怎麼說好。盧杞順理成章地把此事上奏德宗。就這樣，三司對鄭詹的案子還未審完，就把鄭詹判了死刑，並把嚴郢貶為費州刺史。不久，又罷去了張鎰丞相的職務，真是一箭三鵰。為了鞏固自己宰相的地位，盧杞不惜一切代價去打擊陷害可能不利於自己的人。

顏真卿是平定安史之亂的大功臣，名聲很大，他為人正直，對一些事情敢於發表自己的意見。這對企圖獨攬大權的盧杞來說，無疑是一種威脅。盧杞對他十分反感，時時準備把他排擠出京都。顏真卿對他的為人十分清楚，料到他準備對自己下手，便找了個空閒的日子到中書對盧杞說：「我因為心直口快得罪了很多人，現在我老了，希望能夠得到你的保護。你的父親被安祿山殺害時，他的首級傳到中原，我用舌頭舔乾淨他臉上的血汙。僅憑這一點，你也應該能夠包容我。」盧杞聽了這些話臉色緋紅，雖然表面上對顏真卿客氣了一番，然而內心裡卻更痛恨他了。他覺得顏真卿是在倚老賣老向自己說三道四，如果不早日把他趕出京都，誰知顏真卿還會說出什麼對自己不利的話來。

唐建中四年（西元七八三年）元月，李希烈率領叛軍攻陷了汝州，德宗十分驚慌，急忙召盧杞來商量對策，盧杞覺得這是除去顏真卿的極好機會，便對德宗說：「李希烈年輕氣盛，恃功驕傲，必須派一位重臣前去勸說，他才可能改悔。顏真卿是三朝元老，名重天下，派他去是最合適的。」此時顏真卿已經六十六歲高齡，德宗覺得有些不妥，但大敵當前，眼下又沒有別人可擔當此任，就顧不得這些，只好令他去勸說李希烈。結果一去不復還，被長期扣留，最後被李希烈殺害。

凡是朝中有資望的人，盧杞都覺得是自己潛在的敵人，一個也不放過。老臣李揆很有才能，曾經當過宰相，由於他「在相位決事獻替，雖甚博辯，性銳於名利，深為物議所非」，又加上他哥哥玩忽職守，不引進同列，被貶為地方官。後來又從睦州刺史拜國子祭酒，升任禮部尚書，便引起了盧杞的忌恨，千方百計要把他擠出京城。建中四年七月，盧杞向德宗奏請派李揆出使吐蕃。李揆當時已是七十三歲高齡，自知難以擔當此任，便對德宗說：「我不再乎遠行，只怕到不了吐蕃就會死了。」德宗也覺得李揆年老多病，便對他產生了同情之心，對盧杞說：「李揆太老了吧。」盧杞馬上回答說：「出使吐蕃必須選派老練的官員，年齡越大經驗越豐富。再說，李揆此次出使吐蕃，作出了樣板，以後比他年紀小的官員再也不會推辭遠行了。」德宗覺得他說的也有幾分道理，於是又給李揆加了個左僕射的頭銜。李揆沒辦法，只好硬著頭皮去當「會盟使」，結果第二年四月死於鳳州。

盧杞為了鞏固自己的地位，一方面殘酷打擊朝中正直之士，一方面推薦庸碌無能之輩任要職。這樣朝中之事他才能一個人說了算。張鎰被他除掉後，盧杞便推薦了做事優柔寡斷、書生氣息十足的關播做了宰相。關播當宰相實際上只是個擺設，根本沒有決事的權力。有一次盧杞警告關播說：「只是因為你平時沉默寡言，我才推薦你當宰相。」所以，無論朝中議論大小事，關播從不發言，要講也只是附聲盧杞而已。

用人是為政的關鍵所在，無論是一朝君主還是一個部門的首要，用人得當則政事通行，所用非人便會一敗塗地。最初德宗任崔祐甫為相時，天下太平，政治寬和。然而自從用了盧杞做宰相之後，各種矛盾被激化，朝政日益窳敗。同時割據的戰爭逐步擴大升級，國家財政危機四伏。

自從李惟岳、田悅等反叛朝廷之後，梁崇義、李希烈等也先後各霸一方，擁兵自立，一時間戰爭四起，唐朝的軍費開支大大增長，財政出現了危機。為了緩和這種危機，盧杞又起用了趙贊搜刮民財。趙贊提出首先向富商們借錢，待叛亂平定後再還錢，並名之曰「總括法」。德宗以為可行，便下了一道御旨，要求地方照辦。地方官們便奉旨行事，有的派人趕著大車挨戶逐門搜刮錢財，如果出錢少了，便會遭到皂隸們的毒打，那些確實拿不出錢的人，因忍受不了非人的刑罰，有的竟上吊自殺，搞得人心惶惶，得到的效果卻很小。盧杞根本不管百姓死活，便又生出更歹毒的辦法，進一步擠榨老百姓的血汗。他讓趙贊弄了套稅間架，算除陌法，按照每戶的財產房間進行計算，上等房間一間收稅二千，中等一千，下等五百，如有隱瞞不報的，嚴刑處罰。那些地方官趁機大肆貪汙受賄，使民不聊生，怨聲載道。

由於朝廷的內憂外患，戰亂更加嚴重，前去圍剿三鎮叛軍的朱滔，此時也擁兵自立，與朝廷抗禮。為了防止其兄朱泚的響應配合，德宗慌忙解除了涇原節度使朱泚的兵權，同時把他軟禁在京城長安，由姚令言接替朱泚涇原節度使的職務。

建中四年（西元七八三年）冬天，姚令言率五千名士兵來到長安。由於天氣寒冷，士兵們遠道而來，希望到了京城後能得到朝廷的賞賜。但由於盧杞把財政搞得一團糟，府庫空虛，對士兵們毫無表示。京兆尹王翃在士兵們出城後才奉德宗聖旨犒賞軍隊，他們看到送上來的粗淡食物，滿肚子怨憤一下子噴發出來，有人喊道：「我們就要到沙場去拼命了，現在連頓飽飯都不給吃，我們不是白白去送死嗎？瓊林大盈二庫中藏的都是珍寶，大家快去拿吧。」士兵們齊聲響應，他們掀翻席案，把餐具砸碎，手持兵刃向長安城衝去。

此時，嘩變的士兵們來到宮禁的丹風門外，敲打城門，德宗慌忙召集禁兵來抵抗，但竟沒有幾個兵丁前來。德宗一看大勢不好，急忙從北門逃走。

按理皇城中駐有一定數量的禁軍守城，對付五千名嘩變的士兵是沒有問題的，但由於盧杞用自己的親信白志貞掌握禁軍，白志貞為了虛報人數，對在東征時死亡的禁兵數隱瞞不報。又接受一些青年商販的賄賂，把他們的名字補進去，人卻在市場上做生意，白志貞從中大發橫財。其實司農段秀實已經向德宗提示過，由於盧杞從中開脫，德宗沒有深究。如今卻落得倉皇出逃的狼狽下場。

右龍武軍使令狐建聽說士兵嘩變，皇帝外逃，大驚失色，急忙帶領正在校場上訓練的四百名士卒前來護駕。盧杞也被這突如其來的事變嚇壞了，他驚慌失措，忙從中書省跳牆而出，在咸陽趕上了德宗一行，然後一同往奉天逃去。

德宗等人來到奉天（今陝西乾縣）後，立即詔令附近各道兵馬前來護駕。因為朱泚在長安城中，有人擔心他趁機圖謀反叛，建議德宗加強防範。盧杞此時雖然驚魂未定，卻硬裝出一副有雄才大略的樣子，假裝鎮靜地說：「朱泚忠於朝廷，大臣們哪個能趕得上他，為什麼要懷疑他呢？我用全家上百口人的生命作擔保，他絕對不會反叛。」德宗雖然被他已經折騰得狼狽不堪，但還是對他的話深信不疑，正要下令各道援哄駐紮三十里外待命，翰林學士姜公輔奏道；「現在奉天城內兵衛薄弱，不可不加強防備。如果朱泚真心前來接駕，城內兵多也沒有什麼關係。如果他心懷異志，我有備才能無患。」大臣們都認為姜公輔的話有道理，紛紛表示贊同，德宗這才令各路兵馬進城。

其實就在盧杞拍著胸脯替朱泚擔保的時候，他已經在長安打出了反叛的大旗。原來那些哄搶宮中府庫的士兵們心滿意足之後，方才知道闖下了滅族之禍，便選出一些代表去請朱泚出來維持局面，他很快控制了長安城。那些原來被盧杞陷害的官員，紛紛投到了他的大旗下。他見人心比較穩定，便正式登基坐上皇位，自稱大秦皇帝，封賜百官。他封賜弟弟朱滔為皇太弟，讓他先掃平河北一帶，然後帶兵到洛陽會合。為了保證自己偽皇帝的寶座，首先當務之急就是殺掉唐德宗。他親率大軍，令姚令言為元帥，朝奉天殺來。

就在大敵當前，吉兇未卜之際，盧杞也沒有忘記害人。丞相右僕射同平章事崔寧在德宗到奉天幾天後才逃到奉天，君臣相見不覺百感交集，德宗對他的到來很高興，大加撫慰。崔寧私下對親信說：「德宗本來聰明英武，善於聽取好的意見，只是受了盧杞等人的迷惑，以至到了如此地步。」說著不覺悲從心來，痛哭失聲。盧杞這樣的奸臣，步步設防，他怕大臣們對他有不利的言行，早已四處布下暗探，當他聽說這件事後，便去找死黨王翊商量陷害崔寧，立即把他除掉。

崔寧原來患有腎病，這次同王翃等人從兵變中逃出後，由於驚嚇尿頻更加厲害，途中多次下馬小便，可是越急越尿不出來，每次小便的時間都比較長，因此落在其他官員後邊到達奉天。王翃把這件事告訴了盧杞，盧杞便借題發揮，大作文章。恰巧利用兵變自立大秦皇帝的朱泚大施離間計，假稱以崔寧為中書令。這更給盧杞陷害崔寧以口實，於是在盧杞的指使下，王翃先去對德宗說：「我和崔寧同時出延平門，崔寧多次下馬小便，久等他也不來，好像有顧望之意。後來朱泚下詔，任命他當了中書令。」

接著盧杞又讓王翃逼著盩厔尉康湛偽造了一封崔寧給朱泚的信，盧杞急不可待地拿著偽造信去找德宗，他煞有其事地說：「崔寧在逃離長安時，之所以落在其他官員後面，是因為他與朱泚訂立裡應外合的盟約耽誤了時間。現在他又寫信給朱泚，證據已經俱在。」德宗聽了盧杞的話，沒有表示什麼，因為他認為崔寧還是忠於自己的，不會依附朱泚，究意怎樣等等再看吧。盧杞殺人心切，在他的心目中，崔寧比朱泚對自己的威脅更大，於是撲通一聲跪在地上，聲淚俱下說：「我身為宰相，沒有盡到責任，陛下如果不殺崔寧，那就殺我好了。」他是逼著德宗非殺崔寧不可。在盧杞的要挾下，昏庸的德宗就派宦官暗中把崔寧勒死了。

就在盧杞精心策劃殺害崔寧時，朱泚的大軍已經殺到奉天城下，多次打敗唐朝的援軍，他們正在抓緊時間打造各種攻城的器具日夜攻城。城裡的將士雖然奮力抵抗，但力量已經越來越弱，好多次叛軍已經登上城牆，形勢十分危急。就在城門就要被攻破的緊要關頭，大將李懷光率領朔方軍從魏縣趕來救援，把朱泚的軍隊打得大敗，逃回長安。

就在奉天解圍的同時，盧杞擔心李懷光拜見德宗，暗使奸計，結果逼反了李懷光。原來李懷光早已對盧杞等人禍國殃民大為不滿，此次又搞得皇上東躲西藏，君不像君，臣不像臣，更使他義憤填膺，在率軍前來救駕的途中，他忍不住說：「盧杞、趙贊之輩是天下大亂的根源，等我見了皇上，一定請求殺掉他們。」奉天解圍之後，他說的這些話由趙贊傳到了盧杞耳中，盧杞聽了這話大為恐懼，他知道李懷光性情粗暴，一怒之下什麼事情都能做出來。當前唯一能阻止李懷光的辦法，就是讓德宗把他支走。於是盧杞馬上去見德宗，十分鎮靜地向德宗獻策說：「李懷光兵威大震，立下了豐功偉績，看來恢復天下就要依靠此人了。現在朱泚兵聞風喪膽，沒有守備之心，如果陛下命他帶兵一舉進攻長安，長安指日可下，這是破竹之勢。他如果現在要求見您，千萬不可答應。如果陛下召他入朝，勢必要設宴款待，起碼要耽誤幾天時間，這樣一來，朱泚就有了充分的準備時間，以後再消滅他們就很困難了。」德宗覺得盧杞的說得也在理，便不假思索，下令李懷光不要進城朝見，暫住軍便橋，然後與李晟等一同去收復長安。

李懷光一介武夫，認為自己從幾千里之外前來救駕，打退叛軍解了奉天之圍，卻不得見皇上一面，不禁怒火中燒，氣憤地說：「我現在已經被奸臣排擠了，前途實在難以預料啊。」作為一位封建官員，最怕被皇帝猜疑，李懷光不知內情，以為德宗已經不信任自己了，否則為什麼只在城裡城外，咫尺之間卻不能見皇上呢？李懷光心中怏怏不快，不由地升起了背叛朝廷的念頭。一氣之下，他帶兵到了咸陽後，按兵不動。德宗命李懷光早日進軍，收復長安。李懷光多次上疏德宗，揭露盧杞的罪行，朝廷內外，議論紛紛。德宗為了安慰李懷光，萬不得已，於建中四年（西元七八三年）十二月，下令將盧杞貶為新州司馬。同時被貶的還有白志貞、趙贊等人。

盧杞禍國殃民遭到了朝野的唾罵，但是德宗卻總是對他獨有好感。貞元元年（西元七八五年）正月，大赦改元，德宗把盧杞調任為吉州刺史。盧杞十分得意，覺得自己還有機會重掌朝政，逢人便說：「我一定會再次受到重用。」過了沒幾天，果然德宗又要提他為饒州刺史。這天值班的是給事中袁高，他遲遲不動手起草詔書，宰相盧翰、劉從一又找別人起草。詔書起草完畢後，送到門下省時，袁高怎麼也不傳達，並彈劾盧杞罪大惡極，不可再用。德宗沒有理睬，第二天還親自召開會議，復議提調盧杞的事。

袁高仍然堅決不同意，並且說：「在盧杞執政期間，朝廷大臣們都覺得像有把刀放在脖子上，每天膽戰心驚。今天重新起用他，奸佞之人又會乘勢而起。」德宗十分生氣，但眾怒難犯，只好暫時罷了。第二天，德宗又想讓盧杞當個小州刺史，徵求丞相們的意見說：「讓盧杞做一個小州的刺史總可以吧！」大臣們齊聲反對，李勉說：「您如果實在願意讓他做，給他個大州刺史也可以，可那樣天下人就會大失所望的。」德宗心裡也犯了嘀咕，這盧杞怎麼這麼沒有人緣，連一個贊成的也沒有呢？只好作罷。盧杞再也沒有被起用，貞元元年（西元七八五年）二月，病死在澧州別駕任上。

盧杞一生爭權，不惜坑害他人。由於無德無才，一旦大權到手，必然禍國殃民。

生死之爭，不擇手段

位卑人輕，願與輔國重臣一爭。攀結宦官，幾度攪起政治大波。唐穆宗宰相李訓，誤失「甘露之謀」，未達目的，終喪宦官之手。

李訓，一名李仲言，唐穆宗長慶年間進士。他生得體貌魁偉、神情灑脫。他為人聰敏，善揣人意，尤長於辯才，精於文章之道。他本想憑自己的才學精進求取功名，但無奈出身低下，被征到河陽節度府當了個小書記官，志大才高的李訓對此憤然不平。遙想遠祖，李氏一門也算名門望族，其遠房族祖李揆，亦曾為肅宗宰相。可是家道中衰，自祖及父都是布衣，唯有詩書傳家，使他希望的種子又萌發。

此時，李訓有個遠房叔父李逢吉，因有宦官王守澄的幫助，當上了穆宗的宰相。這李逢吉是有名的奸臣，人望很差，但是李訓深深地感到，在這品級森嚴的社會中，沒有靠山想出人頭地，比登天還難。受功名心的驅使，他也顧不上許多了。他有一個自己的人生哲學，只要為了達到目的，就先不要去想手段是否卑劣。於是他以族人的身分，主動投到李逢吉門下，成了他的親信。與張又新、張權輿、李虞程等十六人，號稱「八關十六子」，凡有求於李逢吉的人，首先要向他們行賄才行。

敬宗皇帝即位後，李逢吉企圖獨攬大權，便千方百計想把宰相李程和重臣裴度排擠出朝廷，便設計了一個陰謀，但沒有害到他，卻險些要了李訓的命。

原來裴度有個門人叫武昭，因為李逢吉的阻止而沒有被任用，對他恨之入骨。酒後狂言，要殺他報仇。武昭的朋友李審為了巴結李逢吉而告密。李逢吉覺得可以利用此事除掉自己的對手，於是令安再榮首告，說裴度的門人受李程指使要謀殺宰相李逢吉。又讓李訓去威脅武昭的另一位朋友曹茅匯作證，說：「你如果招供李程與武昭同謀刺殺李逢吉便平安無事，否則你就死定了。」曹茅匯氣憤地回答道：「我寧願受冤而死，也絕不做那種誣陷人的事。」武昭下獄之後，曹茅匯沒有作證，結果李逢吉的陰謀敗露。武昭被處死，涉及此案的李訓被流放到象州，茅匯被流放到崖州。真是偷雞不成蝕把米。

恰好此時敬宗被宦官劉克明殺害，宦官王守澄等擁立文宗即位。文宗即位之初，大赦天下，以示仁德，於是李訓意外地獲得新生。

象州歸來之後，李訓並沒有因此挫折而喪氣不振。反之，他飽受磨難之後，政治抱負反而更加堅定。於是他四處奔走，拜謁名臣故吏以求進身之階，可是他萬萬沒有想到，自己是個曾被判以流刑的罪人，沒人敢用他。不久，因母親去世守喪而閒居洛陽。在洛陽期間，李訓結識了後來發動甘露之變的主要幫手舒元輿，對李訓有著很重要的影響。

舒元輿，江州人，元和八年（西元八一三年）進士，曾在興元節度使裴度幕下為掌書記。他同李訓一樣，出身微寒，但天資聰悟，博通經史，卻得不到施展才華的機會。舒元輿也自負奇才，有著強烈的功名心。也是由於門第不顯，只能身處下位。這使他感到憤憤不平。大和五年（西元八三一年），他為了博取文宗的注意，寫了長達八萬言的上疏，指陳古今得失，為政方略。卻遭到宰相李宗閔的貶斥，將他黜為著作郎。這是個無事可做的閑職。

相同的出身，相似的經歷，共同擁有的政治抱負，使李訓和舒元輿一見如故，引為知己。雖然他們此時都是寒門小吏，理想的火花一經碰撞，仿佛看到了前邊有一個五彩繽紛的世界，他們相期改變命運，做出一番轟轟烈烈的大事業。

理想固然美麗，但現實確是無情。李訓此時四處碰壁，幾乎走投無路。這時有位奇人路過洛陽，這人正是當今掌朝宦官王守澄的親信、昭義節度使鄭注。如果能結交此人，再通過他去攀附王守澄，不怕自己不能飛黃騰達。但是此刻自己家徒四壁，拿什麼做見面禮呢？李訓知道，像鄭注這等人物，沒有錢就別想靠邊。想來想去，李訓想到了李逢吉。逢吉時為留守，絞盡腦汁想恢復相位，心中鬱鬱不樂。李訓已猜到他的心意，便說自己與鄭注是好朋友，果然李逢吉聽了十分驚喜，馬上拿出珍寶金帛數百萬，讓李訓去與他周旋。

鄭注此時是一個沒有政治是非的人，不管你是誰，只要肯出錢賄賂，辦什麼事情你只管說。憑他現在的勢力，也就只差摘不下月亮了。以前鄭注是一個江湖醫生，元和十三年（西元八一八年），李朔任襄陽節度使，為生活所迫，鄭注前去投奔了他。李朔生病時被鄭注用藥治好，因此李朔格外厚待他，提他為節度衙推從。後來李朔調任武寧節度使，鄭注隨往徐州。當時任武寧節度使監軍的是太監王守澄，對鄭注有偏見，準備把他排擠出武寧軍。經李朔推薦，王守澄發現鄭注亦是一奇才，他機敏善辯，「盡中其意」。於是把他請到內室，促膝交談，大有相見恨晚之感。不久王守澄回朝中任樞密使，便把他帶回京師。他為王守澄出謀劃策，成了他的心腹黨羽。那些宦官對鄭注也另眼相見，其權勢日增。

李訓像一個賭徒，他把自己的一切都押在了鄭注身上。因為他十分清楚，鄭注是一個聲聞很壞的人，尤其又是太監王守澄的心腹，更為正人君子所不齒。好在鄭注並沒有太多野心，他與王守澄的交好，一方面是出於義氣，更主要是為了滿足個人的一點私欲。可是自己就不同了，自己有著強烈的野心和政治理想，之所以攀附鄭注，是為了通過這個臺階爬向政權的高峰。這樣做要付出的代價和風險也是極大的，一邊要受到一些人的唾罵，另一邊如果鄭注倒了，自己的一切也就全成了泡影。

李訓與鄭注的會見，不僅使李訓找到了打開朝中最高權力大門的鑰匙，也改變了鄭注一生的命運。他倆似乎一見如故，這並不是那數百萬珠寶的作用。說也奇怪，人格的力量有時比金錢更重。李訓的理想和抱負深得鄭注的同情和支持。眼前這個不入流的李訓，在鄭注的心中，是真正的英雄豪杰、仁人志士，令他佩服得五體投地，這也為他們日後發動甘露之變鋪下了共同的道路。

大和八年春天，唐文宗突然患了一種病，不能說話，太醫們手足無措，多方救治均不見效。鄭注便進獻《藥方》一卷，文宗按方服藥，立即見效，於是便令王守澄召鄭注進宮入對。鄭注特邀李訓同去長安。一到長安，鄭注便將李訓介紹給王守澄，言其有經國之才。王守澄此時與鄭注結為死黨，基於對鄭注的信任，很快便重用了李訓。從此，李訓邁上了通往權力之路的第一步。

王守澄為了把皇上牢牢地控制在自己手中，便推薦鄭注和李訓入宮，安排在文宗身邊，作為自己的耳目，打探宮中消息。李訓真覺得機會從天而降，能進宮與皇上接近，那是他夢寐以求的事情。他巴結鄭注、投靠王守澄，目的就在於有人引薦，獲得向上爬的機會。雖然王守澄是利用他為自己做事，可他也利用王守澄達到了自己最初的目的。

李訓飽讀詩書，尤其對儒家經典更為博通，於是進宮為文宗主講《周易》。起初文宗對李訓稍存戒心，因為他知道，王守澄把他引薦來的目的不過就是看著自己。但是召見時，文宗被李訓異乎尋常的才思和十分精辟的觀點所折服，認為是當世難得的奇人。

在與文宗接近的過程中，李訓憑著自己的感覺和文宗言談中流露出來的情緒，知道文宗對宦官專權深惡痛絕。皇帝雖是一國之君，但是身在九重，周圍被太監的勢力包圍著，甚至弄不好還會有生命之危。文宗的祖父唐憲宗、兄長唐敬宗都是死於宦官之手，眼下王守澄以擁立之功更加專橫跋扈。李訓還了解到，文宗不甘被王守澄所控制，曾與宰相宋申錫密謀鏟除宦官勢力，但因事洩未成。李訓感到文宗是個很想有所作為的君主，但是受宦官勢力的鉗制，實在無可奈何。李訓此時心中劇烈震蕩，他在為文宗不平，也就在此時他下定決心要幫助文宗徹底消滅宦官勢力。

李訓想，首先必須解除文宗對自己的看法，因為自己畢竟是大宦官王守澄引薦來的，在外界的輿論中，李訓還是王守澄的死黨。於是李訓在進講《周易》時，常常談到宦官的惡行。他每言及此，必情緒激憤，以打動文宗的心。文宗此時還心有餘悸，不僅是因為元和末年弒君的宦官餘黨尚在宮禁，更主要是前與宋申錫之謀失敗，「幾成反噬」。在李訓的反覆鼓動下，文宗終於下定決心。他也覺得李訓頭腦清楚，對事物的分析有理有據，可以成功大事，於是便真心與鄭注和李訓商討消滅宦官勢力的事。另一方面，文宗想李訓、鄭注都深受王守澄信任，與他們一起密謀鏟除宦官勢力，可以掩人耳目。從此文宗更加信任李訓和鄭注。大和八年八月，李訓丁憂期滿之後，補為四門助教，文宗將其召入內殿，親賜緋魚，十月又提升為國子周易博士兼翰林院侍講學士。

李訓憑著自己的機詐和智謀，總算在官場上露出了頭角。但是他沒有門第，又是靠宦官王守澄得寵於文宗，因此遭到了朝中上下的普遍反對。兩省的言官紛紛上疏向文宗切諫，說他的奸邪「海內聞知，不宜令侍宸扆」。其實李訓對侍講學士這樣的小官根本就沒看上眼，他只是把它作為實現自己野心和抱負的階梯，可是滿朝大臣卻對這一點也不肯給自己，還把自己弄得臭不可聞。李訓心中怒不可遏，他明白自己如果在朝臣的反對聲中敗下去，從此將再無進身之路。李訓為了保住自己已經得到的一點利益，決心進行殊死的反擊。對於一個奢權如命的人來說，本來就是拿生命在作賭注。

李訓雖然是個政治野心極大，權力欲也極強的人，但他也的確是個搞政治陰謀的專家。他冷靜地分析了當時朝中的政治形勢，各派政治力量的對比情況，決定利用他們之間的矛盾，讓他們互相廝殺，自己可以乘機而動。

文宗朝主要有兩大政治勢力，一派是由當朝宰相李德裕為首的李黨，另一派勢力是以牛僧孺、李宗閔為首的牛黨。他們兩大派系因政治主張不同，互相爭權奪利，展開了激烈的鬥爭。目前李德裕領導的李黨稍占上風，把牛黨排斥在外。牛黨雖然在黨爭中暫時失利，但鬥爭仍在繼續。另外，李德裕當任宰相，對宦官勢力十分不利，他們之間也處於明爭暗鬥之中。

李訓弄清了朝中形勢之後，便去找宦官王守澄。此時王守澄對李訓更加看重，尤其他不負自己所望，得到文宗的信任，能站穩朝中，為自己多了個死黨心腹（他當然不知李訓與文宗密謀事）。以李德裕為首的朝中大臣對李訓的排斥，早已引出了王守澄的滿腔怒火，他覺得李訓是自己引薦，排斥他就是排斥以我王守澄為首的宦官勢力，當然不能善罷甘休，只是不知如何下手反擊。李訓的來訪，使王守澄下決心要與李德裕鬥上一鬥。

在李訓的策劃下，王守澄便向文宗進言，說李德裕大搞黨爭，希圖獨攬大權，最好能把李宗閔調回來，代李德裕為相。對於牛李黨爭，文宗的態度比較曖昧，他的確判斷不出誰是誰非。十分明顯的是，二黨互相排斥，所爭無非是權力。在封建帝王眼睛中，權力統統是皇帝的，臣子的權力由皇上所賜，你們爭來奪去，置我於何地。因此文宗對他們都心存戒備。尤其文宗與鄭注、李訓早有鏟除宦官勢力之謀，可是李德裕不知原由，一味大加排斥打擊，使文宗更是不滿。

不久，文宗下旨把李宗閔從山南西道節度使任上調回京師拜為宰相，出李德裕為鎮海節度使。果然，李宗閔上臺後便對李德裕大打出手，誣陷李德裕在做浙西觀察使時，私下勾結譚王，圖謀不軌。李德裕於是又被貶為袁州長史。

李宗閔擊敗李德裕後，總算出了口惡氣。但是當他發現文宗對鄭注和李訓準備重用時，心裡便有些忐忑不安了，他擔心李訓等會取代自己為宰相，於是便決定不給政敵留下後路。他指使黨羽楊虞卿在外面散布謠言，說鄭注要用小孩子的心肝煉丹為文宗治病，京城內外一片恐慌。由於事涉文宗，他十分震怒。鄭注說謠言是楊虞卿指使家人幹的，有意要陷害他。李宗閔擔心楊虞卿承受不住，把事情說出去，便竭力為其辯護。文宗一氣之下，把李宗閔貶為明州刺史。鄭注緊追不捨，又揭發李宗閔與德宗侍妾宋若憲、駙馬都尉沈明結黨，於是李宗閔再次被貶為潮州司戶，不少牛黨人亦被相繼貶逐。

李訓、鄭注在王守澄的支持下，利用牛李黨爭的矛盾，終於把李德裕、李宗閔趕了下去，這才覺得出了口惡氣。但是他們仍然沒有罷手，他們對那些公然在朝堂不願正眼看自己的朝官，以及那些揚言把自己搞得臭如狗屎的言官，更加痛恨。他們不僅阻止過自己向上的進途，而且無數次地惡言貶損自己的人格，對這些人絕對不能客氣。李訓把他們統統扣上牛李黨徒的帽子，貶逐到遙遠的地方。

政治鬥爭就是你死我活。李訓自從攀附李逢吉失敗被處以流刑，他從中悟出了個人的人生信條，無論你是誰，你使用了多麼卑鄙的手段，但只要你戰勝了，誰還去指責你的手段。如果輸了，手段再典雅也只有死路一條。在不到一年的時間裡，幾乎把朝中各種反對派政治勢力全部趕出了朝廷，為自己通往最高權力的路掃清了障礙。

李德裕罷相之後，李訓和鄭注的官級不斷向上升。李訓由翰林院侍講學士進為兵部侍郎、翰林學士、知制誥，官居顯位。當時有「內相」之稱，應該說已掌握了國家大權。

李訓掌握大權之後，同所有政治家一樣，開始招兵買馬，培植自己的黨徒親信。尤其像他這樣的野心家，更懂得結黨的重要性。尤其經過這次劇烈的政治鬥爭，許多大臣被趕出朝中，不少顯要的位子正空著，李訓開始安排他的黨羽。

首先想到的是舒元輿，他是李訓在洛陽閑居之時結交的朋友。舒元輿沒有因為自己受流刑而輕視自己，引為至交，這使李訓十分感動。尤其又互相期望日後有成，這種人當然可以信賴。因為當時都是不有名的窮朋友，只有友誼而沒有利害。不同於得勢後人們對你表示的友好，那全是為了利用你。於是把他先選為右司郎中兼侍御史知雜，又提升為御史中丞。接著李訓又把洛陽時的朋友郭行餘，提任為大理卿，同年進士顧師邕任為翰林學士等等。在他的周圍形成了一個新的政治集團。大和九年（西元八三五年）九月，李訓和舒元輿終於實現了早年在洛陽時的理想，同時升任宰相。

達到權力最高峰的李訓，面對千瘡百孔的大唐帝國，決心有所作為。他希望能恢復社會安定、經濟繁榮的初唐開元、天寶盛世，以實現更高的政治抱負。於是他向文宗提出「先除宦官、再復河湟、次清河北」的基本國策，文宗深表贊同。

在唐朝，玄宗荒於朝政，大小事情由宦官高力士處理，因此打破了太宗不許宦官干政的制度。到安史之亂後，宦官干政幾成風氣。代宗時大宦官李輔國更是獨攬大權，而且還竊據相位。這些人身心受到摧殘，與皇帝經常接近，有的成為皇帝的親信，但由於心靈上對常人的不滿，報復性極強，如果他們干預朝政，那是十分危險的。唐朝自順宗之後的九個皇帝，有八個是宦官擁立的，他們掌握軍權，監護皇上，有的竟被宦官殺害。不治理宦官，想中興大唐那是不可能的。

從李訓個人方面來說，清除宦官勢力，也是實現他個人野心的一大步驟。因為他利用了宦官的勢力步入朝廷，取得了文宗的信任，他又利用宦官的勢力清除了相爭四十餘年、在朝中根深蒂固的牛李二黨。如今他當上了宰相，如果不鏟除宦官勢力，他的宰相也絕不穩當；如果他稍對宦官有所得罪，他可能就會立即從宰相落下來。應該說這也是李訓玩弄權術的高明之處，當然不排除他對文宗受太監們擠壓的同情。不管怎麼說，李訓已經開始策動消滅宦官勢力的大計了。

李訓是個有頭腦的政治家，或者說是陰謀家，他明白與宦官決鬥不是鬧著玩的。此時他以大宦官王守澄作掩護，不與宦官們發生正面衝突，而是利用宦官之間的矛盾，各個擊破。

首先，李訓決定先收拾殺害唐憲宗的元兇陳弘志。其實憲宗是服藥失當，操勞過度而駕崩，稱他弒君只是傳言。但有些言傳也足以令朝野共憤，弒君之罪死有餘辜。李訓拿他開刀，既順應了人們的情緒，又可以鏟消宦官的勢力，可謂一舉兩得。此時陳弘志為襄陽監軍，於是請文宗下旨將其召回，自漢南至青泥驛途中，李訓派人將其杖殺。

在宦官中，勢力較大者還有左神策軍中尉韋元素、樞密使楊承和等，尤其韋元素，以擁立穆宗功臣自居，掌握兵權。王守澄與這一派宦官素有不和，長期明爭暗鬥。如果打著王守澄的旗號，表面上看是替他掃除政敵，不會引起懷疑。於是李訓請文宗下詔，把韋元素放為淮南節度使監軍，楊承和放為西川節度使監軍，凡韋派宦官一律從朝廷中排斥出去。然後，又指使心腹黨羽，構造罪名，將他們再次貶往邊遠地區。然後派遣殺手中途攔截追殺，將他們殺死於赴任途中。這樣韋元素派系的太監便基本上被消滅了。為了進一步穩住王守澄，李訓又對同王守澄爭權的太監田全操、周元稹等進行打擊，請文宗下詔把他們貶出朝廷。

經過這樣大規模的清洗，大大削弱了宦官勢力。王守澄看著大批宦官被逐殺，心裡正洋洋得意，還以為從此天下便是他的。在他的眼裡，李訓只是他提拔起來為自己辦事的差使。他甚至還以為李訓誅殺大批宦官，是為了討好他老人家。他哪裡知道，刀子此時已經架在自己脖子上了。

此時除了王守澄之外，另一派宦官勢力的代表就是仇士良了。李訓也是耍了個小計謀，因為這仇士良也曾有擁立文宗的功勞，但一直受王守澄壓制，便讓他接替左神策軍中尉一職，這樣正好可以用他來與王守澄抗衡。接著李訓又出新招，採用表面上榮升，而實際上解除王守澄兵權的辦法，讓文宗下詔任王守澄兼十二衛統軍，免去右神策中尉職務。

小人行事，不擇手段，就在王守澄失去對禁軍控制權的時候，李訓即刻派人送去毒酒，殺死王守澄。為了不打草驚蛇，聲稱王守澄是意外死亡，還贈封其為揚州大都督，為其舉行葬禮。為了趕盡殺絕，李訓又以文宗名義，召回王守澄任徐州監軍的弟弟王守涓，在途中將其謀殺。

王守澄死後，宦官力量大損，剩下的要算仇士良的勢力最大。在宦官中，已經沒有誰可以同他抗衡了。在李訓的計劃中，下一個被殺的目標當是仇士良了。

應該說李訓太急於求成，或者說他犯了一個致命的錯誤，就是先殺了王守澄。試想，韋元素、楊承和一派被殺了，田全操、周元稹一派被逐出，怎麼那麼巧，王守澄突然就無疾而卒。作為太監仇士良能不認真思考嗎，他會不加以提防嗎？

此時李訓還在打著如意的算盤，準備來個突然襲擊將仇士良等宦官勢力一網打盡。大和九年（西元八三五年）十一月二十六日文宗詔令，為王守澄舉行隆重的葬禮，墓址在京東滻水上的白鹿原。李訓決定抓住這次機會，他做了精心的安排，但是由於仇士良未去參加葬禮，而使他的周密計劃破局。於是他只好在匆忙中發動「甘露之變」，與仇士良作最後的較量。

葬禮之計未成，李訓急忙新生一計，即發動「甘露之變」。他對人事和兵力組織上做了周密的安排。但是智者千慮必有一失。李訓犯的第二個錯誤，就是過早地排斥了鄭注，沒有把仇士良看得太重，以為在葬禮上可以輕易將其滅掉。史書上說李訓：「雖為鄭注引用，及祿位俱大，勢不兩立，托以中外應赴之謀，出注為鳳翔節度使，俟誅內豎，即兼圖注。」這個分析是很有道理的。如果他不急於把鄭注外放，甘露之變很可能便是另一個結果。李訓命韓約為金吾將軍，可是金吾衛僅三四百人，他只是朝廷的儀仗隊，根本沒有戰鬥力，怎麼能與禁軍相抗？由於李訓沒有能夠有效地調動軍事力量，因此結果可想而知。

大和九年（西元八三五年）十一月二十一日，這歷史上不尋常的一天開始了。清晨，唐文宗同往常一樣，來到紫宸殿，接受群臣朝賀。按照以往慣例，群臣入班完畢，應該由金吾將軍奏報：「左右廂內平安。」可是今天金吾將軍韓約不報平安，上奏說：「金吾左仗院內石榴樹上夜降甘露，臣已進狀。」說完又翻身下拜。此時正值寒冬季節，有甘露夜降，這在當時看作祥瑞之兆，大多用此表示來年會是一個國富民豐、風調雨順的好年景。於是百官、宰相按次序上前向皇帝表示祝賀。李訓祝稱：「甘露降祥，俯在宮禁，陛下宜親幸左仗觀之。」

皇上此時被大臣們賀得心情極佳，他好久也沒這麼高興過了。於是，文宗坐上軟轎，出了紫宸門，從含元殿東階升殿。金吾左仗是金吾衛的所在地，在含元殿左，而含元殿又在禁門外，是朝中大朝會的地方，於是朝會改在含元殿。此時，宰相和侍臣們分立於副階，文武大臣列於殿前。文宗令宰相和門下二省長官先行去金吾左仗觀看。其實哪有什麼甘露，這是李訓為誅殺仇士良所用的計謀。李訓裝模作樣地回到殿上說：「我們認為恐怕不是真的甘露，請不要隨便外傳，傳出去天下人必定會來稱賀。」文宗假裝吃驚的樣子，說：「難道是韓約謊報？」於是令左右神策軍中尉仇士良等帶宦官再去察看。

仇士良等去了之後，李訓叫來王璠、郭行餘，讓他們趕快去丹鳳門外去召兩鎮軍兵，但不知為什麼兵卻未到。此時仇士良等來到左仗，聽到幕布後邊有兵刃的撞擊聲，急忙向外奔跑，門者想關閉金吾仗門，但已經晚了。此時韓約嚇得汗流浹背，頭也抬不起來了。仇士良問：「韓將軍怎麼會這個樣子呢？」他突然發覺不好，忙對皇上說：「事情緊急，請陛下入內。」說著舉軟轎迎向文宗。李訓知道事情已經敗露，在殿上大叫：「金吾衛士上殿來，護乘輿者，人賞百金。」宦官們搶先把文宗拉上軟轎，快速跑向內宮。李訓攀著軟轎大叫：「陛下不能入內宮。」這時金吾衛士有數十人已來到含元殿上，羅立言率京兆府士卒從東邊趕來，李孝本亦率御史臺的人馬自西邊來，共有四百多人，與斷後的宦官展開了激烈戰鬥，宦官被擊殺數十人。軟轎快到達宣政門時，李訓心裡更加著急，他死死地抓住軟轎不放，宦官郗志榮大急，狠狠地朝李訓胸前打了一拳，李訓被擊倒在地上，軟轎被抬進了東上閣，宮門隨即關上。只聽宮內響起了一片萬歲的歡呼聲。

不一會，仇士良令左、右神策軍副使率禁兵五百多人，手持兵刃，衝出閣門，他們逢人就殺。宰相王涯、舒元輿及中書、門下二省吏卒慌忙逃跑，被殺死的金吾衛士和吏卒六、七百人。

李訓中拳倒地後，知道大事不好，便騎馬跑到終南山。他與終南山寺僧宗密是舊交，因此便想剃髮為僧以避禍，被從者制止。於是便想到鳳翔投靠鄭注，在路上被盩厔鎮將宗楚捉獲。李訓知道必死，便對押送他的兵士說：「到處都是士兵，得到我的人即會富貴，你最好持我的頭去領賞，免得被別人奪去。」遂被斬首。

不久，舒元輿、羅立言等策動甘露之變的主要成員皆被殺害，他們親屬也都慘遭誅殺。甘露事變以李訓等人的失敗而告結束。

李訓不擇手段地爭權奪利，他玩弄權術殘殺了無數敵手，他的確達到了位極人臣的榮寵。但最終他還是失敗了，並且慘死在自己的權術中。

宦海沉浮，千秋功罪

大起大落，宦海多艱。宋朝宰相趙普，三次入相罷相。國運初開，權爭激烈。

後周顯德七年（西元九六〇年），中國歷史上發生了一起改朝換代的重大歷史事件——陳橋兵變。當時任殿前都點檢的趙匡胤黃袍加身，取代了後周政權，建立了大宋王朝。這次事件的策劃者和主要組織者，便是趙匡胤幕府中的謀主趙普。

趙普，字則平，洛陽（今河南洛陽）人。生於一個小官吏世家，父親趙迥，做過相州司馬。由於家境微寒，因此趙普早年讀書不多。從小學習吏事，青年時代在節度使幕府中鍛煉了十餘年，積累了豐富的吏治經驗。從而激發了他治國平天下的遠大志向和抱負，他時時在尋找機會，準備幹一番轟轟烈烈的大事業。後來入主趙匡胤幕府，終於給他提供了這一機會。

顯德六年（西元九五九年），三十九歲的周世宗去世，七歲的幼子柴宗訓即位，國事由范質等宰相處理。這給早有奪權野心的趙匡胤提供了一個千載難逢的良機，他當然不會放過。但是當時軍權掌握在韓通手中，要臨時從開封城裡集中起自己的力量也不容易。奪取政權必須有軍權，這可難壞了趙匡胤。於是趙普等一班謀士，絞盡腦汁在想，怎樣才能把軍權弄到手。終於，他們想出了一個好辦法，謊報軍情。說契丹入侵，朝中肯定會派軍隊禦敵。如果爭取一下，讓趙匡胤率軍前往，那問題不就解決了嗎？經過周密的策劃，於顯德七年（西元九六〇年）元旦奏報契丹入侵。宰相范質倉促中，派趙匡胤率軍北上禦敵。終於使趙匡胤獲得了一次機會，他急忙調兵遣將即刻出發。一路上趙普等人四處游說煽動，為發動兵變造輿論。趙匡胤佯裝什麼也不知道，由趙普直接組織。

在趙普等人的策動下，一批夢想升官發財的禁軍將校來到趙普帳內，吵鬧著要趙普作主，擁立皇帝。趙普站起來大聲呵叱道：「策立皇上是大事。應該慎重計劃，你們竟這樣胡鬧。」

將校們聽了趙普的訓斥，便收斂了一下情緒，坐下來聽趙普的想法。

趙普對這些武人究竟怎樣想的還不甚了解，於是先試探地說：「現在大敵當前，最好先打退入侵之敵，策立皇上的事回去再說。」

果然，這些將校們升官發財心太切，紛紛要求馬上策立新皇帝。

趙普正想聽到這些要求，以便順勢利用，便說：「改朝換代雖然說是天命使然，但卻是順應民心。先頭部隊昨天已經過去，節度使各據一方，京城如果亂了，外敵會更加深入，天下必亂。如果能嚴整軍紀，不隨便搶掠百姓，京城的人心不亂，天下自然會平安，各位將士也可以長保富貴。」諸將都點頭表示同意。

第二天天剛亮，趙普和趙匡義帶領諸將校，來到趙匡胤帳內，把一件事先備好的黃袍披在他身上，然後將校們跪拜庭下，三呼萬歲。

此時，石守信等人在京城殺了韓通父子。由於內外行動安排得周密細致，因此，僅用了一天的時間，趙匡胤便奪取政權，登上皇帝的寶座，建立了大宋王朝，為宋太祖。

這次兵變，表現了趙普出色的政治才能和指揮才能。因為他立下了「佐命巨勳」，被提升為右諫議大夫、樞密直學士，進入了掌握權力的樞密院，不久升為樞密副使。乾德二年（西元九六四年），太祖罷免了范質、王溥、魏仁浦的宰相職務，任命趙普為宰相。

從此，趙普獨相達十年之久。太祖不想分趙普之權，沒有任命次相。因此「中書印唯宰相得知，事無大小，盡決普」。

趙普出身小吏世家，精於吏道，由於擁立太祖兵變，陡然間手握重權，因此無論從大宋的江山社稷著想，還是考慮自己地位的鞏固，在權力的問題上，他開始了新的構想，於是導演了杯酒釋兵權的歷史活劇。從此，拉開了宋代權爭的序幕。

宋朝建立之初，趙普輔助太祖趙匡胤平定了昭義節度使李筠等反叛之後，對各節度使進行了很大的調整。同時對朝中的禁軍也作了初步整頓，罷免了與太祖關係比較遠的侍衛馬軍都指揮使張光翰，和侍衛步軍都指揮使趙彥徽，換上了義社兄弟韓重贇和太祖的心腹將領羅彥環。接著又任用義社兄弟石守信為侍衛親軍都指揮使，解除了殿前都點檢慕容延釗和侍衛親軍都指揮使韓令坤的兵權。至此，文武大權全部都由太祖的親信和心腹來掌握。趙匡胤覺得可以穩坐江山，有這麼多心腹大臣輔佐自己，還有什麼可以擔心的呢？

但是趙普對於掌握權力的武將仍然放心不下，作為一個文臣，他似乎也不願看到武將權力的膨脹。於是趙普多次向太祖建議，請太祖收回佐命功臣石守信等人的兵權。說得趙匡胤都覺得不耐煩了，便說：「他們一定不會背叛我，你擔心什麼呢？」

趙普見太祖對他從前的朋友信之不疑，便分析說：「臣也不擔心他們會背叛陛下，但認真考察這些人，都不是做統帥的材料，我擔心他們不能約束部下。假如約束不了他們的部下，那麼這軍隊中萬一有人要奪權，那時也就由不得他了。」

聽了趙普的話，太祖這才恍然大悟。他微微點了點頭，他不禁想起陳橋兵變時，自己不也是裝作身不由己嗎？於是，他專門找了一天，特召趙普來商量怎樣處理好這件事。

大殿裡只有他們兩個人，太祖請趙普不必拘泥君臣之禮。接著，太祖嘆息道：「唐代之後數十年間，改朝換代頻繁，八易其姓，共有十二個皇帝交替爭位，戰亂不止，生民塗炭。我想停止戰亂，永保大宋江山，你有什麼好辦法嗎？」

趙普早已猜到太祖今天讓自己來的目的，所以早已想好了一些辦法，便冷靜地回答說：「陛下這樣說，真是蒼生之福。邊鎮的權力太大，只要解除他們的兵權，那天下自然平安無事了。」

太祖馬上徹悟，忙擺手說：「你不要再說了，我已經明白。」太祖趙匡胤也是一個機詐善變之人，他當然知道應該怎樣去做。

不久，太祖因晚朝，與石守信等人一同飲酒，酒過三巡之後，他便屏退宮中侍者，說：「做皇帝也太艱難了，真不如做節度使快樂，我每天從不敢睡個安穩覺。」

石守信等見太祖沒頭沒腦地說了這些話，知道必有情由，忙請他說明原因。

太祖說：「這個不難明白，皇帝的寶座誰不想坐？」

石守信等人一聽太祖這樣說，不禁嚇得魂飛天外，一身冷汗頓使酒全醒了，趕忙叩頭說：「陛下為什麼說這樣的話呢？現在天命讓您做皇上，誰還會有二心呢？」

太祖說：「你們當然不會，如果你們的部下要想富貴怎麼辦？一旦有人把皇帝的黃袍穿到你身上，你雖然不想這樣做，但能行嗎？」

石守信等人不知太祖所用何意，以為太祖是要兔死狗烹，哭著說：「我等不會愚蠢到這個地步，請陛下開恩，指出一條生路。」說完大哭不止。

太祖說：「人一生很快就會過去，所以喜歡富貴的人，不過是想多積攢金錢；使子孫不貧窮。你們何不放下兵權，到邊鎮，多買良田，使子孫有家業繼承，快快樂樂度過一生。我們君臣也不會互相猜疑，朝中安然無事，這不很好嗎？」

石守信等這才明白皇帝是為了奪下他們的兵權，此時保命要緊，什麼權不權的，忙跪地謝恩說：「陛下這樣為臣下著想，真是待我們如親骨肉啊！」於是，第二天他們都說有病，乞求罷去兵權。這就是歷史上有名的「杯酒釋兵權」。

可是不久，太祖要起用天雄節度使符彥卿執掌禁軍大權。這符彥卿不但勇武過人，而且還富於謀略，善於用兵。他是太祖弟趙光義（原名趙匡義）的岳父，名望和地位都很高。他也是一位後周宿將。如果用他掌管禁軍，便不能授予一般的職位，必定要授給他殿前都點檢，或者是侍衛親軍都指揮使這樣重要的位置。趙普知道後堅決表示反對，反覆上表勸說：「彥卿的名位已經很高了，不能再委他以兵權。」太祖沒有理會，便下詔書任命符彥卿為殿前都點檢。但是趙普扣下詔書遲遲不發，請求進見太祖，說明自己反對的理由。

一天，太祖特召趙普入宮議事，一見面太祖便說：「你為什麼這樣懷疑彥卿呢？我對他非常仁厚，他怎麼會背叛我呢？」

趙普見太祖仍執迷不悟，乾脆犯顏直諫：「周世宗柴榮對陛下也不薄，陛下為什麼背叛了周世宗？」

一句話說得太祖無話可說，沉默了好一會兒，決定收回成命。

至此，在趙普謀劃下，不僅前朝文臣武將，連同太祖的故舊宿臣，都被一一地解除了兵權。這一方面當然是為了防止這些人大權在手，重演太祖故技，也是趙普弄權的一個重要手段。在趙普的謀略下，一般將帥一旦被授予重權，自己的心裡便會不安起來。忠武節度使王全斌，率軍平蜀之後，擔心被太祖及趙普懷疑，趕忙急流勇退，以有病為由請求解甲歸田。可見趙普弄權到了何種程度。

趙普為了削弱武臣的地位和權力，便向太祖建議，用文臣來代替武臣。因為文臣比較容易管理，也不大可能同軍隊結合在一起。太祖因為深有體會，因此對此表示贊同，他說：「五代方鎮殘虐，民受其禍，朕令選儒臣幹事者百餘，分治大藩，縱皆貪濁，亦未及武臣一人也。」趙普因主謀文臣任武職，所以他積極推薦文臣去帶兵。一次他推薦說文臣辛仲甫有武才，命其為西川兵馬都監。太祖趙匡胤還親自召見了他，對他說：「你很忠誠，如果努力不懈地去做，很快就會成為一個好將領。」曾任宰相的范質對太祖和趙普頻繁用儒臣任邊鎮武職的作法表示反對，他曾在給太祖的奏疏中說：「臣竊見七、八處大藩方，皆要害之處，即日並未有主帥，皆是儒士，懦弱權輕力小。」這也正是趙普要達到的目的。的確，在宋代開國之初，武臣的地位在不斷下降。其目的雖然達到了，但是宋代的國防卻大大削弱了。這給宋朝後期將帥無能，屢為邊敵所擾，種下了禍根。

在趙普主持朝政的期間，他採用了一系列的措施，使朝中保持了基本上的安定。由於他解除了太祖故臣舊吏的兵權，文臣的權力越來越大，地位越來越顯，那麼作為文臣宰相的趙普，此時的地位真可以說是位極人臣了。漸漸地太祖趙匡胤似乎也感到了趙普權力的壓力，尤其有幾件事情，讓太祖覺得有些不安。

開寶六年（西元九七三年），趙普患了疾病，在家裡休養。太祖對這位輔助自己打天下的重臣非常關心，因為朝中的大小事情幾乎都是由趙普一手處理，他這一病，還真讓太祖感到諸多不便。為了使這位愛卿的病早日痊愈，他又親自到趙府探視。

太祖的到來，早有人通報趙普，他趕忙跑到大門口叩首謝恩。趙普對太祖的到來並不感到意外，因為太祖已是趙家的常客了。以前太祖曾多次穿著便服到功臣家訪問，他還記得，那年一個大雪紛飛的夜晚，雪到夜間也沒停，他以為這樣的天氣太祖不會來了，正準備脫衣睡覺，忽然聽到敲門聲，趙普急忙出去開門，只見太祖站在大雪中，趙普惶恐間忙叩頭接駕。那次太祖是同弟弟晉王趙匡義一起來的，他們鋪了雙重褥子坐在屋子中間，把火燒得很旺，他們邊烤肉邊喝酒，氣氛非常融洽。那次太祖是來商量攻取太原的事，趙普回答完後，太祖高興地說：「我的意思也是這樣，特意來試試你的。」從此趙普知道，太祖無事是不會來閒逛的。

但太祖這次來，使趙普有種說不出來的緊張。剛才趙普送走吳越王錢椒使者，現在太祖隨後就到，這是偶然的巧合呢，還是專程前來查訪。由於太祖來得太快，吳越王使者送來的書信和十瓶海產，放在廊沿下，倉促間沒來得及蓋好，剛好被太祖看到。太祖隨便地問了一句：「這是什麼東西？」趙普不敢有半點隱瞞，如實說了這些東西的來歷。

太祖看著那十個大瓶子，不免產生了好奇心，便說：「海產一定是好東西。」隨即命人打開看看。當瓶蓋開啟後，趙普嚇得目瞪口呆，裡面裝的哪是什麼海產，全是閃閃發光的爪子金。趙普此時真的站不住了，撲通一聲跪在地上叩頭說：「臣還沒有打開書信看，實在是不知裡面裝的什麼東西。」

太祖此時面色似水，只是輕輕地說道：「收下也沒什麼，他可能以為國家大事都是由你決定的。」

趙普聽了太祖這意味深長的話，直嚇得魂飛魄散。他甚至可以想到，私下與吳越王交往，如果追究下來，那將意味著什麼？

但是太祖什麼也沒說，趙普這位權謀家，似乎也明白了，太祖此時為什麼來得這樣湊巧。晚上，在夜幕降臨的時候，趙普站在窗前，心緒很亂。雖然太祖什麼也沒說，但他心裡在想什麼，誰能了解呢？趙普越想越怕，心裡一直忐忑不安。但此事竟平靜地過去了。

趙普在朝中的權威，不僅引來了吳越王送他十瓶爪子金，也招惹了朝中大臣的忌恨，因此人們也在想方設法扳倒他。於是很多朝臣都在密切注視著趙普的一舉一動，只要找到一點把柄，便會有人上疏彈劾。

當時有位大理寺卿叫雷德驤，他的一些屬下和堂吏攀附趙普，擅自增減一些法律條文，使他非常氣憤，便直接到講武殿面奏太祖。他講到激動處，「辭氣俱厲」。同時還揭發趙普強行購買別人家的房子，以及貪汙受賄的一些事情。太祖聽了他的話後，不禁勃然大怒，呵叱道：「難道你沒長耳朵，沒聽說趙普是我的開國功臣嗎？」說著站起來操起柱斧打掉了雷德驤的兩顆門牙，命令左右侍衛把他拖出去。並下詔讓宰相處他以極刑。過了一會兒氣消後，便令免死，只將他貶了官。

太祖這次有意壓下了對趙普的指控，並下詔讓趙普處他死刑，但很快就又改為貶官，這說明太祖此時雖然還相信趙普，但已經不像從前了。尤其「鼎鐺有耳」之責，其實是在警告趙普，這從對雷德驤的最後處理可以證明。

趙普作為一個有頭腦的政治家，應該感到太祖對他態度上的變化。更應該懂得他此時雖然權重，但卻已成為眾矢之的的局面。應該多加收斂，好自為之，不給政敵留下把柄。

當時朝廷禁止私自販運秦、隴一帶大木材，趙普曾派親信小吏去採購，並聯結成大木筏運到京城營造府第，小吏乘機偷了去賣，並冒稱是趙普運到京城裡出售的。前左監門衛大將軍趙玭知道後，非常氣憤。一天，他看趙普正要上朝，便攔住趙普斥責他違法。太祖聽到了這事後，便召趙玭和趙普來到便殿對質。趙玭對趙普大加詆毀，指責他私販大木材圖利。這使太祖震怒，忙督促內閣召集百官，準備下制書逐黜趙普。於是先詢問了太子太師王溥等人的意見，趙普應該定什麼罪？王溥覺得僅這事便貶逐宰相，似有些小題大作，於是便上奏說：「這是趙玭誣蔑大臣。」使這事不了了之。但宋太祖的憤怒，說明他對趙普已經不信任，早有罷免之意。

不久，又有一件事情讓太祖對趙普大為惱火，使這君臣二人的關係出現明顯裂痕。

開寶九年（西元九七六年）九月，太祖聽說趙普密結重臣，與樞密使李崇矩交結深厚，心裡很不高興。作為封建君主，他不願大臣之間有更加密切的交往。尤其趙匡胤自己是靠與重臣交結篡位，那麼他當了皇帝後，當然會更加提防。不久又聽說李崇矩把女兒嫁給了趙普的長子李承宗，那火更是不打一處來。以前，按照舊規，宰相、樞密使每次在長春宮等候召見時，都在一間屋子裡等候。當聽說他們結成親家之後，太祖便命令他們分開等候。不知是授意還是自發，李崇矩的門客鄭伸非常及時地告發李崇矩納賄等不法之事。儘管投有找到確鑿的證據，太祖還是免去了李崇矩樞密使職務，改為鎮國節度使。

為了削減宰相的權力，太祖便開始擴大參知政事的權力。自從太祖親眼見了吳越王送給趙普的爪子金，目睹了趙、李交結等事後，猜忌之心大起，於是便想到罷相的問題。太祖非常想聽到大臣們關於趙普過錯的議論，大概是想羅列一些構成重罪，藉口罷免他。有一次太祖召翰林學士竇儀，便主動提起了關於趙普所做不法事情的話題，而且還故意贊揚了竇儀的才望如何高，以激起他揭發趙普的情緒。可是竇儀為人太過正直，或者說他是誤解了太祖的苦心，卻對趙普大加讚賞，說趙普是開國功臣，忠誠正直，是國家之棟梁。太祖希望聽的不是這些，因此對他很不滿意。

當時有位翰林學士叫盧多遜，此人善揣上意，長於見風使舵，但他博涉經史，聰明強記。他知道太祖喜好讀書，常常從史館中借書，盧多遜私下向管圖書的官吏打聽太祖所借何書，然後再借來一夜看完，等太祖向臣子們問書中的一些事情，他便對答如流，同僚們不知個中原因，都佩服得五體投地。其實不過是投機取巧的小人之舉。

以前盧多遜做知制誥時，和趙普的關係並不十分和睦，做上翰林學士之後，更加看不起趙普。他憑著自己有點才學，很自命不凡，準備與趙普一爭高下。因此，每次在召對時，他便千方百計地攻擊趙普，指斥趙普專權不法。

因此，太祖對趙普專權更是堅信不疑。宰相權高壓主，這是太祖所不能容忍的。於是太祖設法進一步分散趙普的權力，他採取了兩項措施，一是重選堂後官，以加強控制中書堂吏，借此削掉趙普的心腹。太祖採取的第二個措施是詔薛居正、呂餘慶與趙普更知印，押班，奏事。到了同年八月，太祖終於在人們的鼓噪聲中，罷免了趙普的宰相職務，命趙普出任河陽三城節度使，檢校太傅，同平章事。

太祖趙匡胤死後，太宗趙匡義繼皇帝位。太宗與太祖都是杜太后所生。太宗與趙普的關係極為復雜。趙普比太宗長十七歲，他們相識很早，而且關係相當密切。乾德二年（西元九六四年），趙普升任宰相，他獨攬大權，於是他們之間開始有了明爭暗鬥，關係逐漸緊張起來。

趙普因為專權，對有才能的人十分嫉妒，也許是怕其奪自己的相權吧。正是由於忌才，而導致了趙匡義的幕僚被置於死地的事。當年，有一天太祖對趙普說：「樞密學士、右諫議大夫馮瓚，才能之高當世罕見，真是一個奇人。」並準備加以重用。太祖的誇獎，引來了趙普對馮瓚的忌恨，於是將其派到很遠的梓州為官。這還不算，又暗中派了個親信作馮瓚的家奴，趁機監視他的行動。過了大約一年多的時間，那位家奴便逃了回來，揭發馮瓚及監軍綾錦副使李美、通判殿中侍御史李楫等人的不法之事。太祖急忙把馮瓚等人召回京城，當面詰問，並下御史鞫實，那家奴所說多是捕風捉影，可是趙普為了除掉對手，以確保大權不失，便又派人至潼關查馮瓚等人的行裝，結果搜出金帶及其他珍寶玩物，上邊的封題是用以賄賂劉敖的，劉敖當時正在開封尹趙匡義的幕府當幕僚。結果劉敖被免官，趙匡義因為受到牽連而沒有被封王，因此趙匡義非常痛恨趙普。

這還不算，為了進一步打擊趙匡義，趙普又藉機整死了他的另一位得力幕僚姚恕。

姚恕是博興人，是趙匡義的幕僚，任開封府判官，精明強幹。有一次去拜會趙普，正趕上趙普在家宴客，門人不給通報，姚恕很生氣，便揮袖而去。趙普聽說後，便派人去道歉，姚恕不予理睬。趙普是便忌恨他。趕上太祖為審肇選佐臣，趙普便別有用心地推薦了姚恕，趙匡義沒有留住。不久，黃河在澶州決口，大片民田被淹。太祖怪罪地方官沒及時反映，便派使臣前去查詢，因此姚恕被殺。趙普用打擊趙匡義黨羽的辦法與他爭鬥，結果使趙匡義屢屢受挫。可是趙普罷相後不到一個月，趙匡義便登上了王位。

現在趙匡義坐上了皇帝寶座後，又罷去了趙普的使相，授了一個太子少保留在京城。趙普看趙匡義當上皇帝，心裡不覺慌亂起來，為了避禍，便自己主動請求解職。從此，趙普不僅受到了太宗的冷遇，而且還受著盧多遜的擠壓，處境非常艱險。

盧多遜此時已升任宰相，深受太宗寵信。他做翰林學士時，便開始同趙普爭權。現在當上了宰相後，便開始專權。他對權力的欲望簡直超過趙普，甚至大臣的奏章必須經過他的審閱後，才能交給太宗看。

盧多遜害怕趙普再登相位，便開始對趙普的親屬加以排斥、壓抑。甚至跟隨趙普多年的隨從，也都被迫離他遠去。趙普的長子承宗，正在潭州任職，此時回到京城結婚，婚禮還沒滿一個月，便被盧多遜趕了回去。他的目的是讓趙普身邊沒有人照應，便不會對自己產生威脅。盧多遜的恣意專權，讓多疑猜忌的太宗不能容忍。尤其他同秦王廷美的關係十分密切，更是觸犯了太宗的大忌。

太宗當上皇帝之後，外邊議論紛紛，有的人甚至還編了一個極富情節的歷史故事——燭影斧聲，似有篡位之嫌。因此，很多人都不服氣，秦王廷美想趁機與太宗較量一番。

一個是當朝宰相，專權太甚，一個是秦王尋機準備造反。這樣趙匡義又想起了元老舊臣，也自然想起了趙普。因為雖然趙普已沒有大權，但是他的威望還在，於是便決心重新起用他來幫助自己打擊秦王。

正好如京使柴禹錫等告秦王廷美驕恣，「將有朋謀竊位」。太宗有些招架不住，忙召問趙普，應該怎樣處理，趙普回答說：「臣願備樞軸，以察奸變。」退朝後，又上密折說：「臣是開國舊臣，為權幸所詛。」這是暗指盧多遜對太祖以來開國功臣的迫害。接著又談到了杜太后死時交待自己作顧命大臣的事。於是在宮中找到了趙普以前寫的表章，並且打開金匱，看到了「金匱之盟」的內容，於是「大感悟」。

原來，杜太后臨死之時，召趙普入宮接受太后遺命。當時太后問太祖：「汝自知所以得天下乎？」太祖痛哭不止，以致說不出話來。太后說：「吾自老死，哭無益也，吾方語汝以大事，而但哭耶？」太祖說：「此皆祖考及太后餘慶也。」太后又說：「不然。政由柴氏使幼兒主天下，群心不附故耳。若周有長君，汝安得至此？汝與匡義皆我所生，汝後當傳位汝弟。四海至廣，能立長君，社稷之福也。」太祖哭著說：「敢不如太后教。」於是對趙普說：「汝同記吾言，不可違也。」普即就病榻前寫誓書，在紙的末端署名：「臣趙普記。」太祖將書藏在金匱中，命謹密的宮人保護它。

趙普揭示出「金匱之盟」，為太宗的合法登基提供了有力證據。這種向太宗表示效忠的作法，對趙普再次為相提供了有利條件。

趙普一上臺，便開始著手打擊自己的政敵。這使秦王廷美感到了壓力。盧多遜更加感到不安。趙普多次對他進行諷刺、勸他趕快退位，但是盧多遜貪圖權位，不願就這樣在權臣壓力下離開相位。

這時盧多遜曾派堂吏趙白去勾結秦王廷美事發，太宗大怒。下詔揭發盧多遜不忠之罪。第二天，便命翰林學士李防、太子太師王溥等七十四人聯名上疏進行彈劾：「謹案兵部尚書盧多遜身處宰司，心懷顧望，密遣堂吏，交結親王，通達語言，詛咒君父，大逆不道，干犯亂常。上負回恩，下虧臣節，宜膏鐵鉞，以證刑章。其盧多遜請依有司所斷，削奪在身官爵，準法誅斬。秦王廷美，亦請同盧多遜處分，其所緣坐，望准律文裁遣。」

趙普終於戰勝了盧多遜，盧被發配到了崖州。

趙普的二次任相，雖然有放盧多遜之功，但鑒於以往，太宗對他有所猜忌，便想盡辦法防止他專權，太平興國八年（西元九八三年），趙普再次罷相，此時他六十二歲。太宗表示了格外的敬意，在長春宮親自為趙普設宴餞行。並且還賦詩一首賜給他。這令趙普非常感動，他熱淚盈眶地說：「陛下賜給我的詩，應該刻在石頭上，與我一同埋葬在地下。」令太宗大為動容。

趙普罷相後，以檢校太尉兼侍中，武勝軍節度使出鎮鄧州。雍熙四年（西元九八七年），趙普又被任為山南東道節度使鎮襄州，改封許國公。

時值遼軍大舉南下，攻我城池，掠我財物，但宋朝精銳早已不復存在，大軍紛紛敗下陣來。趙普於是撰寫了著名的《班師疏》。他分析了遼軍和宋軍兩方面的情況，提出「安定內部，孤立契丹，待機再舉，契丹可滅」的策略。雖然太宗下詔表獎了趙普，但他的建議，太宗基本上實行不了。但是當時《班師疏》在抗遼戰爭中，發揮很大的鼓舞士氣作用，也成了向太宗表達忠心的證物。不久太宗第三次拜他為相，時年六十七歲。太宗最擔心的就是他好爭權的毛病，特告誡他說：「卿勿以位高自縱，勿以權勢自傲，但能謹賞罰，舉賢能，弭愛憎，何憂國之不治？」太宗的誡諭此時已不大起作用了，他之所以反覆告誡是因為趙普的影響太大，如果久在相位，掌握大權，便會出現權高壓主之勢。但由於太宗二次任趙普為相的時間加一起不足四年，因此再加上他年事已高，難以再有建樹，便無心爭權了。不久趙普給太宗的奏書說：「臣久縈疾苦，近者始獲朝參，竊疑大限非遙，深恩未報，事當關聽，敢不盡誠。」

淳化元年（西元九九〇年）七月，在趙普多次請求下，太宗同意罷其相職。

作為一個政治家，趙普應該說是一個成功者。在宋代歷史上，作為開國元勛，他建樹頗多。但是趙普的政治生涯，又是在權爭中度過。為了爭奪和穩固個人的權力，他不惜削弱宋朝的軍權，為後人留下了諸多的教訓和對歷史的沉思。

除弊變法，權力交爭

在封建社會中，一種經濟和政權模式的形成，體現了造成這種模式階層的權力，一旦改變這種模式，便會削弱該階層的利益。因此，宋代圍繞王安石變法所展開的鬥爭，也是一次權力之爭。

王安石，字介甫，號半山，封號荊公，撫州臨川（今江西省撫州市）人。出生在一個官僚家庭，父親王益曾任臨江軍判官，王安石即出生在臨江軍府治內。王益雖然出身進士，但是因為不會逢迎攀結權貴，仕途一直不暢，為官二十四年，卻總是位處州縣下級地方官。由於他輾轉調任於地方任職，帶著家眷南北奔走，王安石從小便隨父親到過新淦、廬陵、新繁、韶州、江寧、揚州、河南開封等地。揚州秀麗的山水，繁華熱鬧的京城都使他眼界大開。尤其他接觸了大量下層人民的生活，對他們的疾苦更加了解，深表同情，他心裡默然立下了「矯世變俗」的決心。

王安石為了實現自己的政治抱負，便開始廣泛瀏覽典籍，綜觀歷史上傑出政治家治世經驗。他二十二歲進士及第後，被任為簽書淮南節度判官廳公事，輔助揚州地方官韓琦工作。在工作之餘，他仍然刻苦自礪，發奮用功，常常通宵達旦。他如此苦讀的目的，不是為了做達官顯貴的敲門磚，而是為了經世濟用。因此在揚州三年任滿之後，他已具備了向朝廷獻文章求試館職的資格，尤其入館職是一條升官的捷徑，他也毅然放棄，他願意把自己所學到的知識用於改造社會、興利除弊、造福百姓的實踐中。用他自己的話說，就是「得因吏事之力，少試其所學」。

慶曆七年（西元一〇四七年）年末，王安石被派到鄞縣（今浙江寧波市）任知縣。鄞縣地處海濱，本無缺水之愁。尤其縣內深山流水，溝渠相通，灌溉十分便利。在五代錢氏統治時，很重視水利建設，設立了營田制，年年浚治河道，建立了較完整的灌溉系統。可是到了宋代，縣官無所作為，一任一任走馬燈般地換過，營田已廢，水堤失修，致使此地成了最怕乾旱的地方。王安石決心改變這種狀況，上任不到十天，便跑遍十四個鄉，挨鄉督勸農民疏浚川渠。結果大大改善了水利灌溉條件，加上這一年風調雨順，鄞縣農業獲得豐收。

鄞縣同其他地方一樣，大多數農民都很貧窮，年成不好的時候，貧困的農民不得不拿田地作抵押，向豪強地主借貸度日，往往遭到豪強地主們高利剝削，甚至弄得家破人亡。王安石到任後，深為農民們的疾苦所困擾，他決定把鄞縣作為改革的實驗基地。第二年，在農民感到糧食青黃不接的時候，許多豪強地主同往年一樣，以為自己發財的機會又到了。哪知王安石在縣衙門口貼出告示，政府出貸官倉的穀米給農民，到秋收之後，農民們可用二分利息連本還入官倉。這一項措施不僅幫助貧窮的農民順利渡過了難關，也使官倉穀米得以更新，也有效地打擊了豪強地主對農民土地的兼併和剝削，受到了鄞縣人民的歡迎。這就是王安石後來實行變法中的「青苗法」雛形。

王安石在鄞縣任滿之後，又被調任舒州通判。在這裡，他更加深刻地感受到朝廷吏治衰敗，百姓生活痛苦，於是更加強了他改革社會的決心。因此，任滿後被調往京城做群牧司判官時，他堅決推辭，放棄了士大夫們夢寐以求、做京官的機會，而來到常州做知州，他的目的就是廣泛地了解社會病徵之根源，尋找根治這疾病的良藥。終於，在他積累了十七年地方官的治理經驗之後，他構制了一整套改善國計民生的設想，書寫成長達萬言的《言事書》，於嘉祐四年（西元一〇五九年）春天進獻給宋仁宗。從而把慶曆以來士大夫們要求改革的呼聲推向了高潮。

宋神宗趙頊登基後，對朝廷及地方委靡不振的狀況十分不滿。這位年方二十歲的皇帝，志氣非凡，決心有所作為，把大宋建設成一個強大的封建帝國。他對朝臣們說：「當今理財最為急務，養兵備邊，府庫不可不豐。」就是說改變經濟狀況是朝中的當務之急，經濟發展了自然會使兵強馬壯，也才能抵禦遼、西夏的入侵。他把自己改革朝政的設想向富弼、文彥博等元老重臣談及，希望能夠得到他們的支持。但是這些大臣們卻自私保守，對神宗正確的國家富強之策不予贊同，而富弼竟勸神宗說：「陛下即位之始，當布德行惠，願二十年口不言兵。」這使神宗大失所望，於是他便把希望寄托在要求改革的有志之臣身上。

早在他登基之前，已經對王安石有所耳聞。王安石不僅學識淵博，文采上乘，人品高尚，而且政績卓著，甚至被黃庭堅譽為「一世之偉人」。一時間成了眾望所歸的改革人物。當時任潁王府的記事參軍韓維每每給潁王趙頊講課，都受到潁王的稱讚，韓維總是說：「這不是我的發明，而是我的朋友王安石的學說。」尤其王安石在所上「萬言書」中的改革設想，與神宗勵經圖治的想法合拍，於是神宗決定任用王安石做改革朝政的先鋒官。

宋神宗在即位不久，即提拔王安石為翰林學士。緊接著又特召王安石入殿，討論國家大事。

一次神宗問王安石：「當今治國應從何處下手？唐太宗怎麼樣？」

王安石回答說：「首先是選擇治國之術。陛下應當以堯、舜為榜樣，豈能以做唐太宗為滿足。」

回去後，王安石又在神宗命其寫的《本朝百年無事札子》中激動地說：「百年來理財無術，致使民不富、國不強，大有為之時，正在今日。」宋神宗看了後也非常激動，他對王安石說：「自古以來，君與臣像朕與卿如此相知，極為罕見。」可見神宗對王安石信任之深，期望之重。

此時，王安石已經成為有改革願望的士大夫中的核心人物。神宗為改革大計的順利實施，準備任用王安石為參政知事，改革必然會損失一部分既得利益者的利益，這當然不為那些官僚士大夫們所喜歡。那些本來對王安石大加贊許的朝中重臣，一看神宗真的要起用王安石來領導改革，於是便盡食前言，表示對王安石不信任，甚至大加詆毀，以此來阻止改革的進行。

宰相富弼罷相前，神宗問他：「你致仕後，朝中誰可代你為相？」富弼知道神宗準備用王安石進行改革，堅決不推薦王安石，他沉思了片刻，說：「文彥博可以代臣。」

神宗聽了他的回答十分不悅，接著便直截了當地問：「你看王安石怎麼樣？」

富弼見神宗把話說透了，便以沉默來表示反對。

神宗又徵詢朝中大臣的意見，一次問到司馬光說：「你看王安石這人如何？」

司馬光煞有介事地說：「有人說王安石奸邪，那是對他過於毀謗，但如果說他不通事理，這的確是事實。」表面上看起來好像是在替王安石辯誣，其實是在進一步損害他。

說來也怪，在神宗擬任王安石為相之前，士大夫中對他是一片歡呼，「天下盛推王安石，以為必可太平。」而此時則完全是一片喊殺聲。參知政事唐介聽說神宗要用王安石，他第一個站出來反對，說王安石「議論迂闊」，因此「不可授以大任。如果讓他做了副宰相，恐怕將來對成法多所變更，必然擾亂天下」。激怒之情溢於言表。他的話還具有一定的煽動力，他想藉那些守舊派大臣們不希望改革的心理，點出王安石上任「恐多變更」的後果，以引起大臣們群起反對。果然他的煽動發生了效力，像韓琦等大臣也跟著說：「王安石做翰林學士有餘，當執政官則不行。」

但是，銳意改革、期望革除弊端的神宗，並沒有被他們說服，他對王安石說：「儘管他人不真正了解你，但我深知你的學問與為人並非自今日始，我需要你，正如唐太宗必得魏徵，劉備必得諸葛亮。」

宋神宗熙寧二年（西元一〇六九年），神宗力排眾議，堅持任用王安石為參知政事。在神宗的支持下，王安石開始組織變法。從此，一場改革與反改革的鬥爭便拉開了序幕。改革派與反改革派之間的權力角逐，也同時展開。

王安石上任伊始，首先成立了「制置三司條例司」。所謂「制置」就是後來所說的「欽命」。「三司」是指戶部、度支、鹽鐵，即管理經濟財政機關，新法便是從這裡頒布下來。

變法的主要目的是富國強兵，因此王安石變法中的具體步驟是先實行理財富國方面的新法，從當年的七月到十二月，陸續推出了青苗法、均輸法、農田水利法等。在不到半年時間裡，這方面的新法基本完備了。第二年，神宗任安石為同中書門下平章事，即宰相。從而使變法從經濟迅速推向了軍事和科舉等領域。軍事方面的新法主要有將兵法、保甲法、保馬法等。在科舉方面就是從培養人才方面提出更貢舉、興學校等新法。

然而，改革是艱難的。在王安石上任之初，御史中丞呂誨便上疏彈劾王安石，捏造了十大罪狀說：「臣伏睹參知政事王安石，外示樸野，中藏巧詐，驕蹇慢上，陰賊害物。」並把王安石比作唐代奸臣盧杞。所列王安石十大罪狀，實在不值一駁。甚至他把唐介生疽而死也算作是王安石的罪過，疏文第八條中說王安石「向與唐介爭論謀殺刑名，遂致喧嘩，眾非安石而是介。介忠勁之人，務守大體，不能以口舌勝，不幸憤懣，發疽而死，自是同列尤甚畏憚，雖丞相亦退縮不敢較。」真是滑稽可笑。人死於於病疽本是常事，況且唐介年已六十，更不足奇。他用此事加誣王安石，其目的就是企圖阻止新法的實施。

青苗法公布之後，便在朝野引起了軒然大波，反對派群起而攻之。首先是司馬光在朝中指斥青苗法之非，呂惠卿與之據理力爭。接著是范鎮等人，誣蔑青苗法就是唐朝德宗時的青苗錢。范鎮上《請罷青苗疏》說：「青苗者，唐喪亂之世所為也。所謂青苗，苗青在田，賤估其值，收斂未畢，而必其償，是盜跖之法也。」簡直是從指斥上升到了謾罵。韓琦甚至說青苗法是官府圖利，刻剝富豪的一種舉動，根本不是什麼惠民之政。反對派的氣焰很盛。由於這些朝中元老重臣的反對，尤其看了韓琦指責和誣蔑青苗法的奏疏後，宋神宗開始動搖了，他甚至覺得韓琦等人是在真正為其大宋王朝而盡忠報國。

一次在殿上議事，宋神宗大加讚賞韓琦的忠心，他對幾位執政大臣說：「韓琦真是一個忠臣，雖然在京外任職，但卻不忘朝廷。我初以為青苗法可以利民，想不到竟這樣坑害百姓。看來今後發布政令不可不慎重。」神宗的話無疑是對青苗法產生了懷疑，他作為皇帝，一言九鼎，尤其他帶有傾向性的發言，很可能作為反對改革的大臣之依據。反對派大臣聽了神宗的話，心中暗暗驚喜，他們實在沒有料到，神宗這麼快就改變了想法。他們用冷嘲的目光看著王安石，只見王安石僵立在那裡，王安石的確也沒有想到神宗會有如此想法。

僵立了好一會兒，王安石沉重地對神宗說：「變法初起，很多人不理解，也有些人誤解，甚至有人利用改革中的失誤來否定改革本身，這都是應該加以分析的。今天韓琦用王廣廉在河北推行新法的錯誤作法來攻擊新法，這就是別有用心。這是他推行中的失誤，不是新法的錯誤。」

神宗看了王安石一眼，淡淡地說：「此事另議。」於是便散朝了。

王安石回到家裡，心如潮湧，怎麼也平靜不下，反對派的誹謗、宋神宗的誤解，真的讓他有些心灰意冷了。他要好好想想下一步該怎麼辦？是進還是退。於是，他上疏神宗，稱病在家休息。

神宗那次對韓琦的稱讚，在朝中引起了巨大震動，人們在進行著種種猜測。甚至有人故意揚言，說神宗要收回成命，罷王安石的相職。這樣一來，一些曾經附和變法的大臣也動搖了。的確，當一項社會變革來臨之際，必然會產生三種人，第一種是堅決改革派，第二種便是反對派，第三種人應該是不堅定的追隨派。這第三種人本身就是動搖不定的，一有風吹草動，他們便會左右搖動，要麼變成第一種人，要麼就會變成第二種人。此刻反對派勢力大增，不少人便脫離了改革派。蘇軾兄弟此時也趕緊上疏，要求到外地任職，以便同變法派切斷關係。甚至有些改革派的人，不僅脫離了改革派，而且還變成了反對派。如正在外地按視農田水利差役等事的御史程顥，此時竟公然要求廢除青苗法。趁著王安石稱病家居的時機，反對派更是大肆活動。尤其是司馬光，利用自己翰林學士的職位，在代神宗批答王安石求退的奏章中，竟說青苗法的實施使「士夫沸騰，黎民騷動」。他企圖利用這種攻擊，脅迫王安石早日下臺。在他們看來，只要王安石下臺，失去相權，這次變法也就會夭折。

對於司馬光所採取的方法，王安石表示極大地憤慨，他立即針對「批答」進行了嚴厲的駁斥。宋神宗似乎也覺得司馬光的作法有些過分。但司馬光阻止變法的心不死，他又連寫了三封信給王安石，要他放棄改革，甚至把改革中的幾項失誤定為王安石擅改先朝法令的罪狀，以威脅王安石停止改革。對司馬光信中所說的問題，王安石堅決地予以批駁。在王安石澄清了司馬光「批答」中散布的迷霧後，神宗派人請王安石回朝視事，並表示關於青苗法的問題，自己不該被那些反對意見所迷惑。

王安石「稱病家居」期間，也並沒有消沉，他是在深思。如果此時自己抱怨辭職，正好是反對派所期望的，不僅辜負了神宗皇帝的熱望，對變法派也是一個嚴重打擊。他決定立即組織對反對派的回擊，並親自撰寫了一篇上奏，專門駁斥韓琦對變法的曲解，以條例司的名義下發全國。同時下令約束諸路長平官在預定借支比例、利息方面，嚴格遵守法令，免授反對派以口實。

緊接著，王安石對臺諫機構進行了整頓清理，因為諫官有時不顧事實對變法進行歪曲，對輿論進行誤導。解除了犯有嚴重錯誤的御史中丞呂公著、李常和程顥等人的職務，並安置了一批支持變法的官員進入這輿論陣地。進而對反改革的官員范鎮、司馬光等人施加壓力，迫使他們離開朝廷。其實從一開始，變法與反變法之爭，已經演變成了權力的角逐。

儘管王安石採取了如此強硬的手段，把反對變法的大臣從朝中清除出去，但是反對派並沒有就此罷休。他們採取了近乎卑鄙的手法，對新法進行抵抗。

熙寧三年（西元一〇七〇年），免役法在開封府試行，東明縣事賈蕃故意提高戶等，把四等提高到三等。按規定，四等、五等戶免納役錢。賈蕃這樣一弄，便引起了四等戶農民的強烈不滿，於是他們發動了一千多農民進入汴京，到王安石的住宅進行控告。他們想用這種辦法來達到破壞、阻止變法的目的。這次行動的背後主謀，就是反變法的主要人物之一文彥博。王安石派趙子幾查明了事件的真相，並對藉機大造輿論的御史楊繪和劉摯，給予了免職處罰，有力地打擊了反對派對新法的破壞。

反對派在反對變法的過程中，總是在不斷地改變手法與變法派進行較量。他們還用「天變降罰」作為武器，利用改革期間自然環境的一些災異情況，來嚇唬神宗，以打擊變法派，鬥爭異常激烈。

熙寧五年（西元一〇七二年）元月，司天監靈臺郎亢瑛利用所謂「天久陰、星失度」的天象變化，上疏神宗，說這是「政失人心，強臣專國」所造成的，應當罷免王安石。神宗以妖言惑眾之罪將其發配到英州。不久，華山發生了大地震，文彥博居然上疏說：「市易司既然建立，招民怨，致使華山崩塌。」宋神宗聯想這幾年各地災情頻現，不覺也慌張起來。王安石站在唯物主義的立場上，對反對派的陰謀，看得十分清楚。於是他上疏指出：「天文之變無窮，人事之變無已，上下傅會，或遠或近，豈無偶合？此其所以不足信也。」同時還指出，只要創立的法度有利於國家，就用不著害怕那些人的謬論。

即使所建立的法度有利於國家，但如果損害了權貴的利益，那也是不行的。由於新法的實行，直接由市易司向宮廷和官衙供應所需物品，致使那些以往在購買宮中用品時大占便宜的官員一下子無利可圖，他們便大造謠言，反對新法。神宗的岳父向經，因為免行錢的實施，而無法從中漁利，便把市面上和自己編造的謠言帶到宮中。於是在宮中掀起了一次反對新法的浪潮。太后痛哭流涕地對神宗施加壓力：「安石亂天下，怎麼辦呢？」

對宮中太后的哭訴，神宗不免有些慌張。他常常去責問中書，想讓他們改變一下作法。但並沒有阻止宮中的反對。於是神宗寫信給曾布，要他解釋清楚為什麼人們都說市易司「妨細民經營」。曾布是王安石變法的中堅分子，據史書記載，當時各種新法雖然由王安石制定大綱，但是斟酌條目，編為法典，多半成於曾布之手，因此他是最有發言權的。此時，他感覺到神宗的態度似乎對市易法有些不滿，便上疏彈劾提舉市易司呂嘉問。首先指責市易司千方百計多收息，是為了求賞。接著又否定了市易法的作用，指斥司易法的弊病，是「挾官府而為兼並之事」。接著又說市易司「賤買貴賣，重入輕出，廣收贏餘」，實行市場壟斷。搞得人們怨聲載道，「所召問行人，往往涕咽」。

曾布的上疏，令神宗很惱火。他覺得市易司是在利用變法撈取個人好處，難怪宮中宦官都在反對他們。於是下令呂惠卿同曾布一道追查這事。神宗的心情十分沉悶，便來到花園中散步。此時正好兩個皇弟岐王趙顥和嘉王趙頵在擊毬，他們看到皇兄走來，便跑了過去。嘉王趙頵拉著皇兄要比擊毬，神宗笑著說：「好吧，咱們就比一比。」然後指著腰間的玉帶說：「如果我輸了，這條玉帶就賞你。」可是趙頵卻說：「我勝了不要玉帶，只求廢掉青苗免役法。」神宗不覺愣住了，新法果真是這樣不得人心嗎？神宗的心裡不覺增大了壓力。

他最初以為，朝中大臣們反對新法是出於爭權奪利，可是太后和皇親國戚們可以說都該為了大宋江山著想吧？他憂心忡忡地回到宮裡。坐到几案上，神宗隨手翻閱大臣們所上的表章。忽然他看到元老重臣韓琦的上奏，內容是彈劾王安石變法中所造成的弊端，歸納出了七個「不應該」：「一、不應該使朝鮮入貢；二、不應該攻西夏置西河郡；三、不應該植柳樹於西山；四、不應該創立保甲；五、不應該修築西北城池；六、不應該設立軍器監；七、不應該設立河北之十七將。」看罷韓琦為王安石羅列的七大罪狀，神宗忽然想起了太后的哭訴，和剛才弟弟們的要求，心裡更加感到惶恐不安了。

此時，王安石看到朝野內外對新法的不理解，尤其那些造謠中傷，也有些心灰意冷了。特別是曾布曾作為自己的助手，對新法擂鼓吶喊，現在竟也倒戈，覺得難以繼續視事，於是上疏請求辭職。神宗也只好同意了。這是王安石第一次罷相。

王安石在罷相時，為了使變法的大業繼續下去，便推薦呂惠卿為參知政事，與宰相韓絳共同執政。呂惠卿是個有政治才能的人，尤其在變法中發揮過重要作用，均輸法、青苗法、農田水利法等都是由他草擬。呂惠卿是靠變法起家的，此時已達到副相的位置，於是極強的個人野心便再也按捺不住。他認為王安石已經罷相，論才能他自視比韓絳高，那麼再努力一下，便可登上一人之下萬人之上的宰相寶座。於是便開始培植自己的個人勢力，對自己親族和親近的人，往往多加籠絡提拔，如呂升卿、呂和卿、方希覺等人，在他的提攜下，官職一升再升。並且與宰相韓絳多有不和，甚至千方百計想辦法孤立他。同時對朝中大臣進行打擊排斥。沈括、李承之與他報告事情，他總是反覆挑剔，找毛病，加以排擠。為了在變法派內部形成個人小集團，擴大自己的勢力，他還勾結地方官員，在蘇州購置了大片田產，以作為自己的經濟後援。此時，他把主要精力放在爭權上，大大削弱了改革派的力量。甚至他制定的一些措施，也不再像青苗法、均輸法那麼行之有效。

由於變法派內部的分裂，朝中諸事令神宗很不滿意，他感覺到王安石實在是少不了的重臣。恰好此時市易司違法事件已經查清，結果是這樣的：「初市易之建，布實同之，至是揣知上意，疑市易有弊，遂急治嘉問。」就是說市易法的實施曾布也是贊同的，待皇上問他實施過程中出現的一些問題時，曾布推測皇上的意思可能對市易法不滿，便乘機彈劾市易司提舉呂嘉問。這件事也是王安石請罷相的一個原因。可是實踐證明，市易法在兩年的災荒中，不僅穩定了京城百姓生活，而且幫助他們順利度過了災荒。神宗決定召回王安石。於是在熙寧八年（西元一〇七五年）二月，王安石回京，再度拜相。

由於改革派內部的分裂，呂惠卿只為個人小集團爭權著想，置改革大業於不顧，令王安石很不安。到後來竟發展到與王安石對立的局面。

王安石復相不久的一天，宋神宗單獨召見了王安石，對他說：「小人漸定，卿且可以有為。」王安石對皇上的信任表示了感謝，接著在談到他離職後的朝中狀況時，神宗說：「自卿去後，小人很囂張，獨賴呂惠卿主張而已。」王安石很高興，說：「臣也聽說人家稱他為護法善神。」但是王安石心裡卻感到納悶，覺得現在與呂惠卿相處太難了，自己的一些想法提出來後，呂惠卿不是不理就是不贊同，作為一個政治家，王安石似乎已感覺到他在與自己爭權。

如前不久，王安石建議在河北州縣中設立「俵羅」，也就是讓市易司「度民田入多寡，先預付錢物，到收成時，會在澶州、北京及緣邊州軍羅米壽貯存。」此項措施如果實行，不僅可以給政府每年節約三十多萬貫錢，對農民也有好處。但呂惠卿卻找藉口反對這一項有益的措施。

尤其在用人方面，呂惠卿更是與王安石相左。王安石為了改革的發展，只要是擁護變法的人便加以薦引；誹謗變法的，堅決加以排擠。這是從變法和反變法兩大陣營之爭來考慮問題。但呂惠卿則全從自己爭權、擴大勢力來想問題。王安石想提拔練亨甫，呂惠卿馬上提出反對，說：「練亨甫以臣兄弟少貧賤更事，識小人情狀，故尤嫉臣兄弟。」王安石非常生氣，覺得此人的確在結黨營私。於是便指使諫官彈劾他。呂惠卿見王安石已經對自己下手，便趕忙去找神宗去告狀，說王安石復相後，「屢稱病不治事，積事以委臣，臣恐將來傾敗，臣預其責。」神宗感覺到變法派內部已經四分五裂。

政治也許就是這樣，不能為我所用，就想辦法讓你無用。王安石此時已決心把呂惠卿趕出中書府，讓人加緊調查呂惠卿執政期間所做的種種不法。終於在熙寧八年（西元一〇七五年）十月，查出呂惠卿與地方勢力相勾結一事，罷免了他參知政事職務，對他培植的親信、黨羽也進行了清除。

改革派的分裂，反對派的壓力，使神宗對改革的態度有了明顯的變化，王安石提出的建議，神宗有時也不怎麼採納了。王安石此時也覺得，在這樣的政治環境中，很難有所作為。恰在此時，被王安石貶黜的呂惠卿對王安石的長子王雱進行攻擊，使其舊病加重而死，時年三十二歲。王安石晚年喪子，精神上遭受了極大的打擊。於是向神宗提出罷去相職，雖然神宗再三挽留，但王安石去意已決，神宗沒辦法只好同意。熙寧九年（西元一〇七六年）十月，王安石第二次罷相。

王安石退出了政治舞臺，但是變法與反變法的鬥爭仍在繼續。

結黨營私，六賊之首

見風使舵，導君淫奢，攀附結黨，陷臣誤國。宋朝奸相蔡京，名列六賊之首，可見其奸之大。

蔡京，字元長，福建仙游人，宋神宗熙寧三年（西元一〇七〇年）考中進士，時年僅二十四歲，可謂少年得志。但其為人奸邪，貫於見風使舵，有時風剛刮他便轉舵，哪知風向又變了，他回轉不及，往往就翻了船。因此，蔡京雖然官運亨通，但卻四次大起大落。看來仕途艱險，任你再奸再滑，也難一帆風順。

元豐八年（西元一〇八五年）三月，宋神宗去世，他的兒子趙煦即位，即宋哲宗。改元「元祐」。不滿十歲的哲宗當然不能處理國事，便由英宗皇后、神宗母高氏以太皇太后的名義臨朝聽政。由於王安石變法得罪了皇親國戚，因此他上臺之後，便起用司馬光為宰相，並把守舊派的官僚一一請來，這些人千方百計謀復舊制。司馬光一入朝，便對新法展開攻勢，他說新法是「舍是取非，興害除利；名為愛民，其實病民；名為益國，其實傷國」。企圖盡廢王安石新法。樞密院知事章惇對司馬光的作法表示不滿，便與他爭辯起來。此時司馬光執政，便將章惇貶到了汝州。並限令各州縣在五天之內必須把免役法改為差役法。朝中很多官員都感到時間太緊，根本無法完成。蔡京此時正任開封知府，他看那司馬光怒氣沖沖的樣子，覺得該轉舵了。他當即令所轄各縣派一千多人充當差役，如期全部改完。然後他第一個跑到宰相府去向司馬光匯報。司馬光十分高興，誇獎他說：「如果人人都像蔡知府那樣，維護朝廷成法，還有什麼不可以恢復呢？」司馬光對蔡京的辦事能力十分欣賞，準備提升他，可是有些舊黨人士指責他「挾邪壞法」，不可以重用。於是蔡京馬屁沒拍對地方，被踢出開封府，貶為地方官。

八年後，攝政的太皇太后高氏去世，由十七歲的哲宗親政，改年號為紹聖。哲宗看到在司馬光全部恢復舊法的過程中，不僅不能有益於社會生產，反而加劇社會矛盾，便決心恢復神宗的改革事業，於是便再次起用新黨官員，恢復由王安石制定的新法。哲宗首先起用曾布、章惇為相，主持朝中的政令。

蔡京見變法派得勢，雖然自己已經投靠了司馬光，但風向變了，還得趕緊轉舵，又轉而支持章惇恢復新法。其變化之快，讓人目不暇接。

曾布的想法比較折衷，想兼採新舊兩法的長處而用，可是章惇則態度堅決，一定要全面恢復新法。因此在關於恢復免役法的問題上，朝臣們的意見很不統一。當時章惇讓各部討論，由於意見不一致，久議而不決。蔡京發現哲宗的意思也是主張全用新法，於是便獻媚說：「儘管把熙寧朝的成法施行就是，還有什麼好爭論的？」章惇於是便下決心取消差役法，而重新恢復免役法。

蔡京在新舊兩法之間的鬥爭中游弋，左右逢源。無論哪一派占了上風，他都會去支持勝利的一方，並且都得以實行。這不僅腦袋要轉得快，而且更主要是臉皮要厚。非大奸特奸不足以為此。其實當時監察御史常安民早已看透蔡京的嘴臉，並且提醒人們：「京奸足以惑眾，辯足以飾非，巧足以移奪人主之視聽，力足以顛倒天下之是否。他日羽翼豐滿，後悔就來不及了。」由於大多數人被蔡京之奸所惑，還沒識別出他的真面目。因此被章惇推薦為翰林學士兼侍讀、修國史，並且成了戶部尚書。

一朝君子一朝臣，是封建王朝幹部制度的一大弊病。新上臺的一派，總是要不遺餘力地打擊舊派人士，以鞏固自己權力。章惇等人也不例外，在恢復新法的同時，他們也對舊派大臣進行殘酷迫害。這蔡京見自己地位鞏固後，便想盡辦法陷害朝臣。一方面為了打擊政敵，一方面也在為自己日後爭權鋪路，於是蔡京一手製造了文及甫冤獄。

文及甫是宋代名臣文彥博的兒子，文彥博是舊黨中僅次於司馬光的重要人物。文彥博去世後，重新執政的新黨為了籠絡大臣，平反了一些被舊黨打擊迫害的人。他們準備給元祐年間遭受打擊的蔡確平反，但是證據不充分，只好擱置。蔡確的兒子蔡謂，見其父遲遲未予平反，便上疏皇帝說他叔叔蔡碩曾在邢恕家裡見到在元祐年間，文及甫寫給邢恕的信，信中涉及了一些舊黨執政時期的內幕。哲宗知道文彥博是舊黨重臣，便以為可以查到許多有關舊黨的東西，於是便派蔡京和吏部侍郎安惇審此案。

文及甫之所以給邢恕寫信，並非有什麼奸謀。以前二人都在同文館中任職，相處得很好，文及甫對邢恕十分信任，幾乎是無話不談。青年人書生意氣，難免恃才傲物，有時在給邢恕的信中對幾位新黨人物諷刺了幾句。新黨上臺後，貶斥了舊黨很多大臣，尤其他父親也在其中，自然對新黨不滿。此時恰好文及甫為母親守喪期滿，他知道由於父親文彥博的關係，他不可能被留任京官。因為好友邢恕在新黨執政時依然得寵，便想請他幫忙安排個比較好的地方任職。於是便給邢恕寫了封信，信越寫文及甫的心情越激動，用辭也漸漸激烈起來，按捺不住自己內心的不平，便寫下了一些抨擊時政的言語。朋友間的私人書信，寫什麼都可以。你發發牢騷，他安慰幾句，心情便會平靜下來。哪知這邢恕是個小人，他總是在權衡利弊。因為他知道，文彥博是文及甫的父親，新黨上臺當然也不會輕易放過他的兒子。如果自己繼續交好於他，可能會受牽連；如果揭發檢舉，說不定還會升個一官半職。利害最終戰勝了友情，邢恕把信拿給了蔡謂，以此陷構文及甫。

蔡京對此案也十分重視，也想通過此案立功。他利用各種手段想從文及甫口中得到能使自己向上爬的東西。他不僅對文及甫進行欺騙誘供，同時還施以嚴刑拷打。文及甫自知落在蔡京之手，難有生還之理。一介書生，精神幾乎崩潰了，於是便信口「招供」。你問什麼，自己便承認什麼；你讓他招什麼，他就招什麼。結果案子越審越大，最後竟牽涉到朝中大臣一百多人，揭發出一個政治集團企圖廢立皇帝的大陰謀，於是也鑄成了無辜殺害大臣的一大冤獄。

蔡京覺得此案收獲太大了，便趕忙把各種口供材料集中起來，懷著一顆勃勃野心，上疏請求皇帝誅殺那些牽涉此案的大臣。由於哲宗稟承祖上「不得殺戮大臣」的遺訓，這場已讓人嗅到血腥味的殘酷屠殺才被避免。

許多大臣被貶謫、流放，朝中上下人心惶惶。蔡京覺得這樣還未達到自己的預期目的，又派人去追蹤殺害已被流放的元祐黨人。在這次大獄中，陳衍、劉摯、梁燾等大臣均死於蔡京之手，其子孫亦遭貶黜。

元符三年（西元一一〇〇年），宋哲宗去世，由他的弟弟趙佶即位，是為宋徽宗。只因徽宗年紀尚輕，不諳政事，由神宗皇后向氏聽政。皇太后對蔡京的才學頗有欣賞，便命蔡京在京城編修史書。可是沒過多久，舊黨的勢力逐漸強大起來，章惇被貶官。接著諫官陳瓘彈劾蔡京與內侍宦官相勾結，干預朝政，於是蔡京被貶為江寧知府。離開京師外貶，這對蔡京是個相當大的打擊。對一個封建官吏來說，做官京師和服役地方，差別是很大的。留在京城，消息靈通，可以見機行事，而且大員全在京中，再往上爬的機會很多，如出京外任，那什麼時候有機會就不好說了。因此蔡京心中十分鬱悶，千方百計想找門路留下，拖了很長時間也不到任。這時御史陳次升、龔夬、陳師錫等同時上疏彈劾他以往的奸行罪惡，並指出他滯留京師，久不赴任，必有險惡用心。結果蔡京再度被貶為提舉洞霄宮，居住杭州。

向太后死後，宋徽宗親政。徽宗本來不擅長治國安邦，而是在藝術上十分精到，可謂高手。書法繪畫上的成就，恐怕在宋朝也無幾人能及。他更喜歡搜尋歷代書畫作品，因此即位不久，便命心腹宦官童貫到三吳地區收集書畫珍品。

此時在杭州閑居的蔡京，當然知道童貫在宮廷中的角色，於是便費盡了心機前去巴結。蔡京是個權力欲極強的人，他一直想爬上宰相的位子，但命運多舛，總掌握不住風向，以致蹉跎至今。童貫的到來，使他重新看到希望，於是便把寶押在童貫身上。因此，童貫一到杭州，蔡京便置辦了盛宴為他接風，並邀集此地歌舞妓前來助興。童貫在杭州住了一個多月，蔡京不捨晝夜地同他一道遊玩，令童貫十分感動。其實蔡京也是書畫高手，據說宋朝書法四大家「蘇、黃、米、蔡」，這「蔡」原本就是指蔡京，只是後來人們惡其奸，才改成蔡襄。蔡京為了顯示自己的藝術才能，逢迎皇上，便在屏風及扇面上用盡全力畫了一些山水花鳥畫，請童貫帶回京。童貫受了蔡京諸多恩惠，當然不能無動於衷。回京後，童貫把蔡京的畫放在極易見到的位置呈送給徽宗，並對蔡京的才華大加贊揚。徽宗對書畫確是行家，對蔡京的作品也很是欣賞，於是漸漸對蔡京產生了好感。

當時徽宗很崇信道教，對道士格外看重，有位著名的道士徐知常經常被徽宗請到內宮。蔡京的好朋友太學博士范致虛與徐知常關係密切，於是蔡京便用重金買通了范致虛，求他能在徐知常面前替自己說好話，稱讚自己有相才。徐知常見好友如此盛贊蔡京，覺得此人必有過人之處。因此，徐知常每入內宮，總是對嬪妃太監們吹噓蔡京。一傳十，十傳百，嬪妃、太監們都知道了蔡京的大名，也都眾口一詞地誇獎蔡京怎樣有才德。徽宗對這些輿論也表示贊同，於是起用蔡京，讓他當了定州知州。接著，在蔡京的旨意下，其黨羽、起居舍人鄧詢武乘機四處活動，為蔡京歌功頌德，他還入宮拜見徽宗說：「陛下有志恢復新法，繼承先帝事業，必須用蔡京。」其實蔡京已看出徽宗有恢復新法的意思，便畫了一幅帶有暗示的《愛莫之助圖》，一併示皇上。圖的左邊畫的是元豐新黨的代表人物，右側是元祐舊黨人物。在元豐新黨人物中，他特別突出地表現了蔡京的地位，徽宗便已有意要用蔡京了。

蔡京通過請托巴結，以及各種卑劣的手段終於給自己爭權奪利打下了一點基礎。就在徽宗有意提拔蔡京的時候，恰好趕上執政大臣和曾布爭奪權勢，他們此時都需要有一位受到皇上寵幸的人來幫助自己，而此時皇宮中對蔡京一片讚譽之聲，因此他們都想拉他作幫手，以排擠對方。於是韓忠彥和曾布二人都推薦蔡京，徽宗還誤以為他在朝臣中有人望，也就恢復了蔡京的學士承旨職務。此時蔡京便和左相曾布勾結在一起，並利用曾布的勢力以「變易神宗法度」的罪名，上疏皇上罷免了韓忠彥的宰相職務。崇寧元年（西元一一〇二年），蔡京取代了韓忠彥，當上尚書右丞。對蔡京的人品和個性，其朋友孫蓉十分清楚，他看到野心勃勃的蔡京為爭權而四處奔走，心裡十分擔心。有次他對人說：「蔡京的確有貴人相，但是有才無德，如果他掌握了大權，恐怕會給天下人帶來災難。」但是蔡京的欲望一刻也沒熄滅過，他想總有一天會當上宰相。他找孫蓉說：「如果皇上進一步重用我時，望你能助我一臂之力。」可見其野心之大。

去除掉韓忠彥之後，蔡京的地位僅次於曾布，便決心把他從寶座上趕下來，想辦法在皇上面前整他。

其實曾布也是個小人，他擔任宰相後，也在積極培植黨羽，擴大自己的實力，因此對有些自己可以利用的元祐黨人也加以援引。蔡京更是小人中的小人，他完全不顧曾布對自己的提攜，為了權力他不惜採用一切手段。曾布擬用陳祐甫為戶部侍郎，這陳祐甫是曾布門婿的父親，有親家之好，當然便可結為死黨。曾布此時並未把蔡京當作外人，也同他打過招呼。蔡京當時沒有表示任何異議，但是其心裡卻在琢磨事情。一天，曾布與蔡京在皇帝內廷議事，便向皇上提了出來。曾布用眼睛瞅了瞅蔡京，好像是希望他附和說幾句，此事也就算通過了。他看蔡京沒有反應，以為他不說也罷，就算是默許吧。可是突然蔡京一反常態，尖刻地說：「官爵是屬於皇上的，可是宰相為什麼私下隨便給了自己的親戚呢？曾布的門婿陳迪是陳祐甫的兒子，他們是兒女親家，所以才加以提拔。」言下之意在指責曾布結黨營私，同時也離間皇上與曾布的關係。他這一席話，大大出乎曾布意料之外，著實讓他大吃一驚。

小人的貫技是背後傷人，而現在竟當面也敢傷人。可見他要排斥曾布的心是多麼急切。氣得曾布渾身顫抖，他也顧不上皇上是否在旁邊，便指著蔡京的鼻子爭吵起來。接著，蔡京又乘勢唆使言官上奏，彈劾曾布勾結逆臣，起用元祐黨人，圖謀恢復舊黨的地位。在蔡京明槍暗箭的打擊下，曾布便以「力援元祐奸黨，陰擠紹聖忠賢」之罪名遭到罷官。

崇寧元年（西元一一〇二年）七月，蔡京終於如願以償，徽宗任命他為尚書右僕射兼中書侍郎。徽宗在延和殿召見他，對他寄予厚望：「神宗推行新法，半道未成，先帝繼之，但兩度都因內廷干預而不能堅持下去，國家的政事尚無準則。我將繼承父兄之志，特任你為宰相，你打算怎麼辦？」蔡京趕忙離座叩頭謝恩，並表示說：「臣將盡心效力。」至此，蔡京爬上了權力的最高峰。

蔡京雖然二十四歲便中了進士，但一路坎坷，一旦掌握了權柄，便胡作非為了。為了集中宰相的權力，蔡京為相的第二天，便下令禁止了章惇所行之法。第七天又援用「熙寧變法」時在三司之上設置條例司的成例，在中書省設置講義司，自任提舉，其他成員全由他的黨羽充任，一切政令皆由己出。任何一件事情，包括皇室的設施要如何安置都要由講義司議定，那麼全國的一切權力就統歸蔡京控制了。

為了鞏固自己來之不易的相位，蔡京急忙把自己的兒子、親信、死黨安插進權力部門。他擔心諫官們彈劾自己，動搖自己的地位，便發明了「御筆密進」。他親筆草擬詔書後，再讓徽宗照抄。詔書中全是他的旨意，誰敢違背他的旨意議論朝政，就以違旨論處之。言官們為了自保，誰還敢說三道四。

蔡京這個奸佞小人，是打著恢復、繼承新法的幌子上臺，為了鞏固自己的相位，又對舊黨成員進行了殘酷的迫害。其實在蔡京當政時，元祐舊臣因遭貶謫、流放而死去者不少，已經剩下不多了。但為了使此案永遠不能翻案，蔡京主張立「元祐黨人碑」，把司馬光及與他有牽連的元祐舊臣一百二十人列入其中，並請徽宗親筆寫下他們的名字，刻石立於端禮門外。後又定「元祐、元符黨人」三百零九人刻石於朝堂。蔡京又親筆寫元祐黨人的名字通令全國各州縣，一律在州府縣門前立石碑。如果本人尚在，就由州縣進行監督管制，其子弟不許進京城，不許與宗室通婚。

蔡京迫害政敵的行為，使朝野震怒，但迫於其權勢，誰敢違抗呢？長安石工安民，被縣吏弄去刻石，他說：「我是個老百姓，不知道立碑的用意，只知道司馬相公是個正直的人，這裡說他是首奸，小民真不忍心刻。」縣吏聽了不覺大怒，說不刻便定他的罪，安民哭著說：「要刻我也不敢推辭，但求不要把我的名字刻上，免得後人罵我。」縣吏聽了氣急敗壞地罵道：「你的名字有個屁用，誰讓你往上刻了。」可見蔡京此舉多麼不得人心。也有大臣實在忍無可忍，站出來指斥這種行為的惡果。戶部尚書劉拯說：「漢唐失敗，都是從朋黨相爭開始。今日指前日之人為黨，豈知後日之人不以今日之人為黨？人之過失自有公論，何必對這些人問之以黨人之罪？使他們及後人永遭禁錮？」蔡京聽了十分惱火，指使手下言官彈劾劉拯，不久將他貶謫到薪州。

蔡京採取了一系列措施以保相權，下邊的基本上沒問題了，現在最主要的就是保證皇上的絕對信任，這樣他才不會處處出來干預。他便想到借鑒歷代奸臣的手法，利用玩好吸引皇上，使其沉溺其中，這樣他便無暇顧及朝政，大權自然由自己一人把持。

徽宗本是窮奢極欲的人，蔡京便投其所好，先後為徽宗建起了景靈宮、延福宮、九成宮、元符殿、保和殿、明堂、艮岳山、曲江池等多項大型工程，耗費巨資，侈麗其極。凡聲色犬馬，無不用其極。蔡京常勸徽宗：「太平盛世，應多玩樂，歲月無幾，何必自苦。」宋徽宗在蔡京的引導下，每天除了宣淫導欲，便是奢華競侈，更不問朝中政事了。

俗話說：「人不算天算。」蔡京萬萬沒有想到，自己權傾朝野，人臣未有敢為敵者，竟被老天爺算了一次，這也許正是所謂的「報應」。

一天夜裡，西邊的夜空中出現了一顆彗星，拖著長長的尾巴。彗星在科學不發達的封建時代，被視為不吉利的象徵，它的出現人們往往便以為是有人作惡，老天爺要降災下來了。恰好宋徽宗又非常迷信天象，於是心裡便緊張起來。他最擔心的是他的政權是否會因此而亡，於是便下詔要求大臣們知無不言，找到為禍的根源。這真是天賜良機，一些諫官們被蔡京壓得喘不過氣來，早已憋得要命，便紛紛上表揭發蔡京的罪惡，並且都說得有理有據，言詞激烈。戶部尚書劉逵是右相趙挺之的好朋友，前幾天趙挺之被蔡京擠出相位，更讓他對蔡京充滿敵意，因此上表彈劾蔡京，大加痛斥。

原來韓忠彥、曾布被蔡京擠掉相位後，一直是由蔡京獨相，徽宗便要依舊例增一副相。蔡京以為趙挺之好控制便推薦了他。哪裡想到趙挺之另有主見，於是二人政見不和。趙挺之對蔡京弄的那些東西十分不滿，不久二人的摩擦便強化了。趙挺之多次向徽宗揭露蔡京的惡行，但此時蔡京確實把徽宗奉承得頭昏眼花，無法分辨真假是非。趙挺之為了避免被蔡京陷害，便提出辭去右相。蔡京對他恨得咬牙切齒，恨不得一腳把他踹出京城。在趙挺之的一再要求下，皇上批准他回青州老家。閒著沒事，他常常跑到劉逵那裡，二人經常議論蔡京的醜行。劉逵見皇帝真心求直言，便請求毀掉蔡京立的「元祐黨人碑」。徽宗因為信天象，暗想也許就是蔡京這些主張惹得天怒人怨，便命內侍太監在半夜時把碑毀了。

第二天一早，蔡京和往常一樣入朝，他總覺得少了點什麼，一下子他發現朝堂前的「元祐黨人碑」沒有了，不免又驚又怒。他壓根想不到此碑會被人拿走，除了皇上誰敢做出這種事來，如果是皇上拿的，那不就說明皇帝認為立此碑是錯的嗎？他越想越覺得事情有些不對勁。升朝時，蔡京實在按捺不住，便當堂詢問徽宗。

徽宗乃一國之君，當然敢做敢當，回答說：「這是朕的意思，現在有天象告警，應行寬仁之政，因此派人將此碑毀掉。」

蔡京也許是威風慣了，也許是過於激動，於是有些控制不住自己，臉色變了，聲音也變了，他幾乎是在大聲叫喊：「碑可以毀掉，但罪名萬不可赦。」

徽宗陰沉著臉，沒說什麼。蔡京如此老奸巨猾之人，應該想到他這樣失態所引來的後果。

劉逵覺得打垮蔡京的機會來了，於是當天下午就急忙上奏，對蔡京入相以來的所作所為統統進行揭發：「目無君父，黨同伐異，陷害忠良，興役擾民，損耗國帑。」堅決要求罷掉他的官。接著又有大臣上疏彈劾蔡京，請求將他削職為民。徽宗回想了一下白天蔡京聲色俱厲的醜態，不覺怒火中燒。於是下詔給趙挺之，令他在約定的日子進宮見駕。挺之見到皇上時，又盡心地把蔡京的罪行數落一遍。於是宋徽宗立即降旨，革掉蔡京的宰相之職，從此政事開始出現新的氣象。

政治風雲真是突變，今天你權傾天下，榮寵有加，明天便可能盡失所有，成為階下之囚。這全是皇上玩的把戲，全看皇上的需要。

蔡京被劉挺之和劉逵聯手除掉，對他來說如同陰溝裡翻船，十分懊惱。他躺在床上翻來覆去，怎麼也睡不著：「那劉挺之是我推薦為副相的，但他不識抬舉，才被攆下臺，那劉逵算什麼東西。」蔡京後悔自己大意失荊州，同時也怨恨這小皇帝太迷信。但是他絕不甘心這樣被趕出政治舞臺，他又定出了新的計謀，準備與劉挺之再較量一次。

蔡京之所以被稱作奸臣，當然是他的處事不正派，不是用正大光明的手段去競爭。這次他又動了歪腦筋，準備走徽宗寵妃鄭貴妃的後門。蔡京為官多年，他知道在官場上走哪條路才能通暢。他先暗派內侍中的親信求鄭貴妃為自己說情，又買通鄭貴妃族兄中書舍人鄭居中向皇上進言。蔡京把上下都打通了之後，便令心腹黨羽為自己鳴冤叫屈，申訴蔡京所行之事不是獨斷專行，而是奉旨行事。待他們上下交攻，把徽宗說得不知所措時，鄭居中便聯絡幾位大臣覲見徽宗說：「陛下即位以來，注重禮樂教育，所行居養安濟等法，對國家和百姓都有益，為什麼要改呢？」話中之意就是說蔡京的作法是正確的，當然是在徽宗的旨意下行事。既讚頌了徽宗，又肯定了蔡京，使徽宗覺得有道理。終於，徽宗下令罷免劉挺之相職，同時將劉逵驅逐出朝中，蔡京又重新把宰相的大權奪了回來。

蔡京重掌大權之後，當然要論功行賞，誰在此次爭奪中為自己出了什麼力，便安排相應的官職，以重新大樹黨羽。

鄭居中在蔡京這次復出中，可說立下了汗馬功勞，蔡京也是知恩必報，擬定他為樞密院知事，徽宗也表示同意。可是在正式任命前，被一位太監知道了，他和鄭居中不和，便從中做了小手腳。他悄悄對鄭貴妃說：「本朝從未有外戚干政的先例，為了顯示娘娘的美德，最好以親戚避嫌為由加以推辭。」鄭貴妃為了自己的美譽，便向徽宗力辭，徽宗便成全了她的美意，收回成命。鄭居中誤以為蔡京在耍自己，便大罵蔡京是個言而無信的小人。自己為他出了那麼大的力，最後竟弄了太乙宮使這樣的閑職，不由得懷恨在心。

有一次京都水使者趙霖在黃河中撈得個兩首烏龜，便獻到朝中來。蔡京乘機向徽宗道賀：「陛下洪福齊天，這就是齊桓公小白所見到的象罔，誰見到牠誰就可以稱霸天下，為此臣下特向皇上道賀。」聽到蔡京的奉承，徽宗心裡很高興。回到內廷休息時，徽宗還在想大千世界無奇不有。鄭居中此時覲見說：「這烏龜長了兩個腦袋，明明是個怪物，可是蔡京偏要說是吉祥之物，不知安什麼心。」

其實祥瑞與災異跟某種動物並無必然的聯繫，只是人們自己主觀的想法而已。徽宗是個迷信的人，從心理上來說，你把雙頭烏龜解釋成祥瑞之兆，他會美滋滋的，以為老天賜福；如果分析成災異之徵，他便會慌然而懼。此時聽了鄭居中別有用心的解釋，徽宗好似略有所悟，覺得還是他說的對，因為好壞鄭居中都是自己遠房的大舅子。正如好多事情一樣，真假的標準不是以事情本身而定，而決定於辦這件事的人與自己關係的遠近親疏。蔡京當然屬於外人，那他也就輸定了。第二天，徽宗下旨，任命鄭居中同知樞密院事。

解釋雙頭烏龜一事，讓徽宗很惱火，他覺得蔡京在愚弄自己，加上聽到一些關於蔡京的傳聞，他覺得蔡京是否有圖謀不軌的行為，於是就讓樞密知事張康國祕密監視蔡京的行動，並說如果事情辦得好可以入相。那張康國本是蔡京推薦的親信，但是小人之間的權力之爭，是根本沒有什麼友誼可言的。今天你有恩於我，明天為了個人的權力得失，我照樣可以構言對你讒害，臉都不會變色的。

蔡京對此事亦有覺察，作為一代權奸，他早已在各部門安插了黨羽。他絕不會坐以待斃，於是便暗使黨羽吳執中彈劾張康國，給他來個警告。張康國也不是等閒之輩，在吳執中彈劾自己以前，便來了個先下手為強。他對徽宗說：「臣已為陛下得罪了蔡京，他勾結中丞吳執中要陷害我，我請求辭職，以免被害。」果然吳執中覲見時，大加彈劾張康國。因徽宗已有心理準備，知道他是受蔡京指使，沒等他說完便勃然大怒，把他轟了出去，貶到滁州。此時徽宗對蔡京更加不滿。

鄭居中對蔡京更是耿耿於懷，現在入主樞密院後，便暗中指使心腹言官有組織地上疏彈劾蔡京，揭露他任人唯親，破壞朝政的罪行。在他們強而有力的攻勢下，徽宗也便順水推舟，又一次罷了蔡京的相職。

蔡京雖然宦海起伏，但憑著自己的奸巧逢迎，牢牢地將徽宗抓在手中，無論誰當宰相，徽宗總覺得不如蔡京那樣了解自己需要。蔡京在位，不僅為自己積極修築豪華宮殿，而且還可以使自己縱情聲色，盡情享樂。這些都是其他宰相所辦不到的。但他沒去思考，這也正是奸邪與正派的區別。因此，每次蔡京罷相後，都能復起，主要原因也在這裡。蔡京最後一次任相時已是七十八歲的人，已經不能任事，一切政務都由小兒子蔡絛代理。這蔡絛更是一個奸佞小人，他利用代父為政的機會，開始結黨營私。真是青出於藍而勝於藍，他比其父更懂得如何讓皇上滿意。他新設了所謂宣和庫式貢司，用以搜刮天下錢財供皇上私用。他雖是代父行職，卻也專橫霸道，弄得宰相白時中和李邦彥成了擺設。

哪知蔡京的長子蔡攸，也為徽宗所看重，蔡京雖然老眼昏花，但總是戀權不放，這使蔡攸主政專權的野心大挫。一次他按捺不住，竟上疏說老蔡年老多病，應離職休養。他的一番關懷，徽宗還真想降旨讓蔡京致仕調養。雖然如此，蔡攸主政的企圖仍未實現，尤其弟弟的勢力日大，這不能不讓他擔心。於是上奏揭發蔡絛的惡行。徽宗於是罷免了蔡絛的一切職務，再次迫使蔡京退休。

此時蔡京已是惡貫滿盈，言官和太學生們紛紛上疏要求嚴懲他。宋欽宗即位後，將他一貶再貶，八十歲的蔡京終於死在人們的怒斥中。他幾個恃父權作惡的兒子，也都得到了應有的處罰。

無賴宰相，禍亂朝廷

不知是歷史的幽默，還是對封建政治的嘲弄，極其相似地將兩個無賴推上相位。唐有楊國忠，宋有賈似道。他們都是靠裙帶入相，並用同樣的技巧表演著歷史醜劇。

賈似道，字師憲，臺州（今浙江臨海）人。父親賈涉輕浮放蕩，在萬安縣擔任縣丞時，與浣衣女胡氏勾搭成奸，後來生下了賈似道。賈似道小的時候，賈涉便去世了。由於賈似道不是正出，賈涉的妻子史氏對他十分刻薄。因此賈似道混跡市井，整天吊兒郎當，不思學業。稍長便同一群狐朋狗友、市井無賴鬼混，養雞鬥狗、游戲玩耍。賭場妓院是常客，打架鬥毆是常事。成了一個刁鑽古怪、卑鄙奸詐的地痞無賴。弱冠之後，靠父蔭（指宋朝實行恩蔭制度，官僚子弟可授官）補了個嘉興縣司倉的職務。

就在這時，賈涉的女兒被選入宮中，深得宋理宗的寵愛。她不僅長得美麗無比，而且非常聰慧，被立為貴妃娘娘。姐姐當了貴妃，雖然不是一個母親所生，也會對弟弟大加提攜。靠姐姐的裙帶，賈似道被調至臨安任太常丞、軍器監。臨安就是現在的杭州，當時南宋首都的所在地。賈似道無心正事，整天花街柳巷，招蜂誘蝶，醜態出盡。但是由於姐姐的請托，不久又弄了個實職，任澧州知州。真是朝中有人好做官，不管你是無賴還是什麼東西，只要有人提拔，照樣官運亨通。一轉眼的工夫，賈似道又升任湖廣總領、戶部尚書、知江州兼江西路安撫使，後又以端明殿學士移鎮兩淮，度宗即位後，升任宰相。

宋理宗端平元年（西元一二三四年），南宋朝廷重演北宋末年聯金滅遼的故技，與蒙古大汗窩闊臺共訂宋、蒙聯合滅金協議，他們約定滅金之後以陳蔡為兩國交界。但是滅掉金國之後，蒙古又毀棄前約，挑起攻打宋朝的戰爭。由於南宋軍民的奮勇抵抗，他們一直沒有得手。

到宋理宗開慶元年（西元一二五九年），蒙古軍在大汗蒙哥和忽必烈的率領下，分別向四川、鄂州、雲南等地發動進攻。南宋軍隊在蒙古大軍的打擊下，節節敗退。宋理宗嚇得驚慌失措。此時賈似道正官運亨通，被任命為京西、兩湖南北、四川宣撫使，兼督江西、兩淮軍馬。理宗慌忙中沒來得及多想，便派賈似道率軍赴漢陽，以增援鄂州。為了提高他的威信、加大他的權力，以有利於統一指揮鄂州作戰，在軍中升他為右丞相兼樞密使。

再說忽必烈大軍一路向南推進，勢如破竹，賈似道總督南宋兵馬的消息，早由密探報知與他。忽必烈對賈似道的特長了如指掌，他放膽前進，準備渡過長江揮師南下，直取南宋首都臨安。

賈似道在蒙古大軍的攻勢下，早就嚇破了膽，龜縮在漢陽城不敢出來。他的任務是增援鄂州，而此時鄂州正處於蒙古軍的包圍之中。他好不容易等到宋軍大將、襄陽統制高達來援鄂州，這才率兵來到鄂州。

賈似道根本沒有軍事知識，更沒這方面的才能。作為一軍主帥，本應調動軍馬打擊敵人。可是他卻手足無措，不知如何是好。高達和部將對這位既不懂戰術，又膽小如鼠，還擺大架子的總督軍十分反感，根本不理他那一套，出兵打仗什麼事也不問賈似道。在高達的指揮下，鄂州守軍英勇作戰，局勢發生了很大變化。賈似道真是恨透了高達，但此時又不敢發作。

就在這時，忽然又接到朝中命令，為了防止蒙古軍從潭州攻入江西，命賈似道立即到黃州去指揮抗敵。朝中左丞相吳潛，從整個戰略上考慮，認為鄂州有大將高達把守，基本上不會有問題。為了防止萬一出現漏洞，黃州在鄂州下游，是過江西的必經之路，賈總督先去布防，可保無虞。可是賈似道接到詔書，大為惱火，心想在這裡匯聚著各路大軍幾十萬，還有幾位身經百戰的大將。我賈似道雖然不懂帶兵打仗，但如果在這裡阻止住忽必烈的大軍，功勞當然是我的。退一步說，一旦擋不住，有這些人保護，至少生命不受威脅。可是你吳潛偏偏在這個時候讓我獨去黃州，這不是成心出我的醜、要我的命嗎？賈似道越想越生氣，但聖旨已下，也只好硬著頭皮走一遭了，但這筆帳算記下了。

賈似道在幾百名精銳騎兵的保護下，向黃州迸發了。一路上他賊眼四顧，生怕遇上蒙古軍隊。真是屋漏偏逢雨，正在他提心吊膽想心事時，忽然有騎探來報：「蒙古軍來了。」嚇得賈似道差點從馬上掉下來。顫抖著問統制孫虎臣該怎麼辦。孫虎臣見他嚇得臉色蒼白的樣子，覺得他根本不能指揮作戰，讓他躲一下吧，否則光保護他都忙不過來，怎麼打仗。於是讓賈似道帶著幾個親兵躲了起來。躲是躲起來了，但孫虎臣一去，只剩下身邊數人，賈似道更加覺得不安全，心裡對吳潛的怒火越燒越旺。不久，孫虎臣帶兵得勝歸來。原來這是一支押送搶掠物品回蒙古的老兵，而且人數不多，很快便被消滅了。賈似道那顆懸著的心這才放下來。

到了黃州之後，賈似道屁股還沒坐穩，鄂州告急，請求支援。賈似道此時驚魂未定，哪裡還敢出兵增援。心想眼下可保自己不死的唯一辦法就是同蒙古軍議和，只要他們把軍隊撤回去不就沒事了嗎？他急忙派人到蒙古軍大營求和，表示宋朝願向蒙古稱臣納貢，請大軍撤回北邊。忽必烈野心正旺，他想一口氣打到臨安，那時就不是稱臣的問題了。再說此時士氣正盛，征服大宋勢在必得。忽必烈沒有答應賈似道的請求，使賈似道更加絕望。

此時蒙哥率軍在釣魚山戰鬥中，受到了宋軍頑強的抵抗，損失十分慘重，他本人受到箭傷，不久就死在軍中。聽到這個消息之後，賈似道精神一下子振奮起來，趕忙又找來心腹宋京，暗中再派他去蒙古軍中求和，表示願意除了稱臣之外，以長江為界，每年奉銀二十萬兩，絹二十萬匹。忽必烈還是不肯答應。他手下的謀臣獻策說：「今國遭大喪，神器無主，大汗之位，宗族諸王都在注視著，一旦帝位被別人搶先奪去，那什麼都談不到了。我們現在答應他們的請求，回去辦理完喪事，國內局勢平穩後再來征伐宋朝也不晚。」忽必烈是蒙哥的弟弟，他也看到國內權爭越演越烈，人們都想得到大權，確如謀士所說。於是便同意了議和條件，拔寨起兵北還。

蒙古軍主力北撤之後，留下了部將張杰、閻旺帶領小股部隊殿後。此時賈似道真是賊跑了之後揮扁擔，派夏貴率軍去襲擊，結果殲滅了一百七十多名蒙古兵。

蒙古大軍全部撤離宋朝邊境之後，賈似道便敲鑼打鼓，浩浩蕩蕩地班師還朝。他隱匿了與蒙古軍議和的可恥行為不報，只上疏報告諸路大捷，鄂圍已解，大大地誇耀了自己的戰功，把忽必烈的主動撤軍，說成是在他的指揮下，各軍協同作戰取得的勝利。把殲滅一百多人進行了無限的誇張。他這樣做的目的，就是為了以軍功向朝廷邀功請賞，為自己爭奪大權製造輿論。

果然，宋理宗見到奏表心中非常高興，因為邊患是南宋王朝最頭痛的事，還真沒有哪位主帥能夠如此輕鬆地把邊敵入侵趕出境外。以往人家撤軍，不是要咱們大宋稱臣，就是割地納貢。可是今天賈愛卿統領三軍，威震北疆，真有再造江山之功。於是便加少傅、右丞相之銜召賈似道入朝，並命文武百官列隊到城外迎接凱旋的英雄。賈似道也還真不含糊，臉皮厚到不知羞恥的程度，真的擺出了一副英雄架勢，腿比躲在草叢裡時站得直多了，那雙東南西北四處環顧的小眼睛，此時竟連眼皮都沒抬一抬，也許是眼睛過於疲勞的緣故。

此時的賈似道在宋理宗的眼裡，已經是朝中唯一的大功臣。賈似道當然也就假戲真做，以功臣自居。當然，他心裡也非常清楚，那些在鄂州拼死抗敵的將士，知道他是什麼東西。如果要長久保持自己的英雄形象，必須將那些了解內情的人除掉，也只有這樣才能穩固自己靠欺騙弄到的權力。尤其在鄂州，高達那些將士使自己出盡洋相，吳潛派自己移防黃州，半路遇敵膽子都差點嚇破，更是不能饒恕。他暗下決心，分頭找機會打擊陷害。

此時他最想陷害的就是高達。在鄂州時，每次高達見他督戰，就當著將士面前奚落他說：「那個戴高巾的人怎麼能指揮打仗呢？」更讓賈似道不能容忍的是，高達每次同蒙古軍開仗前，一定讓賈似道親自出來慰問才出兵。當時賈似道氣得七竅生煙，但沒辦法，現在他大權在握，怎能不出這口惡氣。他反覆要求理宗殺掉高達，但是理宗得知高達在鄂州守衛戰中立了大功，覺得誅殺功臣弄不好會使軍中嘩變，沒有同意，但為了照顧賈似道的面子，將高達的軍功降到第二位。為了對那些對自己不恭敬的將士進行報復，賈似道便推出了「打算法」，用核實軍費的名義，將一些將軍在抗擊蒙古軍時支取的各種用品，統統算作貪汙，扣上「侵盜官錢」的帽子，進行處罰。有的被革職流放，不少立有戰功的將士沒死在戰場，反倒被賈似道害死。曹世雄、向士壁二位將領，戰功赫赫，卻都被加上侵盜軍餉的罪名貶竄遠處。尤其向士壁被害死後，賈似道仍覺沒出氣，又將其家屬抓起來，逼迫他們繼續償還賠補所謂「贓私」。也有一些抗蒙名將，只因沒有依附賈似道，也慘遭迫害。

賈似道憑著「蓋世戰功」不斷清除、打擊異己，為自己獨攬大權鋪平道路。此時，左丞相吳潛成了他專權的最大障礙。他千方百計找機會陷害他，只有把吳潛從朝中趕走，賈似道才可以主宰南宋小朝廷。

其實，賈似道很早就對吳潛恨之入骨。那次調他防守黃州，他就懷疑吳潛是想借調防之機用蒙古人的手殺他，再加上躲在草地時被蒙軍小部隊嚇破了膽，對吳潛之仇更是不共戴天。從返朝之後，就已經開始想辦法報復。但是吳潛為人剛正、直爽，在朝中上下人緣很好，且很有威望，不是隨便找理由就可以整掉他的。賈似道雖然文治武功屬於外行，但整人搞小動作卻是行家。為了達到離間君臣關係的目的，他背地裡唆使黨羽編了一些歌謠。其中有一首是這樣的：「小蜈蚣，小蜈蚣，盡是人間業毒蟲；夤緣攀附百蟲叢，若使飛天能食龍。」

這首歌謠在南宋京城臨安流傳開來，並且傳入宮中，也飛進了理宗耳裡。尤其這「能食龍」更是歹毒，在封建社會中，天子自認是龍，食龍不就是要吃掉皇帝嗎？因此使理宗大生疑心，認為吳潛準備圖謀不軌。但是沒有抓住吳潛的罪證，也不能隨便驅逐大臣。恰在此時，理宗要立忠王為太子，吳潛反對，賈似道覺得這是整垮吳潛的一個機會，便抓住不放，大做文章。

原來理宗有個兒子名叫趙緝，早年夭折，此後再無子嗣。現在理宗已年過半百，便想立弟弟榮王的兒子趙孜為太子。太子的廢立關係重大，不能不徵求掌朝大臣的意見。當理宗就此事詢問宰相吳潛時，吳潛卻說：「以臣之見，忠王無陛下之福。」因為這忠王不僅軟弱昏庸，並且還荒淫無度，根本就擔當不起立國大任，如果讓他做皇帝，也只能是個昏君，立之於國於民都是災難。作為正直的宰相，為大宋的江山社稷著想，為天下百姓著想，便實話實說了。理宗滿心高興地以為，只要自己和吳潛打個招呼，他一定會順水推舟，表示同意，然後藉著抗蒙勝利之時舉行個儀式，把太子也就算立了。哪知吳潛不知好歹，竟表示反對，理宗聽罷勃然大怒說：「那你認為誰可以作太子？」吳潛想了想那幾位王子，覺得沒有一個可以立為太子的，便沒再作聲。這使理宗更加氣憤。

賈似道聽說了這些事後，急忙跑進宮中，他裝出一副憂國憂民的樣子，主動建議理宗早立太子，並積極推薦忠王趙孜，說他如何賢德，足以擔當大任。私下又指使言官上疏彈劾吳潛，說：「冊立忠王，足慰眾望，潛獨倡為異議，居心殆不可向。」這使理宗又聯想起那些歌謠，確定吳潛另有圖謀，便下詔罷免了吳潛宰相之職。不久，立忠王為太子。

正當南宋小朝廷在熱烈慶祝抗蒙大捷，論功行賞之際，忽必烈早已回蒙古，在諸王的擁立下建立了元帝國，登上帝位之後，立即派使者郝經來與宋朝議事，一方面通知忽必烈已登帝位，另一方面是來索取歲貢，履行與賈似道在鄂州簽定的和約。他先到了宿州，派副使詢問進京的日期。邊庭立即上報，說元朝使臣郝經詢問入京日期，賈似道聞知暗暗叫苦。他似乎忘了自己的大功是靠向元軍卑躬屈膝所得，正在讓黨羽、無聊文人廖瑩中等人撰寫歌頌自己豐功偉績的《福華編》。正是有這殺元兵一百多人、私定和約的功績，自己得以獨攬大權，黨羽隨著飛黃騰達，怎能不大加頌揚呢？此時邊庭來報，使他如同作了一場惡夢，出了一身冷汗。如果郝經入朝，一切都會真相大白，自己騙來的這一切，也就付諸東流了。

他立即派人加以阻止，但郝經已經三次致書樞密院，弄不好事情便會暴露。情急之下，他只好委屈郝經了，派人祕密將郝經囚禁起來。總算平息了這件事，但他還不放心。他怕宮廷中有人對此事略知一二，便把閻妃的親信董宋臣及黨羽從宮廷中清理了出去。這些人靠閻妃的關係在宮中作威作福，也幹盡了壞事，把他們清出朝廷，人們拍手稱快，以為賈似道為朝廷做了一件大好事。他們哪裡知道，這些人本是一丘之貉，只是為了掩蓋更大的罪惡，才驅逐了這些小惡。緊接著，賈似道又培植了一大批自己的黨羽爪牙，讓他們充任各種要職。這樣一來，他便真正控制了朝廷，牢牢把大權握在了手中。那宋理宗已年過六十，不理朝政，整天花天酒地在後宮鶯歌燕舞，國政也就由賈似道一人操縱了，幾乎形成了人們只知有賈丞相而不知有宋理宗的局面。

大權在握，賈似道便更加瘋狂地迫害朝中大臣，凡是對自己相位有威脅的人，不是被罷官免職，就是流放殺死。他擔心吳潛被重新起用，分割自己的權力，便決定將其置於死地。

賈似道唆使黨羽彈劾吳潛，便將吳潛流放到循州編管起來。吳潛知道賈似道是個心毒手辣的奸佞小人，必欲置自己死地而後快，肯定用卑劣的手段害人。因此事事處處都極為小心，致使賈似道派去監視他的人無法下手。但是，最終還是難逃一死。吳潛死後，賈似道覺得朝中再也沒有人可以同他爭權了，不禁暗暗鬆了一口氣，從此更加為所欲為。

景定五年（西元一二六四年），宋理宗病故，賈似道擁立度宗趙孜（後改禥）即位。度宗因為在立太子時遭到吳潛的反對，是賈似道力排眾議，使他得以立太子，才有今天的帝位，當然功在賈似道。因此對賈似道恭敬有加，每次賈似道入朝，劉禥便起身離座答拜，稱之為「師臣」，很少直呼其名。那些諂媚拍馬的官員為了討好，都稱賈似道為「周公」。把賈似道捧得不知東南西北，甚至在太后和皇帝面前也擺架子，以為朝中少了他不行，動不動就以辭官相威脅，以顯示自己的權力。

在安葬完理宗之後，賈似道假裝棄官回鄉，回家與那些狐朋狗友尋歡作樂，並指使心腹謊報軍情，說蒙古大軍南侵，攻打下沱，請朝廷火速發兵救援。朝中聞訊震驚。因軍情嚴重，太后和度宗連忙下手詔請賈似道歸朝。賈似道為了得到太師的位子，故意推三讓四不肯回來，更加讓度宗感到不安，像盼救星一樣盼他回來。賈似道回來後，度宗便要拜他為太師，使其死心塌地地為朝廷服務。但是按照宋代的規定，受封太師前，必須持朝廷符節出京。於是賈似道被授為鎮東節度使。哪知賈似道接到任命書，竟生氣地說：「節度使是個粗人的職務，為什麼要我擔任這個職務？」在他受命出節時，京城中很多人都來觀看，熱鬧非凡。可是他持節出京後，突然以「時辰不吉利」為名，命令立即回京。根據宋朝舊制，大臣奉命出節，即使是拆牆壞門，也要繼續前進，不准將節撤回。這「節」是氣節的象徵，表示有節操。節出復返，使人們感到十分震驚，現在大兵壓境，這位賈太師不肯出臨前敵，那宋朝江山還能保住嗎？對賈似道如此目無朝綱，大臣們議論紛紛，賈似道聽到之後，又以辭官威脅度宗。急得度宗連君臣之禮也忘了，向他下拜。

左相江萬里看賈似道如此大耍流氓手段，心裡很氣憤，便上前扶起度宗說：「自古君臣間沒有這樣的禮節，陛下不能下拜，賈太師也不要再提辭官的事了。」賈似道真是顯足了威風，同時他也感覺到了他在度宗心目中的地位。因此，只要稍不如意，或有什麼沒得到，他便大耍無賴，以辭職相要挾。可是度宗昏弱無能，根本看不清賈似道的真面目。一次賈似道又要求辭職還鄉，度宗怕他離去，不僅每天數次傳旨固留，而且還多次派中使送去賞賜的物品，甚至晚上還派宦官輪流睡在賈府門外，怕他夜間離開。其實賈似道根本沒有要辭職的打算，只是想靠這種手段抬高自己的身價，進一步穩固自己的權力而已。

為了使這位專橫驕妄的股肱大臣能安心在朝中，度宗又封賈似道為平章軍國重事，每月三赴經筵，三日一朝。他常常不到朝中辦公，朝中的一切政務卻牢牢地控制在他手中。凡有大事，只讓隨從小吏抱著文件到他家中簽署。凡有臺諫彈劾，各官府舉薦和京畿、漕運一切事務，都必須請示他後才敢施行。凡是不與他同流合汙的官員，不論你品級多高，才學多博，一律罷斥。狀元文天祥及李芾、陳文龍等忠正之士，都遭到了賈似道的貶斥，並讓度宗下詔終身不用。左相江萬里乃一飽學之士，度宗在經筵每次問賈似道一些古人姓名和經史中的一些問題，賈似道懵然不知，無以對答，江萬里有時只好代他回答。此事使賈似道十分難堪，對江萬里開始嫉恨。因為賈似道不知道的東西，你江萬里竟敢知道，這不是有意出我老賈的醜嗎？於是便處處為難他，排擠他。江萬里當朝左相，就因為才學比賈似道高，便被排擠出朝。賈似道的權威便可想而知了。

咸淳八年（西元一二七二年）九月，度宗在明堂行祭祀之禮，任賈似道為大禮使。禮成後正趕上天下大雨，賈似道與度宗約定雨停之後再乘車回宮。但是大雨下個不停，正好胡貴嬪的哥哥胡顯祖帶了遮雨的雨具，就請度宗乘「逍遙輦」回宮。度宗忙問：「這事太師知道嗎？」胡顯祖早已等得不耐煩了，便撒謊說：「他已經同意了。」度宗便在他的陪同下乘輦回宮。賈似道對此事大發脾氣說：「我身為大禮使，陛下的行動居然不讓我知道，我請求辭職。」說罷當天就走了，度宗怎麼也留不住，沒辦法，度宗只好罷免了胡顯祖的職務，又流著淚把胡貴嬪送出宮外當了尼姑，賈似道才勉強回來。賈似道如此擅權，專橫跋扈，朝中竟無人敢議，度宗只好忍讓。

此時的賈似道真可以說位極人臣，權傾朝野了。這個早年專會尋花問柳、酗酒賭博的市井無賴，為相之後，不僅惡習不改，更是依仗權勢，恣意淫樂。度宗將西湖葛嶺的一處甲第賜給了他。這裡傳說是晉代葛洪煉丹的地方，風光秀麗，建築豪華。他把在葛嶺建造的臺亭稱為「半閒堂」，把花園叫做「養樂圃」，終日悠閒自得，盡情享樂。當時蒙古軍隊圍攻襄、樊，賈似道卻置若罔聞，派手下的爪牙到民間騙搶女子作小妾，府內還養妓女、尼姑數十人，整日鬼混。他還常常同賭徒嫖客妓女們一起鬥蟋蟀，並將自己養鬥蟋蟀的經驗加以總結，編了一本《蟋蟀經》。京湖制置使汪立言對賈似道的荒淫無恥實在看不下去了，便寫了封信給他說：「現在宋朝天下大勢已去，可你卻有心思於聲色犬馬，不顧國家安危。」賈似道看了信後，不知自省，反而暴跳如雷，對他進行了殘酷的打擊迫害。

一天，賈似道正同小妾群妓們圍在一起鬥蟋蟀，正鬥得興起之時，門報說欽使到。賈似道覺得掃了他的興，非常不耐煩地叫道：「就是皇帝來了也得等我鬥完蟋蟀再說。」終於等他鬥完蟋蟀才接待欽使。欽使向他轉達皇帝的詔命，要他盡快入宮議事，他拖到第二天才入宮見度宗。

度宗一見賈似道，便如同見到了救星，焦急地說：「襄陽已被蒙軍包圍三年了，這可怎麼辦呢？」在他的腦子裡，只有賈似道能夠打敗蒙古軍。賈似道心中暗暗吃驚，心想：「我把消息封鎖得這樣嚴密，他怎麼知道的。」但臉上卻故作鎮靜地說：「哪有這種事，蒙軍早已北撤，陛下從哪裡得到這一消息？」度宗說：「今天聽女嬪說及此事，才召問師相。」賈似道不高興地說：「陛下怎能聽信婦人之言，難道朝中大臣不知有無此事嗎？」賈似道怪此女多事，便派人查出其名姓，藉口此女嬪有曖昧情事，逼度宗將她賜死。

原來蒙古派出郝經作為使臣到南宋被囚禁後，忽必烈派人多方打探他的下落，均無結果，便以此為藉口準備大舉南侵。被賈似道逼迫投降蒙古軍的大將劉整，對南宋軍情十分了解，他建議忽必烈，要取南宋必先攻取襄陽。在劉整的謀劃下，蒙古軍趕造五千艘戰船，大力加強水軍訓練。當蒙古軍大舉南侵的時候，賈似道正忙於鬥蟋蟀，狎妓賭博，扣下了所有的奏報。但是告急文書像雪片一樣飛向京師，這時賈似道覺得紙怕是真包不住火了，才敦促范文虎率領十萬大軍前去解圍，可是剛一交戰，便大敗而歸，損失十分慘重，襄、樊危機加劇。不少大臣都主張派高達率軍前去支援，御史李旺把這個建議轉報賈似道，希望他能同意這唯一可救襄、樊的建議。賈似道卻搖頭說：「我如果用高達，那麼呂氏怎麼辦呢？」（賈似道自比輔佐漢惠帝的呂后）一些朝廷大臣聽他此言，不禁仰天長嘆：「呂氏安趙氏就危險了。」

為了救援襄陽，荊湖制置使李庭芝，招募三千驍勇的民兵，由將領張順、張貴率領，乘漢水上漲時，帶著火槍、火炮等駕船強行衝破敵軍封鎖，轉戰一百二十里，進入襄陽城內。張順在途中壯烈犧牲。張貴進入襄陽城後，與守將呂文煥共同禦敵，後準備出城向范文虎請援兵，但被叛徒洩密，突圍時被早有準備的蒙古軍夾擊。張貴奮勇拒敵，受傷被俘，以身殉國，所率勇士全部戰死。

咸淳九年（西元一二七三年），蒙軍採用水陸夾擊的辦法，燒斷了浮橋，隔斷了樊、襄兩城的聯繫，使其無法互相救援，接著蒙軍攻破了樊城。宋軍守將范天順面對強敵，浴血奮戰，決心「生為宋臣，死為宋鬼」，後終因寡不敵眾，自縊殉國。樊城失陷後，襄陽便成了一座孤城。此時城內糧草斷絕，人心惶惶，呂文煥又因得不到援兵，無法堅守，便投降於蒙古軍。

襄、樊失守後，賈似道竟對度宗說：「我多次請求行邊督戰，但陛下不准，如果早派我出去，襄陽怎會失陷呢？」的確，在襄陽失陷之前，賈似道多次上疏度宗，請求帶兵抗擊蒙古軍。但這奸佞小人同時又暗中指派親信黨羽上表，堅決要求把他留下，「居中以運天下」。其實他膽小如鼠，怕得要死，只是故作姿態而已。現在襄、樊失守，他不得不再裝裝樣子，於是上疏表示：「目前局勢如此，如果我不上下奔走，聯絡氣勢，恐怕事情更不好辦。」可是宋度宗根本不知他是在賣關子，竟堅決地說：「師相必須留在臨安，不可一日離開我身邊。」度宗真的把他看成了保護神。於是賈似道又建立了機速房這樣一個辦事機構，名義上是要革除「洩漏兵事，稽遲邊報之弊」，實際是便於更嚴密地控制蒙古軍南下的消息。

咸淳十年（西元一二七四年），元世祖忽必烈下詔攻宋。其藉口就是賈似道撕毀和約，扣押蒙古使臣郝經。丞相伯顏督率蒙古大軍，水陸並進，從襄陽順漢水入長江，相繼攻陷郢州、漢口、漢陽諸鎮。度宗在焦慮中病死，年僅四歲的趙㬎即位為恭帝，宋度宗母謝氏以太皇太后身分聽政。迫於朝野的強大壓力，賈似道不得已在臨安建立都督府，擺出迎戰的架勢。賈似道因為懼怕叛將劉整，便找藉口按兵不動。

直到劉整在第二年病死，他才宣布出征。賈似道統率十三萬精兵，從臨安出發。隊伍浩浩蕩蕩，光用裝載金帛、財寶的船隻，連起來就有一百多里。船隊經過安吉時，由於他的船過大，在堰中擱淺。賈似道命幾千人下去拽也沒法拽動，只得換船行進。抵達蕪湖後，賈似道急忙派軍中的蒙軍戰俘帶著禮品去見伯顏，並派宋京隨同前去議和，請求稱臣納貢。伯顏讓宋京轉告賈似道：「如果我軍未渡江時尚可議和入貢，現在沿江州郡已被我軍占領，談論議和已晚。不過，賈似道如果真心議和，請他到我營中來面商。」賈似道本以為議和成功，年年入貢稱臣，這南宋半壁江山尚可保住，自己仍然可以獨掌大權。可是現在人家不許，自己的前程便很難把握了。

求和看來是沒指望了，賈似道被迫與蒙古軍交戰。他將精兵七萬人交給孫虎臣統領，駐紮在池州下流的丁家州。又命夏貴以戰艦二千五百艘橫列江中，自己統領後軍屯於魯港，準備進行決戰。孫虎臣本是一個無名小將，也實在沒有什麼指揮才能，突然間成為前敵總指揮，別的大將都不服氣，因此號令不一。結果剛一交戰，七萬大軍便被擊垮。夏貴更是不戰而逃。賈似道在魯港坐鎮，見孫虎臣、夏貴敗歸，慌忙鳴金收兵。賈似道手足無措，忙問夏貴現在該怎辦。夏貴說：「諸軍已膽寒，無法再戰，師相只有速入揚州，招集潰兵，至海上迎駕。」說完便回軍中安排戰事去了。賈似道和孫虎臣更無計可施，忙乘小船飛奔揚州。第二天，潰敗的宋兵陸續沿江而下，賈似道派人登岸舉著旗幟召集江面敗兵，軍士兵們一看旗上的賈字，無一人理睬，不少人反而向岸上唾棄、謾罵。

宋軍全線潰敗。

賈似道魯港之役大敗，使南宋的精銳部隊喪失殆盡。賈似道逃回後，召集各郡王到海上迎接皇上，並上疏請求遷都，謝太后堅決不同意。此時忽必烈的詔書已公諸天下，賈似道暗中與蒙古軍求和納貢、扣押蒙古使臣的醜事無人不知，他欺君誤國的真相昭然若揭。群情激憤，朝野詈罵，恨不得生吃賈似道的肉。樞密使陳宜中上疏請誅賈似道以平民憤。

但謝太后以賈似道效力三朝為由，只下詔罷免了賈似道的宰相職務。接著又招回了被賈似道貶逐的文天祥等官員，並下令處死賈似道的死黨翁應龍、廖瑩中、王庭等人。太學生們又連續上疏請誅賈似道，一些大臣也紛紛響應，但謝太后還是不准。左相王愉上疏指出：「本朝權奸之禍，沒有像賈似道這樣酷烈的。朝野臣民多次上疏彈奏，卻被陛下擱置不問。如此不恤人言將何以謝天下？」太后才不得不下詔將其貶到婺州。婺州人聽說賈似道要到這裡，堅決不讓入境。於是朝廷又將他貶往建寧，翁合上奏說：「建寧是大儒朱熹的家鄉，即使是孩童也知禮義廉恥，聽說賈似道的名字就噁心，怎能見他本人呢？」後來中書舍人王應麟等建議將他貶往嶺南，編管在循州。

福王與芮非常痛恨賈似道，私下招募想藉機殺死賈似道的人做監押官，好在途中殺掉他。縣尉鄭虎臣父被賈似道所害，懷著為父報仇的願望應招監押。途中他打發走賈似道的幾十個隨行姬妾，又命轎夫撤去轎子的頂蓋，讓他在烈日下暴曬。走到一座古寺時，牆上有當年吳潛被賈似道貶官南行的題字，鄭虎臣問賈似道：「賈團練，吳丞相為什麼會到這裡？」賈似道羞愧得說不出話來。

一路上，鄭虎臣反覆羞辱賈似道，勸他乾脆自殺。可是賈似道竟然好死不如賴活著，說：「太上皇后許我不死，我要等有詔才死。」孫虎臣怒火中燒，國恨家仇一下子涌到心頭，說：「你不要用聖旨嚇我，能為天下人殺了你這個奸賊，死而無憾。」說著，使出全身力氣當胸一拽，賈似道便結束了罪惡的一生。

由於賈似道欺君誤國，大宋朝已經奄奄一息，不久，元兵入主中原，南宋王朝便斷送在一個無賴小人手中。

亂世賢相，壯志難酬

古往今來，多少英雄豪傑，一腔熱血未灑疆場，卻在奸佞小人的暗箭中倒下。元末賢相脫脫，一代英傑，可惜壯志未酬，便在奸臣的陰謀下喪生。

脫脫（西元一三一四年至一三五五年），字大用，蒙古人，蔑兒乞氏。自幼便有超群之能，志向非凡。他曾師從浦江名儒吳直方，對漢文和儒家典籍造詣頗深。有一次他向老師請求說：「如果讓我整天端坐讀書，不如每天記古人嘉言善行，可終身受用。」吳先生看著這位入學不久的學生，覺得小小年紀便有如此志向，將來必可大用。從此便勤加教導，將自己所學傾囊而授。

隨著年齡的增長，脫脫不僅聰明過人，而且長成了體貌俊偉的男子漢。天曆元年（西元一三二八年）襲成制提舉司達魯花赤。元文宗非常器重這位初出茅廬的小伙子，說：「此子將來必可擔當大任。」因此對他格外提攜，到元順帝元統二年（西元一三三四年）他已由中政使遷為同知樞密院事。

脫脫為人正直，具有遠見卓識。他不畏強權，即使是皇帝的所作所為，如果有誤，他也敢於犯顏直諫。至元四年（西元一三三八年），順帝妥懽帖睦爾從上都回來，到雞鳴山的渾河時，準備在保安州狩獵。脫脫認為不妥，便勸諫順帝說：「古代帝王端居九重之上，每天和大臣、積學之士講求為政之道，至於飛鷹走狗，不是帝王的事。」脫脫的話雖然很讓順帝掃興，但他卻欣然接受了這一勸告，並授脫脫金紫光祿大夫，兼紹熙撫使。

脫脫的伯父伯顏，此時任中書右丞相。此人專橫而暴戾，尤其平定了權臣唐其勢的叛亂之後，伯顏更加目空一切。在朝中為所欲為，他可以擅自做主赦免已定死罪的犯人，任意對人封官加爵。任用奸人，網羅死黨，獨柄朝政，禍國殃民。他可以隨便把諸衛的精兵據為已有，也可以任意揮霍國家府庫的錢財。元順帝雖然一肚子不滿意，但看到他權勢熏天，也只好強壓心中不平，朝中諸臣更是敢怒而不敢言了。

脫脫性格剛烈，疾惡如仇，他非常痛恨朝中的腐敗惡習，對那些飛揚跋扈、恃強驕橫的人也絕難容忍。令他感到痛苦不安的是，眼下在朝中專權橫行的竟是自己的伯父。脫脫小的時候曾寄養在伯父家，情感上而言，養育之恩終生難忘。但從國家大局來看，伯父的行為已經在壞政亂朝。怎麼辦？他怎麼也想不出一個兩全的辦法，他知道欺君罔上是犯滅族之罪。

他去找父親說：「伯父驕縱已極，萬一天子震怒，我們就要族誅了。不如在他未敗之時先想辦法。」他的父親也覺得有道理，但那畢竟是自己的哥哥，心裡猶豫不決。如果讓伯父繼續下去，即使沒被抄家滅族，大元的江山也會敗於其手。脫脫只好向老師吳直方請教。吳直方知道脫脫的心思，他對學生的個性十分了解，沉思了片刻說：「《左傳》上就有大義滅親的例子，大夫只知忠於國家，還有什麼可以顧慮的呢？」教師的話堅定了脫脫為民除害的決心。但是要除伯顏並非那麼簡單。當時在元順帝的周圍，伯顏早已安插下心腹黨羽，皇帝和大臣們的一舉一動都在其監視之下。朝中可以信賴的大臣只有世傑班、阿魯和奎章閣廣成局副使楊瑀，脫脫便在私下與他們結納，準備伺機而動。

至元五年（西元一三三九年）秋天，順帝到上都巡幸，伯顏正好也出門在外，脫脫和世傑班、阿魯計劃在伯顏回來時將其拒於東門外，以奪其相權。但由於雙方力量相差懸殊，只好作罷。恰在此時，發生了范孟矯詔殺省臣一案，經過追查，廉訪使段輔也被牽連進去。伯顏於是大耍淫威，對三臺大臣說：「以後不准漢人當廉訪使。」奸臣別兒怯不花此時任御史大夫，他最善於見風使舵，雖然伯顏在朝中橫行無忌，權傾朝野，但很多大臣對他義憤填膺。別兒怯不花怕人們說他阿附伯顏，便裝病不上班，因此伯顏給皇上的奏章便被壓了下來。

伯顏急三火四地在催，監察御史急忙去找脫脫，脫脫說：「別兒怯不花的職位比我高，而且是掌印官，我怎麼敢專權？」別兒怯不花畏於伯顏的權力，聽脫脫這樣說，心裡很害怕，馬上要出來辦公。脫脫覺得不好阻止，便去找吳直方商量對策。吳直方指點說：「這是祖宗制定的法度，絕不可廢，為什麼不先對皇上說清楚。」於是脫脫便把情況報告了順帝。等奏章上來時，順帝根據脫脫的意見，說漢人任廉訪使是祖宗定的，不能廢除。伯顏已經知道這是脫脫的意見，便在順帝面前發起火來，根本不顧及君臣禮儀。他憤憤地說：「脫脫雖然是我侄子，但他在心裡袒護漢人，必須嚴加懲治。」順帝只好解釋說：「這都是我的意見，與脫脫無關。」伯顏雖然囂張，但對皇帝他還不敢太放肆。事後順帝氣得向脫脫哭訴，並流露出堅決斥逐伯顏的意思。於是脫脫找世傑班和阿魯商議，準備在伯顏入朝時將他抓獲。但此計劃讓伯顏看破，產生了懷疑，於是增加了衛兵，計劃也只好告吹。

但多行不義必自斃，這是歷史的規律。至元六年（西元一三四〇年）二月，伯顏請太子到柳林打獵，就在他們縱馬追趕獵物之時，怎麼也不會想到垮臺的日子到了。在朝中，脫脫、阿魯等人正在策劃，用所掌握的部隊和皇宮衛隊抗拒伯顏。晚間，順帝親臨玉德殿，召集近臣汪家奴等出午門聽命，又讓楊瑀等人草擬詔書，列數伯顏罪狀。一切都布置妥當時，順帝命中書平章政事只兒瓦歹齎到柳林送詔書。當伯顏急忙騎馬回到京城時，天色已蒙蒙亮了。伯顏見脫脫坐在城門上，不禁大怒，準備下令衛兵攻城。脫脫對城下喊道：「皇上有旨，只驅逐丞相一個人。」那些衛兵平時懼怕伯顏，那是因為他手中有權，此時皇帝下詔逐他，大權盡失，衛兵們紛紛散去。伯顏喝止不住，見大勢已去，只好向南逃走。伯顏集團從此瓦解。

在清除伯顏集團後，脫脫於至正元年（西元一三四一年）出任中書右丞相。這位年僅二十歲的青年丞相，開始施展自己的抱負。此時他熱血沸騰，恨不得一下子把朝中腐敗的惡習改變過來，重振朝綱。脫脫上任後即更改伯顏時的舊政，重新恢復了科舉取士法，恢復了太廟四季的祭祀活動，還昭雪了伯顏所製造的一些冤案。同時還開馬禁，減少鹽額，蠲除拖欠的賦稅。還開經筵，挑選德才兼備的儒臣為皇帝講經。他採取的一系列新政，受到了朝野內外的普遍贊同，人們都稱他為賢相。

然而，革除舊弊，必然要損害一部分人的利益。尤其他年紀輕輕便身居相位，掌握重權，難免會遭到一些人的嫉恨。就在脫脫大展宏圖、勵精圖治的時候，已經有小人在放暗箭了。

左丞相別兒怯不花，陰險狡詐，雖然德不高、才不著，但是野心卻不小。按照元朝官制，丞相分左右二職，左丞相輔助右丞相處理國家大事。別兒怯不花在一個比自己小很多的年輕人手下工作，心裡很不是滋味。尤其脫脫才高識卓，稱譽朝野，更令他自慚形穢。一想到脫脫年齡比自己小得多，如果要等他退休讓位，自己這一輩子就別想當右丞相了。嫉妒心和野心往往是孿生的，如果人不能加以抑制，往往便不能正確地認識自己，其行為就會失去常態。在嫉妒心和野心的驅使下，別兒怯不花每天都用兩隻眼睛盯著脫脫，希望能找到他的一些失誤，想方設法加以陷害。

別兒怯不花多次在順帝面前進讒言，對脫脫進行誣陷誹謗。而這元順帝妥懽帖睦爾是一個庸碌的君主，不善朝政，因此偏聽偏信讒言。在別兒怯不花的挑唆下，順帝開始懷疑脫脫，有些事情不找脫脫，而直接讓別兒怯不花辦理。

脫脫年輕氣盛，他痛恨奸佞小人暗箭傷人，更痛心元順帝遇事不察，偏聽讒言。自己的一片忠心卻不被理解，這是最讓人痛苦的。一氣之下，他便上疏順帝，以自己身體不好為由，請求辭去官職。順帝不同意，但脫脫堅決請辭。此時順帝似乎覺得有點愧對脫脫，於是下旨封他為鄭王，食邑安豐，賞賜巨萬，但脫脫都堅辭不受。

別兒怯不花終於如願以償了，他本該高興得跳起來，但望著脫脫歸去的背影，他怎麼也樂不起來，他似乎總有種預感，此人還會重返朝廷。他千思萬想，阻止脫脫重返朝中最好的辦法就是置之於死地。他那陰毒的小眼睛一轉，臉上露出了一絲奸笑。

此時別兒怯不花雖是左相，但是由於在相位上已經經營了幾年，且由於構陷排擠走脫脫，實際權力還是在他手中。他想，新任右相阿魯圖，剛到相位還摸不著頭緒，自然先要依靠他。其實別兒怯不花早已打算好，先拉攏阿魯圖，利用他去加害脫脫，害死脫脫後，再想辦法把他從相位上趕走。哪知君子和小人不足與謀，阿魯圖對別兒怯不花陷害脫脫早已痛恨不已，現在竟想讓自己助紂為虐，不由心頭火起，對別兒怯不花進行了痛斥。惱羞成怒的別兒怯不花於是便開始向順帝進讒言，又唆使心腹黨羽排擠阿魯圖。在四面夾擊下，阿魯圖只好辭去相位。

阿魯圖下去之後，昏庸的順帝便任命別兒怯不花為右丞相。別兒怯不花終於實現了自己的野心，但他同時又坐立不安起來。因為脫脫這塊心病未除，他怎能睡得安穩。由於脫脫的威望太高了，的確又抓不到他的什麼把柄，立即害死他根本不可能。幹了虧心事的人，心裡時時都有一種自危感，總覺得對方時時在危及自己。一時整不死脫脫，那就先整他父親。別兒怯不花想來想去，覺得這個主意不錯。脫脫的父親馬扎爾臺，在清除伯顏集團後被任命為右丞相，不久因病辭去相位。別兒怯不花便在順帝面前大進讒言，誣陷馬扎爾臺企圖謀反。順帝是個聽風便雨的昏庸之輩，下詔將馬扎爾臺流放到甘肅。當時馬扎爾臺已是六十歲的老人，又有病在身，為了照顧父親，脫脫上疏力請與父親同行。

這西行路上，人跡稀少，大漠孤煙，讓這一老一少怎能不感慨萬千。父子都曾為朝中丞相，為朝廷也立下了汗馬功勞，如今小人構陷，皇帝昏庸，竟不分青紅皂白，把他們向死亡線驅趕。不知經受了多少風雨，越過了多少險灘崎嶇，父子倆飽受勞苦之後，終於活著到達甘肅。可是剛到那裡不久，便接到順帝的詔令，將馬扎爾臺移到撒思（今新疆境內），分明是讓他們死於路途。這又是別兒怯不花的陰謀，當他知道馬扎爾臺父子活著到甘肅時，心裡總覺得不舒服，因為只有讓他們父子死在途中，才能去掉自己的心病，他才會有安全感。於是便請順帝將他們移到撒思。那裡是一個讓人生畏的地方，不僅路途險惡遙遠，而且要穿過沙漠、越過冰山才能到達，被流放到那裡的人，很少有人能活著回來。馬扎爾臺和兒子脫脫，接過皇帝的詔書，擦去悲憤的淚水，拖著病體一步一步向西邊繼續行進。

人算不如天算，別兒怯不花擠走了右相阿魯圖，又將脫脫的父親發配到撒思。按照他的想法，脫脫父子不死在路上，也會死在流放地，絕無生還之理。於是在朝中弄權，大搞陰謀，無所顧忌。他的行為受到了朝中很多正直大臣的反對，不少大臣上疏彈劾。順帝此時方才醒悟，將別兒怯不花貶黜。別兒怯不花一倒臺，朝臣們紛紛為脫脫父子鳴冤，元順帝立即下詔讓他們返回甘肅。詔書下到時，脫脫父子剛好來到黃河邊，望著滾滾翻騰的黃河之水，脫脫心潮起伏難平。他很想在政治上有所作為，但是朝中就像這黃河之水，渾濁而又險惡。自己空有報國之志，卻難以實現。

回到甘肅後，馬扎爾臺由於年老多病，加上流放路上的折磨，不久便去世了。順帝念脫脫對朝廷立下的豐功偉績，便將他召還京師。

元至正九年（西元一三四九年），順帝罷了朵兒只、太平都的相位，詔令脫脫再次任中書右丞相。此時的元朝，不僅國庫空虛，而且自然災害不斷，加上各地紛紛發生農民起義，整個大元王朝如同一座快要倒塌的大廈，千瘡百孔。脫脫受命於危難之時，他要努力支撐，不讓大廈倒下。

當時黃河在白茅堤決口，又在金堤決口，連續五年不能堵住缺口，中原地區方圓數千里被淹，給百姓帶來巨大災難，多少人只好背井離鄉。作為丞相，脫脫覺得有責任為百姓解除痛苦，他下定決心治理黃河。他採納了賈魯的計劃，決定施工堵塞缺口，並親自掛帥，擔任治河總指揮。很多大臣出於各種動機勸他慎重，有的大臣顧及財政上的困難，也來阻止他這樣做。但脫脫看著那些流離失所的百姓，他對大臣們說：「皇帝方憂慮百姓，為大臣的職責所在，應當為皇上分擔國憂，大家都明白黃河決口若不解決，將來危害更大，這就好像人得了病一樣，如果拖延不治，最終會病死。自古以來河患就是難治的疾病，現在我一定要除去這個疾病。」說服眾人之後，脫脫奏請用賈魯為工部尚書，具體負責治理黃河的工程。僅用了八個月的時間，便疏通了黃河故道。為了嘉獎脫脫的功勞，元順帝令人制《河平碑》以永載史冊。

元朝末年又出現了紅巾軍起義，脫脫親自領兵征討，將徐州的紅巾軍起義鎮壓下去。元順帝又下詔，立碑表彰脫脫的功績。脫脫當時的聲譽可說如日中天，是朝中頂梁之臣。就在脫脫叱吒風雲，準備為重新振興元朝而努力的時候，新的危險已經悄悄向他襲來。

當時朝中有位大臣叫哈麻，他的母親曾是元寧宗的奶媽。父親名禿魯，曾受封冀國公。哈麻與其弟弟雪雪依靠父輩的庇蔭，都得到順帝的寵信。尤其這哈麻，專會諂媚奉承、溜鬚拍馬，見風使舵、花言巧語也是他的一大特長。因此而成了順帝的心腹近臣。

脫脫隨被流放的父親在甘肅時，順帝在言語中時常提及脫脫，流露出重新起用他的意思。哈麻最懂得怎樣逢迎順帝，於是多次在順帝眼前大談脫脫的經世之才，及在朝之功。大凡會逢迎者都會鑽營，逢迎只是一種手段，鑽營才是目的。因此在別兒怯不花下臺後，脫脫重新出任右丞相，哈麻便不放棄任何機會，在脫脫面前極力誇耀自己的舉薦之功，以取得脫脫的信任和好感。脫脫還真被他的虛情假意所蒙騙。哈麻說假話時表情異常懇切，言語也樸實得讓人感到真實可信。當脫脫親自率軍前去鎮壓紅巾軍起義時，覺得朝中也只有哈麻值得信賴，因此便向順帝推薦哈麻，說此人可以重用。其實即使脫脫不說，憑哈麻那只專會花言巧語的嘴，也會得到順帝的重用。

安排好朝中的事情之後，脫脫特意找來哈麻，語重心長地對他說：「如今國事繁重，亂賊四起，侍御史輔佐皇上應盡職效忠，這樣我才能安心出師。」

哈麻見脫脫對自己如此信任，不禁有些感動，眼睛裡還擠出了幾滴眼淚，表示：「請丞相放心吧，朝中之事我哈麻會做好的。」其實哈麻心裡卻在做另一番打算。他早已看著右丞相的位子眼熱，他也時時在尋找時機，只要時機一到，他便會不顧一切地向著這人臣最高地位衝殺。

對於陰謀家來說，雖然目的都是在打擊異己，但手段卻各有不同。哈麻不是那種外露型的，像以往統治階級內部權爭那樣，先劃好界壘，雙方陣線分明。他是先討好逢迎，取得你的信任，然後下手，往往會致人死命。哈麻早想取代脫脫的位置，但在時機不成熟的時候，他反而積極舉薦脫脫復相，因為他知道順帝想起用脫脫，硬爭是愚蠢的。這樣的人往往是最陰毒可怕的。

脫脫離開京城之後，哈麻為了進一步討得順帝歡心，得到皇帝的寵信，利用作為皇帝近臣的條件，偷偷為順帝引進了一位西番僧，專門向順帝傳授怎樣尋歡作樂的方法。昏憒之極的順帝，於是便不思政事，把朝廷的安危置於腦後，廣採民女，日夜在後宮行樂宣淫，醜聲穢行，著聞於外，而哈麻卻博得了順帝的賞識。經過一番活動之後，哈麻得以進入中書省升為平章政事，並任宣政院使，進階光祿大夫。

不久，哈麻導帝宣淫的行為傳到脫脫耳裡，尤其聽說順帝整天忙於淫樂、不思朝政，心裡十分焦急，他非常氣憤地對人說：「國家本來就不太平，哈麻又如此作惡，我上對不起皇帝，下對不起天下百姓。」他的心裡十分不安，哈麻是自己向皇上推薦的，所薦非人，以致誤國，自己也有責任。

為了維護元朝的基業，他決定回到京城，規勸順帝以國事為重。於是他簡單收拾了一下，帶著隨從，星夜趕奔京城。

回到京城後，聽到人們的議論，尤其聽了治書侍御史汝中柏和弟弟御史大夫也先帖木兒的報告，更增強了他入宮進諫順帝的決心。

這一天脫脫來到後宮，請守門的太監稟報脫脫求見順帝。那太監說皇上正忙，請稍等。脫脫等了好半天也不見順帝人影，有些急了，於是催促太監說：「我軍務在身，不能久等，我有要事求見皇上，請速通報。」那太監這才進去通報。

此時順帝正在後宮與宮女們玩得興致勃勃，見脫脫來了，心裡不太高興。問他所來何事？脫脫為了社稷著想，也顧不上自己的話是否讓順帝聽了不滿意，直言規勸說：「古時的暴君，莫過於夏桀、商紂。夏桀寵愛妹喜，商紂寵愛妲己，都是由於受不良之臣引誘，導致亡國。現在哈麻引誘皇上，做出這種事，應該將其革職流放，將西番僧驅逐出宮，以杜絕淫亂。」此時後宮裡絲竹琴聲隱隱傳到順帝耳中，使他更感到心不在焉，不耐煩地說：「哈麻不是你推薦的嗎？」

順帝的反問讓脫脫很難張口，但他馬上回稟說：「臣確實為國家江山社稷著想，不料臣一時糊塗，錯薦了哈麻，臣知罪。現在哈麻禍亂朝廷，脫脫不能包庇縱容他。如果皇上仍信任哈麻，那後人豈不是將皇上比作夏桀、商紂了嗎？」

脫脫的一番苦心良言，不僅沒有打動順帝的心，反而增加了順帝的反感。

脫脫在京城待了幾天，沒能說服順帝，不覺感到有些心灰意冷。此時，紅巾軍起義的聲勢更大，各地警報如雪片似地飛向京城，脫脫為了穩固元朝的統治，只好再赴沙場。但是朝中的奸佞未除，這使他感到十分擔心。

在朝中，治書侍御史汝中柏，對哈麻的罪行十分痛恨，脫脫離開京城後，哈麻的活動更加猖獗。汝中柏感覺到了哈麻的潛在威脅，多次對也先帖木兒說：「哈麻必當屏斥，不然必為後患。」但也先帖木兒是個優柔寡斷的人，他說清除哈麻要等脫脫回來後再動手。他們沒有料到隔牆有耳，他們的談話被哈麻的暗探聽到，並立即報告了哈麻。哈麻聽到這一消息，驚得目瞪口呆，他感覺到一場生死搏鬥就要開始，不是你死就是我死，於是決定在脫脫回來之前先下手除掉也先帖木兒和汝中柏，哈麻伙同其弟雪雪暗中搞起了陰謀活動。輿論往往是行動的先導，他們在朝中大造輿論，首先找到曾在立皇太子問題上不滿的奇皇后挑唆說：「皇太子的確立和冊寶及不行郊廟之禮，都是脫脫兄弟幹的。」一下子激起了奇皇后對脫脫兄弟的憎恨。

哈麻計劃首先除掉脫脫的弟弟也先帖木兒，於是首先把皇太子拉到自己一邊，接著又糾集了桑哥實理、明理明古等人在皇太子面前誣陷脫脫。此時，也先帖木兒有病在家休息，離開了御史臺。哈麻覺得有機可乘，便指使自己的親信、監察御史袁賽因不花，反覆上疏，編造了也先帖木兒的罪狀。順帝此時興趣主要在後宮，根本沒有心思去分辨忠奸，更沒有精力去調查是否屬實，加上哈麻的讒言，順帝便下詔收繳了也先帖木兒的御史臺印，將其撤職並賜死，籍沒全部家產。為了表彰哈麻的忠心，竟將抄沒也先帖木兒的家產賞給了他。

整倒了也先帖木兒，使哈麻大為振奮，此時他便兇相畢露，向脫脫伸出了魔爪。其實，他整也先帖木兒只是小試鋒芒，試探一下順帝對自己究竟信任與否。如果順帝支持的話，說明他對脫脫有戒心。如果順帝不同意整垮也先帖木兒，那麼對脫脫的行動就要小心。現在他終於敢於站出來與脫脫決一雌雄了，因為順帝是站在他這邊。

哈麻經過精心策劃之後，立即指使死黨袁賽因不花上奏彈劾脫脫，奏書中誣陷說：「脫脫出師三月，勞師費財，寸功未立，傾國家之財以為己用，領朝廷一半官員以為自隨。」

脫脫此時正率軍南下扛蘇高郵，去攻打張士誠的紅巾軍，他一心為了元朝的江山社稷，哪裡想到背後會有人捅刀子。正當脫脫準備對張士誠發起強攻時，皇上的詔書到了。脫脫的部下似乎預感到此詔書兇多吉少，有人私下對脫脫說：「將在外，君命有所不受，請丞相不要打開詔書，一旦打開，一切都完了。」可脫脫是個正直的君子，尤其對元朝統治者抱有幻想，他認真地說：「天子之命，如果不從，就是違命，身為人臣，應該以君臣大義為重，我不計較生死利害。」說著毅然將詔書打開，果如人們所料，皇上在詔書中命河南行省左丞相太不花、中書平章政事月闊察兒、哈麻的弟弟雪雪三個人替換脫脫統率軍隊，削奪脫脫的官爵和兵權，安置淮安。真是禍從天降，將士對此非常不平。脫脫雖然年輕，但久在官場，又經過父親的變故，對這些事情早已看得很透徹。這時他顯得十分鎮靜，他知道自己進京彈劾哈麻，他肯定懷恨在心，像他那種奸佞小人，對此絕不會善罷甘休。哈麻千方百計奉迎元順帝，目的就是為了和自己爭權。而順帝被哈麻所蒙蔽，不辨是非，這也是忠介之臣的最後下場。因而謝旨道：「臣至愚笨，蒙天子寵愛，委以軍國重事，早晚兢懼，弗能勝，一旦釋此重負，上恩所及者深矣。」他安撫一下激憤的將士們，要他們服從命令，不得做出過格的事來。然後交出了兵權，向淮安奔去。

哈麻兄弟終於用奸計扳倒了脫脫，升任為中書右丞，其弟弟雪雪為御史大夫。但他們並沒有停止對脫脫的迫害，因為他們非常清楚，但憑脫脫的文才武略，只要他不死，還會東山再起的。因此當脫脫抵達淮安不久，他便請旨將脫脫改徙到雲南大理鎮西路。脫脫的兩個弟弟也分別被流放，並將其家產抄沒入官。

脫脫心裡明白，哈麻之所以慫恿順帝把自己流放到一次比一次遠的地方，無非是想把自己折磨死。他不禁想起隨父親流放到甘肅的情景，內心不覺悲涼起來，看著到處都是離鄉背井的百姓，他預感到元朝的統治再難維持了。經過了千難萬險，脫脫終於平安地到達雲南大理。

哈麻聽到脫脫到達雲南的消息，心裡非常著急，真可以說是寢食不安。他想再請皇帝下詔將其處死，深怕順帝不會這麼做，因為順帝十分欣賞脫脫的才能。如果脫脫不死，將來有一天可能就是哈麻死了。他越想越著急，乾脆一不做二不休，矯詔賜脫脫鴆酒，永除後患。脫脫終於死在奸臣哈麻之手，時年才四十二歲。

十年之後，監察御史張沖等大臣，上疏為脫脫鳴冤。順帝下詔恢復了脫脫的官職，把他的兒子召回朝中，家產奉還，一代賢相脫脫的冤案得到了昭雪，如果他地下有知，又會做何感想呢？

據奸逞惡，父子橫行

聰明如果用在正道，可以造福一方；如果用自己的才能去造孽，其禍也烈。奸相嚴嵩，也算是飽讀詩書，但他把才智用在爭權於朝，爭利於市的權爭中，結果權裂財損，如惡夢一場。

嚴嵩，字惟中，號介溪，江西分宜人。生於西元一四八〇年，時值明憲宗成化十六年。其祖上也曾有人為官作宦，到了他父親的時候，家道衰敗，但是仍不失書香傳家。其父嚴淮是個屢試不第的秀才，是縣裡教私塾的先生。嚴嵩從小便飽讀詩書，很有才氣，十一歲成秀才，二十六歲中進士，由庶吉士授翰林院編修。在翰林院中任職，如果有所成就便有入閣的希望。但是天不作美，嚴嵩因為身體有病，不能在京任職，只好告假回鄉。他在鈐山書院一邊養病，一邊讀書，默默度過了十年之久。嚴嵩為人機詐多變，幹練善謀，城府極深。明正德十三年（西元一五一八年）他被朝廷召回，很快遷升為翰林院侍講，署理南京翰林院事，幾經升遷，再入調為國子監祭酒。但是嚴嵩真正發跡的轉折點是在武宗去世，世宗登基之際。

西元一五二一年，武宗朱厚照病故，因為自己無子，便將皇位傳給了堂弟興獻王朱祐杬之子朱厚熜，是為世宗。世宗皇帝有個特點，就是幻想長生不死，特別迷信鬼神。他即位之後，不是首先整頓朝綱，制定安邦大計，而是在宦官崔文等人的誘惑下，天天打醮設齋。當時有位叫邵元節的人，是龍虎山上清宮的道士，自稱能求雨求雪，又說能「煉童男、童女溲為秋石，服之延年。」世宗信以為真，賜給玉帶冠服和玉、金、銀、象印各一枚，每年給祿米一百石，贈田地三十頃。並將他封為真人，為他建真人府，撥給四十個校尉，供真人府使用。世宗的做法，引起一批大臣的不滿，兵科給事中高金上疏請求削去邵元節真人的封號，惹惱了世宗，將其下獄進行拷打。無論是誰，只要反對世宗迷信的大臣，都要遭到處罰。世宗這個人非常剛愎自用、專橫暴虐，喜歡聽順風話，因此後來沒有人敢觸犯他的忌諱。

嚴嵩十分善於見風使舵，他在朝中混久了，對世宗的特點了解得一清二楚，於是便想盡辦法加以逢迎。如搞齋醮這類儀式需要念寫給「天神」的奏章表文，要求寫成駢文，而且還要用朱筆寫在青藤紙上，叫做「青詞」。很多大臣都因為青詞寫得好而受寵，於是嚴嵩便開始學做青詞。由於他青年時代便在詩詞文章方面小有成就，因此他很快便掌握了青詞寫作，並且作到了妙處，一點一點取得了世宗的信任。

嘉靖七年（西元一五二八年），嚴嵩擔任禮部侍郎，他受世宗之託到湖廣安陸去祭掃興獻王的陵墓。典禮結束之後，他為了迎合世宗的迷信心理，討皇帝高興，費盡心思編造了此次掃墓的奇遇，說：「我到棗陽採碑石，只見群鸛集繞，我們將碑石裝船入漢水時，河水的水位驟然上漲，在祭祀那天，開始是陰雲密布，天下大雨，就在我獻上寶冊及奉安神床時，忽然晴空萬里、光芒四射。這都是祖宗靈明、祥瑞之兆，請聖上命輔臣撰寫碑文刻於石上，以祀上天的眷佑。」

嚴嵩這一招果然奏效，不僅迎合了世宗的迷信心理，也成為世宗為自己父親興獻王爭名分的有力證據，他可以說自己的作法合乎天意。世宗十分高興，把這奏疏反覆看了數遍。世宗高興之餘，也沒讓嚴嵩白費心思，馬上提升他為吏部右侍郎。兩年後又由南京禮部尚書，升為南京吏部尚書兼翰林院學士。官運原本不佳的嚴嵩，轉眼之間成了留都南京最有實權的官員。這使嚴嵩感慨萬千：誠實做人為官，總是居於人下，憑空胡謅一篇主子滿意的東西卻官運亨通。他嘗到了甜頭，也悟到了往上爬的祕訣，於是又寫了一些迎合世宗的《慶雲賦》、《大禮告成頌》之類溜鬚拍馬的文章，更得世宗的寵信。到了嘉靖十八年（西元一五三九年），嚴嵩已官至北京禮部尚書加太子太保，地位僅次於內閣大臣。但是要進入內閣當上輔臣，也並不是一件簡單的事。嚴嵩清楚地懂得，要當輔臣，僅僅得到皇帝的恩寵還不夠，還必須得到皇帝身邊權臣的推薦提攜才行。於是嚴嵩在野心的驅使下，開始了由巴結夏言到後來打擊取代他的權力爭鬥。

夏言，字公謹，號桂洲，江西貴溪人，與嚴嵩算是同鄉。他比嚴嵩小兩歲，中進士也比嚴嵩晚十幾年。但他機敏精明，善體聖意，而得官運亨通。嘉靖七年（西元一五二八年），世宗認為：「天地合祀非禮」，想分天地合祀為二祀。於是下詔，在郊外分建天壇、地壇以祭天地，並讓內閣進行審議。

因為這禮樂制度上的改革，使一些大臣一下子轉不過彎來，當時連大學士張孚敬都猶豫不敢發表意見，其他大臣更是訥不敢言。世宗做了占卜也不吉利，就想將此事作罷。夏言那時還只是吏科給事中這樣一個七品小官，但他已窺明世宗的旨意，便連夜上奏疏道：「為社稷興盛計，恭請皇上到南郊行親耕禮，皇后到北郊行親蠶禮，保佑我大明臣民豐衣足食。」他的建議正好符合世宗分建二壇的想法，世宗便命張孚敬擬旨，夏言便藉機請分祀天地，支持世宗的改革。夏言的作法使世宗極為滿意，一下子把他連升三級，後又提升為侍讀學士充纂修官。由於他善寫青詞，贊成世宗更定文廟祀典和大禘礼，又升為禮部尚書。到了嘉靖十五年，夏言與霍韜爭權，最後鬥敗霍韜，升任少傅兼太子太保，又兼武英殿大學士人參機務，後成為首輔，權傾朝野。

為了巴結這位炙手可熱的同鄉，嚴嵩真是費盡了心機。為了討好夏言，有一次他特地準備了一席豐盛的家宴，親自到夏府邀請他。但是夏言討厭這嚴嵩的為人，就是托詞不見。嚴嵩十分有耐心，他竟然在夏言的門前攤開席子，拿出請帖，恭恭敬敬地跪讀起來。夏言看他對自己如此恭敬，十分感動，於是不再懷疑他對自己的忠誠。但是嚴嵩已然懷恨在心，時時在找機會算計他。

一次，夏言和嚴嵩等一干官員隨世宗謁顯陵，這是世宗父親興獻王的陵寢。進謁完畢，嚴嵩揣摩世宗的心情，請詔令群臣表賀。夏言心裡有些不高興，他覺得皇上出來已經一個多月了，應先回京城，再表賀也不遲，便說出了自己的想法，使皇上心裡很不高興。這嚴嵩看出了世宗的不快，於是堅決請求皇帝下詔表賀。嚴嵩的請求正合世宗心意，因此世宗開始對夏言不滿起來。

嚴嵩似乎感覺出夏言的首輔地位在動搖，於是便暗中加緊活動，找到夏言的死對頭郭勛，合謀整垮夏言。

郭勛是將門之後，尤其在「大禮議」之爭中，受到世宗寵信，進封翊國公，加官太師。他與夏言的緊張關係，朝中上下無人不知。受嚴嵩的挑唆，他便在世宗面前大進讒言。說夏言獨攬大權，藐視朝臣等等。

此時世宗正在生夏言拒絕表賀的氣，郭勛的話更是火上澆油。便下了一道御旨，命禮部追回賞給夏言的銀章和手敕，削掉夏言的少師勛階，以少保尚書大學士的身分致仕還鄉。過幾天後，世宗怒氣消了，又恢復了他的官職。但從此之後，夏言的地位便不穩了。

後來郭勛因受言官重劾，被刑部處死。郭勛死後，世宗曾直接下令選定嚴嵩入閣，但在大臣會議討論時，夏言指責他過於柔媚順從，難當一國之大器，同時又說他私心太重，難以秉公持正。嚴嵩知道夏言從中作梗主要是怕自己取而代之，雖然以往夏言曾提攜過自己，如能留任京師，全在夏言之功。但眼下阻止自己入閣，使自己被攔在最高權力之外的也是他，怒火在嚴嵩心中燃燒，從前夏言對他的種種好處已全部燒掉，剩下的便全是仇恨。但嚴嵩表面卻不露聲色，照舊逢迎巴結他，但背地裡卻加緊活動，尋找機會要除掉他，也許這就是嚴嵩的陰險之處。

嘉靖二十一年（西元一五四二年），世宗在西苑設齋打醮，興致很高，便將自己戴的一種叫香葉巾的道士帽仿制五頂，分賜給夏言、嚴嵩等大臣，讓他們戴，並准他們在西苑中乘馬。

嚴嵩在朝見時，為了討皇上的歡心，特意戴上香葉巾，還在外面罩了一方輕紗，世宗非常高興。就在此時，一份夏言的奏疏送到，他說：「香葉巾非人臣所應戴之物，有違祖制，請陛下諒解臣下拒賞之罪。另外，西苑乃皇家禁苑，人臣乘馬於禮未安，微臣只敢乘腰輿。」看了夏言的奏疏，世宗不覺心頭火起，連同平時的積怨也一同勾起。第二天本該由夏言入值，皇上卻將詔書下到嚴嵩處。夏言心裡有些緊張，在慌亂中想求嚴嵩幫自己想點辦法，他忙派人到嚴府中請嚴嵩，哪知派出去的人回來報告說，嚴嵩到道士陶仲文那裡去了，並說據嚴府門人透露，嚴嵩此時與陶仲文來往很密切。夏言憑著多年的官場經驗，一下子什麼都明白了。他忙叫人研墨，連夜寫了一份彈劾嚴嵩的奏章，準備同嚴嵩鬥一鬥。

由於嚴嵩與陶仲文相勾結，在皇上面前反覆進夏言的讒言，使世宗皇帝對夏言更加不滿意。因此夏言的奏章送到時，皇帝並不是轉刑部查辦，反而把嚴嵩召來，問道：「你做了什麼違法的事，讓夏言上章彈劾？」同時還把奏章拿給他看。

嚴嵩憑直覺，感覺到皇上是在偏袒他，否則他不會這樣做，於是便跪下哭訴夏言對自己的排擠、誹謗。接著又編造了一些夏言如何看不起世宗，怎樣與世宗做對的謊言。世宗最忌諱、最不能容忍的便是臣子看不起他，聽了嚴嵩的一番哭訴，不禁勃然大怒，竟把夏言革職。同時，嚴嵩拜武英殿大學士，入值文淵閣，仍兼禮部尚書。嚴嵩終於將首輔夏言除掉。嚴嵩此時已經六十多歲了，但為了站穩腳跟，他表現得格外精神，工作十分勤勉，朝夕在西苑板房值班，連洗沐休假日也不回去，使世宗贊嘆不已。

夏言被革職後，按照閣臣的資序，由翟鑾出為首輔，嚴嵩仍然在翟鑾之下。於是翟鑾便成了他想當首輔的障礙，嚴嵩當然不會放過他。但是要取代翟鑾也不是件容易事。翟鑾為人和氣，且資歷要比嚴嵩深得多。當年嚴嵩任南京國子監祭酒的時候，翟鑾已經以吏部左侍郎的身分進入了內閣。嚴嵩當首輔的欲望越來越強烈，憑此時在皇帝心中的地位，他根本不把資深的翟鑾看在眼裡。當然，他明白如果不找出翟鑾的毛病，想整掉他的確不容易。

從此嚴嵩把眼睛死盯在翟鑾身上，千方百計找出他的差錯。像嚴嵩這樣的有心人，當然不會沒有收獲。終於，翟鑾出了毛病，嚴嵩的機會來了。嘉靖二十三年（西元一五四四年），翟鑾的兒子翟汝儉、翟汝孝同時考中進士。翟府上下大慶一番，嚴嵩也親自到翟府祝賀。回家後，嚴嵩便將給事中王交、王堯日召到家中，向他們密授機宜。第二天，便有彈劾考官和翟鑾的奏章呈給皇上，這是嚴嵩一手策劃的，使你世宗沒法不信。世宗下詔將翟鑾罷去首輔，削官為民。於是，嚴嵩終於取代翟鑾，成為首輔。

嚴嵩當了首輔之後，獨攬大權，兩位次輔都是由他舉薦，實在是有名無實的擺設。朝中不少大臣對其專權十分不滿，紛紛上疏彈劾他。世宗非常忌諱大臣專權，當他了解情況之後，便對嚴嵩有點不放心。於是在嘉靖二十四年（西元一五四五年），重新把夏言召回內閣，復任首輔。

夏言復出之後，便對嚴嵩的親信進行了清理。他將嚴嵩的死黨許成名、崔木、黃佐等罷免，又將其親信王杲、王暐、孫繼勇等逮捕下獄。所有的批答奏章均不要嚴嵩過問，嚴嵩雖然火冒三丈，但也只能往肚子裡收，不敢公開表示。

夏言此次重返朝廷，看到朝中上下，各要害部位都已被嚴嵩安插了親信死黨，十分惱火，更讓他氣憤的是，嚴嵩父子利用權力貪欲無度，納賄、朘削百姓。夏言已經收到一份彈劾嚴世蕃的奏章，奏章內揭發了嚴世蕃倚仗著父親的權勢，藉兼管城建工程之機，大肆收受賄賂、盤剝工匠財產中飽私囊的罪行。

夏言看著奏章，胸中燃起怒火，嚴嵩身為輔臣，其子卻橫行霸道，大開貪汙之門，不嚴加整肅怎麼行。他準備上奏皇上，進行嚴厲處罰。但此事不知怎的卻洩漏出去了，嚴世蕃大驚失色。這嚴嵩為保兒子，便不顧臉皮，親自到夏言府上求情。

嚴嵩把自己名刺遞進去，夏言稱病不見。嚴嵩只好賄賂門人，得進夏言書房。此時夏言躺在床榻上，裝病不起。嚴嵩父子二人長跪請罪，夏言見嚴嵩那滿面愁容，泣不成聲的樣子，不覺動了惻隱之心。把嚴世蕃的材料放下，沒有上報，失去了一次鏟除奸佞的機會，也導致了夏言自己的失敗。

夏言由於整頓吏治之心太切，因此對一些官員的處理有時不當，於是引起了部分大臣的反感，引來了一些議論。甚至連皇上最信任的陸炳，也偶爾在皇上面前說起夏言的過失。其實世宗對夏言和嚴嵩都不是百分之百的放心，便派最親近的兩個太監前去了解情況。

夏言沒有把這些太監放在眼裡，沒拿他們當回事。可是到嚴府時，嚴嵩則對他們奉如上賓，拉著他們的手，親熱地迎進府中。臨走時又每人送一錠銀子。可想而知，他們回去向皇帝匯報時，當然是嚴是夏非了。當年夏言和嚴嵩都是因青詞寫得好而受到皇帝寵信，現在世宗只要有齋醮，還是讓他們撰寫青詞。夏言因身體情況不佳，皇上派下的任務常讓幕僚們代筆，自己又不能認真查改，結果讓皇帝很不滿意，有時甚至扔到地上。而嚴嵩卻恰恰相反，每次皇上要寫青詞，他必定用上自己的全部文才，一絲不苟地去寫，反覆修改。尤其他籠絡了一些皇帝身邊的太監，他們把嚴嵩的情況告訴皇上，使世宗很受感動。漸漸地世宗對夏言不滿起來，轉而開始重新寵信嚴嵩。

嚴嵩自夏言復職之後，幾乎沒有過幾天安靜日子。先是自己的親信被一一逐出，接著又是彈劾兒子嚴世蕃，平時自己只是內閣中的牌位，有職無權。現在得到世宗的重新信任，他又開始盤算，怎樣找機會再次除倒夏言，把失去的權力重新奪回來。

機會往往是等待，或者是尋找，但在你死我活的封建權爭中，機會大多是由人製造的。嚴嵩在等待、尋找均不遇的時候，竟製造了一個機會，把夏言置於死地。

嘉靖二十六年（西元一五四七年），鑒於蒙古韃靼人經常派兵入侵河套地區，並占領該地區，總督三邊兵部侍郎曾銑提出收復河套的主張。河套地區三面環河，土地肥沃，接近榆林、寧夏、偏頭關等邊鎮，收復該地區有著十分重要的軍事意義，因此這一計劃得到了夏言的極力支持。世宗也早有此大願，但無人敢提出收復河套的計劃，使世宗空有此願。曾銑今天提出這計劃，使世宗十分振奮，他讚道：「俺答據河套為患已久，曾銑提出收復建議，計謀宏遠。」並下令撥散十萬兩銀子作為修邊城及各項開支的費用。

皇帝的支持讓曾銑勇氣更足，他率兵出塞襲擊俺答部，斬敵首級百餘，繳獲牛、馬等九百多頭，取得了很大的勝利，使俺答部不得不向北轉移。世宗聞報十分高興，下詔給曾銑增加一級俸祿，並賞給大批錢財。可是就在此時，災難便悄悄地向夏言和曾銑襲來。

嘉靖二十六年冬季，宮內不慎失火，皇后去世。世宗因信奉道教，便認為這是天降的不祥之兆。嚴嵩抓住了世宗的迷信心理，硬是把這天災同曾銑收復河套的計劃聯繫起來，說這是曾銑「開邊啟釁」的結果。世宗覺得很有道理，便停止了收復河套的計劃，下詔把正在同俺答浴血奮戰的曾銑逮捕下獄。嚴嵩為了置曾銑死罪，便買通了因貪贓枉法被曾銑彈劾的原甘肅總兵仇鸞，誣陷曾銑以前如何掩蓋戰敗情況，克扣士兵軍餉，還無中生有編造說曾銑曾通過夏言的岳父賄賂夏言。結果世宗相信讒言，下詔處死曾銑，又以「雷同誤國」的罪名逮捕夏言。夏言被罷官後，嚴嵩為除掉自己的勁敵，又發動黨羽攻擊誣陷他，最終害死夏言。嚴嵩殺了夏言後，坐上了首輔的寶座。

嚴氏父子竊取了權柄之後，整個朝廷成了嚴氏的家天下。他們結黨營私，貪汙腐敗，賄賂公行。為了壓抑正氣，鉗制輿論，嚴嵩對那些有正義感的大臣進行了殘酷迫害。

嚴嵩重新掌握內閣大權後，就逮捕了曾彈劾他貪汙索賄的巡按御史葉經，並且通過廷杖將其害死。

嘉靖二十七年（西元一五四八年），給事中厲汝進彈劾嚴嵩父子，被貶為典史，不久又削職為民。

嘉靖二十八年（西元一五四九年），給事中沈束上疏指斥嚴嵩誤國，被廷杖後下獄。

凡是敢於揭發嚴嵩罪惡的，不是被罷黜，便是被摧殘至死。最為天下人嫉恨的是他殺害沈練、楊繼盛一事。

沈練是錦衣衛出身，為人豪爽有氣節。他看那嚴嵩橫行霸道，專權誤國，無比氣憤，於是上疏指斥，嚴嵩納將帥之賄，攬吏部之權，索撫按之歲例，阻制諫官，擅寵害政十大罪行，要求世宗「去此蠹國害民之賊，以紓國患」。可是世宗此時被嚴嵩所惑，看了奏疏後，不僅不查，反而下詔將沈練廷杖後貶謫保安。沈練到保安後，當地老百姓知他是因為彈劾嚴嵩被貶，對他十分敬重，請他當老師教習鄉中子弟。沈練教他們忠義大節，並且還紮了李林甫、秦檜、嚴嵩三個草人作靶子，同子弟一起練射箭。嚴嵩的密探向他報告後，氣得他咬牙切齒，指使其黨羽捏造罪名將其殺害，他的兩個兒子也同時遇害。

雖然嚴嵩對揭露他的人進行了滅絕人性的鎮壓，但忠正之士是不會因此而屈服的。原兵部員外郎楊繼盛，對嚴嵩父子的奸行早已深惡痛絕，出於為國除害的忠心，憤然上疏彈劾嚴嵩，列嚴嵩十大罪狀與五十奸：嚴嵩以宰相自居，壞祖宗成法；伺世宗之喜怒以恣威福，竊君上之大權；讓嚴世蕃代為票擬，縱子僭竊權柄；子孫無功而官，冒濫朝廷軍功；納賄營私，引用奸臣；戒守將勿擊俺答，誤國家軍機；中傷天下善類，專黜陟之權；賄賂皇帝身邊太監，使之成為嚴嵩的密探；控制通政司，使之成為嚴嵩搞陰謀的機構；與廠衛官員相勾結，使之成為自己的心腹；籠絡言官，使之成為自己的走足；網羅部臣，結成死黨。楊繼盛在奏疏中尖銳地指出：「方今在外之賊是俺答，在內之賊是嚴嵩。必先除內賊然後外賊可除。」奏疏送出後，嚴嵩竟唆弄世宗將楊繼盛下獄。楊繼盛在獄中被關了三年，世宗本來不想殺他，但嚴嵩擔心如不除掉此人，必為後患，於是又進一步誣陷，把他殺害。

嚴嵩壞事做絕，必有報應。他作惡多端，不斷遭到彈劾。再加上已到八十歲高齡，精力日衰，世宗漸漸對他有些疏遠了，禮部尚書兼東學閣大學士徐階開始得到世宗信任。許多正直的大臣們感到嚴嵩一日不除，國中一日不寧。一天，刑部給事中吳時來、刑部主事張翀、董傳策同時上疏彈劾嚴嵩。他們在奏疏中列舉了大量嚴嵩專權害政的罪行，請求世宗立即除去嚴氏父子。嚴嵩知道吳時來、張翀是徐階的學生，而董傳策是徐階的同鄉，因此懷疑他們是受了徐階的主使。為了把徐階的勢頭打下去，他密使爪牙將吳時來、董傳策下到獄中。但是在獄中吳時來等守口如瓶，只說這是「高廟神靈教臣等為此言」，世宗是迷信神靈的，他聽了之後不覺對嚴嵩有些懷疑。嚴嵩既然沒抓到什麼把柄，徐階便上本彈劾嚴嵩對大臣挾私報復，這更增加了世宗對嚴嵩的惡感。

沒過多久，嚴嵩的妻子病故。按照禮制，嚴世蕃作為兒子應護喪歸鄉，守孝三年。因為嚴嵩此時已老眼昏花，根本不能工作。明朝規定，凡是朝中的重要文件，必須由內閣首輔大臣事先擬好後，寫在票簽上，再呈送皇帝審批。而嚴嵩此時只能靠兒子嚴世蕃入內閣值房，代其「票擬」。如果兒子一走，自己便無法控制朝中的事情，甚至皇帝會馬上讓他致仕還鄉。為了保住權力，嚴嵩不得不厚著臉皮上疏請求讓孫子護喪回鄉，留嚴世蕃在京。世宗也沒薄他的面子，便同意了他的請求。按照規定，嚴世蕃正在居喪期間，無法進內閣值房代父票擬。嚴世蕃名義上在京師守喪，實際上卻終日在家與姬妾淫樂。有一次嚴嵩正在西苑值班，有聖旨下來問事，嚴嵩已經眼力不濟，反應遲鈍，好半天看清了文字，卻弄不明白皇上的意思，不知如何作答，急得忙叫太監去問嚴世蕃。而此時嚴世蕃正在同諸妾淫樂。嚴嵩沒有辦法，只有硬著頭皮自己來，但所擬之詞，卻往往詞不達意。於是世宗對嚴嵩的不滿漸漸加深，產生了讓嚴嵩退休的想法。

不久，萬壽宮失火，世宗忙召集大臣商量想新建一所宮殿。嚴嵩由於年齡和精力方面的問題，不想再興土木，他建議世宗搬到南城離宮去住。這離宮是英宗失去帝位、當太上皇時幽禁的地方，世宗因此對嚴嵩的建議非常不滿。徐階已感到皇上的情緒變化，他知道只有迎合皇上的喜好，才能更加取得皇上的寵信，也就能最終戰勝嚴嵩。當世宗問及徐階時，徐階建議重修永壽宮，並談了一些施工上的問題。他的建議恰好合乎喜歡鋪張的世宗心理，所以世宗非常高興，並令徐階的兒子徐璠負責這項工程。

三個月後，一座豪華氣派、富麗堂皇的新萬壽宮便修建好了，世宗高興極了，連聲誇獎徐階父子的才幹。同時把徐階提升為少師，又破格將徐璠提升為太常少卿。從此之後，世宗更加信任徐階，凡是軍國大事都不讓嚴嵩過問了，徐階幾乎壟斷了皇上所有的詔書和奏章的批答，嚴嵩再次成了內閣中的擺設。

有一次世宗問道士藍道行：「方今天下為什麼不太平？」藍道行不覺渾身一震，他知道世宗此時對嚴嵩已經不那麼信任了，於是便做起「法」來，在沙盤上寫下了四句話：「高山番草，世臣閣老。日月無光，天地顛倒。」世宗對這些東西堅信不疑，又問：「如果這樣，那麼上仙為什麼不除掉他們？」藍道行又用乩仙之筆寫道：「留待皇上正法。」世宗沉思著，沒再說什麼。

御史鄒應龍從太監那裡得到這一消息，心中狂跳不止，他感覺到鏟除嚴氏父子的機會來了。他對嚴嵩殘害朝臣，早就義憤填膺，尤其是楊繼盛的慘死，更讓他怒不可遏。但是嚴嵩在朝中的勢力太大，那些上奏彈劾嚴嵩的人，不是被殺就是被貶，他只好強壓怒火，尋找機會彈劾嚴嵩。他經過反覆思考，終於想出一個好的計策，就是先彈劾嚴世蕃，只要他倒了，那嚴嵩自然就站不穩。於是，鄒應龍奮筆疾書，在奏章中揭露嚴世蕃大逆不道，在為其母守喪期間，終日與姬妾淫樂，同時也把嚴氏家族中的種種罪惡數列出來。其實世宗對嚴世蕃在居喪期間與諸妾淫樂的事早有耳聞，但沒有人上疏確指，不好斷定。如今鄒應龍的奏章歷數得明明白白，世宗不禁龍顏大怒。世宗皇帝歷來以孝著稱，為母居喪竟然聚妾淫樂，這是世宗所不能容忍的。這種不忠不孝之人，如果不嚴加處罰，何以正風紀。於是世宗召徐階來議這件事。

徐階入宮覲見世宗，聽了世宗說的一番話後，徐階既緊張又興奮。徐階此時已明確了世宗的意圖，便對世宗說：「嚴世蕃的確大逆不道，多行不法，請皇上懲治他，這樣天下的人都會感念皇上的英明。」世宗隨即降旨，命嚴嵩立即致仕還鄉，嚴世蕃交由大理院拘訊。嚴嵩自知已經老眼昏花，無望再有作為。但他把希望放在兒子身上，儘管此子不爭氣，但嚴嵩的心不死。忙上疏世宗，請求饒恕嚴世蕃。世宗沒有理睬。結果嚴世蕃和他的兒子及門客羅龍文被判發配戍邊，接著又將嚴嵩的黨羽嚴年等人下獄。

嚴嵩此時已經八十三歲了，離開京師後，他越想越覺得憋氣，他也知道自己輸在徐階之手。如果把那個裝神弄鬼的藍道行整垮，然後讓他牽扯徐階，是否可以把徐階除掉呢？嚴嵩覺得這一招可以試試，忙派餘黨密切注意京師的動靜，打探各種消息。在他認為時機成熟的時候，便孤注一擲，用重金買通了世宗身邊的人，由他們羅織藍道行的罪名，將其逮到刑部嚴訊，讓他交待同徐階的一些瓜葛。但是嚴嵩的算盤打錯了，這藍道行也是極有心計之人。他十分清楚，如果牽連徐階而把他整倒，自己也就是重罪；如果不牽扯徐階，即使徐階不能援救，也可以自保。於是堅決不承認，沒辦法也只好放了他。

嚴嵩回到家鄉分宜不久，嚴世蕃便回來了。他原被判流放到雷州，在往貶所去的途中，他讓親信死黨用重金賄賂押解他的差使，逃回了家鄉。他竟沒有半點收斂，如同正常致仕一樣，開始建造園林臺閣，並且招募了三千多家丁，稱霸鄉里。

嚴世蕃的這些舉動，早有人傳到京師，御史林潤便同其他言官一起上疏揭發嚴氏父子的罪行。林潤曾經彈劾過鄢懋卿，一直擔心嚴氏父子的報復，想這次一下子治嚴氏父子於死地，於是把他們從前殺害楊繼盛等人的事情統統寫在奏章內。當時徐階主管刑部事務，表到刑部後，他看著此章搖了搖頭。徐階應該說是嚴氏的對頭，無論從爭權奪利的角度，還是從封建朝廷方面考慮，他都想藉此機會置嚴世蕃於死地。但是林潤等人的奏章中所列諸事，非但治不死嚴世蕃，弄不好還會將他開脫出來。他忙找來林潤，問道：「你們希望怎樣處置嚴世蕃？」林潤答道；「治他死罪」。徐階指點他們說：「楊繼盛和沈練的案子，是嚴嵩騙得世宗同意後定的案，如果把此案說成冤案，那不是指責皇上的錯嗎？弄不好反而救了他，害了你們自己。」接著徐階指出林潤等人奏章的重點，應放在嚴世蕃私逃回家，招兵買馬，勾結倭寇，圖謀不軌等等方面。奏章改完之後便命人火速抄畢遞上，世宗降旨捉拿嚴世蕃。終於嚴世蕃被判死刑，嚴嵩和兩個孫子被削職為民，抄沒嚴氏家產。

時年八十六歲的嚴嵩，財產被抄沒，房子被充公，他的兩個孫子也外出謀生了。此時的嚴嵩真正成了孤家寡人。白天他拄根棍沿街乞討，夜間他借宿在看墓人的草棚裡，度著凄苦的晚年。因為他得勢時欺壓鄉鄰，所以沒有一個人願意幫他。

在一個寒冷的夜晚，嚴嵩死在野外的一片墓地旁。一代權奸，就這樣默默地離開了人世。

權爭於朝，盛年致仕

爭權反為權誤，歷史無數次給人教訓。但權力的誘惑，往往使人心存僥倖。晚明宰相高拱，才高氣傲，欲與眾臣一較高下，結果兩次遭貶，盛年致仕。空懷滿腹經綸，只有望權興嘆。

高拱字肅卿，河南新鄭人。飽讀詩書，很有經國濟世之才。嘉靖二十年（西元一五四一年）考中進士，並被選為庶吉士，第二年被授編修。嘉靖三十一年（西元一五四二年），他又擔任了裕王朱載垕的侍講，朱載垕即是後來的隆慶皇帝。高拱在裕王府九年，深得裕王敬重。雖然當時嘉靖皇帝諱言立儲之事，但人們都預料裕王很有可能繼承皇位，作為裕王的老師，自然讓人刮目相看了。就是當朝的宰相嚴嵩、徐階對他都得高看一眼，格外提攜。因此，高拱可謂少年得志，青雲直上。開始時拜太常卿掌國子監祭酒，接著任禮部左侍郎、吏部左侍郎、禮部尚書，嘉靖四十五年（西元一五六六年），擔任文淵閣大學士，後又被選入內閣。隆慶皇帝登基後，高拱又進為少保兼太子太保。不久便與內閣首輔徐階產生矛盾，二人從此便展開了明爭暗鬥。

當時在內閣擔任首輔的徐階，可謂官場爭鬥中的老手，連有名的權奸嚴嵩都敗在他的手下，何況年輕的高拱。徐階是江蘇華亭人，少有大志，自幼苦讀，二十一歲便高中了嘉靖二年一甲第三名探花，即授翰林院編修，但他入閣卻是三十年以後的事。也許正是由於他在閣外任官多年，閱歷極為豐富，因此遇事能夠從容應付，遇險而不失陷。徐階入閣之時，首輔是嚴嵩，次輔是李本，他排名第三位。嚴嵩是專權的行家，看著這位才華橫溢的後生，十分忌憚，怕徐階奪了自己首輔之位，千方百計加害於他。但徐階從容應付，一一化解。加上嘉靖皇帝信奉道教，徐階才思敏捷，「青詞」寫得很讓嘉靖皇帝滿意，反而聲譽一天比一天高，且越來越受到皇帝寵信，到後來連嚴嵩也不得不巴結他。徐階畢竟是位成熟的政治家，沒有被嚴嵩的哀乞所動，最後一舉把嚴嵩逐出內閣。

徐階入主內閣首輔後，深知官場險惡，今天是首輔，明天可能就是階下囚。因此他進而思退，想找一位心地純正的人入閣輔助自己，待自己退休後也不會難為自己。他首先選中了李春芳，此人是嘉靖二十六年狀元，為人機智而平和，有才幹而不爭權位。同時，徐階還相中了做侍講的高拱，因為裕王雖然還沒有被立為皇太子，但繼皇位者一定是他，當然高拱無疑也會入閣。徐階薦高拱入閣的目的，當然是想讓他抱有知遇之情，將來不會成為權爭的敵手。

然而高拱為人十分高傲，自己認為做了多年裕王的講官，入閣是理所當然的事，根本就不領徐階引薦這個情。他不僅對徐階的一些做法表示不滿，而且還常以裕邸舊臣的身分與徐階相抗，倆人之間的關係竟勢如水火。

高拱的所作所為，使徐階大感失望。他甚至想將來自己致仕後，即便李春芳接替首輔的職位，恐怕難是高拱的敵手，因此必須另選一位剛勇果敢之人，進入內閣，以抵制高拱將來可能會有的報復行為。他選中的人是一直在做高拱副手的張居正。在徐階的印象裡，雖然張居正一直處於高拱之下，但無論氣度和智慧都高於他。徐階是一位十分有遠慮的人，早在嘉靖四十三年（西元一五六四年），便推薦張居正擔任了裕王的講官，而且他早已憑才華和學識贏得了裕王的信任。因此，在張居正未入閣前，很多軍國大事都找他商討。尤其在為嘉靖皇帝起草遺詔時，徐階單獨約了張居正來商量，這使心高氣傲的高拱十分不滿。另外，徐階仿效楊廷和的作法，以世宗遺詔的名義，將嘉靖朝中的弊政加以革除，如齋醮、土木、求珠寶、營織作等都停止了。為一些在嘉靖朝因進言而獲罪的大臣平反，赦免並啟用了海瑞、吳時來等三十三人，同時免除了嘉靖四十三年以前全國拖欠的田賦，減免次年的一半田賦。這一切更使高拱感到難以接受，他認為這是利用起草遺詔的機會，刁買人心。因此他與徐階的矛盾更加激化。

裕王即位後改元隆慶，徐階引張居正入閣，同時入閣的還有陳以勤。此時內閣首輔是徐階，次輔是李春芳，第三位是郭樸，高拱位列第四。高拱同郭樸是河南老鄉，倆人都與徐階有矛盾。陳以勤是在第五位，但他為人忠正，不介入任何一派。第六位是張居正，他多年與高拱共事，相交很好，但又是徐階的門生，尤其在徐階找張居正草詔之後，高拱便遷怒於張居正了。整個內閣成員之間關係錯綜復雜，門戶之爭已經形成，徐階、高拱各自唆使自己親近的言官攻擊對方。

首先是吏部給事中胡應嘉上疏彈劾高拱，說在世宗病重自時候，高拱不在值廬裡值班，偷偷回去搬家。雖然世宗沒表示什麼，但高拱覺得胡應嘉是徐階的同鄉，肯定是徐階指使他這麼做的。他認為胡應嘉一定是徐階的心腹，便決定加以報復。隆慶元年（西元一五六七年），胡應嘉又彈劾吏部尚書楊博，說他在主持京察時挾私憤、庇鄉里。高拱和郭樸抓住他作為吏科給事中事前沒有提出異議，事後提出彈劾這一點大做文章。

郭樸在內閣會議上首先發言說：「胡應嘉出爾反爾，全不是人臣事君之所為，應當革職。」他的話音未落，高拱便馬上附和：「應當革職為民。」

徐階心裡雖然想幫胡應嘉，但此事穆宗已經有了傾向性的意見，他實在不好再說什麼，胡應嘉只有被革職了。後來徐階擬旨調胡應嘉為建寧推官，減輕了對他的處罰。

但事情並沒有就此了結，兵科給事中歐陽一敬上疏彈劾高拱專權霸道，與蔡京沒什麼兩樣。接著給事中辛自修、御史郝傑等紛紛上疏彈劾高拱，言辭十分激烈，有的甚至指責他「威制朝紳，專柄擅國，亟宜罷」。高拱一邊答辯，一邊希望徐階擬旨對言官們進行廷杖。徐階當然不會這麼做，高拱於是便指使手下的御史齊康，對徐階提出彈劾。然而這次彈劾惹怒了眾言官，他們聯手對齊康進行了圍攻。結果使高拱成了眾矢之的，給人很惡劣的印象。高拱在言官們的攻擊下，於隆慶元年五月致仕。不久，郭樸覺得在內閣裡實在無立足之地，也致仕回鄉。徐階在這次權爭中取得了勝利。

但是樹欲靜而風不止，徐階雖然趕走了高拱和郭樸，但是他在一些事情上也觸怒了穆宗。再說高拱雖然離開了朝廷，但是他畢竟在朝廷中供職多年，他的影響還在，也還有一些較親近的人在朝中。隆慶二年（西元一五六八年）七月，戶部給事中張齊彈劾徐階，指責他在嘉靖時期，一貫曲意逢迎世宗和嚴嵩父子，只為自保，有虧大節，不配做首輔。穆宗一直懷念高拱，便趁此機會讓徐階告老還鄉。

徐階結束了十七年大學士、七年首輔的政治生活，就要回故鄉江南了。但是他除了為朝中今後的前途有點擔心之外，他更擔心自己致仕之後，恐怕有人會對自己進行報復。他的這種擔心是有根據的，當徐階在朝中任首輔時，他的三個兒子，藉著父親的權勢作威作福，橫行鄉里。尤其親戚陸家的大人死了，孩子尚小，他們便把陸家的萬貫家產弄到徐家，這在北京朝中，也都是盡人皆知的。如果有人追查起來，那也是不小的麻煩，因此不能不多加小心。臨走時，徐階把家事國事都托付給了張居正，此時他只能信賴他了。因為不僅張居正是自己一手提拔的人，而且他的才能、為人，都足以擔當起這一切。張居正向他表示：「大丈夫既以身許國、許知己，惟鞠躬盡瘁而已，他復何言。」

徐階離任後，由李春芳代為首輔，但他只是個和事老，無所作為。

隆慶三年（西元一五六九年）十二月，曾被徐階排擠出內閣的高拱終於被召回了，此次他是內閣大學士兼掌吏部事，這在明代還是不多見的。此次東山再起，他在內閣中位居次輔。但李春芳只是一個牌位，根本發揮不了什麼作用，甚至可以說高拱根本沒有感覺到他的存在，一切事情都是按照高拱的意思去辦。此時的高拱更加無所顧忌，從前有徐階壓著，辦事情還稍稍琢磨一下，現在不同了，雖是次輔，但內閣中也只有他說了算。

高拱是個氣量很小的人，他的報復心理極強。此次復任，他便千方百計去尋找徐階的過錯和失誤，他不但把徐階過去的一切全否定了，並且通過各種手段去羅織徐階的罪狀，他不僅要報以前的仇，而且要把徐階徹底除掉。因為他也知道，徐階的存在對他來說終究是個威脅。此時高拱集閣臣與家宰於一身，大權在握，他經過周密策劃，要讓徐階永世不得翻身。在朝中，他不斷地唆使言官，要他們加緊彈劾徐階，同時他也掌握了一些關於徐階兒子在鄉閭的不法行為，他抓住這個把柄，指使從前在徐階家鄉做知府，和徐家有仇的人，聯合控告，把徐階的兩個兒子定了遣戍的罪行。

此時能為徐階說話的人只有張居正了，他對高拱的所作所為十分反感，尤其想到徐階臨行前對自己的囑托，更感到不能不站出來說話了。他小心翼翼地對高拱進行勸解，可是突然有人造謠，說張居正接受了徐家三萬兩銀子，因此才這麼賣力替徐家辯白。高拱這個人似乎沒有城府，或許是過於高傲，他聽了這些謠傳後，不冷靜地加以分析，或者進行一番調查，他馬上找到張居正，當面對他進行諷刺，張居正有口難辯，只好指天發誓，沒有這回事。但是高拱並不相信，於是倆人的裂痕便加大了。

更令張居正難堪的是，高拱對徐階和張居正起草的遺詔進行了全面否定。高拱為了擴大自己的勢力，開始對自己的政敵進行清洗。張居正雖然感到威脅，但卻不想放棄。陳以勤第一個放棄了政權，於隆慶四年（西元一五七〇年）致仕回鄉。

接著高拱開始對言官進行報復，因為他前次的去職，的確敗在言官手中。現在他大權在握，提出要考察言官。這樣便同兼管都察院的趙貞吉展開了衝突。高拱極力斥逐趙貞吉左右，趙貞吉也寸步不讓，對高拱的親信，也一概斥逐。雙方僵持不下，結果凡是與他們有關的言官都被保了下來。而徐階的門生廣東巡撫右僉都御史吳時來卻被貶斥了，張居正的朋友大理寺右丞耿定被貶斥了，御史高傑因曾彈劾高拱，自然也留不住了。此時張居正心裡不禁感到不安起來。

但眼下高拱首先要對付的是趙貞吉，他指使韓楫彈劾趙貞吉平庸而專橫，在考察言官中挾私結黨。趙貞吉於是上疏進行反擊：「臣自掌院務僅以考察一事，與拱相左；其他壞亂選法，縱肆作奸，昭然耳目者，臣噤口不能一言，有負任使，臣真庸臣也。若拱者，斯可謂橫也已，臣放歸之後，幸仍還拱內閣，毋令久專大權，廣樹眾黨。」趙貞吉已經感到高拱在朝中的勢力太大，只有自己一走了之了。

內閣首輔李春芳，看到高拱的所為十分寒心，他無心也無力爭權。但他即使不言不語，高拱也不會容他，他早已看到了這一點，於是上疏請求致仕還鄉，但是穆宗執意要留。高拱見穆宗對李春芳頗有好感，便指使南京給事中王禎又提出彈劾，穆宗只好讓他告老還鄉。張居正的地位更加艱難，他十分小心，不露聲色，在險境中慢慢地挪著步子。

隆慶五年（西元一五七一年）冬天，由於殷士儋的入閣，使內閣中又掀起一次風浪。

殷士儋，歷城人，和張居正是同年進士，隆慶二年（西元一五六八）擔任禮部尚書。他也曾任裕邸講官，於是便想通過高拱幫忙進入內閣。但是高拱已經相中翰林學士張四維，再說張四維為人比較隨和，不像士儋那麼倔強，因此沒理睬殷士儋。殷士儋非但沒有放棄自己的追求，而且通過內監陳洪的幫助，由穆宗特批入了內閣，因此便和高拱形成了水火之勢。就在高拱正準備提張四維的時候，恰好有言官參了張四維一本，高拱自然把帳算到了殷士儋頭上。高拱此時手下有的是言官，他開始調動言官們對殷士儋進行圍剿。御史趙應能立即彈劾殷士儋是走內監陳洪的門子得以進內閣，不可以參與國政。殷士儋也上本進行反擊，高拱便唆使給事中韓楫出馬，對殷士儋進行威脅。殷士儋開始動怒了，在每月初一、十五言官與內閣成員見面會上，殷士儋與韓楫相見，他對韓楫說：「聽說你對我不滿意，這沒關係，但犯不上讓人利用。」

高拱在一邊聽了很惱火，氣憤地說：「這算什麼體統。」

高拱的一句話，立即引得殷士儋火冒三丈，他衝上前去指著高拱破口大罵：「你算什麼體統，驅逐陳閣老的是你，趕走趙閣老的是你，斥逐李閣老的也是你。現在你要提拔張四維，又想驅走我，內閣永遠是你一個人的。」

雙方都擼起了袖子，準備以老拳相向。張居正覺得閣臣動武，那真是有失體統了，便要出來勸解，哪知高拱也扯著嗓子大罵起來。

第二天，在高拱的授意下，御史侯居良上疏彈劾殷士儋。此時殷士儋才真正覺得累了，他本想入閣後能夠憑著自己的才能學識幹一番事業，哪裡想高拱為了自己獨霸內閣，竟容不下自己，覺得再待下去也只會互相謾罵，遺人笑柄，再就是高拱心腹們一封又一封彈劾信，乾脆上疏請求告老還鄉，圖個清靜吧。不久殷士儋請求致仕，離開了多事的內閣。

至此，高拱已經把四位大學士擠出了內閣，可見他的權力是相當大的。儘管張居正十分謹小慎微，但高拱手下的那班言官，還是把眼睛盯上了他。

本來張居正與高拱同事多年，相處也十分融洽，但是他們之間的地位太靠近了，於是他們互相都感覺到了對方的威脅。政治的確是無情的，它不允許有什麼朋友情誼，一切都是由利害構成的。

就在張居正感到岌岌可危的時候，隆慶六年（西元一五七二年），劉奮膺上疏條陳五事，第一是保聖躬，第二是總大權，第三是慎儉德，第四是覽奏章，第五是用忠直。他所奏的這五條其實都是指高拱而言。接著給事中曹大野乾脆直接上疏彈劾高拱十大不忠。這使高拱十分震驚，他慌忙應戰，指揮部下進行反擊。結果劉奮膺和曹大野分別被貶官外放。高拱集團幾乎是戰無不勝，任何一股政治勢力都無濟於事。

但是隆慶六年五月，穆宗皇帝的逝世，整個政局發生了根本性的變化。

在隆慶皇帝彌留之際，為皇太子朱翊鈞選定了三位顧命大臣，他們是大學士高拱、張居正和隆慶六年四月才入閣的高儀。

第二天，乾清宮內傳出隆慶皇帝駕崩的消息，三位顧命大臣悲痛欲絕。就在當天午時，宮內傳出遺詔，命馮保掌司禮監印。高拱敏感地感覺到了事態的嚴重，任命馮保為司禮太監的聖旨，為什麼會在隆慶皇帝駕崩後二個小時下呢？高拱越想越不對勁，他忽然想起一件事情。有一天，他和張居正一起被召至恭默室探視，看見張居正手下的一位叫姚曠的差役，拿著一件密封的紅紙套，從身邊跑過，問他往哪送，他說送給馮公公。莫非是張居正與馮保勾結？滿腹的疑團怎麼也解不開。雖然他懷疑，但又一想，張居正這幾年對自己附首貼耳，量他也不敢做什麼手腳。

頒發遺詔的那天，簡直讓高拱目瞪口呆，遺詔上介紹了太子如何仁孝聰明，宜接帝位，要求文武大臣同心協力，輔佐少主，還提出小皇帝要聽從閣臣和司禮監的輔導。高拱更加懷疑，在顧命詔書中怎麼能提到司禮太監？更嚴重的是馮保一日之間不僅由東廠提督太監升兼司禮掌印太監，又成了顧命大臣。遺詔一頒布，當然也就成了事實。

高拱與馮保一向不睦，當初司禮太監空缺，按照資歷應該排到馮保擔任，可是高拱卻推薦了太監陳洪，馮保對高拱的不公平表示不滿。後來陳洪因事被罷去司禮太監一職，可是高拱又推薦太監孟沖擔任，所以馮保十分痛恨高拱。

高拱也明白自己曾得罪過馮保，而且今天還在記恨自己。但是作為一個政壇的老鬥士，他已戰勝了幾位元老，根本沒把馮保看在眼裡，他準備同馮保較量一番。

首先，他想到要限制司禮太監的權力，防止他假傳聖旨。於是在朱翊鈞即位第三天，便上了一道奏章，主要有五項內容：一是皇上要堅持御門聽政，二是所有奏章要先傳內閣票擬，三是大臣有事必須當面奏請，四是內批御旨不可徑直下發，五是所有章奏都不能留中。

第二天高拱的奏章下發了，上邊的御批是「知道了，照舊制行」。他的意見被駁回了。此時高拱已明白，有人在操縱小皇帝。不禁感嘆一聲：「難道十歲的天子就能親自裁處國政嗎？」

高拱發現馮保專權，這是他所不能容忍的。於是高拱開始調兵遣將，讓自己的門生上疏彈劾馮保。

首先是六科給事中程文先上一本，接著禮科給事中陸樹德上奏：「先帝甫崩，忽傳馮保掌司禮監。果先帝意，何不傳示數日前，乃在彌留後？果陛下意，則哀痛方深，萬幾未御，何暇念中宮？」這裡分明是在指責馮保矯詔。

在神宗坐朝的時候，馮保站在御坐旁邊，於是高拱的門生雒遵又上一本：「保一侍之僕，乃敢立天子寶座。文武群臣拜天子邪？抑拜中官邪？欺陛下幼衝，無禮至此。」

先後有七本彈劾馮保的奏章在同一天上達，高拱明白奏章上去了，皇上便會發交內閣擬旨，權柄在自己手裡，憑你一個馮保會有什麼辦法。

馮保的確有些不知所措，他哪裡見過這陣勢，他急忙派人去找張居正，讓他幫助出謀劃策。張居正此時也緊張到了極點，但他畢竟經歷得太多，能夠找到擊倒對手的要害。那天高拱在內閣接到御批奏疏時說：「難道十歲的天子就能親自裁處國政嗎？」這句話只要稍加改動，即可擊倒高拱。

馮保馬上心領神會，他走進後宮時，看到兩位后妃和朱翊鈞都在，便問他們說：「高先生說『十歲的孩子，怎麼做皇帝啊？』這是什麼意思？」

「這是什麼意思？」兩位后妃和小皇帝都在沉思，忽然他們一下子反應過來，不覺大驚失色。他們急忙請這位司禮太監想辦法。馮保於是便將張居正的計劃說了一遍。

第二天一大早，升朝的鐘鼓已經敲響，神宗召集大臣到會極門。這天高拱值班，他起得比往常更早一些，一邊走還在一邊想，只要皇上的奏疏發下來，他馬上票擬驅逐馮保。張居正這幾天正請病假，沒有去。高拱向前一看，在少年皇帝旁邊，站著的正是馮保，突然間，高拱感覺到大事不好。

接著由馮保傳皇后、皇貴妃和皇帝的諭旨：「告爾內閣五府六部諸臣：大行皇帝賓天先一日，召內閣三臣御榻前，同我母子三人，親受遺囑曰：『東宮年少，賴爾輔導。』大學士拱攬權擅政，奪威福自專，通不許皇帝主管，我母子日夕驚懼。便令回籍閒住，不許停留。爾等大臣，受國厚恩，如何阿附權臣，蔑視幼主！自今宜洗滌忠報，有蹈往轍，典刑處之。」

高拱被這突如其來的打擊弄得昏頭轉向，他感到太不可思議了，他趴在地上，幾乎昏了過去。好不容易被人攙扶才出了皇極門，第二天雇了一輛馬車，與家人回河南老家去了。

雖然高拱的人走了，但是這場權爭卻沒有結束。

萬曆十九年（西元一五九一年）正月十九日，萬曆皇帝朱翊鈞照例上朝。剛走出乾清門，只見一位穿太監服的人慌忙跑開。皇帝身邊的侍從衝上去將那人捉住，經審問，此人供說：「我叫王大臣，廣西人，曾到總兵戚繼光轄下的三屯營投軍，沒被接收，便來到京城。這次是偷了服裝進宮看看，不想驚了皇上。」

張居正聽到這事，十分吃驚。他趕忙派人找來馮保，商討一個能救戚繼光的辦法。張居正提出，是否可以藉此機會除去政敵高拱。因為在剛剛結束的那場政爭中，張居正一直處於逆境，雖然他城府太深，沒有遭到正面衝擊，可是每當想到高拱那盛氣凌人的樣子，自己的心裡都不免有些發抖。如果不是穆宗駕崩，突有變故，那麼如今告老還鄉的恐怕是張居正而不是高拱。再說高拱現在雖然在家鄉，可是他在朝中仍有不小的勢力，如果再有個風吹草動，他重新回到朝中，可能就不是回鄉的事情了。

馮保對高拱可以說是有滿腔仇恨，他早有加害高拱之意。不過他也恨代替自己為司禮監的前任太監陳洪，最好把他一起下獄，讓王大臣招供，是他們二人在高拱指使下，行刺皇上。

商量妥當之後，馮保便派心腹家奴來到獄中，給王大臣換了一套衣服，並在他的身上放了兩把劍，然後用好酒好菜招待他，並逼他一定要把高拱牽上。就說高拱對朝廷不滿，派他來宮中行刺。如果照此招供，不僅可以免罪，而且可以得到獎賞。那王大臣只好表示願意照他們說的招供。接著，馮保便派人進行搜查，在王大臣身上果然搜出了兵器。他們自編自演了這場戲後，張居正便票擬了一道聖旨：「命馮保查辦。」於是馮保便派東廠的人到高拱的家鄉去抓人。

此事在京城中鬧得沸沸揚揚，張居正覺得如果得到朝中大臣的支持，可能更好辦一些。於是便找吏部尚書楊博，商量此事的處理辦法，楊博認為高拱不會這麼做。為了阻止張居正再興大獄，楊博還請了自己同年好友葛守禮一道來勸張居正，萬萬不可造此冤案。

後來張居正聽馮保說，萬曆皇帝身邊的老太監，已經把事情點破，也便隨機應變，交由刑部、都察院、大理寺三司會審。因為事先馮保給王大臣喝了漆酒，不能說話；便將王大臣處斬，案子也就草草結了。

但是張居正並沒有就此罷休，他還是藉機把高拱在朝中的幾個心腹趁機貶謫了。如刑科給事中雒遵，是高拱的心腹大將之一，也被張居正藉口給整下去了。

封建統治階級內部的權爭就是如此劇烈，充滿著血腥。雖然高拱和馮保、張居正等人的權爭暫時停止了，但權爭卻還在繼續。

各懷心事，虎狼相爭

為了共同的目的，他們勾結在一起。為了各自的欲望，他們又互相廝殺。明朝奸相溫體仁、周延儒為獨攬大權而進行的虎狼之爭，空留後人唾棄。

在《明史》奸臣傳中，記載了溫體仁和周延儒這樣兩個陌生的名字。其實他們也是飽讀詩書、少有大志之人，父輩也以精忠報國相許。然而權力欲使他們心態失衡，不擇手段，害人誤國，不僅把自己釘在了歷史的恥辱柱上，而且殃及家族和親朋。

溫體仁，字長卿，號園嶠，烏程（今浙江湖州）人。明萬曆二十六年（西元一五九八年）進士，改庶吉士，授編修。其為人陰險狡詐，外表上給人一種謹小慎微的感覺，但內心卻是兇狠毒辣。史書上說他「為人外曲謹而中猛鷙，機深刺骨」。

由於明朝末年黨爭紛起，各種政治派別明爭暗鬥。崇禎皇帝在清除了客氏和魏氏集團之後，為了避免大臣們互相援引，再結黨營私，便於崇禎元年（西元一六二八年）十一月，下詔吏部會推閣臣。當時任禮部尚書的溫體仁和任禮部右侍郎的周延儒，不覺都躍躍欲試。他們自以為在欽定逆案和幾次政爭中較有聲望的大臣都已不在朝中，作為後起之秀，大有希望被推舉為閣臣。可是會推的結果，令他們大失所望。列名的有吏部左侍郎成基命，禮部右侍郎錢謙益、鄭以偉，尚書李騰芳、孫慎行、何如寵、薛三省、盛以弘，禮部侍郎羅喻義，吏部尚書王永光，左都御史曹于汴等人。這使溫體仁和周延儒感到憤憤不平。甚至連崇禎皇帝對周延儒沒有被列入名單，也產生懷疑，由此可見周延儒的確非同一般。

周延儒，字玉繩，號挹齋，宜興（今江蘇宜興）人，明萬曆四十一年（西元一六一三年）狀元，授編修。天啟年間遷右中允掌司經局事，不久便以少詹事掌南京翰林院。周延儒為人機敏，善於察言觀色，他總是在揣度皇上的旨意，千方百計迎合皇上。崇禎元年（西元一六二八年）冬天，在錦州駐守的部隊中士兵鬧事，統領袁崇煥請求增加軍餉。這事令崇禎皇帝很頭痛，於是便召集大臣們到文華殿議事，問諸大臣怎麼處理這件事。大臣們都請求發給內帑。周延儒認真揣摩之後，認為崇禎帝的意思是不想給，於是便持反對意見說：「邊關從前是防御入侵者的，現在還要防士兵。如果寧遠的士兵鬧事給內帑，錦州的鬧事又給內帑，那麼各地邊防部隊都照著這麼做，哪有那麼多內帑給他們？」崇禎帝正是要聽這種意見，但光反對不行，還要拿出辦法來，忙問道：「你認為應該怎麼辦？」周延儒回答說：「現在事情緊急，不得不給，但要做長久打算。」崇禎帝點頭表示贊同。接著降旨對諸大臣加以斥責。過了幾天皇帝又召見周延儒詢問，周延儒說：「軍餉沒有比糧食更好的了，那裡不缺糧食，而是缺少銀子。為什麼鬧事，一定有隱情，很可能是一些軍卒煽動要挾袁崇煥。」崇禎帝也懷疑是邊將要挾，聽了周延儒也這麼分析，十分高興，從此對他十分看重。剛好大學士劉鴻訓去職，便命會推廷臣，本以為周延儒肯定當選，結果以「望輕置之」。崇禎帝對會推的結果很不滿意，甚至懷疑是否有人做了手腳。其實做手腳的正是溫體仁和周延儒，他們為了排擠東林黨的官員，還花了八萬銀兩買通內廷。周延儒私下籠絡戚畹及東廠的唐文征等人，以備內援。

他們的努力失敗了，錢也投進了水中，總之白忙了一場。此時他們惱羞成怒，如瘋狗一樣亂咬。並且散布說：「這次枚卜（指選用官員），都是由錢謙益一手操縱。」溫體仁同時上疏彈劾錢謙益在做考官時曾「關節受賄」，不應當選為閣臣。大有你不讓我入選，我也讓你當不成的架勢。確實，錢謙益對周延儒的為人十分鄙視，為阻止其入閣也確實作了不少手腳。官場傾軋，爾虞我詐。

但是錢謙益的這次行動，卻為崇禎皇帝懷疑大臣植黨提供了證據。其實錢兼益做考官時的所謂「關節受賄」已經是六年前的事了。天啟二年（西元一六二二年），錢謙益以翰林院編修，主持浙江鄉試，取錢千秋為舉人。首場考試，文用俚俗語一句，分置七義結尾，是金保之等所偽作關節，被給事中顧其仁參奏。錢謙益當時並未發現，對此他十分害怕，趕緊上疏彈劾金保之等人。錢謙益因「失察」，受到罰俸三個月的處罰。此案早已了結，溫體仁舊事重提，也絕不是空發議論，隨便出出氣就算了事。溫體仁早已揣摩崇禎皇帝的心理，他對周延儒未列名單上有些不滿，且懷疑有人搞小動作，那麼此時彈劾錢謙益「關節受賄，神奸結黨」，正好可以引起崇禎帝的注意，況且錢氏確有搞小動作的把柄在握。「關節受賄」只是引子，而「神奸結黨」才是正題。他也同樣明白，崇禎帝特別憎惡大臣植黨，此次會推閣臣也是為了避免有人結黨，錢謙益這次肯定逃不脫處罰。

正如溫體仁所料定的，他的表奏上達後，崇禎帝還真重視起來。第二天崇禎帝召廷臣科道諸官到文華殿，又命溫體仁和錢謙益同時到場。

錢謙益料想不到溫體仁會彈劾自己，到場後不知說什麼好，因此說起話來支支吾吾。而溫體仁早有準備，他詆毀起錢謙益來口若懸河，他說：「臣職非言官不可言，會推不與宜避嫌不言，但枚卜大典，宗社安危所繫，謙益結黨受賄，舉朝無一人敢言者。臣不忍見皇上孤立於上，是以不得不言。」崇禎帝很早就懷疑朝中大臣結黨，聽了溫體仁的話，覺得有道理。但是大臣們都說錢謙益是無罪的，吏科都給事中章允儒更是奮力相爭。並且質問道：「溫體仁如此抱怨，如果錢謙益應當查辦，為什麼還要等到今天？」

溫體仁也毫不相讓：「在此之前謙益只是個閒職，現在追究是因為朝中用人謹慎，如允儒所說那就是真結黨了。」

崇禎帝大怒，命令禮部把錢千秋的案卷拿來，並斥責謙益。然後輕聲嘆道：「如果不是體仁，我幾乎被他們騙了。」並嚴厲地把大臣們斥責了一頓。

當時大臣們沒有一個人替溫體仁說話，只有周延儒上奏說：「會推閣臣雖說公正，但是主持者只那麼一兩個人，其餘人都不敢說話，說了只有招禍。況且錢千秋的事早有定案，不必再問諸大臣。」

崇禎帝當天就將謙益罷了官，並交於有關部門議罪。同時將章允儒及給事中瞿式耜、御史房可壯等都劃為謙益同黨，俱降級調用。在崇禎皇帝的曲護下，溫體仁和周延儒在這次爭鬥中取得了小勝。但是他們誰也沒有能因此而入內閣。

政爭是殘酷的，雙方互不相讓，他們緊緊盯住對方，搜尋對方的破綻，並準備隨時出擊將對方擊倒。不久，御史毛九華上疏彈劾溫體仁在家時，強買商人的木材，被商人控告。但他因為賄賂崔呈秀被免於處罰。第二年春天，御史任贊化上疏彈劾溫體仁，指責他納娼為妾，收受賄賂，奪人產業等等不法之事。但崇禎帝不僅不進行追查，反而以其「語褻」，把他降一級調外用。

溫體仁接二連三地受到大臣彈劾，心中不免有些驚懼，向皇帝哭訴說：「這都是由於錢謙益的原因，他們排擠我，我在朝中十分孤立，沒有一個人幫助我。」他的話中一語雙關，不僅是向皇帝乞憐，更主要是向皇帝表示我溫體仁沒有同黨。

皇帝還是偏袒他的，於是再次召集內閣大臣及毛九華、任贊化來對質，媼體仁與二位御史唇槍舌劍，不知戰了多少個回合，見自己占不到便宜，便誣陷他們二人都是錢謙益的死黨。

崇禎帝相信了溫體仁的話，為了阻止言官們繼續彈劾溫體仁，皇帝在內殿單獨召見大學士韓爌等人說：「諸臣不憂國，惟挾私相攻，當重繩以法。」可見崇禎帝被溫體仁迷惑到了什麼程度。

溫體仁、周延儒利用崇禎皇帝即位不久，對植黨深惡痛絕的心理，以會推閣臣引起論爭，從中渾水摸魚，結果還真的被他們摸到了。

崇禎二年（西元一六二九年）十二月，崇禎皇帝下特旨，任命周延儒任禮部，尚書兼東閣大學士入內閣，參機務。第二年六月，溫體仁也以禮部尚書兼東閣大學士入閣。他們終於戰勝了對手，坐上了丞相的寶座。儘管滿朝文武怎樣地驚愕，事實是改變不了的。

不管你用什麼手段取得成功，人們往往是只去迎合成功者，而來不及去細究手段。其實無論做什麼事情，人們總是要有一個預定的打算，也就是採取哪些有效的步驟，如溫體仁彈劾錢謙益，但是如果最終結果是失敗，人們如果回頭去細究那些步驟，便會給他冠上「陰謀」或者更難聽的詞。

政治家往往比較注重這些步驟，因此人們把很多政治家概括為陰謀家。溫體仁和周延儒都是陰謀家，他們為了入閣當丞相而互相勾結，都當上丞相之後，為了當首輔又互相爭鬥。

周延儒入閣也並非一帆風順，會推的十一個人名單上沒有他，崇禎帝雖然懷疑有人操縱，但也沒有辦法。恰好溫體仁對錢謙益的彈劾，促使皇帝「盡罷會推者不用」，否則按資序去排，哪輩子才能排到他。

崇禎帝罷盡會推者之後，周延儒便成了矮子中的高個。崇禎二年三月，皇帝找他密談了相當長的時間，人們預感到他可能入閣，於是反對派又積極行動起來。御史李長春上疏論「獨對之非」，又有位御史彈劾他平生多做不法之事。周延儒在言官的攻擊下，感到有些恐懼，於是上疏請求辭官，皇上堅留不允。言官們見沒有趕走他，便不肯罷休。於是南京的言官也調動起來了，給事中錢允鯨彈劾周延儒與馮契交好，他如果入閣掌權，一定會為逆黨翻案。周延儒倉皇上疏答辯，只有招架之功，沒有還手之力，就在他要堅持不住的時候，皇上救了他，把他扶上了丞相的寶座。

當上了丞相之後，大權在握，此時他開始想到要有幾個幫手，以前他吃夠了沒有幫手之苦。現在不同，權力的大旗下總會聚集起護旗的勇士。當然，他也在物色尋找能夠真正為其出生入死的心腹幹將，這也許就是結黨吧。他此時也需要能幹的人，他想到了曾一同戰鬥過的溫體仁。在他的引薦下，溫體仁進入了內閣。這時首輔去職，他升任首輔。他要做的便是如何保住自己的座位，這已經是人臣之極尊。

溫體仁進入內閣後，似乎對周延儒的「鼎力相助」沒有表示出怎樣的感恩戴德。相反，他倒覺得這首輔的位子應該由自己來坐。他甚至想：「如果我溫體仁不冒險與錢謙益一搏，你周延儒現在不也只是個侍郎嗎？」

但他不露聲色，表面上依然逢迎周延儒，但內心裡當首輔的欲望一天比一天強烈。他私下也在安排自己的黨羽，並且時時刻刻都在尋找機會，在窺視周延儒的破綻，待機會一到便衝上去，將他打倒。

溫體仁的心理，周延儒是猜不到的。他甚至把他作為自己的死黨來看，因為自己畢竟對他有薦引之恩。不能知此知彼，這是周延儒最可悲之處。

不久發生的事情，則成為他終生的教訓。

崇禎四年（西元一六三一年），周延儒的姻親陳于泰殿試得了第一名；他從私人感情出發，又起用大同巡撫張延拱、登萊巡撫孫元化，當時輿論大譟。另外他的子弟在鄉中橫行霸道，其兄周素儒冒錦衣籍，授千戶，還用家人周文郁為副總兵，受到了言官們的責難。

崇禎五年（西元一六三二年）正月，叛將李九成等攻陷登州，可是周延儒卻對敗軍之將劉宇烈進行庇護。於是給事中孫三傑、馮元飆，御史余應桂、王象雲等十幾位言官紛紛上疏彈劾周延儒。有的還在表章中揭露周延儒接收了巨盜神一魁的賄賂，給事中李春旺乾脆要求周延儒辭官。一時間周延儒成了眾矢之的，而且彈劾的人越來越多，聲勢越來越大。周延儒雖然上疏辯解，但是崇禎帝在心裡直打問號。如果真是平白無辜，為什麼那麼多言官偏偏找他的麻煩？

周延儒處於內外交困、四面楚歌之時，溫體仁早已在密切注視事態的發展。以其善揣帝旨的特長，隱約感到崇禎帝已經對周延儒產生了反感和疑忌。於是他開始私下活動，培植自己的黨羽，以備為爭首輔的寶座所用。不久吏部尚書王永光離職，溫體仁馬上薦舉同鄉閔洪學代之。為了進一步擴大自己的實力，又籠絡御史史䇮、高捷及侍郎唐世濟、副都御史張捷等為心腹，對那些反對自己的人橫加打擊，甚至罷其官職。

遺憾的是溫體仁有些操之過急，此時他畢竟還不是首輔，尤其周延儒的勢力還在。很多朝臣對溫體仁的所作所為感到擔心，周延儒的心腹黨羽自然不會讓他如此囂張。很快，兵部員外郎華允誠上疏進行斥責。這可以說是聲討溫體仁的檄文，文中把朝中的一些不良現象歸納為「三大可惜，四大可憂」。第一大可惜是：「當事借皇上剛嚴，而佐以舞文擊斷之術；倚皇上綜合，而騁其訟逋。以聖主圖治之盛心，為諸臣鬥智之捷徑。」是暗指溫體仁在私下搞陰謀詭計。第二大可惜是：「帥屬大僚，驚魂於回奏認罪；封疆重臣，奔命於接本守科。」這實際上是對周延儒攻擊者的指斥。第三可惜是：「廟堂不以人心為憂，政府不以人才為重；四海漸成土崩瓦解之形，諸臣但有角戶分門之念。意見互畸，議論滋擾，遂使剿撫等於築舍。」這是對溫體仁搜羅黨羽的暗諷。

第一可憂指的是法律不明，好壞不分，致使刑罰無威。第二可憂是指言官隨便指斥大臣，致使大臣們為自保而無所作為。第三可憂說士大夫們不顧廉恥，阿諛成風，攀附權貴。在第四大可憂中，他直指溫體仁的所為而斥之：「國家所藉以進賢退不肖者，銓衡也。我朝罷丞相，以用人之權歸之吏部，閣臣不得侵焉。今次輔體仁與冢臣洪學同邑朋比，惟異己之驅除。閣臣兼操吏部之權，吏部惟阿閣臣之意，造門請命，依以為常。黜陟大柄，只供報復之私。甚至庇同鄉，則逆黨公然保舉，而白簡反為罪案。排正類，則講官借題逼逐，而薦剡遂作爰書。欺莫大於此矣，擅莫專於此矣，黨莫固於此矣。遂使威福不移，舉措倒置。」

好一個「三大可惜，四大可憂」，分析透辟，句句忠實。崇禎帝看到奏疏後，懷疑是否背後有人指使，華允誠於是又上疏揭露了很多關於閔洪學營私舞弊的事。並且進一步指出：「體仁生平，紾臂塗顏，廉隅掃地。陛下排眾議而用之。以其悻直寡諧，豈知包藏禍心，陰肆其毒。又有如洪學者為之羽翼，遍植私人，戕盡善類，無一人敢犯其鋒者。」崇禎帝也有所察覺，溫體仁和閔洪學既然是同鄉，可能有些私人感情在其中，但他還是認為溫體仁是忠於朝廷的。因此不但沒有追查溫體仁的罪行，反而下旨罰華允誠半年薪俸。為了遮人耳目，也將閔洪學罷了官。

華允誠的彈劾，並沒有使溫體仁受到致命的打擊，也並沒有削減皇上對他的信任。當然他也不能坐以待斃，要主動進攻。於是指使宣府太監王坤彈劾周延儒庇護陳于泰。王坤的表疏招來了言官們的抗議，因為太監參劾首輔屬違例行為，認為是對朝廷的輕視。給事中傅朝佑說：「太監不應當彈劾首輔，他這麼做肯定有人指使。」副都御史王志道也對王坤加以指責。朝中言官此時議論紛紛，大為不滿。可是這次崇禎皇帝又站在溫體仁那邊，將御史王志道罷官。

溫體仁乘勢又唆使給事中陳贊化彈劾周延儒，說他與武弁李元功相勾結，招搖圖利。同章中還揭發周延儒把崇禎皇帝比為「羲皇上人」，言語悖妄不敬。皇上大怒，詔將李元功下獄治罪，同時追問從哪聽來的。給事中李世祺等紛紛證明確是周延儒所言。周延儒此時真的感到了懼怕，於是請求溫體仁能幫他一把。但是此時溫體仁覺得周延儒大勢已去，便沒有答應。並且私下還把同延儒關係好的人都罷了官，從此周延儒的處境更加艱難。

周延儒失寵於崇禎皇帝，周圍的親信黨羽又一個一個被溫體仁逐出朝，他孤軍一人，戰不能勝，退不能守，只好於崇禎六年（西元一六三三年）六月，主動要求致仕。溫體仁順理成章地當上了首輔。崇禎帝對其也是恩寵有加。

溫體仁終於擠掉周延儒，他通過玩弄手段，騙取了崇禎帝的信任。如今大權在握，便竭力樹植親信黨羽，打擊、排擠異己。他還是那麼一副彬彬有禮的樣子，就是在殺人的時候，也絕不露出兇相。這一點頗像唐朝的李林甫，口蜜腹劍，但他比李林甫高明多了，在不知不覺中，不露聲色地把人害了，人們還會覺得他在挽救自己。可見其手段之高明。他想要推薦某人，絕不大張旗鼓地去提名爭取，而是授意某人，讓他先提出來，自己隨後馬上附和。這樣往往具有很大的欺騙性，誰也不會說他恃權植黨。如果要排擠誰，他也絕不明目張膽地大加撻伐，而是首先弄出一些事情讓你不滿，當你按捺不住首先動怒的時候，讓人看到是你首先挑起爭論，而他依舊不與你正面衝突，讓你火氣越來越大，最後他再到皇上那裡奏一本，皇上便將你或貶或調離。這樣他又可不擔排擠大臣的惡名。

講官姚希孟，曾為東林黨的官員所敬重。又因為才名較高，也很為皇上倚重。溫體仁看他受到皇上的恩寵，心生妒忌，擔心他將來可能會威脅到自己的地位，便想方設法把他除掉，終於借端把他排擠到南京翰林院。

權臣的一個最大的特點是嫉賢妒能，弄權者的目的在於保住自己的地位不受侵犯，至於國家的利益是否受損那就顧不上了。起用庸人和小人往往成了權臣用人制度上的一個特色，小人阿附，庸人聽話。

當時魏忠賢的遺黨也在窺探朝中政局，他們並不甘心永遠退出政治舞臺。溫體仁的所作所為，使他們重新看到了希望。於是早已被崇禎皇帝定為逆案的魏氏黨徒，便把翻案的希望寄托在溫體仁身上，準備再與東林黨人決一勝負。於是他們加緊勾結攀附溫體仁，而溫體仁對東林大臣早有成見。他們多是正直有為之人，不僅不阿附自己，還常常找自己的毛病。於是溫體仁便策劃起用逆黨成員，以鞏固擴大自己的權勢。恰好吏部尚書、左都御史缺員，溫體仁便暗中指使侍郎張捷推薦逆案分子呂純如。

由於逆案是崇禎二年所定，逆案成員攀附魏氏禍國殃民，其成員永不敘用已有成文。張捷此舉使輿論嘩然，朝中議論紛紛。崇禎皇帝對此也十分氣憤，下詔斥責張捷。溫體仁的精明就在這裡，他讓張捷舉薦只是投石問路，如果朝中上下沒有反應，他便可能站出來附和，而眼下皇帝都火了，他也只好裝做與己無關，張捷也就自認倒楣吧。溫體仁趕緊上疏薦謝陛、唐世濟補上了此缺。

雖然在舉薦逆黨的問題上碰了釘子，但是溫體仁並不甘心。這絕不是溫體仁不識時務，明知不成也硬往南牆撞，他有他的打算。逆黨雖已定成案，但其遺黨還大有人在，如果能翻此案，其他好處不說，至少擴大了自己的政治勢力。於是他又唆使唐世濟上疏推薦逆案成員霍維華，結果又失敗了。唐世濟由此獲罪罷去了官職。從此，溫體仁才徹底灰了心，不敢再冒險了。一旦追查到他這，定下罪來也不是鬧著玩的。

溫體仁為逆黨翻案失敗後，便把全部精力用到了打擊、排斥異己上。在權奸的眼中，收買和打擊是相輔相成的。

崇禎八年（西元一六三五年），皇上有感於內憂外患，便旨令責人進講春秋，有裨治亂。當朝才士文震孟是研究春秋的名家，他是文徵明的曾孫，在同魏忠賢逆黨鬥爭中，不避危險，頗有時望。但其為人正直，識卓才高，因此為溫體仁所嫉恨。當次輔錢士升提到他時，溫體仁假裝大驚的樣子，拍著腦門說：「幾失此人。」無奈之中，又不得不把文震孟的名字報給皇上。崇禎皇帝對他的才識十分欣賞。不久皇上要增加閣臣名額，便召廷臣好幾十人試以票擬，結果特擢文震孟以禮部左侍郎兼東閣大學士入閣。

文震孟剛入閣時，溫體仁盡量表現得十分友好，每次擬旨必定找他相商。只要文震孟提出改動的地方，他都尊重文的意見加以改動。文震孟覺得溫體仁這人並非如傳言那樣驕橫，十分高興，有時對人說：「溫體仁虛懷若谷，哪像別人說的那樣奸詐。」同僚何吾騶暗示他說：「這人城府極深，怎可輕於相信。」

何吾騶的話說過僅十幾天，便應驗了。溫體仁每見文震孟票擬不當，便馬上讓他改。如果文震孟不服從他的意見，他便毫不客氣地給抹去。這使文震孟十分氣憤，有一次實在壓不住怒火，把疏稿扔到溫體仁面前以示抗議。這便是溫體仁慣用的伎倆，這也是要排擠文震孟的一個信號。

不久，文震孟和何吾騶推薦給事中許譽卿為南京太常卿。因為許譽卿是個剛正之人，曾因彈劾魏忠賢而被人稱譽。溫體仁也曾受到他的彈劾，早把他看成眼中釘，便指使吏部尚書謝升彈劾他與福建布政使申紹芳營求高官。溫體仁票擬將其貶謫。這個慣於揣度皇上旨意的小人，早就料到皇上一定會重改票擬。果然皇上把先前票擬發下重改，溫體仁便票擬貶許譽卿為民。文震孟據理力爭，但已無法挽回。文震孟諷刺溫體仁說：「言官遭到罷斥，是天下最光榮的事，多虧你成全了他。」這本是一句氣話，但是溫體仁為了整垮文震孟，抓住不放，忙上奏皇上。皇上聞奏大怒，將文震孟和何吾騶罷官。可惜文震孟入閣不到三個月便被擠出，其才不能盡用。足見溫體仁玩弄權術的手段之高明。

溫體仁為政數年，政績沒有多少，而在玩弄權術，讒害朝臣上大費心血。當時由於朝廷腐敗，民不聊生。農民起義如燎原之火，邊患也頻頻報警，溫體仁手足無措，但卻「日與善類為仇」，把個朝中弄得烏煙瘴氣。他不去抵禦邊關，撫慰百姓，只想怎樣保住權位。

很多朝臣對溫體仁表示不滿，一些正直之士紛紛上疏彈劾他的奸行。千戶楊光先抱著必死的決心，為自己準備好棺材，彈劾溫體仁殃民誤國的罪行。結果被重杖八十，遣戍遼西。

為了壓制朝臣的不滿情緒，打擊正直的大臣，溫體仁還指使誠意伯劉孔昭彈劾倪雲璐。同時又唆使給事中陳啟新彈劾黃景昉。禮部尚書陳子壯當面斥責溫體仁誤國，結果竟被削職下獄。遺憾的是，崇禎皇帝竟聽不進朝中諸臣的意見，對溫體仁信之不疑，令朝臣扼腕。

儘管如此，直言敢諫之士仍然抗爭不息。劉宗周上疏彈劾溫體仁有十二罪、六奸，接著不少宗藩勛臣也紛紛上疏，如王聿鍵、朱國弼等。但是越是彈劾溫體仁，崇禎帝就越覺得溫體仁無黨寡援，便越是對彈劾者加以嚴懲。很多言官不是被貶，就是被殺害。可悲的是崇禎帝被溫體仁迷惑得太深，不去考慮事情的變化，他哪裡知道溫體仁其實是最大的黨魁，難怪晚明政權瓦解得這樣快。

其實溫體仁自知作惡多端，一旦被揭露出來，後果不堪設想。在被他誣陷的千百朝臣中，很多是朝中重臣，如文震孟、何吾騶、劉宗周、倪雲璐以及周延儒等，一旦其中有哪位東山再起，事情就不好辦了。於是他以內閣為密務之地為由，規定所上皇帝密揭一律不得發抄，也不許留底，以消滅證據。

但是聰明反被聰明誤，他長期以奸計害人，結果卻被自己的奸計所害。崇禎十年（西元一六三七年），張漢儒檢舉錢謙益等人居鄉不法，溫體仁此時對錢謙益仍耿耿於懷，便想趁機置他於死地。便擬旨將錢謙益等下獄，嚴刑追查。錢謙益自知難解危困，便求司禮太監曹化淳相救。張漢儒探聽到這一消息後，忙向溫體仁報告。溫體仁密奏皇上，請皇上下旨把曹化淳一同治罪。但曹化淳是皇上的心腹內侍，便把溫體仁的奏疏給曹化淳看了。曹化淳十分驚懼，但他畢竟與皇上關係不一般，便自請查訪其中緣由。最終查出張漢儒的奸情和溫體仁的密謀。崇禎皇帝怒不可遏，他萬萬沒有想溫體仁竟如此欺騙自己，他表面裝得沒有黨援，實際上卻是結黨擅權的老手。一怒之下，下詔處死了張漢儒。同時將溫體仁罷官。一年後，溫體仁在人們的笑罵聲中死去。

大好似忠，大佞似信。奸佞之輩的確常以忠信的面紗掩飾自己，但歷史終究會將其面紗揭去。

惑主陷臣，國破家亡

明末宰相馬士英，文不能定國，武不能安邦，採用卑劣手段惑主陷臣得到宰輔。如同一塊朽木錯置棟樑之位，最終使明末弘光政權的大廈傾覆。

馬士英，字瑤草，貴陽人。出身書香門第，自幼飽讀詩書，也算有些才氣，明萬曆四十七年（西元一六一九年）得中進士。他為人機敏刁滑，很會見風使舵，善於逢迎上級，因此官升得很快。成了進士後即被任命為南京戶部主事。不久便升任為郎中及嚴州、河南、大同三個府的知府，崇禎三年（西元一六三〇年），升任山西陽河道副使，崇禎五年（西元一六三二年），又晉升為右僉都御史，巡撫宣州。如此神速的升級使馬士英感到仕途通暢，尤其少年得意，其野心也隨著升級。為了繼續往上爬得更快，在巡撫任上不過個把月的時間裡，竟動用官庫公帑好幾千金去賄賂朝中大臣，結果被鎮守太監王坤揭發檢舉，遭到削職遣送戍邊的處分，不久寄居在南京。當時閹黨阮大鋮因避戰亂也到了南京，倆人結識之後，臭味相投，打得火熱。與阮大鋮的結識，對馬士英一生有著十分重要的影響。

這阮大鋮何許人也？這裡有必要作一介紹。阮氏是安徽懷寧人，字集之，號園海，為了附庸風雅，又取別號百子山樵，在詩詞歌賦方面造詣頗深，尤其文章作得好。他為人奸滑刁鑽，城府極深，尤其會溜鬚拍馬，見風使舵。萬曆四十七年，馬士英考中進士，當上南京戶部主事時，阮大鋮因沒能參加京試，由行人直接升為給事中，後因喪事辭官回家。

天啟四年（西元一六二四年）春天，阮大鋮守喪期滿，剛好吏部給事中缺員，阮大鋮的名次排列在首選者的後面，按資序，阮大鋮當補此缺。他有位同鄉左光斗，是當時朝中有名的御史，他為官清正，剛直不阿，對朝中事敢於犯顏直諫。他認為阮大鋮無論從才能還是從資序上都應補此空缺，於是傳書將阮大鋮招回。但是趙南星、高攀龍、楊漣等也是敢諫之士，他們認為阮大鋮為人輕浮，心胸狹隘，暴躁無常，不可以擔任此職，一致推薦魏大中補此缺。阮大鋮回京後，左光斗將其改薦到工部任郎官。阮大鋮心存怨恨，於是投靠到宦官魏忠賢門下，拜魏忠賢為乾爹，並與霍維華、楊維垣、倪文煥等人結成死黨。受魏忠賢的指使，他參與了陷害反對宦官專權的東林黨大臣左光斗、楊漣等「六君子案件」，並伙同崔呈秀等人編制《百官圖》，把東林黨人的名單排列其中，企圖把他們一網打盡。

崇禎皇帝即位後，將依附魏忠賢的閹黨定為「逆案」，御史毛羽健彈劾阮大鋮的奸行，作為閹黨重要人物被削籍為民，後避居南京。他在南京修造了一個「石巢園」，招納了很多遊俠之士談兵論劍，企圖等待時機，東山再起。當時復社的著名人士顧杲、楊廷樞、沈士柱、黃宗羲等人聚集在南京講學，他們對阮大鋮深惡痛絕，聯名一百四十人作《留都防亂揭》以驅逐阮大鋮。阮大鋮被弄得聲名狼藉，十分害怕，被迫閉門謝客，只有馬士英成了他深交結納的重要客人。

阮大鋮雖隱居在石巢園中，但他時時在關注著局勢的發展，一有風吹草動，他便想伺機而起。崇禎十四年（西元一六四一年），曾被罷相的周延儒由於東林黨人的推薦，崇禎皇帝下詔復其職。阮大鋮聽到這消息，立即帶上重金在維陽拜見周延儒，請求援引，以洗雪自己過去的恥辱。這使周延儒十分為難，他直截了當地向阮大鋮說：「我此次官復原職，全是由於東林黨大臣的推薦，但你的名字現在還列在逆案中，馬上推薦你恐怕有困難。」阮大鋮感到有些失望，但既然自己已經向其賄以重金，他也不能白拿錢。他沉思了好一會兒，覺得如果把馬士英拉起來，對自己日後的復出也會大有好處的，於是對周延儒說：「如果我現在不行，那麼就推薦馬士英吧。」周延儒覺得馬士英只是經濟上有問題，還沒被列入閹黨逆案名單中，將來提攜也不會遇到太大阻力，便答應進京後一定大力推薦他。

明朝末年，李自成、張獻忠領導的農民起義軍迅速在南方和北方發展壯大起來，他們所到之處無不讓明軍膽寒。崇禎十五年（西元一六四二年），張獻忠率部攻克了亳州、舒城、六安、廬州、廬江等地，給了明朝統治者很大的打擊，朝野為之震動。鳳陽總督高斗光因為在短短的四個月中連失五座城池，被逮捕下獄治罪。禮部侍郎王錫袞十分賞識馬士英的才能，便向崇禎帝推薦。周延儒作為首輔，從中積極相助，於是馬士英便被任命為兵部右侍郎兼右僉都御史，總督廬州、鳳陽等處軍務。

馬士英從此得以東山再起。但是他沒有把自己的才能用在正經的地方，而是結黨營私，陷害忠良，竊據首輔，干亂朝政。

崇禎十七年（西元一六四四年）元月，農民起義軍領袖李自成在西安建立大順國，接著率兵攻取太原、大同、宣府、昌平等地，直逼北京，崇禎皇帝於三月十九日在萬歲山自殺身亡。在留都南京的明朝大臣們聽到崇禎皇帝自殺、北京陷落的消息，無不大驚失色。國不可一日無君，他們在倉忙中議立新的皇帝。可是明朝皇室後裔福王朱由崧、潞王朱常芳當時都為躲避起義軍的戰火來到淮安。立誰為新皇帝，在當時大臣中間引起了很大的紛爭。按照「立嫡不立庶」的慣例，應當立福王朱由崧。因為他是萬曆皇帝之孫，福王朱常洵的兒子。當時萬曆帝想立朱常洵為太子，因東林黨大臣的反對，才立長子朱常洛。朱常洵後被李自成的起義軍處死，朱由崧逃到南方，繼承其父的福王爵位。而潞王朱常芳是萬曆皇帝的侄子，為庶出，嚴格來說不該由他來繼承皇位。但是一些大臣們擔心福王立為君後，福王會追究「妖書」、「梃擊」和「移宮」等案子，而推立潞王為新皇帝不但不會有後顧之憂，並且還可以邀功領賞。出於各自的利益，大臣們圍繞立新君的問題，展開了一場鬥爭，而這場鬥爭的結果，便決定了大臣們日後的命運。

當時已廢的前禮部侍郎錢謙益極力主張立潞王為君，兵部侍郎呂大器積極贊助，前山東按察使僉事雷縯祚、禮部員外郎周鑣則往來游說、上下活動，廣為串聯以促成其事。右都御史張慎言、詹事姜日廣致書兵部尚書史可法說：「福王按倫序當立，但有七不可：『貪、淫、酗酒、不孝、虐待下屬、不讀書、干預有司。』潞王賢明，當立。」史可法也左思右想，同意擁立潞王。

當時身為兵部右侍郎兼右僉都御史的馬士英正握重兵駐防廬州、鳳陽一帶，極力主張立福王，他暗中與阮大鋮計議後，聯合駐守長江沿岸的誠意伯劉孔昭及掌握軍事大權的江北四鎮總兵高杰、劉澤清、黃得功、劉良佐等人，傳信給駐守南京的參贊機務兵部尚書史可法，說無論從親倫輩序還是從賢德方面，立福王為新君是再合適不過的了。史可法先前接到張慎言等人的信，現在又有高杰等人的聯名信，他覺得雙方說得都有道理，實在難以決斷。史可法猶豫不決，只好召集大臣集體討論。在會上，持兩種不同意見的大臣們展開了激烈的爭論，互不相讓。吏科給事中李沾探明馬士英的意思，出言不遜，把呂大器臭罵了一頓，並聲色俱厲地威脅眾臣：「今天有持異議者死。」還沒等大臣們議出結果，馬士英已迅速率軍將福王朱由崧擁送到南京。許多大臣都不敢公開表示反對了，只好對馬士英作出讓步，確定由福王暫行監國。

福王即位新君，諸臣們又在決定內閣大臣問題上發生爭執。這是一次權力的重新分配，各方面都想趁機擠進最高權力機構。誠意伯劉孔昭堅決要進入內閣，史可法認為勛臣沒有入閣的先例，表示反對。劉孔昭覺得在立福王的過程中，馬士英立有大功，並且與自己有默契。可是眼下竟沒人提他，於是就大聲喊道：「我不可以入閣，那麼馬士英為什麼不可以入閣呢？」他這一喊，史可法及各大臣都不好再加以反對，在福王的支持下，馬士英升任東閣大學士兼兵部尚書、都察院副都御史，與史可法和戶部尚書高弘圖並列為內閣三輔，仍舊出鎮鳳陽督師。

馬士英位列宰輔，便開始為謀取更大的權力打擊朝臣。他此時首先要排擠的便是首輔史可法，他用十分卑鄙的手段，將史可法在給他的信中復述張慎言等開列立福王「七不可」的事告訴福王，並連信也一同呈上。並且暗中指使高杰、劉澤清上疏朝廷，讓史可法到外面負責督統淮、揚二州的軍隊，而馬士英自己則留在京城輔佐朝政。當時清兵正大舉南下，從大局著想，史可法不得不請赴淮、揚二州督軍。馬士英取代史可法為首輔，主持朝政，完全壟斷了南明小朝廷的一切大權，諸臣無不為之側目。不久朝廷中論議推立之功，馬士英又加拜太子太師，蔭子錦衣衛指揮僉事。不久朝廷又追敘馬士英在長江北岸的戰功，晉位為少傅兼太子太師、建極殿大學士。第二年，又進升為太保。

崇禎十七年（西元一六四四年）五月十五日，福王登基，改國號為弘光。就在南明小朝廷建立不久之時，中原地區大部分郡縣幾乎已全被清軍占領，高杰戰死在睢陽，各軍事重鎮的兵權無人統領。有的掌兵之將各自為政，不聽中央號令。左良玉擁兵在南京上游，驕橫跋扈、懷有異心。可是馬士英掌握大權之後，沒有富國強兵的遠大志向，一味地排斥異己，樹立黨羽。為了達到他個人的目的，他秉政後的第一件事便是起用阮大鋮。福王最初可能是受史可法等人的影響，曾經下詔說：「魏忠賢逆案不可輕易推翻。」但馬士英卻暗中指使劉孔昭、湯國祚、趙子龍等連續上疏攻擊張慎言，誣其結黨營私，不識大體，直到把張慎言罷免才完事。

他們還在馬士英的唆使下，極力推薦阮大鋮，吹捧他通曉兵事，可以大用。其實阮大鋮早就同南京守備太監韓贊周相處得十分親密，北京陷落後，皇宮中不少太監逃到南方，阮大鋮通過韓贊周的關係與他們廣為結交，並別有用心地在他們面前誇大事實和製造謠言，大講東林黨人如何打擊鄭貴妃，反對立福王為太子的事，令宦官們將他說的事傳給福王，以討好福王，並陰謀離間福王與史可法等屬東林黨大臣的關係。那些無知的貴人和宦官們因此對阮大鋮交口稱讚。同時馬士英也在福王面前說阮大鋮在立福王的問題上如何有功，並極力為阮大鋮辯白，說東林黨人將阮大鋮定為依附魏忠賢謀逆罪是沒有事實根據的。昏庸的福王在馬士英的鼓噪下，同意召見阮大鋮。

阮大鋮真是打蛇隨棍上，在覲見福王時專門獻上《守江策》，簡述防守長江的策略，並對福王哭訴自己是如何懷有赤誠的報國之心，竟被東林黨人孫慎行、魏大中、左光斗等誣陷而遭受長期迫害。同時還誣陷魏大中一向心懷叵測，圖謀不軌。對阮大鋮的醜惡表演，滿朝大臣無不氣憤。大學士姜日廣、侍郎呂大器、懷遠侯常延齡等一致上疏揭露阮大鋮不僅依附魏忠賢，並且是魏氏宦黨謀逆案的魁首之一，千萬不能起用此人為官。呂大器同時還參劾馬士英，指明他結黨營私，為崇禎皇帝欽定逆案解案的罪行，並且告誡如果讓他們的陰謀得逞，國家將永無寧日。馬士英也上疏極力為阮大鋮辯白，而且攻擊姜日廣、呂大器等人結為朋黨，堵塞賢路，不僅如此，還暗中勾結、收買建安王朱統鏤等聯名上疏誣蔑陷害他們。因為大學士高弘圖在崇禎朝當御史時，對東林黨人的作法表示過反對，馬士英自以為他肯定會替自己說話，便對福王說：「高弘圖平常很了解我的情況，您問他就行了。」哪知高弘圖已經覺察馬士英與阮大鋮互相勾結，危害朝廷，便上疏建議福王：「魏忠賢宦黨逆案以及所牽連的人員，都是先皇所欽定，絕不可以擅自改變。」馬士英弄了個大紅臉，不覺惱羞成怒，起而與高弘圖力爭，高弘圖義憤填膺，以辭職相抗爭，馬士英被迫暫罷重起阮大鋮之議。雖然如此，但是馬士英並沒有就此罷休，阮大鋮對他十分重要，這不僅僅是報當年阮氏對自己舉薦之恩，而是馬氏要想在朝中立足，缺了這個幫手不行。

又經過一個多月的奔走，馬士英通過威脅、收買等手段大肆活動了一番，最後指使安遠侯柳祚昌出面上疏推薦阮大鋮，自己則躲在背後支持，福王沒辦法，同意起用阮大鋮，任命他為兵部添注右侍郎。阮大鋮是魏忠賢的走狗，前朝大臣們哪個不曉得，他跟著魏氏陷害東林黨大臣的罪行歷歷在目，如今他又東山再起，又將耀武揚威地在朝中橫行，滿朝皆驚。左都御史劉宗周堅決反對，他憤然上疏陳言：「前在北京，魏大中被誣害，兇魁雖為魏忠賢逆黨，而真正的主使者實為阮大鋮。儘管阮大鋮如人所言頗具才略，但臣實在擔心阮氏賊性不改，繼續結黨害人，其才終要病世誤國。阮大鋮一人之進退，實關係南明之興亡，乞請主上廢止成命。」福王被馬士英的妖言所惑，不但不聽劉宗周的忠言之勸，反而使阮大鋮以兵部侍郎職兼右僉都御史，主持江防軍機。第二年又升任兵部尚書兼右副都御史，仍巡視長江防務。從此，南明小朝廷的軍政大權便控制在馬士英、阮大鋮手中。

馬士英、阮大鋮掌握大權之後，更是肆無忌憚。他們一邊往各機構安插死黨，一邊繼續排斥打擊對他們有威脅的大臣。一時之間，南明小朝廷被搞得烏煙瘴氣，國不像國。他們內結宦官田成之流，對外則與勛臣劉孔昭、朱國弼、柳祚昌、鎮將劉澤清、劉良佐等相勾結。馬士英同時還重新起用原魏黨逆案中尚存的人物，如楊維垣、虞廷陛、郭如闇、周昌晉、虞大復、徐復陽、陳以瑞、吳孔嘉等人。對在魏氏逆案中死亡之人，馬士英也都盡數給予撫恤。而對像張孫振、袁弘勛、劉光等曾在前朝獲罪的官員，也大加起用，把他們任用為諫官，使之成為自己的爪牙。一時間朝廷政治混亂，賄賂公行。馬士英、阮大鋮的倒行逆施，激起弘光小朝廷中正直大臣的無比憤怒，在馬士英、阮大鋮的排擠下，不少大臣只好上疏辭職。

大學士姜日廣首先辭職，在辭呈中描述了朝中的混亂狀況，希望福王對馬士英、阮大鋮之流要加以提防，最後他沉痛地說：「臣待罪南扉，半壁東南，有同暮雀，愧無死地，終夜捫膺，願乞骸骨還鄉里。」他的辭呈所指，事事屬實，句句在理，馬士英怕福王發現他的陰謀，便立即組織黨羽以「誹謗先帝、誣蔑忠臣」的罪名，輪番上疏對姜日廣進行攻擊。並且還採取了十分下流的手段對其進行陷害，福王不明真相，便下旨同意姜日廣辭職。在入朝向福王辭行的那天，姜日廣當著滿朝大臣的面，向福王誠懇地表示：「我觸忤了權奸，自認為萬死不赦，今蒙皇上寬大？允許我還鄉，我回到家鄉後，還照樣會以國事為重的。」站在一邊的馬士英對權奸二字十分敏感，他甚至控制不住自己的情緒，狂怒地喊叫：「我是權奸，你是老不死的。」失態之極。他對著姜日廣破口大罵之後，急忙向著福王跪下，叩了幾個頭後說：「我從滿朝異議中擁立陛下做皇帝，現在願以犬馬餘生歸老貴陽。如果陛下留我，我將來只會有一死。」他故意利用福王對一些大臣反對自己當皇帝十分氣憤的情緒，挑起福王對姜日廣等大臣的不滿。而自己是力排眾議支持擁立福王的極少數人，自然會得到福王的倚重。他真是得理不讓人，剛給福王叩完頭，便躍起來質問姜日廣：「當時你為什麼要求立潞王當皇帝，是什麼用心？」他步步緊逼。姜日廣也不甘示弱，據理力爭。二人在朝堂上互不相讓，最後竟然互相對罵起來，吵得難分難解。

姜日廣的辭職，使很多忠直的大臣看到南明朝廷在馬、阮二人的控制下，已經不可救藥，尤其在他們的打擊排斥下，幾無生存之地。劉宗周、高弘圖也紛紛提出辭職。劉宗周在辭呈中非常誠懇地向福王提出五條建設：「修聖政，振王綱，明國事，端治術，固邦本。」此時的福王已完全被馬士英等奸臣迷惑，根本不予理睬。高弘圖更是尖銳地提請福王「逆案不可翻」，並建議他把宰相史可法召回任首輔主持朝政。福王都充耳不聞，視而不見。於是高弘圖、劉宗周等憤然離開朝廷。

馬士英、阮大鋮等排斥了一批正直大臣出朝廷之後，更加快了網羅黨羽、打擊異己的步伐。

阮大鋮對東林黨人及復社人士反對自己復出，恨之入骨，他時時在找機會進行報復。首先，他以北京失陷後，有些東林、復社人士投降李自成農民軍等事例為藉口，製造了震驚朝野的「順案」。他同馬士英串通一氣，上疏彈劾曾歸順「大順」農民軍的東林黨人光時亨等人，接著便東拉西扯，大搞株連，沾邊就賴，逮捕了顧杲和左光先等人。又彈劾誣陷周鑣、雷縯祚等蓄謀不軌，橫加殺害，受誅殺和遭貶被流放的官員達數十人。

不久，阮大鋮又預謀策劃了「大悲僧」案件。這大悲和尚素性癲狂，西元一六四四年冬天，他夜敲南京洪武門，被京營戎政趙元龍的部下抓住。在審訊的過程中，該和尚語無倫次，一會說自己是烈皇，一會又稱自己是齊王，一會又稱自己是潞王之弟。阮大鋮看這是個瘋和尚，便心生一計，想藉此誅除自己的政敵。於是偽造了所謂「十八羅漢，五十三參」的名單，把史可法、姜日廣等當時重要的所有官員全列其中，然後再把這個名單放在大悲和尚衣袖中。隨後暗中指使親信上疏揭發，南明朝廷被搞得人心惶惶。

同時，為了擴大自己的勢力，馬士英伙同阮大鋮又廣收賄賂，隨便賣官鬻爵，大發橫財。很多從北方逃到南邊的官員，只要花錢賄賂，便可以官復原職。就是一般的士卒，如果給足了錢財，也可以弄個總兵元帥當當。當時有句順口溜，十分準確地描繪出了腐敗的南明政權：「官職大員賤如狗，都督大帥滿街走。」

就在馬士英排斥打擊朝中大臣、爭取奪利的時候，清軍正南下進攻，南明政權已處在萬分危急之時。

西元一六四四年年末，清朝軍隊推進到宿遷、邳州一帶，但沒過多久便又北歸。史可法傳警京師，要求加強防範。馬士英見了史可法的奏章竟譏笑不已，他的座上客楊士聰詢問因何而笑，馬士英造謠說：「你們以為真的有清軍南侵這回事嗎？這乃是史可法邀功請賞的妙計啊。眼看年末就到來了，河防將吏將要應命敘功，馬上要結算所耗費的軍餉，史可法此次來書正是為了解決這些問題而偽造的假消息，以便請賞罷了。」真是以小人之心度君子之腹，馬士英全部的心思全用在了整人上，對國家的安危根本不掛在心上。侍講衛胤文當時兼任給事中，負責監視高杰的軍隊，高杰戰死後，衛胤文秉承馬士英的旨意，竟然上疏將高杰的死歸罪於史可法統軍無方的結果。馬士英和阮大鋮立即把衛胤文提拔為兵部右侍郎，總督原高杰的部隊，企圖用衛胤文來分離和削弱史可法的兵權，使史可法更加無法實現自己的宏圖。

寧伯侯左良玉擁有八十萬大軍，駐紮在武昌以守衛長江上游。由於他功勛卓著，被人們視為東林舊臣的有力後盾。馬士英對他怕得要命，恨得要命，認為他是自己的心腹大患。表面上不敢得罪他，假意搞好關係，背地裡卻在想辦法對付他。在馬士英剛當首輔時，左良玉命守備太監何志孔、巡按御史黃澍等入朝拜賀，在覲見福王時，黃澍在左良玉的支持下，當面痛斥馬士英的奸行。當朝見禮畢時，黃澍馬上呼奏道：「我今天已經準備好了棺材，誓以死擊奸賊！」福王十分吃驚問：「奸賊是誰？」黃澍也不客氣，指著馬士英說：「這奸賊就是馬士英，此賊萬死猶有餘辜。」同時揭露馬士英等奸貪不法，並揭露他曾接受過張獻忠部將周文江的重賄和封賞，罪不容赦。黃澍越說越激動，邊哭邊訴，有根有據。還沒等他揭發完，太監何志孔馬上作證說：「黃御史所列馬士英穢行完全屬實，我當時奉差在側，可以作證。」他一邊對天發誓，一邊往馬士英身上吐口水。

馬士英嚇得魂飛魄散，慌忙跪下，請求福王寬恕。福王被黃澍的言行所打動，當天晚上，便命令司禮太監韓贊周去催促馬士英趕快辭職。可是這韓贊周原是阮大鋮的心腹，見事情如此緊張，便玩弄手段，這邊勸福王三思而後行，那面便立即通知馬士英，讓他早些做打算。馬士英得到這一消息後，表面上說自己有病，請求辭去職務，私下卻用重金賄賂宦官田成、張執中等人，請他們向福王求情。這些人受了賄賂之後，根本不顧及國家安危，進宮向福王求情：「皇上如果不是馬公擁戴，便不能即位。今天如果您罷了他的官，天下人會議論您背恩忘義。」福王便沒了主意，又對馬士英加以挽留。馬士英受了黃澍的一番奚落指責後，對其痛恨極了，在他回武昌後，馬上找個理由把他免職，後來又藉口將他下獄。左良玉手握重兵，暗中讓將士們呼籲釋放黃澍，並聲稱如果不釋放他，將士們就將到南京索要糧餉。馬士英嚇得慌了手腳，只好放還黃澍，讓其留在左良玉軍中。從此之後，馬士英恨透了左良玉，但也最怕左良玉。

這件事平息不久，忽然有一個人從江北來到南京福王王府，稱自己是崇禎皇帝的太子朱慈烺。在北京被攻陷後，人們只知道太子被李自成抓走，生死不明。今天人們聽說太子回來了，不覺嘩然以為真。說也巧，又有一位姓童的婦女自稱是王妃。此事鬧得京城沸沸揚揚。太子的到來，關係到福王的地位，關係重大，如果這個年輕人是真太子，福王必須把皇位讓給他。

馬士英為了保住自己的地位，也不調查是真是假，下令將二人逮捕下獄，準備治以重罪。但是各地鎮將紛紛上疏為太子及童妃說情。福王急忙命典獄出示獄詞，但輿論更加不滿，都說是馬士英等引誘福王誅殺太子，許多重臣義憤填膺。在一次軍事會上，左良玉對袁繼咸、黃澍說：「我輩戮力疆場，只為報效朝廷。不料馬士英一伙朋比為奸，陷害正人。只有廣個史閣部（指史可法）為國謀劃，卻被馬、阮掣肘，不得其志。剩下我單身隻手，怎麼去恢復中原。」當時群情激憤，紛紛要求鏟除福王身邊的奸賊。黃澍鼓動說：「如今國難當頭，當以社稷為重，我的意思不如索性引兵東下，清除奸黨。」左良玉表示贊同。

不久左良玉向各地發送檄文，聲討馬士英、阮大鋮的罪行，表明其「清君側」的決心。左良玉為出師有名，向福王上疏說：「逆賊馬士英無日不聞其罪行，無人不恨其奸邪。皇太子至南京，馬士英以真為假，必欲置之死地而後快。臣與此奸賊不共天日。現臣提師在途，將士皆目指發，人人必欲食其肉。」送出給福王的上疏，左良玉率三十六營大軍沿長江東下，直奔南京。

馬士英嚇破了膽，忙派阮大鋮、朱大典等人進行抵抗，以阻止左良玉部隊的進攻，並下令撤掉了長江北岸劉良佐的防衛部隊，命他向西調動，使江北門戶洞開，清軍乘機揮師南下。史可法連忙上疏，請求不要調開劉良佐北江防御部隊：「左良玉部不過以清君側為名，不敢過分難為朝廷。現在當務之急是抵禦清軍，倘若清軍突破江北大營防線，南京就保不住了。」同時表示願親自前往左營進行調停，但馬士英堅決不同意，繼續調動部隊。

在清軍日趨南下的緊急時刻，大理寺少卿姚思孝等人紛紛要求馬士英不要撤江北防軍，死守淮、揚。馬士英此刻把個人的安危看得比封建朝廷更重要，他知道一旦左軍打來，他會死無葬身之地。於是他無恥地罵道：「你們這些東林黨人，還想藉口防禦長江，打算縱容左良玉入侵京師嗎？清朝的軍隊到時，我還可以議款求和，如果左良玉的叛兵殺到，你們這些人都會升官，而我和皇上只有死路一條了。」他根本不理睬大臣們的勸告，繼續調兵西進，使北岸防衛更加薄弱。

這時左良玉的兒子左夢庚殺死其父，他掌軍之後，連下數城，在進攻采石磯的途中，受到了黃得功等部的抵抗。就在他們相持不下的時候，清軍已攻克揚州，直指南京。福王倉皇出逃，馬士英也狼狽逃遁。馬士英在清軍的圍追堵截中，走投無路，最後被清軍俘獲，他想以投降來保存性命，結果還是被清軍處死。

馬士英為了個人的權力，無情地打擊陷害朝臣，結果衛國無人，使南明半壁江山也毀於一旦，自己也落得了喪身殞命的下場。

以害人起家，必以害己告終。

三桓之亂

宗法時代多怪事，逼死親哥，再和侄兒結朋黨。

夏、商、周三個朝代都是在舊氏族部落邦國聯盟的基礎上而形成。作為聯盟的領袖，它們在宗法文化上的號召力和影響遠超過政治上和武力上的實際控制。當時的分封制分為兩種情況：

一、分封王家子弟和同盟中的異姓功臣，命他們率領自己的族眾鎮守各地，實際上是一種部落殖民活動，讓他們成為宗主政權的藩屏。同姓的稱兄弟之國，國君稱叔伯；異姓的為姻親之國，國君稱舅氏，如周稱齊國為舅氏。這種分封數量有限，多數實際情況是藩屏沒有拱衛王室的可能，像周初分封的燕國，地處遙遠的北方，與宗主周天子相隔萬水千山，中間生活著無數大大小小的華夏和戎狄邦國部族，此外就是廣闊的荒野，整個春秋時代，中原華夏各國幾乎不見燕國的音訊。吳國號稱為周太伯的後代，到了春秋末期才嶄露頭角。封建在中原裡的幾個規模較大的諸侯，除了象徵性地服務王室、和王室定期互相訪問、聯絡、傳送信息之外，幾乎都是獨立的國家。

二、新的征服者周天子承認各地願意加盟的原有方國部落，舉行儀式，記錄在冊，將盟書存放在盟府中，如此一來，這些方國部落的首領便算是被周天子冊封為諸侯了。不管是同姓還是異姓，這些大大小小的諸侯國都有自己的軍隊、行政機構和祭祀系統。在宗法關係上，同姓諸侯雖然與周王室同出一祖，但卻從分封那一天開始就分了家，他們不祭奠姬姓的祖先，而只把受封的那個人當作始祖來祭祀。諸侯國擁有自己的軍隊，有的是分封時分得的，有的是分封後組建的。諸侯在自己的國內也按照宗法的原則分封自己的子弟為卿大夫、士，雖然分了家也分了廟，但軍事和外交權卻掌握在諸侯公室手中。加盟的異姓諸侯國一般都以婚姻形式成為姬姓國的親戚，所有加盟的「兄弟叔伯甥舅」們就建構成了當時的華夏族集國，各自稱為「中國」。而所謂「蠻夷戎狄」，指的就是那些未加盟的方國和部落，他們與夏商周領導下那些所謂的華夏族集國錯居雜處，不斷進行戰爭，也進行磨合。還有一些邦國處在華夏中國的外圍，有些勢力極度膨脹，如北方的狄、南方的苗等，成為華夏的勁敵。當時所謂的「天下」，就是人們的認識範圍和能力所及的世界，華夏族的「天下觀」就是以「中國」為中心的世界觀。

西周末年（西元前八世紀初），幽王無道，他寵愛褒姒，廢掉申后和太子宜臼，立褒姒之子伯服為太子，引起申后母家的申國（今河南南陽市北）的不滿。幽王為了博得褒姒的歡心，多次謊報敵警，舉烽火徵召各地諸侯勤王，因此失信於諸侯。申后之父申侯趁機聯合西夷犬戎進攻周朝京師鎬京（今陝西西安灃河東岸），於西元前七七一年殺幽王、褒姒於驪山（今陝西臨潼）下，西周滅亡。第二年，即西元前七七〇年，太子宜臼在申即位。不久後在晉文侯、秦襄公保護下，遷都到了雒邑（今河南洛陽），勉強維持周王室，史稱東周。又過了將近半個世紀，到了魯隱西元年（西元前七二二年），歷史進入了魯國編年史《春秋》所記載的時期，此後直到西元前四七六年的這段時期就稱為春秋時期。

春秋時代，周天子的權威逐漸下降，維繫天子、諸侯、大夫、士等級關係的周禮遭到破壞，過去的「禮樂征伐自天子出」變為「禮樂征伐自諸侯出」、「自大夫出」，周天子逐步失去天下盟主的實際權力和威信，諸侯開始憑藉實力爭奪盟主地位，因此出現了春秋時代的霸政。表面看來，歷史似乎是在倒退，其實正恰恰相反，在諸侯爭霸鬥爭中，孕育著更大規模的統一事業。如果說歷史是一輛戰車，那麼它的旗幟和車輪運行的軌跡並不一定是全然一致的。後代評價這段歷史，最基本的標準不是看它的旗幟，雖然這旗幟並非毫無作用和意義，但要看的是它的軌跡。這輛戰車不會因為旗幟舉得超乎尋常的高，就可以跨過幾個時代，跳躍著前進。

夏、商、周三代君主雖然號稱「天子」，要求「溥天之下，莫非王土，率土之濱，莫非王臣」，似乎已經建立了統一的帝國，但其實當時的中國正處在部落聯盟國家向區域王國的發展階段，歷史必須沿著部落聯盟到區域王國，再由區域王國到統一帝國的發展軌道前進。

三代君主所謂的「天下共主」地位，不過是華夏諸國在文化上和種族上的統一象徵，他們對各諸侯國擁有的主權，更多的是一種宗法主權，就像中世紀的羅馬教皇國對西歐各國所具有的宗教主權一樣。也就是說，在政治上，夏、商、周三個國家與各諸侯方國沒有什麼太大的不同，他們都是獨立的城市國家，可是在宗法上，在部落（周天子為代表）與氏族（各諸侯國為代表）的關係上，所謂的天子們代表了大家的共同祖先，因而具有一定的號召力。可是隨著歷史的進步，國家的宗法色彩越來越淡薄，政治和經濟的利益越來越重要，這種趨勢必然成為春秋時代王權（宗法權）的衰落，也就是舊氏族國家的禮制破壞，而區域王國以霸政（即政治經濟實力的強盛）形式得到了飛速的發展。

於是後世明白了，王權的衰落不是由統一到分裂的退步，正好相反，是由分散的部落氏族城市國家到規模更大的地區性王國的進步。舊時代部落氏族的禮樂文化被經濟政治角逐的武化所取代，歷史在殘酷而血腥的鬥爭中前進。

傳統在衰退，傳統的道德觀也在衰退，新的傳統在形成，新的道德觀也在覺醒。同時，新的陰謀鬥狠詐術也在成長。春秋時代，權力下移的速度比人們預想的還要快。隨著「禮樂征伐自諸侯出」的歷史潮流，在一些諸侯國又出現了「禮樂征伐自大夫出」，甚至「自家臣出」的新鮮事。

區域王國實力的加強代表著歷史發展的趨勢，有的是由原來的諸侯公室經過改革完成的，如秦、楚、燕等國；另一些就是由掌握實權的大夫陪臣透過革命的手段完成的，如田氏代齊、三家分晉。在諸侯國裡，公室本來有條件靠自身的力量完成由宗法向政治發展的變革，可是由於各種原因，國內大夫陪臣勢力膨脹，超越了公室，這樣的大夫陪臣一多，勢必會發生爭奪權勢的鬥爭，有的戰勝了其他勢力，成為強宗大族，有的甚至戰勝了公室，成了這個諸侯國的新統治者。不論哪種，他們最初都表現為朋黨之爭，也就是為了一己的私利，所以他們一般都表現為結黨營私、內耗國力、禍亂百姓等特徵。

春秋時期的朋黨之亂，著名的有魯國的慶父、三桓，鄭國的七穆，齊國的國、高、崔、慶，晉國的六卿等。晉國作為中原華夏諸國的霸主，幾乎貫穿整個春秋時代，設想一下，倘若不是卿大夫的朋黨禍亂瓦解了公室、削弱了國家力量，那麼最後統一中原的或許不會是秦國，而是晉國。由此可知朋黨之亂在歷史上具有多麼強大的破壞作用。

春秋時期魯國的第一位國君是魯隱公。魯隱公名息，是魯惠公的長庶子。最初，惠公的嫡夫人，也就是正妻沒有兒子，他的賤妾即奴婢，名叫聲子的女人為他生了個兒子，取名叫息，即後來的隱公。息長大成人後，惠公本為他迎娶宋國的女子欲作妻，但好色的惠公發覺此宋國姑娘長得美麗動人，便改變主意，把這名女子強奪過來作為自己的妻子。後來宋女生了兒子，取名叫允（或作軌），惠公更是喜歡，立宋女為夫人（即正妻），允為太子。按照古代的宗法原則，子以母貴，允雖年幼，但母親既是宋國宗女，又立為夫人，所以他就是嫡子，即正妻所生之子，息雖年長，但母親是奴隸出身，只好屈居庶子的位置，即小老婆（妾）生的子。宗法上講立子以貴不以長，所以出身高貴的允自然就立為太子。可是當時的諸侯國具有濃厚的氏族制色彩，卿大夫等貴族很有權威。惠公死時，允還太小，不能處理政事，貴族們一商量，覺得息年紀合適，老成持重，便讓他做了攝政，協議等允長大後，再將政權交還給允。息雖然攝政十年，卻並未忘記還政之事。無奈允長大後，不耐久等，又聽信讒言，認為息要永遠竊據君位，便陰謀刺殺了息。息死後，按照當時的習俗，為他加謚號叫隱公。謚號就是用一個或幾個字概括評價死者的一生，「隱」據說是不在其位的意思，隱公雖攝政十餘年，實際就是魯公，但按禮法卻不在其位，沒有名分。

允立為國君，即魯桓公。桓公娶齊國宗女為夫人，兒子出生那天正是桓公的生日，桓公一高興，便給他取名叫同，立為太子。西元前六九四年桓公和夫人文姜訪問齊國。豈知文姜出嫁前便與同父異母之兄齊襄公亂倫通姦，這次久別重逢更如乾柴烈火，頻頻幽會。桓公得知這個情況，大發雷霆。夫人自知理虧便沉默不語，事後卻偷偷地告訴了齊襄公。襄公也怕魯桓公藉機報復對他妹妹不利，於是便起了殺機。這天他設享宴之禮招待桓公，席間怒氣衝衝的魯桓公很快就醉了，齊襄公命令齊公子彭生抱桓公上車，乘機折斷他的脖子，使他在車中斃命。

太子同即位，為魯莊公。

魯莊公有三個弟弟，一個叫慶父，一個叫叔牙，還有一個叫季友。因為三人都是桓公的兒子，所以他們的後代便稱作三桓。按照宗法制度，諸侯的兒子稱公子，公子的兒子稱公孫，公孫的兒子以下不能再以公族命名，便以祖父即公子的名字作為後代的姓氏。三桓的後代稱孟孫、叔孫、季孫氏，簡稱孟、叔、季氏。「孟叔季」就是慶父、叔牙和季友的排行，「孫」即指他們乃三桓的後代。三桓各自集結黨羽，發展勢力，互相爭鬥，削弱公室，成為魯國實際的當權派。三桓勢力的形成是從慶父、叔牙和季友三兄弟的鬥爭開始。

魯莊公和所有最高統治者一樣，是個昏庸好色之徒。他曾在靠近魯國大夫黨氏家之處累土造臺，無聊時便登上高臺，四處觀望。一天，他又爬上高臺，像往常一樣看這家的院落，又瞧那家的房屋，尋覓著姑娘的身影。突然，黨氏的後宅傳出銀鈴般清脆甜潤的笑聲，莊公定睛望去，見一個美麗的姑娘正笑著和幾個小丫頭嬉戲，他看著看著便入了迷，姑娘進了屋之後他仍呆呆地佇立在原地，心有不甘地等著姑娘出來。這時幾個諂媚的臣子告訴他剛才那個姑娘叫孟任，是黨氏的長女。

第二天，莊公趁黨氏家人不注意偷偷溜進黨宅，正好撞見孟任在院中和幾個小丫頭在玩，莊公急不可耐上前搭腔，小丫頭們看見有陌生男子闖進院來，驚叫著四散奔逃。孟任嚇呆了，站在原地不知如何是好。莊公眼見姑娘就在跟前，忍不住嬉皮笑臉上前挑逗，姑娘嚇得尖叫著往後院跑去，莊公在後面緊追不捨，邊追邊告訴她自己的身分，孟任姑娘哪裡肯信，進了後院便將大門砰的一聲緊緊關死。這時黨氏大夫聽到家人報說莊公來到宅中，急忙來見。看到莊公站在門外捶胸頓足，自己的女兒則在裡邊不停地哭泣，便立刻明白了發生的一切。見過莊公後，他一面表示願將女兒送入宮中，一面又婉轉地表示希望女兒被立為夫人，莊公的慾火早已被勾起，哪裡考慮那麼多，一口答應立孟任為夫人。黨氏仍不放心，莊公又立下誓言。黨氏將莊公引到堂上，二人割臂出血，抹在各自的嘴唇上歃血為盟。後來莊公如願以償，娶了美麗的孟任，生了個兒子叫般（斑），但這位無恥的莊公並未實踐自己立孟任為夫人的諾言。

魯莊公又娶齊國宗女立為夫人，謚號哀姜，沒有兒子。當時在諸侯之間盛行媵制，即一國之君娶另一國宗女，有時連同她的妹妹或侄女一起娶過來，也有夫人死後再娶她的妹妹、侄女的，有時一國嫁女，他國也送女陪嫁，這種陪嫁制度就叫媵制，是父系家長制社會遺留下來的片面群婚制風俗。哀姜的妹妹叔姜就是陪姐姐嫁給莊公的媵妾，她為莊公生了個兒子，名叫啟（開）。啟和般都是庶子，莊公寵愛孟任，所以想立公子般為太子。莊公三十二年（西元前六六二年），莊公病重，知道活不了多久，便命人把弟弟叔牙找來商量繼承人的問題。哪曉得叔牙心直口快，說：「父死子繼、兄終弟及，這在我們魯國都是有先例的。有慶父在，他可以繼承君位，您何必發愁呢！」莊公聽了，心中不快，嘴上卻沒說什麼，又命人把小弟季友找來，想知道他的想法如何。季友早就知道這位大哥的心思，他毫不猶豫當即表示：「就是豁出這條性命，也要立般（斑）為君嗣！」莊公聽到這話才放了心，接著又嘆了一口氣說：「唉，先前我問叔牙，他卻想立慶父，這可怎麼好啊！」季友立刻明白了莊公的意思，向他保證絕對幫忙除掉叔牙。

季友也是個野心勃勃的人物，他知道如何利用大哥莊公這個大人物。這天他奉了莊公之命將叔牙逮捕，交給魯大夫巫氏看管，巫是季友的黨羽，受季友的指使，勸叔牙飲鴆自盡。他命人端來毒酒，貌似誠懇地對叔牙說道：「喝了這碗酒，你的後代才會在魯國生存，並且還能繼承你的家業，祭祀你。不然的話，不僅你的身分地位將被廢除，而且還會殃及後代，死了也不會有人祭祀你了。」古人迷信，認為死後變成鬼，也需要世上的子孫後代時時祭祀，送些酒肉衣食，度過漫無天日的冥界生活，若無人祭祀，將成為餓鬼，後果不堪設想。

當時常用的「有後」或「無後」，就是指貴族的後代能否繼承爵位，立為公族，世世代代享受祿位，祭祀祖先的意思，因此，「有後」就成了貴族為之終生奮鬥的目標，也成了鞏固禮制、穩定統治階級內部秩序的重要手段。一旦獲罪，受到懲罰，後代便會失去祿位和祭祀祖先的世襲權利，為人父母者，哪個不怕變成餓鬼呢？叔牙雙眼含淚，權衡了半晌，覺得還是自殺划算，便端起碗來一飲而盡。魯莊公和季友也不失信，立叔牙的子孫為叔孫氏，繼承叔牙的地位和家業，並不怠慢地祭祀他。

這年八月癸亥日，魯莊公壽終正寢。季友履行自己的諾言，立公子般為君，安排他住在舅父黨氏家，等待時辰出殯。

在這之前，有一次魯國舉行祭天祈雨的盛大活動，當時叫雩祭，是一年之中少有的幾次大規模社會活動。祭祀活動很正規，也很隆重，同時也是民間百姓觀看娛樂的好機會。祭祀人員事前在魯大夫梁氏家進行練習、綵排，般的妹妹喜歡熱鬧，也興高采烈地前往觀看。養馬人名叫犖，在牆外看到般的妹妹長得嬌媚動人，便隔著牆和她攀談起來。古時候凡是像雩禮、社日這樣隆重的社會活動，往往是年輕男女們交友幽會的機會，但公室的女公子和一個養馬的下等奴隸談情說愛在當時是不允許的。正當兩人聊得熱烈，不料般路過這裡，看到這個場面氣得大發雷霆，他一面拉過妹妹，一面命人將犖捆起來重重鞭打。後來，莊公知道了，提醒般說：「不如把他殺了，可不能只抽幾鞭子還讓他活在世上，這個傢伙力大過人，能舉起門扇投出去呢！」般壓根就沒把犖當人看，毫不介意一個奴隸能做出什麼了不得的事情來，所以也就沒有殺他。

一個奴隸，要想做出什麼犯上作亂的事情來，也真不容易，但偏偏主子們卻不是鐵板一塊。般打了犖，沒想到般的叔叔慶父卻同情犖，於是犖便死心塌地做了慶父的打手。

原來慶父曾與莊公的夫人，也就是自己的嫂子哀姜私通，所以一直想立哀姜妹妹叔姜的兒子啟（即開）為君。看到弟弟季友已立般，便不得不採取非常行動。農曆十月己未，慶父唆使與般有仇的犖偷偷潛入黨氏家，將般殺死。第二天，慶父便立八歲的公子啟為君，是為魯閔公。季友一看大勢已去，便逃往陳國。他的母親是陳國之女，於是魯國進入了慶父專政。

魯閔西元年（西元前六六一年）農曆八月，魯閔公與齊桓公相會於薄姑（今山東博興一帶），請求恢復季友的身分地位，使他能夠回國，齊桓公表示同意。齊桓公是當時諸侯的霸主，他發了話，諸侯一般還是要聽的。魯閔公才八歲，不可能自己出主意做出這個決定，自然是魯國親近季友的貴族們迫使閔公這麼做的，慶父雖然專政，但勢力尚沒有大到控制一切的地步。這樣，閔公親自去迎接季友歸國，魯國史官特地在《春秋》上鄭重地記載此事，似乎是慶祝季友的勝利。

這年冬天，齊桓公派大夫仲孫湫到魯國慰問，回去後，桓公問他魯國的形勢如何，仲孫湫說：「不除掉慶父，魯國公室的禍亂是不會停息的。」桓公聽了又問：「如何才能除掉慶父？」仲孫湫笑著說：「魯國公室變故不斷，他為惡一天比一天嚴重，會自行倒臺的。」

這時慶父覺得自己大權在握，無所顧忌，與哀姜私通更頻繁，哀姜沒有子女，覺得慶父是自己唯一可以信賴和依靠的人，便想讓慶父當國君，二人密謀尋找機會殺掉閔公，機會很快就來了。閔公的老師曾經強占魯國一大夫卜齮的田地，閔公未能制止，卜齮對閔公懷恨在心。慶父看準這點便攏絡卜齮，卜齮為了報仇奪回田產，也願意找慶父為靠山。閔公二年（西元前六六〇年）卜齮在宮中的武門刺死年僅十歲的閔公，魯國又出現了君位危機。

這時季友又一次被迫逃亡到邾國，距魯國曲阜僅五十餘里，莊公的另一個庶子，閔公的庶兄公子申在邾國，季友擁戴申，請求魯國接納。按照宗法關係，父死子繼是正常的，閔公太小，沒有兒子，表示魯莊公的繼嗣暫時中斷，他若有兒子，那就應該在他們之中選一個繼位，還輪不到莊公的弟弟出來改變魯國公室的宗法系統。相比來說，公子申比慶父更有資格。再加上魯國貴族們對慶父專權早已恨之入骨，他們已經祕密策劃，準備聯合起來剷除慶父之黨。

慶父沒有想到國內外竟有這麼多人反對自己，他害怕了，便逃奔到莒國（今山東莒縣）躲了起來。季友擁護公子申回到魯國，立公子申為國君，即魯僖公。哀姜看到大勢已去，也怕魯國將不利於自己，便奔往邾國。季友掌了權，立即派人帶著厚禮到莒國，請求引渡慶父。莒國果然將慶父送還魯國。季友派人要殺掉慶父，慶父認為自己是季友的兄長，又是僖公的叔叔，本希望能得到特許，出奔他國，現在才明白季友非要置他於死地，只得自縊身亡。齊桓公聽說哀姜參與慶父之亂，危害魯國，便將她從邾國召回齊國，將她處死，並把屍體送還給魯國戮屍（即對屍體施加刑罰），魯僖公請求安葬哀姜，魯國的史官和禮學家們也認為桓公的做法有些過分了，照他們看來，哀姜已經嫁給魯國，應由魯國決定如何治罪。

魯國在春秋時代的第一次黨爭，以季友的勝利而告結束。

季友除掉了威脅自己的兩個哥哥，叔牙和慶父，但卻有意保護兩個人的宗族——孟氏和叔氏，他是很有遠見的。莊公是季友的大哥，季友要保證莊公的正統地位，因此拚命擁護莊公的兒子公子般和公子申，阻止慶父以兄終弟及的把戲奪取政權。剷除了叔牙和慶父，卻又保護二人的後代，這一方面是因為季友要表現出寬宏大度，自己是出於維護莊公正統大宗的公心，不是個人恩怨；另一方面卻是想利用這兩支兄弟之族來加強自己的力量。因為每個君主都有眾多的兒子，形成大大小小的貴族宗法系統，在這些系統中，同出於一個父親的幾個家族當然是血緣上最親密的，季友比別人高明之處，在於他認知到兄弟之間爭權奪勢的一面，同時又知曉同一父系宗族間互相援助的另一面。由於季友的這個戰略眼光，產生了後來三桓——季孫、孟孫、叔孫，專政並控制魯國的局面。三桓既鬥爭又勾結，一直到魯國衰亡。

三桓是魯國最大的朋黨集團，他們狼狽為奸，削弱公室。魯襄公十一年（西元前五六二年），季武子執政，魯國建立中軍，把原來的二軍擴充為三軍，事先他徵求叔孫穆子的意見：「我想建立三軍，我們三家各統帥一軍，你看如何？」叔孫穆子不相信，反問道：「國家大權都要歸你掌握了，你能保證我叔孫和孟孫各領一軍嗎？」季武子堅決表示信守諾言，叔孫穆子乘機將他一軍：「歃血為盟怎麼樣？」於是三家便在僖公廟裡歃血，又在五父大街舉行立誓儀式，無非是說了一些誰違背誓言，上天降罰、祖先致殛之類的毒誓，讓旁聽者作證。三軍於是就這樣建立起來，三桓每家統領一軍把魯國公室的軍隊和軍事貢賦給瓜分了。這就是魯國歷史上有名的「三分公室」事件，是三桓結黨營私、削弱公室的一次重大事件。從此魯國公室就失去了對軍隊的指揮權。

魯昭公五年（西元前五三七年），季武子又取消中軍建制，重新劃分公室軍賦為四份，自己獨占兩份，孟孫和叔孫各占一份，然後由各家以進貢的方式將一小部分收入交給公室，魯昭公失去了對國內軍隊和賦稅的控制權，仰仗三家的施捨過活，成為十足的傀儡。這就是有名的「四分公室」事件。

由於這兩次事件，當時人們似乎已經預感到一場更大的政治風波即將到來。

魯昭公二十五年（西元前五一七年）春，叔孫婼造訪宋國。宋國的樂祁根據季氏橫行無忌、三桓瓜分公室財政，預言魯國國君將被逐出魯國，他一針見血地指出：「政權掌握在季氏手中已經三代人了（指季文子、季武子、季平子），魯君喪失權柄已歷四公了（宣公、成公、襄公和昭公），沒有民眾卻能任意而為者，從來沒有聽說過。國君必須掌握人民。今魯君已經失掉人民，哪裡還有力量呢。若心甘情願聽任命運擺布倒也罷了，一旦有什麼想法，要改變現狀，那就一定要遭受憂患和禍害。」

這年秋天，意料中的政治動盪終於來臨了。事情是由偶然的小事引起的。

這時季氏家的宗子是季平子。季平子與郈昭伯兩家比鄰，兩家的雞經常爭執咬鬥，偏偏兩家的主人各不相讓，季氏給自家的雞披上小甲片，郈氏則在自家雞的腳上裝了銅腳趾。季平子很氣憤，便故意侵占郈氏的地，擴建自家的房屋，甚至派人到郈氏家裡去斥責他們無禮。郈昭伯也是魯國的大貴族，但究竟敵不過季氏的勢力，只好忍氣吞聲，暗中懷恨在心。

魯國的另一個貴族臧昭伯有個堂弟叫臧會，在族內受到排擠，逃往季氏家。臧氏派人到季氏家裡去抓臧會，季平子大怒，下令拘執前來拿人的臧氏家臣總管，臧昭伯於是也對季平子心懷不滿。

這年魯昭公在襄公廟舉行禘祭大禮時，跳萬舞的只剩下兩個人了，按禮制諸侯應該使用六佾，即六六三十六人，經了解才知道，其餘的舞者都跑到季氏家去跳萬舞了。季氏甚至還僭用天子的禮節，讓八八六十四人（即所謂八佾）在自己的庭中舞蹈，這下不但激怒了魯國大臣們，就連毫無權力聲勢的魯昭公也怒不可遏了。

郈昭伯和臧昭伯便糾集其他對季氏不滿的人，結成朋黨集團。農曆九月，魯昭公在郈臧之黨的支持下討伐季氏，支持者攻入季氏家門，季平子登臺固守，眼看形勢對自己不利，他便派人向昭公請求說：「君不詳察臣的罪過，便命令有司大動干戈討伐臣家，臣請求允許離開魯國到沂水上，等待君明察臣之罪過。」魯昭公和郈臧之黨堅決不答應。季平子又請求帶五輛車子流亡國外，魯昭公不許。這時郈臧黨羽中有人開始動搖，勸魯昭公說：「還是讓他出走吧。季孫掌權多年，身邊聚集了大批隱民（逃亡到季氏請求保護的民氓），黨徒眾多，遍布國內，待天黑後久攻不下，這些邪惡之人若起而幫助季氏，結果不堪設想啊。千萬不可使其黨徒積蓄怨恨，積怨太深又沒有好辦法徹底消除，民眾將產生二心，與季氏同心的人就會因而聯合起來，那時君若後悔可就來不及了。」昭公自以為人多勢眾，勝利在望，根本聽不進任何忠告。

季氏和魯昭公雙方正僵持不下時，叔孫家的司馬鬷戾問手下人：「事到如今，我們該怎麼辦？」眾人你看看我，我望望你，沒有發言。鬷戾又追問一句：「我們是大夫的家臣，不敢參與國家之事，但有一事我們應當清楚，季氏或存或亡，哪個對我們更有利呢？」眾人都應道：「沒有季氏就沒有我們叔孫啊！」鬷戾這才堅決地說：「好！就讓我們前去救援季氏！」說罷，便率領眾人突破魯昭公設下的重圍，從西北衝入季氏家中。

此時，由於久攻不下，魯國士兵卸甲飲水，坐在地上，毫無鬥志。季孫、叔孫抓住時機，合兵一處，驅散了包圍的魯昭公和郈臧之黨。孟孫氏開始和叔孫氏一樣，處於觀望狀態，派人登上自家護牆的西北角，瞭望季氏家的方向。看到叔孫的旗幟後，孟氏也立即行動，從側翼出擊，逮捕郈昭伯，並在南門之西殺死他，然後率眾向支持魯昭公的公徒進攻。魯昭公和郈、臧之黨徒本是烏合之眾，怎敵得過三桓控制的正規武裝，所以一觸即潰。魯昭公見大勢已去，便倉皇逃奔齊國。後來，過了七年流亡生活，死在晉國境內的乾侯（今河北成安東南）。

三桓本來各有朋黨，互相爭鬥，季氏長期掌權，叔、孟二氏早就心懷不滿，可是一旦季氏處於危險之中，叔、孟兩家竟能竭力援救，這說明他們深知三桓朋黨結援生存的利害關係。可笑魯昭公昏聵無能，始則啟黨亂之端，一旦有機可乘，反倒利令智昏，不知有利有節，結果落得兵敗逃亡，身死異邦的悲慘結局。魯國公室的腐朽，已經到了無以復加的地步。

昭公死後，定公、哀公仍為三桓的傀儡，哀公曾企圖外結越國去掉三桓，結果也被三桓驅逐出國。到悼公時，三桓勢力更大，魯國國君形同小侯，勢力遠遠不及三桓之家。魯始封時本為大國，經過春秋二百多年的朋黨之亂，日漸衰落，到了戰國時代，更是一蹶不振，竟下降至三等小國。魯頃公二十四年（西元前二五六年）楚考烈王滅魯。

齊國黨禍

堂堂霸主餓死宮中，屍體生蛆無人收；赫赫權臣一朝傾覆，逃至天涯有人誅。

齊國是姜姓諸侯，西周初年姜太公受封建立，與魯國同為東方大國，鎮守商地——夷人故地，戰略地位十分重要。春秋初年，勢力一度強大，齊桓公在管仲的輔佐下，九合諸侯，一匡天下，尊王攘夷，成為華夏各國的霸主。為了保衛華夏文化，在促進地域國家的發展上做出了很大貢獻。然而，就是這樣一個強大的諸侯國，卻因朋黨猖獗，在短短的時間裡內亂不止，最後被從陳國逃亡來齊避難的公子陳完的後代所取代，其中的道理值得深思。

齊襄公十二年（西元前六八六年），昏庸暴虐的齊襄公被亂兵和僕人殺死，國內發生動亂，大臣鮑叔牙陪同襄公的弟弟公子小白出奔莒國，管仲和召忽則陪襄公另一個弟弟公子糾逃亡魯國，齊國由襄公堂弟公孫無知當政。隔年春天，齊國又發生內亂，大夫雍廩攻殺公孫無知，繼承危機再度出現。齊國最有勢力的高、國兩家祕密商議後，暗中派人到莒國迎接公子小白回國即位。魯國得知齊國君位空虛，便決定發兵護送公子糾回國即位。出發前，公子糾命管仲率領一支軍隊埋伏於莒國通往齊國的路上，企圖半路劫殺公子小白。當公子小白經過時，雙方發生了激鬥，管仲一箭射中公子小白的衣帶鉤，公子小白佯裝中箭身亡，瞞過了公子糾的人馬。管仲派人向公子糾報捷，說公子小白已死，於是魯國護送公子糾的隊伍就放慢了行進速度，用了六天時間才進入齊國，而這時公子小白已經回國即位，他就是著名的齊桓公。

齊桓公聽從鮑叔牙的意見，命他率軍兵臨魯國，迫使魯國處死公子糾，召忽為公子糾殉節而死，管仲卻被當作罪人引渡給齊國，經鮑叔牙的極力推薦，齊桓公不記射中帶鉤之仇，免除管仲之罪，並任命他為卿。齊桓公即位這件事本就是黨爭的結果，好在他不計前嫌，採納鮑叔牙的意見，任用管仲，所以才能開創齊國霸業達半個世紀之久。

齊桓公是有名的霸主，但他終究沒有擺脫朋黨之亂的困擾，落得個身死家鬧、屍蟲出戶的可悲下場。齊桓公即位是靠國氏、高氏這兩家貴族勢力的擁戴，因而在君權之外，大族勢力一直強大。桓公本人又特別地喜好女色，內寵過多，家事紛亂。夫人王姬、徐嬴、蔡姬皆未生子，內寵相當於夫人身分者的有六位，長衛姬，生下公子無虧；少衛姬，生下姜元，即後來的齊惠公；鄭姬，生下姜昭，即後來的齊孝公；葛嬴，生下姜潘，即後來的齊昭公；密姬，生下姜商人，即後來的齊懿公；宋華子，生下公子雍。齊桓公後來疏於國政，一切由管仲代理。管仲在世時，已立鄭姬所生之姜昭，即齊孝公為太子。管仲死後，其餘五個公子都爭著要當太子，禍亂由此產生。

桓公、管仲雖然號稱明君賢相，但他們卻把內務搞得實在不成樣子。管仲臨終時，桓公也顫顫巍巍前往探視，眼看管仲已氣息奄奄、危在旦夕，他流著淚問管仲身後有什麼安排：「仲父您的病重了，可有什麼要囑託寡人的嗎？」管仲目光暗淡、聲音微弱：「希望我君遠離易牙、豎刁、常之巫、衛公子啟方這些人。」桓公聽了卻有些不以為然，問管仲：「我說沒吃過嬰兒肉，易牙就烹了自己的兒子給我吃，他的赤膽忠心難道還可懷疑嗎？」管仲掙扎著要起身，桓公示意他躺下，只見管仲氣喘吁吁但卻認真道：「人的本性哪有不愛自己孩子的？他連自己的兒子都能忍心殺死，又怎麼會真心愛您、效忠您呢！」桓公又問：「豎刁自願受宮刑，以便接近寡人，難道也可懷疑嗎？」管仲答道：「人性沒有不愛惜自己身體的，他連自己的身體都忍心損害，又將何愛於您呢？」桓公又問：「常之巫能推斷生死，治療疾病，難道也要懷疑？」管仲答：「死生是命運安排的，疾病是失誤導致的。您不順從自然規律愛護自己，卻仗恃有常之巫在身邊，這是不會有什麼好處的。」桓公問：「衛公子啟方服侍我十五年，他的父親死了，也沒回去哭奠，他對我的忠心還有什麼可懷疑的呢！」管仲答：「人的本性沒有不孝敬自己父母的，他連自己的父親都忍心背棄，又怎麼能真心來愛您呢！」聽了管仲的這一番勸告，桓公似有所悟，他拉著管仲的手說：「好吧，寡人聽從仲父的。」

管仲死後，桓公一度下狠心把四人逐出宮去，但沒過幾天，便覺得食不甘味，生活紊亂，身體不適，上朝也感困難了。後來實在堅持不下去，抱怨說：「仲父不是太過分了嗎？誰說仲父什麼都對呢？」不久，又將四人召回宮來。

齊桓公四十三年（西元前六四三年）農曆十月，桓公病重。易牙、豎刁、常之巫果不其然開始密謀作亂。他們堵塞宮門，加高宮牆，隔斷宮中與外界的聯繫，以便假造聖旨，發布命令。這天有一個宮女偷偷翻牆溜進宮中，來到桓公住處。桓公躺在床上已有好幾天了，身邊的侍者早被易牙等人遣散。看到這個宮女，桓公伸出骨瘦如柴的雙手向她乞食，宮女告訴他宮中已空無一人，根本找不到食物。桓公又嘶啞著喉嚨向她討水喝，只見她搖著頭告訴他無處可找到飲水。桓公瞪著無神的眼睛問其原因，宮女回答說：「那天常之巫從宮中出去，宣布公將在某日薨，易牙、豎刁和他一起作亂，他們堵塞宮門、加高圍牆，不讓人出入，所以已無處可找到水和食物！」宮女又告訴他，衛公子啟方把齊國的四十個書社劃到自己名下，作為返回衛國的資本。桓公聽罷，感慨萬千。他老淚縱橫，仰天長嘆道：「唉，聖人的見識真是太高了！我若死後有知，將有何面目去見仲父啊！」說罷用骯髒的衣袖掩住面頰痛哭不已。宮女走了老遠，還能聽到他那嘶啞的號哭在陰森森的宮中迴蕩。

不久，桓公死於壽宮。

易牙、豎刁知道外面的貴族大夫們早就對自己的所作所為耿耿於懷，不會輕易放過他們。二人便勾結桓公寵妾，企圖先下手為強，屠殺諸大夫。五個公子也各樹朋黨，爭相即位，互相攻伐，大打出手。一時間，朝內朝外一片混亂，無人敢提收殮桓公的事，以致讓他躺在宮中，腐爛發臭，屍體生出的蛆蟲還爬出門外，慘不忍睹。

十二月乙亥日，易牙等立公子無虧，太子昭出逃宋國。辛巳夜，才盛殮桓公。至此，桓公的屍體已在床板上躺了六十七天！

第二年農曆八月，齊桓公被葬在臨淄郊外的牛山上。西晉永嘉年間（西元三〇七年至三一三年），有人盜發棺墓，剛開始只發現槨板，接著又發現槨內有水銀池，因為有毒氣不得入內。幾天後，盜墓者牽狗入內，得到金蠶數十箔，珠襦（衫）、玉匣、繒彩、軍器不可勝數。還發現有人殉葬，骸骨狼藉。這樣一個下場可卑的君主，又是在王子爭立的混亂之中，竟有如此大量的珍寶隨葬，還不忘使用人殉，當時各國統治者的腐朽和無恥實在令人髮指！

桓公共有十幾個兒子，其中五個立為國君，按時間順序是：公子無虧，立三月被殺，孝公、昭公、懿公、惠公。幾乎所有的繼任者都是弒篡後上臺的，昭公殺孝公之子而立，懿公殺昭公之子而立，自己又被臣下殺死，國人立惠公。齊國就這樣歷經了五公子之亂。期間三十餘年，到惠公、頃公父子時期，才漸漸穩定下來。可是緊接著，又發生了更為嚴重的崔、慶黨亂。

齊國的高氏、國氏兩家勢力強大，一直把持政權。桓公死時，易牙、豎刁黨徒一度控制宮廷。到齊惠公時，又形成了崔、慶兩家新的朋黨集團，他們與貴族大夫的舊勢力不斷發生利益的衝突和鬥爭。

齊惠公十年（西元前五九九年），惠公過世。高、國兩家大夫趁勢把受惠公寵信的佞臣崔杼趕出齊國，崔杼逃往衛國。崔氏走了，慶氏又作亂。齊靈公八年（西元前五七四年），佞人慶克與齊靈公的母親聲孟子私通。在這之前，聲孟子與叔孫僑如私通，僑如害怕國氏、高氏的勢力，於是躲到衛國，聲孟子失去僑如，便找到了慶克。

當時的習俗，婦女外出須蒙衣而行。慶克為了掩人耳目，也男扮女裝，蒙衣和另一個宮女乘坐車子從宮中夾道門溜進去。日子久了，難免不出破綻，後來終於被鮑叔牙的曾孫鮑牽發現了。他立即報告主持國家事務的國氏宗子國武子國佐，武子派人進宮索要無恥奸人，慶克嚇得不敢出來，跪在聲孟子面前哭著請求保護。聲孟子看到事情敗露，雖然有些害怕，但對高、國兩家干涉她的私生活很惱火，於是產生了報復的念頭。

這年齊靈公和國武子曾與諸侯聯合伐鄭，高氏、鮑氏兩家守衛國都。中途齊靈公返回齊國，命國武子代為指揮齊師。齊靈公回到臨淄時，高無咎、鮑牽兩家正在進行戒嚴，堅閉城門，搜查過往旅客。聲孟子看到報復的機會來了，便對齊靈公說：「高、鮑兩家明裡搞什麼戒嚴，實際是想阻止國君進城，他們早就想立公子角（靈公之弟）為君。他們的陰謀國武子知情不舉。」

農曆秋七月，靈公下令將高無咎驅逐出國。高無咎出奔到莒國，他的兒子高弱在封邑盧（今山東長清西南）起兵反叛。鮑牽被砍去雙腳，除去鮑氏宗子的身分，鮑牽的弟弟鮑國從魯國被召回，代替鮑牽立為鮑氏宗子。宗子就是一個宗族（氏族、家族）的族長，由嫡長子繼承並且世襲下去。當時天子、諸侯、大夫和士等等貴族階級都實行這樣的宗法制。

為了與高、國、鮑幾家大族對抗，這年冬天齊靈公召回崔杼，封他為大夫，命他率軍攻打盧，討伐叛亂的高無咎之子高弱，慶克被任命為副統帥。崔、慶這兩個男寵平步青雲，馬上變得不可一世了。

這時國武子國佐正在督師伐鄭，聽到國內崔、慶二人得勢，高、鮑兩家遭損，立即回師，日夜兼程，趕到盧，向崔、慶軍隊發起攻擊。國氏所率領的是久經戰陣的齊國精銳部隊，崔慶軍隊不是對手，一觸即潰，慶克戰死，國佐占領穀（今山東平陰西南），發動叛亂。軍隊全在國氏手中，崔、慶失敗後，靈公更是兩手空空，只好委曲求全與國佐定盟，聲明不予追究治罪。經過這一回合的角逐，一切似乎又回到了從前的平和，但平靜的水面下卻正在醞釀著一場新的波瀾。

第二年春天，齊靈公設下伏兵，邀請國佐到內宮議事，中途齊靈公藉故起身出去，國佐預感覺到情況不妙，正想退下卻來不及了，齊國大夫華免用戈切斷了他的喉嚨。接著，國佐的兒子國勝也被殺死，另一個兒子國弱逃往魯國，死黨王湫奔往萊國。

靈公誅殺國佐，立慶克之子慶封為大夫，另一子慶佐任司寇，這說明崔慶之黨又一次得勝上臺。不久，齊國又召回國弱，讓他繼承國氏宗子的地位。當時禮制要求「興滅國、繼絕世、舉逸民」，其實，若一個強宗大族人口繁盛，支系眾多，不可能靠強硬手段一網打盡，唯一可行的就是按照當時的社會習俗，換上一個聽話的宗子去領導這個宗族，使它重新成為國家這個宗法大家庭中的一員。

崔、慶與國、高等的鬥爭至此告一段落。這場鬥爭實際上是齊國公室與國、高等強宗大族爭奪統治權力的鬥爭，崔、慶兩個佞人不過是國君的幫手，還未形成自己的勢力。不過崔杼和慶克之子已經被封為大夫並擔任高階職位，這又為下一輪的鬥爭埋下了隱患，因為崔杼之流本來就是野心勃勃之家。

齊靈公二十八年（西元前五五四年），齊國黨亂又起，這次是由公子爭立引起的。

齊靈公夫人是魯女，名叫顏懿姬，沒有兒子。她的侄女鬷聲姬是媵妾，生子光，立為太子。後來靈公又娶了仲姬、戎姬，戎姬特別受寵。仲姬生公子牙，由戎姬撫養。戎姬請求立公子牙為太子，靈公表示同意。仲姬卻認為這樣會引起爭鬥，便勸靈公說：「不可，破壞立嫡的常規，這是不祥之兆；違背諸侯的意願，又難以成功。太子光已得到諸侯承認，如今無緣無故地將他廢黜，這不是對諸侯不講信用嗎？這樣做必定會招來禍患的。」

靈公卻很不高興仲姬多嘴，蠻橫地說：「我家廢立太子，自然由我說了算！」於是下令把太子光遷徙到齊國東部一個邊城居住。任命高厚為太傅，輔佐新太子牙，夙沙衛為少傅。經過前次黨亂，崔、慶兩家因為與靈公親近而居上風，這次換了新太子，高厚當上了太傅，這說明高國勢力又將抬頭，更何況靈公長年生病，身體不好，權力轉移即將再度發生，崔、慶對這次廢立絕不可能坐視。

很快，崔杼趁靈公生病，統治鬆弛的時機，偷偷將公子光從邊城迎回臨淄，提前發難，恢復公子光的太子地位，處死戎姬，將她的屍體置於朝上示眾。這在當時是非禮的行為，當時婦女受刑，不許在朝廷和市場上暴屍示眾。這年夏五月齊靈公過世，太子光即位，他就是齊莊公。

崔杼因擁戴有功，執掌大權，公子牙被逮捕，夙沙衛曾慫恿靈公廢太子光，莊公即位，他逃到高唐（今山東高唐東北）發動反叛。秋八月，崔杼殺死高厚，吞併了他的家產。

齊莊公命慶封率軍隊圍攻高唐，不能取勝。農曆冬十一月，齊莊公親自督戰。遠遠望見夙沙衛站在城頭上，齊莊公呼喚夙沙衛，夙沙衛見是莊公，便下城來與莊公對面交談。莊公問高唐的守備情況，回答說沒有什麼備戰可言，表示決心必死。莊公覺得他很誠實，向他作揖表示禮敬，有意放他一條生路，但夙沙衛卻志在必死，也不還禮，登城繼續戰鬥。這天深夜，夙沙衛的部下用繩索幫助齊師登城，高唐陷落，夙沙衛被剁成肉醬。

莊公又命慶佐為大夫，繼續討伐公子牙的餘黨。正當齊莊公在崔、慶兩家新貴勢力的幫助下打擊公子牙和國、高之黨時，一件偶然的事情改變了政局的發展方向。

齊國當時有個叫棠公的貴族，他的妻子叫棠姜，是崔杼家臣東郭偃的姐姐。棠公去世後，東郭偃為崔杼駕車前往弔慰。在葬禮上，崔杼無意間發現身穿喪服、面帶憂傷的棠姜不但美麗動人，而且氣質高貴典雅，便產生了愛慕之情。當得知是東郭偃的姐姐時，便命東郭偃替他勸說姐姐嫁給自己。當他一說出自己的意圖，東郭偃就勸他放棄這個念頭，他說：「按照禮法，男女不是同姓的才可以結婚。您的祖先是齊丁公，臣的祖先是齊桓公，我們都是姜姓的後代，怎麼可以通婚呢？」

崔杼仍不死心，便找人算卦，史官知道崔杼權勢熏天，都要阿諛他，便說「吉」。只有陳文子看了卦象後說這是凶卦，卦象十分危險。崔杼卻不信，辯解道：「她是寡婦，有什麼妨害呢！她的先夫已經應了那個凶兆。」便強行娶棠姜為妻。

崔杼娶了美人棠姜，消息不脛而走。莊公得知後，更像聞到魚腥的蒼蠅，一次又一次地往崔杼家裡跑，調戲棠姜，得意忘形時甚至將崔杼的帽子賞給下人。崔杼看在眼裡，恨在心中，漸漸地又動了殺機。莊公有個宦官叫賈舉，曾無端遭受莊公的鞭打，對莊公懷恨在心。崔杼知道後，便與他成為朋友，讓他偵察莊公的一舉一動向崔杼報告，暗中幫助崔杼伺機行事。

齊莊公六年（西元前五四八年）農曆夏五月甲戌日，莊公在北郭舉行享禮，招待莒國國君，崔杼謊稱有病缺席。第二天，不出意料，莊公前往崔宅想慰問崔杼，但慰問是藉口，其實是想藉機調戲棠姜。莊公來到崔家門前，家僕來報崔杼病重，不能行動，請求寬恕不能迎接之罪。莊公此行本來就不是要看崔杼，得知崔杼臥病在床，心裡更是竊喜。來到堂上，正撞見棠姜要起身離去，莊公一陣激動，以為這位美人暗示他一起到內室相好，便示意隨從守在外面，自己一人尾隨棠姜向裡邊奔去，棠姜快速進入內室，和早已等在那裡的崔杼一道從側門溜出去。莊公看不見了美人，還以為棠姜在和他玩，便站在內室門邊撫著楹柱，自作多情地唱起了情歌。

這時那位懷恨在心的宦官賈舉把隨從攔在外面，自己返身到裡邊關上大門。看到大門一關，埋伏在院內的甲士們一起衝出。莊公正在唱歌，覺得身後動靜不對，回頭看到甲士手執兵器向自己逼近，大吃一驚，慌忙飛奔逃上高臺，請求甲士放他出去，甲士不答應，又請求允許他到廟中自殺，甲士還是不答應。而且還口口聲聲地說：「你說你是國君，但你的臣子崔杼病重，不能親自聽到你的命令。不過，崔杼之宮與公室之宮接近，我們這些陪臣只是奉命巡夜，捉拿姦淫之人，可沒有聽說有其他命令。」

莊公一看與甲士說不通，便又跑到圍牆，爬上牆頭，準備翻牆逃走。甲士們搭弓射箭，正射中莊公的大腿。莊公反身落在庭院內，甲士們衝上前去，將掙扎的莊公刺死。崔氏門外莊公的左右衛士和隨從人員仍在等著，突然大門一開，衝出一夥全副武裝的甲士，他們見人就殺，很快就把門前這些莊公的隨從趕盡殺絕了。

崔杼當即率人來到公室宮中，將莊公異母弟杵臼立為國君，是為齊景公。崔氏的行動立刻得到慶氏的認可和支持。於是崔杼任右相，慶封任左相，兩家聯合專政。兩家怕有人不從，藉機反抗，便以武力威脅國人訂立盟誓，誓詞是：「不從崔、慶者，死！」國人是指居住在國都及近郊的貴族和與姜齊同族的農工商等自由民，他們是當時的統治階級的主體，只有得到他們的擁護，一個政權才能牢固。

這場政治風波之後，還出現了一個感人的小插曲。齊國的太史記錄這件事時這樣寫道：「崔杼弒莊公。」「弒」這個詞具有明確的貶義，表示臣下殺死君上，是非禮的行為，屬於犯上作亂。太史的這種「書法」，即評價歷史的道德標準，是有社會輿論作基礎的。崔杼認為這種寫法很容易引起人們對自己的不滿，對自己非常不利，便殺掉了太史。

太史雖死，繼任的太史之弟仍然這樣寫，他又殺了這個弟弟，下一個弟弟繼任後還是這樣寫。看到太史兄弟不畏殘暴、奮筆直書、堅持實錄，崔杼不敢再殺了，只好任由自己這樣被記載在史書中。齊國太史的書法受到魯國太史的讚揚，他們在自己的史書《春秋》上也寫道：「齊崔杼弒其君光。」齊國的南史氏聽說太史們秉筆直書，都被殺死，便在竹簡上寫下崔杼弒君的經過，拿著記好的竹簡前往太史處，半路上聽說已經記錄在案，才回到自己家去。透過這件事可以看出，古代史家堅持真理、奮不顧身，不惜以生命換取他們所認為的正義，這種精神值得後世景仰。

不久，崔氏發生家亂。

崔杼有子崔成和崔彊，娶棠姜後，又生子崔明。棠姜在棠公家曾生有一子叫棠無咎，隨母親來到崔家，與舅父東郭偃一起作崔氏家臣。崔成最初被立為太子，後來得了惡疾，久治不癒，被廢黜，崔明接替為太子。崔成請求到崔杼的封邑崔邑（今山東濟陽東）去養老，崔杼未假思索就答應了。但東郭偃和棠無咎卻反對這樣安排，他們一齊勸崔杼改變主意，說：「崔邑是崔氏宗族的根據地，崔氏的宗廟在那裡，只有宗主繼承人崔明才可以居之。」崔成和崔彊知道後十分憤怒，準備除掉東郭一黨，奪回崔氏的繼承權。

一天夜裡，崔成、崔彊二人偷偷來拜訪他們父親的老搭檔慶封，想求得他的幫助，除掉棠姜、崔明、東郭偃之徒。二人對慶封說：「您知道我家夫子崔子，他只聽棠無咎和東郭偃的讒言，現在我們兄弟都無法接近父親。我二人害怕他們說不定哪天會害死我們的父親，所以才來此請求您的幫助。」

慶封被這兄弟倆的突然造訪弄得有些不知所措，只好安慰他們一番，然後說：「你們暫且回去，容我計議。」

崔氏兩兄弟走了以後，慶封立刻命人找來屬大夫盧蒲嫳，將剛才崔成、崔彊的事告訴他，問他有何計策。

只見盧蒲嫳沉思半晌，然後笑著說：「崔氏是莊公的仇敵，老天或許將要廢棄崔家吧。這是他們內部黨亂，您何必不安呢？崔氏敗了，慶氏會更加強盛。」過了幾天，崔成、崔彊又來向慶封請求幫助，慶封毫不猶豫地告訴他們：「如果事情對你們有利，那就消滅東郭之黨！有什麼難處，我一定幫助你們。」

齊景公二年（西元前五四六年）農曆九月庚辰，崔成、崔彊在崔氏家朝上殺死東郭偃和棠無咎，崔氏家亂爆發。老邁昏聵的崔杼得知後氣得發抖，想找人駕車，但家臣全都逃散了，好不容易才在馬棚的角落裡，找到一個嚇得縮成一團的養馬奴，命他套上車子，並要身邊的宦官駕車而出，路上不斷祈禱上天：「崔氏若有福，禍亂只降到我一人頭上吧，可別殃及子孫。」

崔杼驅車來到慶氏家，慶封慌忙將他迎入。聽完崔杼嘮嘮叨叨地敘述事情的經過，慶封故作憤怒的樣子，別有用心地說：「崔氏和慶氏親如一家，他們居然敢如此大膽發動叛亂，我請求替您討伐叛賊。」說罷，下令命盧蒲嫳率領甲士平定崔氏之亂。

崔成、崔彊萬沒有料到慶封會來這一手，連忙加築宮牆，倉促應戰。慶封又發動國人助戰，齊國公室、貴族和居住在臨淄的平民平日受盡了崔氏的欺壓，這回可找到了報復的機會，紛紛起來討殺崔氏族人，很快便攻入崔氏宮中，崔成、崔彊被殺死，棠姜自縊身亡，崔氏的房屋全被燒燬。

崔杼在慶封家裡等待消息，他焦急萬分，不知今後將如何生活。忽見盧蒲嫳興沖沖地進來報告說叛亂已經平息，並駕好車子送自己回家。崔杼被人扶著登車隨盧蒲嫳回到原來宮室的所在，只見一片瓦礫灰燼，有的地方仍在劈劈啪啪燒個不停，空氣中到處飄蕩著燒焦的氣味刺激著鼻子，崔杼知道那氣味表示妻子、兒子已被燒灼在裡面。他像個木樁立在原地。恨自己廢長立幼引起家亂；更恨自己引狼入室，請求慶封來殺死自己的妻子兒女，弄得宗族敗亡、無家可歸。他恨慶封這個昔日的老友，和自己一起與國、高兩家爭權奪勢的生死夥伴，竟然如此狼心狗肺，落井下石置自己於死地。可是事已至此又能把他怎麼樣呢？崔杼就這樣悔恨交加、無地自容，最後自縊而死。

崔杼的後人只有崔明一人活了下來，混亂時他靈機一動，打開先人的墓穴躲藏起來，第二天便逃往魯國。崔氏徹底滅亡，齊國政權由慶封獨攬。可是不久，慶氏又被齊國大夫們除掉。

齊景公三年（西元前五四五年），慶封看到崔杼敗亡，齊國的天下已是自己的囊中之物，便放鬆了警惕，把政權交給兒子慶舍，自己帶著妻妾、載著珠寶住到親信盧蒲嫳家裡。兩人飲酒作樂，互相交換妻妾，淫亂不止。

齊國政治的日常工作由慶舍主持，但遇有重要事情，大夫們仍向慶封請示，所以實際權力仍控制在慶封手裡，以至於當時齊國好像有兩個國都，一個是首都臨淄，一個是盧蒲嫳家。崔氏敗亡後，慶封曾下令，凡因崔氏之亂而逃亡在外的人，若能發現崔氏餘黨向慶氏報告，便可將功折罪，允許其回國，恢復其身分地位。

崔杼弒莊公，莊公的親信盧蒲癸、王何二人逃亡在外，一直伺機為莊公報仇。這次因為舉報崔氏餘黨有功，得以回國。盧蒲癸臣服於慶舍，很受慶舍的信任，慶舍甚至將自己的女兒許給盧蒲癸。慶氏、盧氏都是姜姓，按照周代「同姓不婚」的習俗，兩家不應通婚，慶舍手下一些人問盧蒲癸：「男女異姓方可通婚，但您卻要娶同宗為妻，這是為什麼？」癸回答道：「不是我不避宗，是慶舍要嫁女於我，我如何能拒絕？我只是有求於慶氏，哪能顧及禮節？」盧蒲癸和王何都得到慶舍的信任，成為保衛慶舍的親兵，天天護衛左右。二人早就定下計謀隱伏在慶氏家中，伺機發難，攻滅慶氏，替莊公報仇。

在統治階級裡面，因為權力和財富的分配不均，矛盾和鬥爭是隨處可見的。慶氏獨攬大權，享受最豐厚的剝削利益，自然免不了引起其他貴族的嫉恨，所以他們的對立面越來越多。盧蒲癸、王何便利用慶氏的權勢，不斷尋找機會，製造事端，擴大慶氏的對立面。這回二人打起了公家午餐的主意。齊國公室有個規矩，凡在公家辦公的大夫，每頓午餐享受兩隻雞的待遇。這天廚師做飯時，將兩隻雞改為一隻鴨，端飯的僕人知道這是盧蒲癸、王何的計策，便乾脆把鴨肉取出來自己享用，只把肉汁端上去。這天正好是貴族子雅、子尾當班，二人是惠公的孫子，在朝內很有威望。看到僕人端上來的盤子裡盛的竟是鴨湯，連塊肉都沒有，一問，說是上面只讓端來鴨湯，二人十分生氣，認為這是慶氏有意蔑視大夫，便大罵慶氏無道。二人的反應很快傳到慶封耳朵裡。慶封問盧蒲嫳怎麼辦，盧蒲嫳不假思索地說：「要是我，就像對待禽獸那樣，吃了他們的肉，把他們的皮剝下來當褥子。」慶封聽了，準備治子雅、子尾這兩個公孫的罪，但又有點害怕輿論不利於自己。於是派析歸父到有威望的大夫晏嬰和北郭子車那裡去探探風頭，希望得到兩人的支持，不料二人堅決反對，弄得慶封無法下令，只好忍氣吞聲等待時機。透過這件事，可以看出國人、大夫與慶氏之間的矛盾已經十分尖銳，反對派的勢力已經越來越強大，但慶氏卻沒有意識到這一點。

桓公時逃到齊國避難的陳國公子完的後代也在發展勢力，等待時機。看到慶氏父子橫行霸道，齊國宗室大夫們暗中活動，準備推翻慶氏集團。陳氏的宗子陳文子便和兒子陳無宇商量起了自己的對策。父親問：「禍亂眼看就要爆發，我們陳氏能從中得到什麼好處？」兒子頗有見識，知道陳氏的力量目前尚不足以與別人抗衡，便說：「我們不能企望過多，只希望能得到慶氏的木材百車而已。」父親知道兒子的意思也表示同意：「好吧，我們還是謹慎從事為好。」

齊國的許多貴族都在暗中計算著自己在即將來臨的廝殺中能獲得什麼。

一天，盧蒲癸、王何偷偷占卜算命，準備發難，不料被慶舍看到，問他們為什麼算命，二人謊稱：「有人占卜進攻仇家，我們發現了，特來獻兆。」慶舍拿過龜甲看了看兆紋，只見旁邊刻著卜辭：「成功。見血。」古代時宗族仇殺械鬥是常有的事，所以慶舍並沒有在意，隨便把龜甲還給二人，漫不經心地說了一句：「喏，讓他們打去好了。」

農曆冬十月，慶封到萊（今山東昌邑東膠萊河一帶）去打獵，陳無宇隨行。丙辰日，陳文子派人來到萊，召陳無宇回家，無宇估計可能出了動亂，便向慶封請假：「無宇的母親病重，請允許回去盡孝。」慶封有點掃興，不願讓無宇回家，便讓人占卜，結果龜兆凶，卜者只在龜甲上刻了一個字：「死」。無宇捧著龜甲哭泣不已，慶封無奈，只得同意陳無宇回家。

陳無宇剛一離開，慶氏宗族親信慶嗣從前面回來，得知陳無宇走了，心想：「不好，陳無宇為人謹慎，此次半路離開，一定有什麼變故。」他趕快來見慶封，見慶封興致勃勃尋找獵物，他急得不顧禮數，上前勒住慶封的馬頭：「請我主速歸！嘗祭（古時秋天祭祀之名）快到，可能要發生禍亂，現在趕回去還來得及平定。」

慶封一心只在打獵上，仗恃兒子慶舍在國內掌權，根本不相信會有什麼叛亂發生，聽到慶嗣的建議，他不禁仰天大笑，嘲笑慶嗣多慮。笑罷縱馬前行繼續打獵。望著慶封的背影，慶嗣仍不死心，大聲喊道：「如不回去，那就只好逃亡了。若能在吳、越得到安身之處，就是萬幸了！」

陳無宇駕車飛馳而去，渡過濰水後，便搗毀了船隻，撤去了橋樑。

這時齊國的形勢急轉直下，盧蒲癸之妻，也就是慶舍之女盧蒲姜看到這些天丈夫總是早出晚歸，而且神色異常，連見到自己都躲躲閃閃，斷定他一定有什麼祕密。這天晚上，藉著和他相好之時，裝出惹人憐惜的樣子對丈夫說：「看你近來魂不守舍的樣子，一定有什麼祕密。你若有什麼大事瞞著我，那就肯定不會成功。」盧蒲癸正沉浸在妻子的溫柔多情中，猛地聽到她的抱怨，覺得瞞著愛妻實是有點無情，便把大夫們密謀在嘗祭時誅殺慶舍的事告訴了妻子。

盧蒲姜一聽，大吃一驚，她抓住丈夫的手臂，哭著求他不要再進行這件事。盧蒲癸見狀才了解自己洩漏了機密，但仍堅持說這是大夫們為了公室而採取的集體行動，不能停止。盧蒲姜看到無法阻止丈夫，便想去保護父親，她哭著向丈夫請求道：「我父剛愎自用，不聽人勸，別人不能阻止他外出，妾請求夫君允許我去阻止他外出。」盧蒲癸看到妻子傷心又急切，只好答應了。

農曆十一月乙亥日，齊國在姜太公廟舉行最隆重的嘗祭。慶舍在家穿戴整齊，準備出發到公宮，這時只見女兒盧蒲姜從外面衝進堂上，上氣不接下氣，將大夫們的陰謀一股腦兒告訴正要出門的父親，哭著勸他不要前去赴會。眾人愕然，但慶舍卻不聽，他推開拉扯自己衣袖的女兒，怒氣衝衝地說：「我看他們哪個敢！」說罷便率人前往公宮。

祭祀開始時，祖廟裡鼓樂齊鳴，麻嬰作為屍，即接受祭祀神主的替身，慶奊任上獻，即首先貢獻祭品的上賓。宗廟位於宮內，慶舍下令甲士將公宮包圍起來，廟裡也到處設崗，戒備森嚴。祭祀過後是餘興節目，陳氏、鮑氏的圉人們表演著曲藝雜耍，慶舍陪著景公坐在主位上觀看，盧蒲癸、王何手執寢戈護衛在左右，只待信號。

慶氏的馬匹不習慣這麼熱鬧的場面，豎著耳朵、瞪著驚恐的眼睛，騷動跳躍，甲士們紛紛解甲陪伴馬匹，有的一邊飲酒一邊看戲，忘記了自己的職責。這時欒、高、陳、鮑家的人乘機披上慶氏甲士們脫下丟在地上的甲冑，子尾在門房抽出一根椽子，抱著使勁敲擊大門三下，聽到行動的信號，盧蒲癸、王何兩個由後用戈襲擊慶舍，砍斷了他的左肩。慶舍驚叫一聲，搖搖晃晃，起身抵抗。慶舍身強力壯，此時雖然身負重創，仍然手把房椽，撼動房梁，並操起器皿酒壺向反叛者投擊，打死數人以後才倒下去。轉瞬間，慶氏的死黨麻嬰、慶奊也被殺死。景公被眼前這突如其來的暴動驚呆了，僵直了身體坐在那嚇得一動不動。鮑國跑過來大聲說：「群臣這樣做全是為了國家除害，並非暴亂。」陳文子也過來和鮑國一起幫助景公脫掉祭服，陪他回到內宮。慶氏的甲士看到主子已死，反叛者又簇擁著景公，自己的甲冑已不見了，便跑的跑、降的降，一下子土崩瓦解了。

前面說到陳無宇從獵場返回時曾毀壞船隻、撤去橋樑，所以慶封回來費了許多時日，快到臨淄時有人跑來報告說國內發生叛亂，慶舍已經死了。慶封一聽，後悔沒有聽從慶嗣的勸告，但來不及多想，便率領手下的打獵隊伍攻打西門，久攻不下，又繞到北門，攻進城去。慶封率人直接進攻內宮，由於大夫們頑強抵抗，其他幾門的守軍也入城增援，慶封腹背受敵，損失慘重，不但不可能攻克公宮，自己的性命都難以保全，便率領殘餘徒黨逃奔魯國。

眾大夫政變成功，重新隆重安葬齊莊公，將崔杼暴屍於市，把慶氏謀主盧蒲嫳放逐到北燕。

慶封一夥逃到魯國，隨行仍然攜帶了大量財寶，送給魯國當權者季武子的禮物是一輛豪華的車乘，油漆光亮，彷彿鏡面一般。魯國大夫展莊叔看了，不禁感慨道：「車乘如此光澤明亮，民眾肯定貧病不堪。怪不得他要逃亡在外了，真是活該！」

叔孫穆子宴請慶封，慶封不懂周禮，飯前小祭時越過身分，不恭敬主人，穆子心中老大不快。席間穆子命樂師吟唱《詩》中的《茅鴟》一章，諷刺慶封不知禮數。慶封聽不出來，反倒手舞足蹈面有喜色，穆子實在哭笑不得。

不久，齊國派人責備魯國收留慶封，要求引渡，慶封連夜率隨從族人逃奔吳國，在吳國朱方縣（今江蘇鎮江東）聚族而居，仍然過著驕奢淫逸的生活。

齊景公十年（西元前五三八年），楚靈王率領諸侯聯軍攻打吳國，占領了朱方縣，逮捕了慶封。楚國是齊國的盟友，楚靈王替齊景公除掉慶封，讓他在諸侯聯軍前示眾，強迫他大聲呼喊：「不要像齊國慶封那樣弒國君、欺幼主、逐大夫！」然後將他及其族眾全部處死，慶氏之黨就這樣可恥地滅亡了。

崔、慶之亂以後，陳、鮑、高、國又互相爭鬥不止，好端端的一等大國竟被朋黨搞得一天比一天混亂，直至姜氏政權為陳（田）氏所取代。

趙氏專權

「千古忠臣」竟是黨亂元兇，趙氏復興卻靠孤兒一脈單傳。

春秋時代，列國政權大都由與公室同姓的同宗貴族把持，魯國的三桓是魯桓公的後代，齊國的高、國、欒、鮑、崔、慶等也都是同姓貴族，凡是《左傳》中列名的貴族，大都可追尋到公族血統，這種現象是宗法分封制和世卿世祿制相結合的自然結果。可是唯獨晉國的情況不同，從晉獻公開始，其公族卻是由異姓擔任。

東周初年，晉昭侯封自己的叔叔成師於曲沃（今山西曲沃縣），稱曲沃桓叔。曲沃之邑大於當時晉的都城絳（今山西翼城東南），桓叔企圖取代晉國沒有成功。他死後，曲沃莊伯接下棒子，幾次叛亂也未能成功，到他的兒子曲沃武公時，終於戰勝了晉國宗室，自稱晉武公。他的兒子晉獻公即位時，覺得先代桓叔、莊伯的子孫和武公的其他兒子（即他的兄弟）們勢力強大，對自己是個很大威脅，便日夜為此寢食不安。晉國大夫士為他獻上一條除掉公子公孫族黨勢力的計策。

晉獻公八年（西元前六六九年），獻公用陰謀手段盡殺群公子，鞏固了自己的政權。同宗兄弟、叔侄們的威脅解除了，但自己家裡的爭鬥又開始了。晉獻公五年（西元前六七二年）晉國派兵伐驪戎（今山西晉城南），俘獲驪姬姐妹，晉獻公非常喜愛，納進宮中大加寵幸。後來驪姬生子奚齊，獻公老來又添兒子，更是喜不自勝，從此越來越疏遠太子申生和公子重耳、夷吾。

有一次獻公曾私下對驪姬說：「寡人要廢掉太子，讓奚齊當太子。」驪姬一聽，心中雖暗自竊喜，但表面上卻假裝哭道：「太子早已得到諸侯承認，而且多次統帥軍隊，立有戰功，百姓也擁護他，怎能因我之故而廢嫡立庶呢？君若這樣做，妾當自殺。」驪姬從此便經常在獻公面前表揚太子，暗中卻指使人向獻公說太子的壞話，後來更與中大夫（宮中參謀）密謀陷害太子及重耳和夷吾。

一天，獻公外出打獵，驪姬派人對太子申生說：「君爺昨夜夢見齊姜（即太子申生的生母），請太子趕快祭祀。」

太子申生駐防曲沃，是有名的孝子，得知父親有令，不敢怠慢，便在曲沃齊姜廟裡祭祀母親，然後按禮法將祭酒祭肉送往絳都。此時獻公仍在外未歸，驪姬乘機在酒肉中投了毒藥。過了兩天，獻公打獵歸來，廚師獻上祭酒祭肉，獻公得知申生祭母送肉，心裡很高興，欣然準備嘗嘗，這時驪姬在旁急忙制止說：「酒肉從遠處送來，最好先檢查一下是否安全。」

說罷，命人先舀一碗酒澆在地上，只見地面立刻燒焦隆起，眾人嚇得吐出舌頭。再把肉切下幾塊餵狗，狗立刻倒地，命幾個奴隸吃，也隨即七孔流血而亡。獻公驚魂未定，只聽驪姬大聲哭喊起來：「太子為什麼這麼殘忍啊！自己的生身父親竟想弒而代立，更何況他人呢？君爺年事已高，朝不保夕，他居然不能等待，動了殺機！」

說到這，她偷偷地看了看獻公，只見他氣得臉色煞白，鬍鬚直抖，驪姬知道自己的計策已經奏效，又接著哭道：「太子之所以這樣做，不過是因為妾身和奚齊在朝，望君爺允許妾母子二人到他國避難，或讓我們趁早自殺算了，免得被太子殘殺。前些日子，君爺要廢太子，妾還怨恨於君，如今他竟下此毒手，妾真後悔當初替他講話。」獻公一面安慰哭泣不止的驪姬，一面下令派人責問太子。原來獻公雖然真的動了怒，但他知道太子申生的為人，不敢肯定下毒的事一定是他幹的，所以暗中派人查個究竟。

驪姬一看獻公如此謹慎，便又生一計。她派自己的親信宦官假作同情太子申生，偷偷溜出城去，到曲沃告訴申生宮裡發生的事情，嚇唬說獻公派人要殺太子，讓他快逃。申生為人老實，千恩萬謝後，便逃往新城（今陝西澄城東）。獻公得知後大怒，捕殺太子的師傅杜原款。

太子躲在新城，得知父親發怒，整天愁眉苦臉，惶恐不安。手下有人對他建議說：「下藥毒君的事一定是驪姬幹的，太子何不向君父辯解一下呢？」太子嘆口氣說：「君父已經年邁，沒有驪姬，食不甘味，寢不安席，我若再辯解，除掉了驪姬，君父可怎麼活下去？」這時又有人勸申生：「太子還是逃奔別的國家去吧。」太子苦笑著說：「我背著謀害君父的惡名出奔，誰會收留我呢？我還是自殺吧。」

不久，太子申生在新城自殺。

太子申生死後，驪姬害怕公子重耳、夷吾替兄報仇，又向獻公進讒言，迫使兩公子逃亡國外。這時，獻公身邊只剩下奚齊和驪姬妹妹生的卓子這兩個小兒子。

晉獻公二十六年（西元前六五一年）農曆九月，晉獻公過世。繼承危機立刻爆發。大夫荀息立奚齊為繼嗣。另外一個大夫里克主張納重耳為君，他們聯絡申生、重耳和夷吾三公子在晉國的黨羽作亂，攻入新君服喪期間居住的喪寢殺死奚齊。獻公的靈柩還沒有下葬，所以奚齊不算正式的國君。荀息又立驪姬妹妹的兒子公子卓，將獻公下葬。農曆十一月，里克之徒又在朝堂之上殺死晉君卓，驪姬姐妹也被處死，大夫荀息殉難，公子夷吾回國繼位，是為晉惠公。惠公權力穩固後，便殺死里克，以平息禍亂、安定人心。

鑒於驪姬之亂，群公子爭立，釀成黨禍，晉惠公和大夫們立盟誓不立群公子為卿，除太子外，餘子全都送到國外寄養，從此晉國沒有宗室卿大夫，也沒有發生過同宗公族之亂，但異姓異宗的卿大夫卻逐漸強大，並掌握軍政實權。其中強大的有魏氏、趙氏、狐氏、胥氏、先氏、欒氏、郤氏、韓氏、知氏、中行氏、范氏共十一族，他們互相牽制，共同拱衛公室。一時間，晉國強大起來，中央權力比較集中，從晉文公開始，經晉襄公、晉悼公，晉國一直擔任諸侯霸主，霸業維持近兩百年之久。

然而，異姓卿族之間的平衡終究是短暫的，隨著社會的進步，經濟、政治形勢的變化，這種平衡很快被打破，多數卿族衰落下去，少數幾個超乎尋常地強大起來，其間的黨爭也愈演愈烈。趙氏的興起及其內部的鬥爭頗為典型。

據說晉國趙氏與秦人出自同一個祖先。西周時，族中出了造父，服侍周穆王。造父善於養馬駕車，他有八匹駿馬，為周穆王駕車向西巡行，見過西王母，在瑤池飲酒，留連忘返，可是後方的夷人徐偃王造反，穆王因為造父有千里馬，才能迅速回擊徐偃王，取得巨大勝利。造父因此被賜趙城，從此，他的後代便稱趙氏。趙氏宗族在周代多次協助周天子出巡征戰，屢立戰功。幽王無道，趙氏離開周，遷往晉國服侍晉文，後代則有趙夙。

晉獻公十六年（西元前六六一年）晉國在原來一軍的基礎上又增設一軍，歷史上記載為「作二軍」，上軍由獻公親自統領，下軍由太子申生統率。趙氏的頭領（宗子）趙夙為太子申生駕御戰車，另一個武士畢萬擔任申生的車右武士，出師滅掉耿（今山西河津南）、霍（今山西霍縣西南）、魏（今山西芮城）三個小國，趙夙被封為大夫，以耿為采邑，畢萬也封為大夫，以魏為采邑。趙、魏兩個卿族從此開始。

當時的禮制，大夫家的繼承制也是按照宗法制進行的，即大夫的嫡長子有權繼承大夫的身分地位，餘子則封為士，在當時主要是擔任武士，是貴族的最低一級爵位。趙夙有個弟弟叫趙衰，就是一個士。他足智多謀，曾求神問卜，到底是服侍晉獻公還是跟從諸公子，都不吉，再問卜事公子重耳，吉，於是便跟從公子重耳。

驪姬之亂時，公子重耳逃奔狄國（今陝西北部），趙衰與狐偃、顛頡、魏武子跟隨一起逃走。狄君攻伐廧咎如（今河南安陽、鶴壁以西與山西交界一帶），虜獲其二女，大的叫叔隗，小的叫季隗，送給公子重耳。重耳娶了妹妹季隗，後來生了伯儵、叔劉，姐姐叔隗嫁給趙衰，後來生了兒子趙盾，也就是本章的主角之一。重耳在外流亡十九年，最後能返回晉國成為國君，大多是由於趙衰的計策。西元前六三六年，重耳在秦穆公的幫助下回國即位，他就是有名的晉文公。

晉文公把自己的女兒嫁給趙衰，稱趙姬，生兒子趙同、趙括、趙嬰齊。趙姬為人寬和善良，她知道趙衰在狄時曾娶叔隗，並生了兒子趙盾，出於善良的本性，她請求趙衰把叔隗、趙盾母子從狄國接回來，趙衰怕得罪趙姬，推辭不去，沒想到趙姬卻鄭重地說道：「得了新歡就忘了舊愛，還怎麼能指揮別人呢？請您一定要迎接他們回來！」

在她的堅持下，趙衰只好答應了，把叔隗、趙盾母子接了回來。趙姬以禮接待叔隗、趙盾。她發現趙盾有才幹，便向父親晉文公堅決要求立趙盾為趙氏嫡子（即太子），讓自己生的兒子們居於趙盾之下，立叔隗為正夫人，自己甘心居於下位。

第二年，晉文公又將原（今山西濟源北）賜給趙氏，趙衰參與國政。趙氏作為姻戚，宗族越來越強大。晉文公八年（西元前六二九年）晉國在清原（今山西聞喜縣西北）舉行蒐禮即春季閱兵儀式，擴大軍隊建制為五軍，以抵抗強大的戎狄。趙衰正式擔任五軍之一的將佐，升為卿（即一軍的統帥），率領新建上軍。中軍主帥為郤谷、次帥為先軫，郤、先二氏為晉國異姓舊族，地位在狐、趙二氏之上，正像齊國的國、高二氏地位高於管、鮑一樣。晉文公成為霸主，趙衰出了大力，宗族也沾了光。到襄公末年，趙氏的屬臣陽處父地位也隨之升高，曾率師攻伐楚國。

晉襄公六年（西元前六二二年），趙衰過世，謚號成季。趙盾繼承趙衰的爵位。

晉襄公七年（西元前六二一年），晉國又在夷（今地不詳）舉行蒐禮，將五軍削減為三軍，任命狐射姑統率中軍，趙盾任將佐，可見狐、趙兩家已居最高貴地位。但實際上，趙氏力量已超過狐氏，所以這樣的任命引起了趙氏的不滿。正在這個當口，陽處父從溫（今河南溫縣西）趕到夷，多方活動，結果晉國又在董（今山西臨猗西北）重新舉行蒐禮，中軍統帥更動，由趙盾主持中軍，狐射姑為副帥。陽處父是趙衰的親信，他大造輿論，說趙盾能力好，德行好，「晉國能用趙盾，是國家的福祉，應擁護他做中軍主帥」。趙氏的實力和與公室的姻親關係，也使趙盾處於十分顯眼的地位，就這樣趙盾開始掌握晉國的政權。

趙盾不負眾望，政治上取得了極好成績。他制定政治常規，端正法紀，治理刑獄，緝捕逃奴，遵守盟約，嚴肅禮制，選拔賢能，對舊的奴隸主政權實行了這一套改革，又命太傅陽處父、太師賈佗輔佐國君在晉國貫徹以上措施，作為常法。至此，趙盾任中軍主帥，身為正卿，趙氏黨徒陽處父任太傅，趙氏羽翼豐滿，勢力已然形成。

這年農曆八月，晉襄公過世，太子年幼，趙盾怕太后臨朝干政，便以立長君，即立年紀大一些的公子為君作為藉口，建議立晉文公的兒子、晉襄公的庶弟公子雍為君，讚揚他好善而年長，文公早就喜歡，而且他長期生活在秦國，與秦國關係密切，並且宣稱「立善人則牢固，事長者則順服，遵先君遺願才是孝敬，重結舊好秦國則安穩」，一再向國人保證：「目前國家有難，所以要擁立長君，有這四種德行，國難必除。」趙盾不顧有人反對，強行派人前往秦國迎接公子雍，並派人於半路劫殺回國爭立的公子樂。秦國方面也積極配合，秦康公已經派人護送公子雍回國，趙盾的預謀眼看就要得逞。

但偏偏襄公的夫人穆嬴是個不讓人的女子，她知道許多大臣並不同意趙盾的做法，便抱著太子每天在朝中大哭大鬧，故意大聲數落著大臣：「先君有什麼罪過？他的繼承人太子有什麼罪過？你們捨棄先君的嫡嗣子而不立，卻偏偏從外面召回庶子，將如何對待太子？有何面目去見先君！」

罵過後又抱著太子直奔趙氏，見到趙盾便叩首質問他：「先君把這個兒子囑託給你，說『這個兒子若有才，能夠成器，我於九泉之下也要感激你的教誨；若不能成器，我也只怨你失職。』現在先君剛剛去世，他的話還響在你我耳畔，沒想到你卻這麼快就把它拋在腦後，究竟是為什麼？」這樣一來，國中上上下下都知道趙氏無禮，趙盾也怕國人同情寡母孤兒，以大義來威逼自己，對趙氏不利，只好答應穆嬴立太子為君，即晉靈公。

晉靈公即位，晉軍抵抗護送公子雍回國的秦軍，在令狐（今山西臨猗西南）將秦軍擊敗。這年秋八月，趙盾與齊、宋、衛、陳、鄭、許、曹等國之君在扈（今河南原陽西）會盟，這是春秋時代大夫主盟的開始。各國承認晉國新君，趙盾專權也得到列國認可。

這年狄人侵擾魯國西部城邑，魯文公派使者向當時的霸主晉國求援，趙盾派狐射姑前往狄國瞭解情況，責問伐魯之事。周旋之餘，狄相酆舒試探著問狐射姑：「聽說貴國趙氏立有大功，至今已傳了兩代，敢問趙衰、趙盾父子哪個更好？」

狐射姑不正面回答，他打了個比方巧妙地說：「趙衰好比冬天裡的太陽，趙盾卻好像是夏天的太陽。」冬天的太陽溫暖而可親，夏天的太陽炎熱而可怕，這無異於說趙盾嚴酷，為人所苦，避之猶恐不及。由此可見他的專橫。

趙盾本想外求公子立為國君，便於自己控制朝政，也可避開母后勢力及國人的掣肘，卻沒有成功。靈公母子借助輿論的壓力迫使趙盾承認自己的合法地位，卻無法擺脫趙盾黨勢的威逼。雙方互相戒備、培植黨羽，矛盾日益尖銳。

晉靈公六年（西元前六一五年）秦國因為令狐之役的原因，出兵伐晉。趙盾親率三軍抵抗，雙方在河曲（今山西風陵渡一帶）對峙。趙氏的屬大夫臾駢建議：「秦國遠道而來，不能持久，請深壘固軍，以逸待勞。」趙盾聽從他的建議。秦人急於求戰，無奈晉軍堅守不出，秦康公問晉國降將士會：「如何才能使晉軍出戰呢？」

士會說：「趙氏新任命屬大夫臾駢為上軍之佐，此人足智多謀，一定是他出的主意，目的是使我軍疲勞。不過趙氏有小宗叫趙穿，是晉君的女婿，很得寵信，但年少氣盛，不懂軍事，好勇而驕橫，他對臾駢擔任上軍之佐心懷不滿，我們若派一些英勇機智的戰士快速攻擊趙穿，然後立即後撤，一定會引他出戰的。」

十二月，秦軍佯攻晉國上軍，隨即後撤。上軍不動，唯獨趙穿按捺不住，他氣呼呼地召來傳令的軍吏問道：「我們這些人帶糧披甲，來到這裡，不就是要殺敵立功嗎？但敵人衝到眼皮底下還不出擊，等什麼？」

「等待有機可乘之時。」軍吏不緊不慢地回答。

趙穿一聽，火氣更大了：「我不懂什麼謀略，我要獨自出擊！」說罷，便率所部追擊秦師。

趙盾得知後大驚失色，對屬下說：「秦國若俘虜了趙穿，就是俘虜晉國一個卿大夫啊！那樣他們就可以得勝回國與我們作交易了，但我們卻怎麼向國人交代呢！」說到這，急忙下令全線出擊。晉軍出擊倉促，秦軍也沒想到晉軍竟會全面出擊，雙方均未作決戰準備，稍一接觸便各自退兵。趙穿違犯軍紀，本該治罪，只因他是趙盾的族弟，所以逍遙法外。可見趙氏徒黨的特殊地位。

趙氏專權，早就引起其他宗族大夫的不滿，但他們卻不是趙氏的對手。結果士會奔秦；狐射姑留在狄國長期不歸；先辛奔齊；胥申父放於衛。

趙盾有一套結交朋友的手腕，所以他的黨羽上至卿大夫，下至販夫走卒，遍布朝野。有一次他在首山（今山西風陵渡北）打獵，住在翳桑，遇見一個名叫靈輒的人，飢餓將死，趙盾便上前問他為什麼會落到這種地步，靈輒氣息微弱，無力地回答：「已經三天沒有吃東西了。」趙盾立即命人拿來食物給他吃，靈輒吃到一半，突然似有所悟，停下不吃了，趙盾感到納悶，問道：「你怎麼不吃了？」靈輒抬起頭，臉上流著兩行淚水：「小人出來給人服役三年了，不知老母是否還活在人世。如今離家近了，請大人允許將這一半剩下的食物留給她吧。」趙盾聽了很感動，要靈輒放心，把這些食物吃完，又命人把一些糧食和肉裝在一個袋中，讓他帶回家去……。

晉靈公十四年（西元前六〇七年），靈公已經長大成人，他不甘心做趙盾的傀儡，起而反抗趙盾專權，結果釀成激變，被殺身亡。靈公從小受趙盾壓制，手中無權，沒有自由，隨著年齡的增長，行為越來越怪僻，暴虐無道。趙盾等幾位大臣多次教導規勸都無濟於事。其實，這是靈公對趙盾專政的一種消極對抗方式，後來他表面上荒淫無道，想使趙盾放下戒心，暗中為奪回權柄而磨刀霍霍。一次，他派一個叫鉏麑的人去暗殺趙盾，不料這位刺客竟為趙盾的嚴謹和威武震懾住，沒敢下手反倒自殺而死，壞了靈公的計謀。

晉靈公十四年農曆九月，靈公在宮中設下埋伏，邀請趙盾飲酒敘談。席間，趙盾的車右衛士提彌明發現廊下伏有甲士，大吃一驚，不顧一切衝上殿去，來不及講禮節，大聲說：「臣下服侍君上飲酒，超過三杯，這是非禮的。」說著扶起稍有醉意的趙盾向殿下走去，靈公一看計畫又要落空，便放出猛犬攻擊趙盾，提彌明奮不顧身與犬搏鬥，趙盾被這人犬廝打的場面嚇傻了。看到提彌明滿身是血，猛犬已倒地，他驚魂稍定，用手遙指殿上發出感慨：「君不養士，周圍無人，犬雖猛，又有何用！」

話音剛落，靈公的甲士們衝出來，提彌明赤手空拳，上前抵抗被甲士砍死，情勢萬分危急。可是過了一會兒，趙盾感到背後的喊聲越來越遠，回頭一看，發現甲士群中有一個高大的壯士掉轉戈頭，奮力阻擋其他甲士，那些甲士敵不過他，紛紛退去。又過了一會兒，壯士趕上來，趙盾問他為什麼救自己，壯士保護著趙盾出宮，然後伏身便拜道：「小人就是翳桑那個飢餓將死之人啊！」趙盾追問他的住處，靈輒不望報答，沒有告訴他便從另一條路逃走了。

這時靈公派甲士到處搜捕趙盾，趙盾一時無處藏身，便逃出國都。靈公和趙氏的衝突已正式爆發，國內處於內戰邊緣。可是趙氏徒黨勢大，靈公根本不是對手。乙丑日，趙盾的親信死黨趙穿率人攻入桃園，殺死靈公。此時趙盾並沒有走遠，他當然知道這場搏鬥的結局如何，聽說靈公已死，便立刻返回國都，主持國政。

晉國的太史董狐認為靈公被殺，責任應在趙氏族黨的領導人趙盾，所以在史籍《乘》上記下「趙盾弒其君」的斷語，然後拿到朝上宣布。趙盾矢口否認，說事實不是這樣。董狐當場質問道：「您身為正卿，逃亡卻不越國境，回朝卻不懲罰兇手，不是您又是誰呢！」

趙盾當然無法解釋自己的行為，沒有辦法，只好自我解嘲地說：「唉，《詩》有之：『我懷戀故土，卻因此而憂愁』，這說的正是我吧！」不久，趙盾又派殺害靈公的兇手趙穿到周迎回晉文公之子公子黑臀，立為國君，他就是晉成公。

趙盾殺靈公立成公，權勢更盛。接著又擴大趙氏族黨，利用禮制確保族黨的地位。驪姬之亂後，晉國規定不立公子為卿，因此晉國沒有宗室公族。成公即位後，趙盾建立新制度，凡是卿的嫡長子應受封田邑，立為「公族大夫」，卿的其他嫡子立為餘子，庶子為公行，即掌率公家軍隊（戎行）。從此，晉國就有了所謂「公族」、「餘子」、「公行」等官職或貴族等級。

新制度確立後，趙盾立即請求成公任命自己的異母弟弟趙括為公族大夫，說：「他是趙姬（文公女，成公姐）的愛子，若不是趙姬，我還是個狄人呢！」成公同意。趙盾讓趙括統領趙夙以來的趙氏宗族，繼承趙夙的家業，自己只作為旄車之族，聲明自己是餘子。事實上這只是一個藉口，趙盾家族的勢力並未削弱，這做法的目的是擴大了趙括一族，使趙氏形成兩個公族，黨羽勢力更大。

從此，異姓卿大夫成為公族大夫，晉國公室更加衰弱。

西元前五九九年，趙盾去世，兒子趙朔繼承了爵位，他的夫人是成公的妹妹，景公初年任下軍主帥。顯然，趙盾的兒子仍然擔任卿，是公族大夫，趙盾家族的地位並未降低。

晉景公十二年（西元前五八八年），晉國重新組建六軍，韓厥、趙括、鞏朔、韓穿、荀騅、趙旃為卿。六卿之中趙氏占了兩個，勢力達到巔峰。不過隨著其他公族大夫勢力的發展，趙氏獨掌政權的局面已大大改觀。

不久，趙氏宗族內亂，幾乎絕了祭祀。

晉景公十二年（西元前五八八年），趙盾的弟弟趙嬰齊和趙朔之妻莊姬（即成公之妹）私通。哥哥趙括、趙同非常氣憤，要放逐趙嬰齊到齊國。趙嬰齊辯解說：「弟弟在晉國，欒氏才不致發展起來，我若不在，二位哥哥可就要有禍患了。況且人各有所能，有所不能。弟弟雖然淫亂，卻能讓莊姬保護趙氏。你們放過弟弟這一次怎麼樣？」趙括、趙同不聽。莊姬知道後，對趙括、趙同十分不滿。她來到宮中，報告景公說：「趙括、趙同將要叛亂。」長期以來一直暗中和趙氏爭奪權勢的欒氏、郤氏附和莊姬，作證說莊姬所言確有其事。晉景公便下決心除掉趙氏。

傳說晉國當時有屠岸賈，此人曾得到靈公的信任，對趙盾、趙穿結黨弄權早就不滿，此時擔任司寇，掌管司法大權。得知有人告發趙氏便來見景公，要求追究靈公被殺的責任，對景公請求說：「靈公被弒，趙盾雖未親自動手，可仍是首惡。臣下犯上弒君，沒有受到應有的懲罰，其子孫仍在朝當權，請求誅之！」景公看到有莊姬為內應，有欒、郤族黨的支持，下決心採取行動。

六卿中的韓氏與趙氏親近，韓厥得知景公要採取行動，暗中找到趙朔，勸他快點逃，趙朔不肯，卻對韓厥說：「事已至此，逃也無益。只有一件事請求您幫助，那就是請求您一定要保護我們趙家，不要讓我子孫祭祀斷絕，您若答應，我就是死了也不遺憾了！」韓厥答應了。

不久屠岸賈率人攻入趙氏下宮，將趙朔、趙同、趙括及趙氏族黨全部殺害。

莊姬懷有身孕，逃到景公宮中。趙朔的門客公孫杵臼碰到另一黨羽程嬰，問道：「為什麼沒有殉難？」程嬰道：「趙朔有遺腹之子，如果幸運是個男孩，我要奉他為趙氏之後。若是女孩，再死不遲。」後來，莊姬果然生了一個男孩。屠岸賈聽到風聲，派人進宮搜捕。莊姬把嬰兒藏在褲襠中，用裙裳遮住，暗暗禱告蒼天：「老天若是滅亡趙氏，你就哭；若保佑趙氏，你就別出聲。」不知什麼原因，嬰兒竟沒出一點聲響，這才躲過一場大難。

當晚，程嬰找到公孫杵臼，說：「這次搜索不到，他日還會再來，怎麼辦？」公孫杵臼沉思良久，突然問道：「立孤和殉難哪個更難？」「當然是死容易，立孤難了。」程嬰感到莫名其妙地答道。看著程嬰滿臉狐疑的神色，公孫杵臼說：「趙氏對你不薄，那麼就請你勉為其難者，而我為其易者，請先死。」

二人祕密取他人的嬰孩，裹在繡有花紋的襁褓裡，藏在山中。這天，程嬰來到公堂，舉報趙氏孤兒的下落：「我程嬰無能，不能立趙氏孤兒，誰給我千金，我就告訴他趙氏孤兒的藏身之處。」然後，程嬰帶著有司的人來到公孫杵臼和假趙孤藏身之處，公孫杵臼指著程嬰破口大罵：「你這個小人！昔日下宮之難沒有殉節，我倆一起保護趙氏孤兒。可如今你卻出賣我，還忍心出賣這個可憐的嬰兒！」說罷，抱著嬰兒仰天高呼：「蒼天，蒼天！趙氏孤兒何罪？請讓他活下去，殺了我一人吧。」兵將不許，驗明正身，把公孫杵臼和嬰兒一起殺害。

後來程嬰偷偷把趙氏孤兒隱藏在更安全之處。

若干年後，景公生病，派人占卜，卜辭說：「大業的後人有難而死，冤鬼作祟。」景公便問韓厥，韓厥也知趙氏遺孤尚在，又憶起趙朔託付自己的話，便對景公說：「大業的後人在晉國絕滅的，只有趙氏。趙氏滅絕，國人哀痛，希望君能考慮。」景公似有所悟，又問道：「趙氏還有後人子孫活在世上嗎？」韓厥看時機已到，便把實情相告。

於是，景公下令宣召趙氏孤兒入宮面君。

此時趙孤已是英俊的少年，名叫趙武。接到君命，與程嬰一起進宮面君。景公讓趙武拜見卿大夫，卿大夫們見景公有意復興趙氏，便紛紛指責屠岸賈：「當初下宮之難，都是屠岸賈策劃的，他矯稱君命，讓我們去幹，不然，誰敢作難哪！若非吾君身體欠安，我等群臣正打算請求立趙氏後人呢。如今君有明命，我等衷心擁護。」景公便命趙武、程嬰拜謝卿大夫，然後下令滅屠岸賈族，把趙氏田邑封還給趙武，讓他繼承趙氏。

趙武二十歲時，舉行了盛大而隆重的冠禮即成人儀式。席上，程嬰起身向諸大夫告辭，然後神色莊嚴地對趙武說：「當初下宮之難時，趙氏族人和門客朋黨都能殉難，我程嬰不是不能死，只是一心想著擁立趙氏之後。如今趙氏已立，我主也已成人，恢復了家業爵位，程嬰也算完成了使命，可以下赴黃泉，對趙宣孟（盾）和公孫杵臼先生有個交代了。」

趙武聽到這番話，慌忙跪下叩頭啼泣，堅決請求說：「趙武願捨身報答先生，至死不變！先生怎麼忍心離我而去呢？」

程嬰也流下了淚水：「公孫杵臼先生相信我能成就大事，所以他先我而去。如今我不有個交代，他還以為我的事沒有完成呢。」

程嬰到底實踐了對公孫杵臼的諾言，自殺而死。趙武為他服喪三年，建立祭邑，年年祭祀。

晉平公時，趙武任正卿，死後謚文子。至其孫趙鞅、趙簡子時，趙氏再次獨掌政權，並與范氏、中行氏進行了長期的宗族鬥爭，勢力越來越大。後來他的兒子趙襄子與韓、魏、知氏聯合，趕跑了晉出公，使晉出公死在外面。然後他又與韓、魏兩家一起滅掉知氏，三家分晉，大勢已成。西元前四〇三年，周威烈王冊封趙襄子之孫趙烈侯為諸侯，韓、魏兩家也同時被封為諸侯，三家分晉完成，歷史邁入了戰國時代。

「重人」爭權

朝廷上拔劍相迎不能取勝，反而要請市井屠夫做刺客以求得逞。

從西元前五世紀中葉開始，列國進入戰國階段。所謂戰國，是指趙、魏、韓、秦、齊、楚、燕七雄之間互相爭戰的歷史時期。這個階段與春秋時期的一個顯著區別，就是兼併統一戰爭代替了爭霸戰爭，七雄之間的戰爭是你死我活的生死搏鬥，其目的是置對方於死地，而不像春秋時期那樣，僅僅以訂立盟約、維持均勢與和平為目的。春秋時期有大國和小國，大國滿足於爭當霸主，小國貢獻方物，樂得苟安，均勢和平衡成為時代的主題。戰國初年，齊、魏也曾一度繼續爭當霸主。但很快地，秦、楚開始強大起來，相較之下，長期的平衡被瞬息間的變化所打破，諸侯勢力此消彼長，七雄成為匹敵之國，勢均力敵，互不相讓，傳統的霸政已經過時，與之相應朝聘禮讓的外交模式也一去不復返了，伴隨著殘酷劇烈戰爭的是策士外交和陰謀詭詐之術的氾濫。

春秋戰國之世是中國社會由分封制走向郡縣制、世卿世祿制走向官僚政客制、宗法家族政治走向集權國家政治轉變的跳躍發展時期，或者說是由區域王國的文化中國走向統一帝國的政治中國的關鍵時期。促使這個進步，或者說是跳躍的契機，就是戰爭。

為了在戰爭中加強國力，列國的當權者，不論是公室的君主還是私家大夫，都紛紛招攬人才，委以重任。這麼做勢必會打破世卿世祿的宗室親貴壟斷政權的傳統體制，繼而建立新的官僚制度。他們還在新占領的土地上發展直屬於中央政府的郡縣制，不斷縮小國內由分封制形成的大小貴族采邑，以便加強中央對地方的控制。

隨著步兵和騎兵這些新兵種，以及新式作戰方法的引入，傳統的車戰形式便不得不退出歷史舞臺，與車戰相對應的貴族武士自然也就失去了軍事上和政治上的特權和優勢，特別是農民大量補充到軍隊中去，也就使得他們有可能透過軍功陞官致富，成為新生社會制度的基礎力量。戰國時代，統一與集權成為了列國政治的目標，忠君、愛國、耕戰、富貴則成為臣下行動的準則。

隨著君主集權的強化，官僚體制的建立，新與舊也呈現出錯綜複雜交織在一起的局面，朋黨之亂也表現出新的特色。當時齊國的稷下學者和申不害、韓非之流曾認真總結了歷史的經驗教訓，形成一套對付朋黨的理論和方法，為新興中央集權的封建君主提供了理論武器，同時也從反面說明了戰國時代朋黨之亂十分嚴重。由於官僚體制尚在孕育形成之中，官僚朋黨還沒有構成主要危險，對中央集權威脅最大的，仍是舊時代遺留下來的親貴勢力，他們有的是國君的親近「重人」，有的是世襲的「封君」，有的在朝中爭權奪勢，有的割據一方，不論是哪一種，他們都招攬門客形成黨羽，小的勢力可以干擾國政，橫行鄉里。大的勢力則能裡通外國，專斷朝綱，成為與中央政權和集權體制相抗衡、瓦解統一的一股勢力。

這時期的朋黨與以前的不同之處在於，從前的朋黨幾乎完全是由宗族血統網絡相連而形成，這種情形可以稱為族黨，例如魯國的三桓，齊國的崔、慶，晉國的六卿，楚國的若敖等等，都是以血緣為紐帶結黨營私，與國君的公室對抗。戰國時代，「重人」、「封君」有些雖然在血統上與國君同出一室，但他們的黨羽卻打破了血緣的界限，門客、食客、舍人已不僅僅侷限在家族之內，而是包括了社會上的三教九流、各個階層的自由人等，群族內容極為複雜，而從此形成的主體就是所謂的「士」。

士在春秋時代還屬於貴族，是貴族中最末的一等。按照宗法制和分封制的原則，諸侯國君的兒子，除了太子繼承君位以外，一般封為大夫；大夫的嫡子選一個立為太子，繼承大夫之家，其餘的兒子便成為士，從小受到嚴格的訓練和教育，成為大夫之家或諸侯國軍政合一體制的中堅力量。春秋時代，由於禮崩樂壞，舊的社會制度解體，士作為貴族所賴以生存的條件已經破壞。過去，他們從小受貴族教育，從識字啟蒙開始到禮、樂、詩、書、射、御的全面培訓，慢慢成為貴族國家的文武人才。但現在隨著世卿世祿制的瓦解，平民從軍的盛行，官僚職業的開放，社會已不再需要善於駕車射箭、周旋揖讓、出口成章的貴族了，舊時代的文武全才成了新時代的無用之人，他們處在迅速分化之中，有的下降為庶人，有的從事其他事業，成為適應新時代需要的新型專門人才。除了士以外，過去的一些大夫，有些在沒落後也成為士，有的大夫甚至下降成為庶人。

另一方面，士與貴族已經失去必然聯繫，這替平民經過學習升為士打開了一道大門。舊時代「學在官府」，只有士以上的貴族才有權享受貴族國家壟斷的教育。現在，國家文化教育機構遭到破壞，國家的文化學術人才不斷流失，資料典籍散落各地，國家的菁英文化難以保全，卻使社會甚至周邊少數民族得到了發展文化教育的機會，私人辦學不但興起，不分種族等級都可受教育，有教無類的口號也逐漸產生。如此一來，不管出身貴族還是平民，不管是華夏人還是夷狄，只要有條件，都有可能透過學習獲取一技之長，成為受人尊敬的新社會的有用之才，也就是士。

戰國時代的士早已不是貴族，而是各類專門人才的統一稱謂，甚至是一般普通男子的稱呼。當時的士有武士、文士、吏士（低級官吏）、技藝之士（手工業者）、商賈之士（商人）、方術之士（卜筮相面、風水神仙等）。還有一些特別的士，如勇士，指有勇力的士卒或刺客、俠客，有的充當私人打手；再如廝養士，即是替人砍柴養馬，從事雜務賤役之士；還有車士，指以力輓車的人。如此等等，不分高低貴賤，只要有一技之能者都可稱為士，繼而得到任用。

另一方面，士為了施展才幹獲取生活所費，一定要投靠主人得到任用，而「士為知己者用」就成為這群「新型士」人的性格真實寫照。在當時，許多士人聚集到有勢力的封君、重人等大人物的門下充當食客，兩相結合就形成了獨特的戰國朋黨集團。而在這種新舊兩種勢力相結合的基礎上，上演了一幕幕驚心動魄的歷史活劇。

戰國時的韓國是三家分晉後出現的，傳說祖先與周同姓，春秋時為晉國六卿之一。晉景公時韓厥曾清除屠岸賈之黨，幫助趙氏孤兒趙武恢復趙氏基業。進入戰國時代，各諸侯國紛紛變法改革，廢除公族世卿世祿制，建立新的官僚體制。但是，韓國改革不徹底，舊勢力依然強大，公仲、公叔就是韓國親貴大臣，他們長期掌握政權，結黨營私，互相爭鬥，無所不為。韓國的「重人」和宰相之間長期進行明爭暗鬥，甚至釀成多次仇殺大臣，弒君犯上的事件。

戰國前期，韓傀擔任相國，嚴遂卻成為國王的「重人」，兩家勢力發生矛盾鬥爭。嚴遂有國王撐腰，有一次竟在朝上當面斥責韓傀，韓傀乃國王宗室大臣，當然絲毫不相讓，與嚴遂大吵大嚷。嚴遂性情暴烈，突然拔出佩劍刺向韓傀，幸而被衛士攔住，避免了一場朝中流血事件。事後，嚴遂害怕韓傀加害，便逃離韓國，四處遊歷，廣招黨羽，同時暗中訪求勇士，伺機對韓傀進行報復。

嚴遂來到東方的齊國，聽說有個名叫聶政的勇士，曾因傷害人命，逃避仇家的追捕，和母親、姐姐躲在齊國，他本人充當屠夫，以賣肉為生。嚴遂找到聶政住處，暗中接近聶政，幾次三番向他表示好意。聶政似乎一心只在賣肉，從不輕易與人相來往。嚴遂後來幾次上門求見，才得到聶政的接待。

這天，嚴遂帶著厚禮來到聶政家，見聶政身材偉岸，面容冷峻，心中不免有幾分敬畏，剛想上前表示恭敬，卻聽得聶政冷冷問道：「先生此番前來舍下，莫非是有事求我？」嚴遂聽罷，臉上現出尷尬的神色卻又立刻掩飾住，虛情假意地裝出大度的氣派，說道：「在下為先生服務的日子太短，雖然倒是有些個小事，但哪敢勞動先生大駕！」聶政明知嚴遂是無事不登三寶殿，但既然嚴遂沒有說出來，他也只作不知。

一天，嚴遂讓門客備好酒饌，親自上門請聶政全家飲酒。酒過三巡，他捧出百鎰黃金（二十兩為一鎰），親自躬身獻上，為聶政的老母祝壽。古代貴族飲酒，席間經常互贈禮物，以結友好。但一下子送百鎰黃金，這禮畢竟太重。聶政吃驚地望著嚴遂，本來微笑的臉上又恢復了嚴肅，他責怪嚴遂的禮物太厚重，難以接受，並堅決表示辭謝。嚴遂卻不依不饒，堅持要送。聶政不得已，只好作色道：「聶政上有老母，家境雖然貧寒，如今流落到此，殺狗賣肉當了屠夫，但早晚卻可以有些餘肉孝敬母親，養活老母是我聶政的職責。無緣無故接受先生的厚賜，這在道理上是說不通的！」

這時，嚴遂的隨行親信從旁插言道：「我家主人因為有仇人相逼，無奈，才流亡齊國。自從到了齊國後，聽說先生講義氣，重友情，才慕名而來，如今又斗膽直接進獻百金，作為老夫人的生活費用，希望能得到先生的歡心，可不是有什麼事求先生才這樣做的。」

聶政聽罷，神色不改，仍然冷冷地說：「聶政之所以收斂志氣，委屈身體，隱居在市井之中，只以奉養老母為幸事。只要老母健在，聶政不敢答應任何事情，請先生收起禮物，回去吧！」看到聶政態度堅決，句句在理，嚴遂只得顧全賓主之禮，然後依依不捨地離去。

後來，聶政的母親去世了，聶政含淚安葬了老母，服滿了喪期，憶起當初嚴遂禮賢下士，想與自己結交友誼之事，不禁感慨萬千：「唉！想我聶政，乃是市井之人，操刀殺狗為業，那嚴仲子（遂）身為諸侯的卿相，是何等高貴之人！他不遠千里，驅車騎馬來結交我，但我對他卻太冷淡無禮了。我在世上，沒有什麼功勞可以誇耀，他卻奉百金為我老母祝壽，這知遇之恩是何等的深重啊！像他這樣的賢者，為報仇雪恨，而對我這個市井窮巷之人竟如此親愛信任，聶政啊，你怎麼能繼續沉默下去、無動於衷呢？當初他邀我，可我只因老母在堂，姐姐未嫁，不便遠遊，如今老母已經樂盡天年，姐姐也已成家，我將為知己者用！」

聶政離開齊國西行，來到嚴遂的住地，衛國的濮陽（今河南濮陽西南），求見嚴遂。見到嚴遂，聶政二話沒說，直接請求任務：「從前聶政之所以沒有答應先生的請求，是因為老母在世，如今老母不幸去世，我已無牽掛，請問先生的仇家是誰，請允許我作為先生的屬下去完成這個任務！」

嚴遂大喜，不客氣地說：「我的仇人是韓國的相國韓傀。此人是韓王的叔父，宗族強大，黨羽眾多。他的駐地兵衛設置嚴密，我曾派人去刺殺他，卻未能成功。如今先生不嫌棄嚴遂，真是萬幸！我要派車騎壯士作為先生的助手。」

聶政卻說：「衛國距韓國不遠，此次是刺殺國相，又是國君的親屬，不可用很多人，否則事成之後，人多難免沒有被俘而走漏風聲的，那樣的話，韓國就會舉國與先生為仇，那不是更危險了嗎？」說罷，當即辭別嚴遂，獨自一人仗劍前往韓國。

正巧韓國君臣在東孟（今地不詳）大會，韓傀坐於高臺之上，旁若無人，周圍戒備森嚴。聶政卻毫不畏懼，面不改色，徑直沿階而上。左右以為是傳令官，視而不見。只見聶政來到韓傀面前，突然抽劍直刺韓傀將他刺死，左右群臣都嚇傻了。這時聶政大聲呼喊，揮劍擊殺衛兵數十人，當更多的兵士擁上來時，只見聶政用劍劃破自己的臉皮，挖出眼睛，剖開自己的腹腔，腸子瀉出死在高臺之上。韓國將他的屍體曝於市場懸賞千金，請人辨認。過了很久仍無人知道是誰。

韓傀被刺殺的消息不脛而走，很快傳遍了各國。聶政的姐姐聽說後，知道這是自己的弟弟幹的。她自忖道：「弟弟死得這麼壯烈，我可不能因為愛惜自己的生命，而埋沒了他的英名！」於是她便來到曝屍的市場，伏屍痛哭，極其哀慟，邊哭邊對周圍的人大聲說：「這是我的弟弟，軹深井裡的聶政啊！」圍觀者聽了都驚駭不已，有個好心人上前勸道：「這個人殺死了韓國宰相，現在懸賞千金購買他的姓名，好治他九族的罪，夫人沒有聽說嗎？怎麼還敢來認屍呢？」聶政的姐姐卻仍大哭道：「你多麼勇敢啊，弟弟！又是多麼高尚啊！超過了古時的勇士！如今死了，寧願自毀面容，不顯其名。父母都已去世，又沒有兄弟，你這樣做都是為了保護姐姐我啊！姐姐怎麼能因為愛惜自己的生命而埋沒了你的英名呢？」說到這，聶政的姐姐連聲大呼蒼天，隨即在聶政屍旁自殺。

聶政姐姐市場哭弟，使聶政揚名天下，直到今天，她的英勇壯烈和弟弟的行為一樣，震撼人心，催人淚下。士為知己者死，勇氣固然可嘉，但不問情由，義氣當先，白白做了朋黨爭鬥的犧牲品，他們的死，於人民、於社會，又有什麼益處呢？盲目的任俠使氣，無疑是愚昧的表現。

田文養士

雞鳴狗盜之徒、狡兔三窟之計，豈能保主人家道昌盛？

西周初年，姜太公封於齊國。齊為姜姓之國，春秋時代屢遭宗族黨亂，宗室衰弱。崔、慶之亂後，田氏（即陳氏）興起。田氏的祖先是陳國公室，陳國內亂，公子陳完逃到齊國避難，受到齊桓公的禮遇，被任命為工正，主管官府手工業。他的後代日益強大，逐漸成為與國、高、鮑等強宗大族抗衡的新興勢力。後來田常（陳恆）殺掉齊簡公，任國相，實行田氏專政。西元前三八六年，田常之孫田白正式被周天子冊封為諸侯。西元前三七九年，姜齊的最後一個國君齊康公過世，姜齊的祭祀被廢除。此後，齊國就成為戰國時代的田齊了。

戰國時代，齊國在威王和湣王的時代，因齊、宣王辟強而一度強大。西元前二八八年，齊湣王稱「東帝」，與自稱「西帝」的秦昭王遙遙相對，齊國成為東方大國。但就在這個強大時期，封君大臣朋比為奸之事仍史不絕書。大貴族田嬰、田文父子養士的故事就是典型的例證。

據說田嬰是齊威王的兒子，宣王的庶弟。事實上，他是上代王室的公子，至少與齊威王輩分相當，威王時已經擔任相國，主持國家政務，並且曾與鄒忌、田忌等率軍伐魏救韓。宣王時，又與著名軍事家孫臏、田忌一起打了一場神話般的馬陵之戰，擒獲魏國太子申，殺死魏軍主帥龐涓，立了大功。後來奉命出訪韓、魏等國，恢復同盟關係，取得外交勝利。宣王九年（西元前三一一年）再次擔任齊相，陪同齊宣王與魏襄王會盟徐州（今山東微山一帶），加強了兩國之間的聯盟。

齊、魏結盟，目的是為了防止楚國的進攻。楚威王得知後，對徐州會盟極為不滿，立即派軍隊攻打徐州，齊軍吃了敗仗。楚威王派人到齊國，強迫齊宣王驅逐田嬰。田嬰得知後，立即派手下辯士張丑到楚國遊說，取得成功，楚威王停止倒嬰活動。

齊湣王即位後，封田嬰於薛城，即徐州。楚國得到消息，甚為憤怒，以為齊國有意派大臣駐防邊境與楚對抗，便又興師伐齊。田嬰又派遣手下策士公孫閈前往楚國進行遊說。公孫閈到楚國見到楚王後，向他分析了田嬰封薛的利害關係：「魯、宋兩國已經臣服於楚國，而齊國卻沒有，大王知道為什麼嗎？這是因為齊國大而魯、宋小的緣故。大王只知占魯、宋弱小國的便宜，卻不知道齊國強大給楚國帶來的麻煩。如今齊國割裂自己的土地分封大臣田嬰，這正是它自我削弱的機會，對楚國極為有利，望大王不要阻止。」這段話曾被當時的策士們奉為雄辯的傑作，其實它不過說出了實際的利害關係，利楚而不利齊，楚國自然滿意這樣的解釋，立刻打消了出兵的念頭。

田嬰受封後，果真打算在薛地修築城堡作為長久之計，門客徒黨紛紛勸諫，阻止他這麼做。田嬰卻已打定主意，明令門者，任何諫者求見都不予通報。這時門客中有位齊人來到相府門前對門者說：「我請求允許只說三個字，多一個字，甘願受刑煮死。」門者覺得這位諫者實在莫名，便進門報告了田嬰。田嬰也覺好笑，下令引這位門客上堂，要聽聽他究竟是何說法。只見門客進來後疾步近前，伏身下拜，大聲說：「海——大——魚！」

門客的話像唱歌，左右忍不住偷偷發笑，田嬰莫名其妙，一時沒有反應過來。只見那門客拜了兩拜便扭頭就跑，田嬰急了，喝令左右攔住門客：「讓他繼續說！」

「鄙臣不敢拿死當兒戲。」門客伏在地，偷眼看了看主人。

「我不怪罪你，快說！」田嬰有點不耐煩。

門客這才起身，大展辯才：「相爺聽說過大魚的故事嗎？漁網不能打住牠，釣鉤不能牽引牠，可一旦因為放肆無忌而離開深水，那麼就連螞蟻都可把牠當作美餐來享用。如今齊國之大，正是相爺的海水，相爺有齊國為深水，何必還要經營區區一個薛邑呢？與齊國相比，您就是把薛城修築得與天一般高也是無益的。」

田嬰聽了這番話，便打消了築城的念頭。

其實在薛地築不築城並無多大影響，只不過門客們都想在齊國發展，不願隨主子到薛邑這樣的小地方去，他們阻止田嬰在薛邑築城，只是為了預防田嬰急流勇退，壞了大家的前程。由此看來，朋黨發展到一定程度，就連主子也會身不由己，無可奈何。手下那麼多門客，哪個不想靠著這棵大樹好乘涼呢？怎麼能讓主子說放棄就放棄？歷史上許多政治人物，本有自己的理想和抱負，但卻無法實現，因為他處在朋黨之爭的嚴峻形勢下，必須優先照顧擁護者們的利益，而這些利益卻往往與社會改革和發展相互牴觸，這就是朋黨時代某些政治領袖人物的悲歌。

田嬰有四十多個兒子，其中有個叫田文。田文的母親是田嬰的一個賤妾，也就是奴僕，一度得到田嬰的寵幸。田文出生時，田嬰認為時辰不吉利，曾逼著田文的母親把這個孩子扔掉，但做母親的怎麼捨得丟下自己的兒子呢？她便偷偷地把小田文養大。田嬰兒子多，再加上田文母子地位低賤，沒有人會注意他們，所以才得以活下來。等田文長大了，母親才設法透過自己的兄弟，也就是田文的舅父，帶領他去見他的父親田嬰。田嬰得知後很生氣，板著臉孔對田文的母親說：「我要妳扔掉這個孩子，妳膽敢讓他活下來？」

田文上前叩頭替母親謝罪，然後大著膽子問道：「父親為什麼因兒的生辰而要將兒扔掉呢？」

田嬰見面前的田文很機靈，氣消了一半，遲疑了一下說：「這個日子生的孩子長大了會和門一樣高，對父母不利。」

「人生在世，是受命於天呢，還是受命於門呢？」田文仍跪在地上，緊接著問道。

田嬰無話可答。

田文又接著說：「若是受命於天，父親何必憂愁呢？若是受命於門，那就把門戶加高，誰還會跟著門長呢？」

「唉！好了好了，你去吧！」田嬰只好揮了揮手，把田文母子請了出去，也沒有對他們治罪。

又過了許久，田文拜見父親，給父親請安，看到父親比較閒適，便突然問道：「父親，兒子的兒子是什麼？」

「孫子。」田嬰回答。

「孫子的孫子是什麼？」田文又問。

「玄孫。」田嬰接著答道。

「玄孫的孫子是什麼？」田文再問。

「這……這……，這我怎麼知道？」田嬰不知道兒子要說什麼，開始顯得有些不耐煩。

田文這時認真地說：「父親掌握齊國政權已經歷了三王，齊國的領土沒有擴大，我們家裡的財富卻累至萬金，而門下卻不見一個賢能之人。兒聽說，將之門必有將，相之門必有相。如今父親的後宮諸人身穿華麗的綢緞，長以至曳地，可是貧士卻穿不上粗布短衣；您的僕人婢女有吃不完的細米肥肉，而有才之士卻連糟糠都填不飽肚子。您不但不明察這一切，反而不遺餘力地積聚金財，也不知要將它們留給何人。這樣做不是忘了國家大事嗎？兒以為這樣是不對的，請父親三思。」

兒子的一番話雖有些刺耳，但田嬰聽了心裡不覺一動：「是啊，眼前雖有錢財，哪能保得住子孫後代永遠擔任相國呢？要是趁著自己在位，禮賢下士，廣招賓客，發展勢力，那不是更好的打算嘛。」想到這，他開始喜歡起面前這個頗有心計的兒子了。

從此，田嬰開始讓田文主持接待賓客的工作，結果門客越來越多，田嬰的名聲也越傳越遠，各諸侯國沒有不知道田嬰名號的。田文也因為幫助父親廣招黨羽身價不斷提高，田嬰的勢力越大，田文的實際地位就越高，因為田嬰家的賓客人才主要掌握在田文手裡，以致列國諸侯甚至派人來訪，請求薛公田嬰立田文為太子，田嬰也發覺只有田文能讓齊國的相位留在自己家裡，便決定立田文為太子。

田嬰死後，謚號靖郭君，田文繼承薛公的封號爵位。

田文來到薛邑，招攬各諸侯國的士人，不論出身等級，哪怕是畏罪逃亡的奸人俠客，只要有一技之能都予接納。田文捨得花錢結交賓客，他深知只有錢財是遠遠不夠的，錢財再多也會有揮霍殆盡的時候，沒有人才，偌大的家業就會無人管理，遲早要賠掉，更何況自己還要執掌齊國政權呢！

田文招攬人才很有成就，一時傾動天下之士，食客達幾千人，不論貴賤都和自己有著相同待遇。他與賓客談話時，屏風後有史官侍候，記錄談話內容，特別當他問到賓客親友住處時，更是要求記載準確詳細。門客離開後，便派人走訪那些親友居所，贈送禮物表示慰問。

有一次田文招待賓客共進晚餐，有一個人距燭火較遠，看不清別人的飯菜，誤以為每個人的飯菜是分三六九等的，自己的一份最差，席間停止進餐，憤然起身向田文辭行。田文得知原委，立刻起身端著自己的飯菜追出去讓這個賓客看，門客發覺田文的飯菜與自己的一樣，慚愧得無地自容，回到住處就自刎而死。田文的門客不分貴賤，都受到優待，人人都認為主人與自己最親近。

田文結交士人的方法很多，士人也都想盡辦法為他服務。有個叫夏侯章的士人得到田文贈給的四匹馬和一百人的生活費用作為報酬。但他卻經常誹謗抨擊田文，惹得其他門客義憤填膺，紛紛到田文那裡去告狀。不料田文聽了並未生氣，只是不斷安慰這些告狀的人：「我已經盡我所能對待他，他不會害我的。請大家不必再提這件事了。」

齊人繁青看田文如此寬厚為懷，便把一腔怒火轉向夏侯章。他來到夏侯章的住處質問道：「吾主對你如此優厚，為何還要害他？」

夏侯章笑了，對繁青說：「先生有所不知。薛公尊貴不如諸侯，卻能用四匹馬和百人之食作為我的生活之資，我豈能不受感動？只可惜我未立寸功來報答如此重祿，只好用『誹謗法』來立功啊。先生可知，薛公之所以成為寬厚長者，是因為有我罵他的緣故啊。我是用自己的全部身心來報答他，豈止是言辭呢！」

繁青聽了大驚，連連拜服，此後再也不提告狀的事了。

還有一次田文與三位年長的門客閒坐，他問道：「希望能聽到三位先生的善言，以補我的缺失。」其中一人忙說：「君若有不得意的諸侯，他敢侵凌君，我請求以我的鮮血濺他的衣襟（意謂刺殺）。」原來他是一位勇士。

第二個門客接著說：「只要我的車輪所到之處，我就能掩飾君的缺點，宣揚君的長處，使千乘之國的國君、萬乘之國的宰相都爭著要得到君，惟恐不及。」這位門客看來是位出色的辯士。

第三位門客說：「我願用君府家庫財物收天下之士，能為君決疑定策，應付倉猝之變。」這位先生竟也是一位伯樂。

田文為了自己的長遠利益，十分保護手下黨羽。他做相國時，有個門客與齊湣王的妃子私通，有人將這件事匯報給田文，並且建議說：「這個門客與妃子私通，太不道德了，殺掉算了。」

田文沉吟片刻，對告狀的人說：「看到美貌的女子而產生愛慕之情，這是人之常情嘛，不必管他，今後也不要再提這件事。」

一年後，田文把那個與王妃相愛的門客召來，對他說：「先生與我相處這麼久了，大官也沒有做上，小官又太委屈你了。現在正好有個機會。我在窮困未發達時就和衛國國君相交為友，現在我替您準備好了車馬和鹿皮束帛等禮物，希望你帶著這些東西到他那兒去做官。」這個門客便帶上這些禮物走了。到了衛國後很快受到重用，成為衛君的親信。

後來，齊、衛兩國一度關係緊張，衛君甚至想約合天下諸侯之兵進攻齊國，這個門客對衛君說：「齊相薛公不知道我本是個不肖之人，因為我欺瞞了他，反倒推薦我到衛國來，他的恩情多麼深厚啊！況且我聽說齊、衛兩國先輩君主曾經殺馬宰牛，歃血為盟，立下誓言：『齊、衛後代勿相攻伐，有違犯此盟者，與此馬此牛同樣下場。』您約合諸侯進攻齊國，這是違背了先君的誓辭而欺負薛公啊。希望君不要再打齊國的主意。君若聽臣此言則可，不聽，臣將以一腔熱血濺君衣襟！」衛君看到這位門客態度堅決，忠心可嘉，便只好作罷。

事後，齊人得知衛國曾發生了這樣一件事，都佩服田文有「轉禍為功」的本領。其實，這種蔑視君主權威，包庇縱容門客的本領，正是朋黨政治的一個生動表現。

然而，田文「禮賢下士」也有過不情願的時候，個人的好惡有時也會表現出來。有一次他對一個門客感到厭惡，想把他趕走，正巧齊國的義士魯仲連來見田文。魯仲連向來替人排憂解難，看到田文正為一個門客感到苦惱，便對他說：「猿猴雖然靈活，能乘著木頭下水，但還是不如魚鱉更習水性，至於歷險度危，騏驥雖然俊美，卻不如狐狸更狡猾。魯國的曹沫僅以三尺之劍，就可劫持齊桓公，逼他訂立盟約，強大的齊國軍隊拿他沒辦法，假若讓曹沫放下三尺劍，操起農具去種田，他肯定不如農夫。所以，任何事物若捨棄其所長，使用其所短，那麼就是像堯那樣的聖人也有所不能啊。所以用一個人，當他還沒有顯示出他的能力就斷定他沒有出息；教育一個人，當他未學會，便宣布他愚不可及，因此拋棄他，把他趕走，這些人到了別國，反過來想進行報復的時候，才能反倒就在這時表現出來。這難道不應引以為戒嗎？」田文聽罷，拱手拜謝，同意不再趕走那個門客。

當時各國客觀上存在著爭奪人才的嚴峻形勢，私家朋黨惟恐失掉門客，田文之流即使對某些旗下門客不十分滿意，甚至針對某人感到厭惡時也會忍耐、克制，努力維持禮賢下士的形象。

田文的名聲遠播天下，許多諸侯想邀請他作自己的大臣，以利用他的威望招攬天下人才。秦國多次向他表示意願，據說秦昭王聽說田文賢明，便派秦國的大貴族涇陽君到齊國親自邀請他赴秦。田文非常高興，欣然接受，準備啟程入秦。門客們紛紛勸阻，來到門前請願的多達千人。這時著名的縱橫家蘇秦正在齊國遊歷，他因而了解秦國，不願讓田文冒險入秦，便來勸田文取消入秦的決定。田文不見，說：「人事我已經都知道了，不知道的只有鬼事，除非蘇秦先生來和我談論鬼事，否則不見。」

蘇秦對傳令官說：「請稟告薛公，蘇秦今天拜訪，就是專門來談論鬼事的。」

田文請蘇秦入見，寒暄過後便不作聲了，想看看蘇秦如何談論鬼事。蘇秦不緊不慢，胸有成竹，娓娓講起「鬼事」：「蘇秦此次來齊，路過淄水，聽見河邊有個泥偶人正在和另一個桃木人說話，只聽桃木人對泥偶人說：『先生，您是西岸的土做成的，雖然捏成人形，但到了八月時節，天降大雨，淄水一漲，您不就被沖壞了嗎？』沒想到泥偶人卻說：『不然啊，木偶先生。我乃是西岸之土，沖壞了變成土，又歸回西岸。您卻是東國的桃木做成的，大雨一下，淄水一漲，您飄飄悠悠會到哪去呢？』那秦國乃是四面山關險阻之國，猶如虎口，君若進去，真不知能否出得來啊！若不能回來，豈不像那個桃木偶一樣，為泥土偶所嘲笑了嗎？」

田文立刻敬蘇秦，放棄了入秦的打算。

後來，齊湣王派田文入秦訪問，秦昭王打算任命田文為秦相，乘機挽留住他。這時有個大臣向秦昭王進言：「田文雖賢，又是齊國王族，很有威望，如果擔任秦相，遇事肯定首先考慮齊國利益，然後才顧及秦國，如此一來，秦國不就危險了嗎？」秦昭王聽信了這個提醒，便派人暗中將田文一行人軟禁起來，阻止他回國。

田文嚇壞了，以為秦昭王要殺掉他，急忙派人到秦昭王宮中，找到昭王最寵愛的妃子，求她說情讓秦昭王放過自己。可是這位美人卻提出了一個不大不小的條件：「希望能得到薛公的白裘為禮物。」

原來田文帶來一件白裘，是用白色狐毛織成的，它的皮毛和價值天下無雙。拜見秦昭王時，田文已將它作為禮物獻上，故沒有第二件可送。田文十分焦急，問隨行的門客可有辦法。大家面面相覷，不知如何是好，坐在最末端的一位門客能模仿狗的動作和叫聲，又擅長偷竊，這時起身自告奮勇：「臣不才，能拿到白裘！」田文大喜，命他立即行動。

這天夜裡，這個門客像狗一樣偷偷潛入秦王宮中的府庫，盜取了那件白裘，天未亮就獻到田文面前。田文馬上命人將白裘送給秦王愛姬。當天晚上，這位妃子便於枕邊向昭王進言，說服昭王同意放了田文一行人。田文被釋放後不敢滯留，立即率門客騎馬飛馳而去，一路上塗改通行公文上的文字，變換姓名準備混出關隘。半夜時來到函谷關（今河南靈寶）。

再說秦昭王，自從放走了田文之後，一直覺得不甘心。第二天，他醒來，一睜眼看到最喜愛的妃子正在試穿一件白狐之裘，他覺得奇怪，便問是哪裡弄來的。妃子得意地告訴他是田文送的，邊說邊誇讚白裘的昂貴難得。昭王心裡疑惑，命人到府庫查驗，發現白裘不見了，頓時大怒。妃子嚇壞了，便將田文怎樣送來白裘，以及怎樣求自己勸大王放走他們的經過哭訴一遍。昭王氣得揮劍擊案，命人將田文一行人追回，如其抵抗，就地殲滅。

而函谷關口有個規矩，每日未到雞鳴時，則不開城門。田文擔心秦國追兵趕上，急得無計可施。這時一個門客上前說：「臣會模仿雞鳴，可讓守關將士開關放行。」田文大喜，一看，原來是又一位居末座的門客，便許下諾言，回到齊國重重有賞。

門客偷偷來到關下，學起雞叫。幾聲過後，只聽遠近雄雞齊鳴，守關兵士以為天已快亮，便啟動大門，開關放行，田文一行人哪敢怠慢，揚鞭策馬，飛馳而去。不到兩個時辰，秦國追兵趕到，可是已經晚了，只得悻悻而歸。

田文逃脫大難，感觸良深，想起這兩位門客初來時，眾賓客不願與他們平列，今天有難，全憑他二人特有的雞鳴狗盜本事才逃脫出來。士人有能，何在乎其卑鄙齷齪呢！此後，二人得到提拔重用，其他賓客沒有不佩服的。

路過趙國時，平原君趙勝盛情款待田文一行人，好酒好肉之外，是數不盡的禮物，讓田文感恩不盡。幾天之後，田文來到趙國一個縣城。當地人聽說齊國大臣薛公田文路經此處，便一傳十，十傳百，爭相出來一睹他的風采。當初田嬰要殺掉田文是因為迷信生辰八字不利，說田文將來是個高個兒，會頂破門框，於田家大凶。但事實上，田文卻是個矮子，相貌也極為平常，甚至有些醜陋。這天田文興致很高，聽說老百姓想瞻仰他的儀表，便手扶橫軾，站在車上向兩旁的觀眾示意。當地百姓也知道田文的故事，以為田文一定是個儀表堂堂、風流倜儻的少年公子，當看到車上這位又黑又矮的中年漢子，許多圍觀者竟忍不住訕笑起來，還有的互相交流著彼此的觀感：「原以為薛公是個魁梧的美男子，誰知竟是個平常的小個子。」

話音剛落，引起一陣哄笑。田文站在車上，好像變成猴子在示眾，臉色變得發紫，半舉著的右手在空中微微顫抖，不知是繼續舉著還是放下，百姓看了他這副尷尬相，更是大笑不止。

突然，田文的隨行人員中爆發出一聲大喊，圍觀群眾還沒有搞清楚發生了什麼事，只見田文的賓客們拔出利刃，一哄而散，逢人便砍，喊殺聲和哭號聲頓時夾雜在一起。半個時辰不到，百姓跑散了，留下了百具屍體和無數落下的鞋子，到處沾滿了血污，空氣中瀰漫著血腥的氣味，再看田文一夥人，早已揚長而去。

田文對待士人歷來彬彬有禮，即使對手下一些不能令人滿意的賓客，也很少表示過自己的好惡，這種溫良恭儉讓的品德是他禮賢下士的策略，但並不表示他本人心地多麼慈善。百姓們當然分辨不清田文的政治手腕和他階級本性之間的區別，還以為他是個懦弱無爭的真君子呢！這個事件徹底暴露出田文一夥人與人民為敵的階級本質。

田文回到齊國後繼續擔任相國，主宰齊國政治。可是由於他的朋黨勢力太大，齊湣王也在想方設法削弱他。田文有個賓客姓魏，幾次替他到薛邑去收取租稅，卻不見有一次收回租稅來，田文拿著帳簿責問他，他卻回答說：「半路上碰到賢人，臣就用君的名義將所收稅租送與他，所以未能帶回來。」田文一聽，火冒三丈，喝退了這位門客。不過為了維護自己的形象，並未治門客的罪。

一晃幾年，有人向齊湣王報告說田文要犯上作亂。不巧，後來又發生了田甲劫持齊湣王事件，齊湣王一直懷疑此事件是田文主使的。嚇得田文逃出去躲了起來。此事被一位受到姓魏門客接濟的賢者知道了，他來到宮門前上書替田文申辯，並請求以自己一腔鮮血與齊湣王歃血為盟。上書送進宮去，這位賢者便在門前自殺身死，以血濺闕，證明田文無辜。自殺為盟，這可能是古代東夷人的遺俗，直到近代，在山東和東北一些地區仍是解決爭端的激烈手段，不論事實如何，社會輿論的同情心一般都會偏向於自殺者。齊湣王看到竟有人以自殺來證明田文無罪，大吃一驚，不敢觸犯眾怒，便草草派人調查一番，承認田文與謀反劫君一案無關，把他召回。

可憐那位曾經受了魏先生贈粟的「賢士」，一旦自認田文為知己，竟不問是非曲直，不顧國家大計，輕而捐軀，捨生為主，這正說明朋黨只在乎小集團利益，不惜廢國命、蔑君威、亂政事的本質。田文雖得平反，但畢竟已與湣王有了隔閡，他害怕得罪湣王，便乘機請病假，要歸老於薛邑，齊湣王也樂得田文離開臨淄，很痛快地答應了。

田文晚年是靠馮諼等門客們出謀劃策而度過的。

馮諼是齊人，窮困潦倒，養活自己都成問題，沒有辦法生存，只好託人說情，欲投田文門下當一名食客。

田文問介紹人說：「這位客人有何愛好？」

「沒有什麼愛好。」介紹人回答。

「客人有何才能？」田文問。

「也沒什麼才能。」介紹人回答。

田文無可奈何地笑了笑，為了不讓別人說自己怠慢士人，便只好同意讓馮諼住下。門下其他賓客看出主人輕視新來的馮諼，也就不把他放在眼裡，吃飯時給他吃粗陋的飯菜。馮諼身無長物，只有一柄寶劍終日相伴，未曾離身，看到同伴們如此勢利便時常若有所思，倚在柱子上彈奏著他那心愛的寶劍，兩眼遙望遠天，辛酸地唱道：「長劍啊，咱們回去吧，吃飯無魚蝦！」

其他門客把他彈劍唱歌的事告訴了田文，田文並未在意，只是隨便地對門客說：「讓他和大家吃一樣的飯菜。」

又過了一陣，門客們又聽到馮諼的歌聲：「長劍啊，咱們回去吧，出門無車駕！」門客們又報告了田文。

田文聽了不禁笑了，吩咐門客：「為他安排車馬，和其他人一樣。」馮諼有了車，便整天乘車，手舉寶劍，招搖過市，這裡拜見朋友、那裡探望親戚，逢人便得意地誇耀說：「薛公待我為上客。」

可是過了不久，門客們又發現馮諼靠坐在房柱下，神情恍惚地彈劍唱歌：「長劍啊，咱們回去吧，無錢養活家！」同伴們認為這個馮諼貪得無厭，太不像話了，實在可惡。

田文知道後問人說：「馮公有父母親人嗎？」得知馮諼有老母無人供養，便命人定時供給食用，不使有何缺乏。從此以後人們就再也聽不到馮諼的歌聲了。

有一回在臨淄任齊相時，田文拿出一些帳本問門客們說：「諸位先生哪個熟悉會計業務，可替我到薛邑去收取債務利息？」原來田文不但在京城擔任宰相，在薛邑當大地主，而且還經常趁災荒之時或青黃不接之機放高利貸，剝削薛邑百姓。當地人民常因還不起利息，而淪為田文家的債務奴隸，有的或被逼死，或逃亡他鄉，痛苦不堪。這回又到了交納利息的時候了，不知又有多少百姓要妻離子散、家破人亡。

薛邑百姓如此困苦，以至逼債催租是個很棘手的差事，門客們都不願意去。每年一到這個時候，田文就對門客們一肚子不滿意。這回又不知要等多久才有人能應承這個差事。田文耐著性子準備等上個幾天。可是萬萬沒想到，他的話音剛落，左右便送上來一個署名馮諼的申請策子。田文印象中好像沒有聽說過這個名字，覺得奇怪，便問身邊的家臣：「這是哪一位呀？」

左右門客附耳低聲告訴他：「就是唱『長劍回來吧』的那位。」

田文不好意思地笑了：「沒想到這位客人果然有才，是我對不起他。可是我還未曾見過他呢。」

馮諼被請到堂上，田文立刻起身拱手向他道歉：「我因忙於雜事，為一些無謂的憂慮而費心，以至於昏聵不堪，性格又懦弱愚鈍，再加上近來國事繁多，所以得罪了先生。先生真的不以為羞，還要替我到薛邑去收債嗎？」

「是的。」馮諼肯定地回答。

田文大喜，下令為馮諼治理行裝。車子套好了，債券契約也已裝載完畢，臨行時馮諼請示田文：「收債完畢後，買些什麼東西回來？」田文答道：「我家有什麼缺少的，您就看著買些罷。」

馮諼驅車來到薛邑，派人把欠田文家債務的百姓找了來，然後核對契約。古時借債，將契約債券切為兩半，債主和債務人各執一半，付息或還本時，雙方核對。馮諼與債務人一一核對了契約，便假借田文的命令宣布：「有能力付息的，定下付息期限，因貧困而不能負擔的，免除利息。」那些貧困不堪的百姓做夢也沒想到會有這樣的好事，立刻歡呼萬歲。

辦完事後，馮諼驅車回到臨淄，天剛亮就來求見。田文尚在床上，嗔怪馮諼辦事太快，急忙穿好衣服出來接見。看到馮諼便問：「收完債了嗎？怎麼回來得這麼快？」

「收完了。」馮諼不緊不慢地回答。

「買回了什麼東西？」田文問。

「臨走時君吩咐：『我家有什麼缺少的，你就看著買些。』臣私下想，君宮中珍寶堆積如山，院外犬馬充斥，堂上、宮裡美女如雲，所缺少的只是個義字，所以臣就替君買回了義。」馮諼回答。

「買義又當怎講？」田文感到有些蹊蹺。

馮諼這時有些激動：「君擁有一個小小的薛邑，卻不能像對待自己的孩子一樣撫慰愛惜自己的人民，反而從他們身上無盡地搾取血汗。所以，臣私自假稱君命，把利息賞賜給薛邑貧窮百姓，百姓高呼萬歲，感謝君的大德，這就是臣所替君買的義！」

田文一聽，氣得七竅生煙，瞪著馮諼，過了一會兒，猛地一擺手：「得了，先生算了吧！」

一年以後，田文卸任回到薛邑，離薛邑還有百里，只見薛邑百姓扶老攜幼夾道歡迎，官場失意的田文很感動，回頭對馮諼說：「先生替我買義，今天我才明白其中的道理。」

馮諼乘機進言：「狡兔有三窟，才能避免死亡。如今君只有一窟，還不能高枕無憂。請為君再鑿兩窟。」

於是田文為馮諼準備好五十輛車子，五百斤黃金，命他訪問魏國。馮諼憑著這些禮物，見到魏王，對魏王說：「齊國要將大臣薛公放逐，誰首先迎接他，誰就會富國強兵。」

魏王聽信了馮諼的遊說，立刻留出上位，讓宰相轉任上將軍，派遣使者帶黃金千斤、車百輛，前往薛邑聘請田文。

馮諼事先早一步趕回薛邑，對田文說：「千金，這可是重禮，百乘，則是顯赫的使節，齊國肯定會震懾的。」他勸田文穩坐釣魚臺，耐心等待齊湣王上鉤。很快，齊國君臣得知這個情況都很恐慌，齊湣王派遣太傅也帶黃金千斤，彩車百輛，再加上國王佩劍一把和一封親筆信來到薛邑。湣王在信中寫道：「寡人不幸，宗廟祖先降祟，又沉溺於諂諛之臣的包圍之中，以至得罪薛公。寡人倒不值一提，只是希望薛公能顧及先王祖先的宗廟，權且返回國都，統率萬人吧。」

馮諼叫田文趁機提出條件：「希望能得到先王祖先的祭器並在薛邑立宗廟。」宗廟建成，馮諼對田文說：「三窟已鑿好，君可高枕為樂了。」

窮困潦倒的貧士馮諼，只因吃飯有魚、出門坐車、老母奉養之恩，便死心塌地地為田文出謀劃策，設狡兔三窟之計。據說因為有了馮諼的狡兔三窟之計，田文才能幾度擔任齊相，朋黨三千餘人飽食門下，齊國君主拿他毫無辦法。

不過，朋黨這種以利益為中心結合起來的集團，嚴格說來，基礎是不牢固的。主人權勢的強弱興衰，決定著徒黨的聚散。除了個別重義氣、輕生死的俠客，以利聚合、樹倒猢猻散是普遍現象。由此而來的世態炎涼、人情冷暖，倒讓朋黨黨主們感慨良多。有一次，田文被免去相位，許多門客見他失勢，很快便紛紛離去，後來，齊王又任命他做了宰相，他對忠心耿耿的馮諼說：「我以好客、禮賢下士聞名天下，對待門客從不敢怠慢，以至食客曾有三千多人，這是先生所知道的。可是誰想到這些賓客看我一旦失去相位，就背叛我而另行高就，再也不顧我了。多虧了先生幫助，田文才得以復官。別的賓客，哼，看他們誰還有臉來見我？誰敢再來，我一定啐他一口，羞辱他一番。」

馮諼聽罷，伏身便拜。田文立刻扶住，問道：「先生莫非是替眾賓客們謝罪嗎？」

馮諼搖搖頭：「不是為客，而是因為君剛才所說的話有所失誤啊。大凡天下事物，都有必然的道理，君知道嗎？」

「我愚鈍，不知道。」田文有些疑惑。

馮諼認真地對田文說：「人生在世必有一死，這是人生的道理。富貴了，便有很多人歸附；貧賤了，便不會有什麼朋友，這就是事物的道理。君沒見過趕市場嗎？早晨，市場利大，人們側著肩爭著往裡擠；晚上，貨物已散，市場上人們晃著膀子，悠閒自得。這不是因為人們喜歡早晨而厭惡晚上，而是貨物利益的大小多寡決定的。君失去權位，賓客都離散而去，切不可因此埋怨他們，好端端阻截了招攬賢人之路。願君對待歸來的賓客能像過去一樣。」

田文無可奈何地嘆口氣：「聽了先生之言，豈敢不從命啊。」

馮諼很聰明，說出了一個事實，士人在當時是自由擇主的各類人才，當時又盛行一個口號「衣食足而知榮辱」，通常他們不會為了一個禮義廉恥的虛名去安貧樂道，決定他們去向的是衣食，而不是榮辱廉恥。不論是政府，還是私家，只要想招攬人才，培植黨羽，都不能違背這個事實，這就是為什麼田文儘管嘗盡了門可羅雀、車馬稀疏的炎涼世態後，仍然能夠聽從馮諼的意見、耐心等待門客復返的原因。

田文雖然養士成名，私黨龐大，但畢竟不容於前進中的專制集權國家制度，經常與齊王發生摩擦，馮諼的狡兔三窟之計也不能挽救他的頹勢。湣王後期，田文不得不逃離自己苦心營造的「窟穴」薛邑。齊襄王時，他遊蕩於諸侯之間，無所憑依。後來又得到襄王的諒解，回到了薛邑，在孤獨寂寞中過世，謚號孟嘗君。幾個兒子相互爭著繼承家業，內亂不斷，齊國乘機聯合魏國消滅了薛。曾經食客三千，不可一世的孟嘗君田文，慘淡經營一生，竟落得個身死家滅的悲劇結局，這正是統一和中央集權制的歷史洪流中，封君朋黨的必然歸宿。

趙勝成名

為攏絡黨羽，不惜砍掉美人頭；邯鄲圍困，終能毀家紓難成美名。

三家分晉之後，趙占據晉國領土的北方，東臨齊國，東北與中山國為鄰，南與魏犬牙交錯，北面則有東胡、林胡、樓煩等少數民族部落。戰國初年，形勢嚴峻，內與諸侯強國爭鬥不已，外與胡人長期對峙，經常處於胡人壓制之下，無力顧及南下事務。國內政權長期為封君把持，私黨猖獗。西元前三二五年，趙武靈王即位，政權被同宗的趙豹掌握。武靈王年少，不能親自處理朝政。在與諸侯各國的關係中，趙國屢戰屢敗，喪師失地。

趙武靈王十九年（西元前三〇七年），趙國在信宮召開最高級會議，討論改革內政的問題，大會開了有五天之久。之後，武靈王又實地考察了北部邊防，決心實行「胡服騎射」的改革。

原來，華夏服制講求寬衣大袖，周旋有儀，揖讓有禮，這與傳統的車戰相互對應。可是趙國地處北邊，經常受到北方少數民族騎兵的騷擾，過去的車兵和徒兵（步兵）早已無法抵抗騎兵機動靈活的作戰方式，發展自己的騎兵團已勢在必行。而要發展騎兵，就不能再像從前那樣仍穿著寬衣大袖的服飾，必須配合進行服裝改革。趙武靈王看準了這個趨勢，力排眾議，克服阻力，從自己做起，在全國實行胡服騎射，改穿夾領小袖的胡人服裝。很快地，趙國騎兵不斷壯大，軍事力量迅速增強。

第二年，進攻中山國、東胡，奪回失地，林胡獻馬求和，形勢對趙國越來越有利。趙武靈王於在位的第二十七年（西元前二九九年）讓位給兒子惠文王，自稱主父，仍積極活躍於趙國的政治舞臺上。惠文王三年（西元前二九六年）除掉中山國，遷中山王於膚施（今陝西榆林）。

然而，趙武靈王在王位繼承問題上態度曖昧，始則廢嫡立庶，立趙惠文王之後，又憐愛長子公子章，封他為安陽君，後來安陽君率領徒黨陰謀作亂，企圖奪取王位，另一夥朋黨集團公子成（武靈王之叔父）、李兌則乘機起而討伐安陽君。殺掉安陽君後又包圍主父宮，主父因而餓死。公子成任相國，號稱安平君，李兌任司寇，以後又升任相國，號奉陽君，兩人聯合專政。趙國又回到了主權衰落、朋黨橫行的局面。

趙惠文王有個弟弟，叫趙勝，封平原君。他也喜歡結交士人，門下食客達三千餘人，和孟嘗君差不多。戰國之世，各國的封君貴族成為與公室爭奪士人的最有力的競爭者，最著名的為戰國四君，孟嘗君和平原君便是其中的兩個。

當時趙國封君眾多，他們各樹黨羽，形成大大小小的勢力集團，勢力最盛的有安平君、奉陽君、馬服君趙奢、平陽君趙豹，其他如廉頗、藺相如之流無不各有勢力，不相上下。鑒於這種情況，如何結交士人、爭取賓客就成為貴族封君大臣們苦心焦慮的大問題。

平原君趙勝則為了攏絡賓客，不惜忍痛殺死愛妾。平原君家的一處樓房靠近平民住宅，在這條民宅的陋巷中住著一位瘸腿駝背的隱士，他每天到井邊打水，走路一瘸一拐，蹣跚而行。這天，正巧平原君最寵愛的美人登樓眺望遠處風景，無意間瞥見駝背先生艱難地走向井臺，看到他那奇怪的走路姿勢，美女不禁舞掌大笑，竟笑得挺不起腰來。那位隱士看到樓上美人如此無禮，覺得受了極大侮辱，像木樁一樣站在那裡一動也不動，兩眼怒視著美人。看到隱士如此介意，美人又發出一陣狂笑，笑到捶胸頓足，命身邊侍女趕快扶持。

第二天一早，這位殘疾隱者出現在平原君府的大門前，請求平原君找到那個美女治罪，只見他面色冷峻，態度嚴肅，一字一板地說：「臣一直聽說君喜歡結交士人，士人不遠千里投奔君的門下，是因為君重視士人而輕視侍妾。臣不幸而有殘疾，君後宮裡那位美人卻如此嘲笑，使臣蒙受極大侮辱，臣此來只希望要那個美人之頭！」平原君聽到門上的人一字不差地轉達了隱者的請求，笑著答道：「好吧，好吧。」隱者走後，平原君仍然忍不住對左右門客們說：「你們看看這個傢伙，只因為一笑，竟然要殺死我的美人。這豈不是太過分了嘛！」

他根本沒有想過要殺美人，過了一段時間後，他發現許多門客不辭而別，很快超過了原本人數的一半，他感到奇怪，便問其他賓客：「我趙勝對待士人從來不敢有失禮之處，為什麼這麼多人離我而去呢？」一個門客直言不諱：「這是因為君沒有殺掉那個嘲笑隱者的美人，賓客們認為君愛色而輕士，所以才離開。」聽到這話，平原君感到事態嚴重，不採取果斷行動，多年辛苦培植起來的朋黨勢力有可能頃刻間瓦解，於是狠下心殺了那個美女，帶著頭顱親自上門向那位殘疾隱士道歉。很快地，士人們又紛紛聚攏，不但有從前的門客，更有許多各國士人慕名投到門下。

西元前二六五年，趙孝成王即位，秦國攻取趙國三城，趙國不斷受到秦國打擊，形勢一天比一天嚴峻，趙勝因為朋黨勢力最大，因而當上了相國，執掌朝政。可惜他對政治，特別是國際間的鬥爭知之甚少，因為貪圖韓國的上黨郡（今山西省東南部一帶），與秦國發生長平（今山西高平北）大戰，趙國大敗，軍卒四十餘萬人被秦軍俘虜後活埋，趙國國勢大衰。

從西元前二六四年起，秦昭王派兵連年進攻韓國，韓國君臣極為恐懼，立即派人到秦國謝罪，請求交出上黨郡作為講和條件，並派人告諭上黨郡守靳說：「秦派兩路大軍進攻韓國，韓國無法支撐，現在我王下令以上黨郡獻於秦國，作為講和條件，請太守執行。」

不料靳態度強硬，拒不執行命令：「常言說，執瓶之人雖愚，尚知不丟掉手中之器，儘管我王有令，可我為一郡太守，只請求動員一切守軍抵抗秦國來犯，若不能成功，誓與本郡共存亡！」

消息傳回韓國，君臣更加恐慌，韓王惶惶不可終日，說道：「我已答應秦國，可如今卻不能交出上黨，這不是欺騙秦國嗎？」於是派馮亭去代替靳任上黨太守。

秦國大舉向上黨進攻，馮亭固守三十天，眼看勢力不支，便暗中派人請求趙王說：「韓國已無力守衛上黨郡，與上黨郡的聯繫已被秦軍阻斷，上黨的人民又不願歸屬秦國，希望能歸順趙國。現共有城邑十七座，願拜獻於趙，請大王納之。」

趙王大喜，急召平陽君趙豹，對他說：「韓國不能守上黨，官吏百姓又不情願歸屬秦國，願意歸順我趙國，太守馮亭已派使者將上黨送與寡人，不知您意下如何？」

趙豹老謀深算，認為趙國目前無力與秦競爭，便勸趙王不要打上黨的主意：「臣聽說聖人不取無緣無故的利益，非但不取，還以為這種好處是個禍害。」

趙孝成王很不以為然，反駁道：「人家仰慕我國的高義，怎麼能說是無緣無故呢？」

趙豹回道：「秦國連年攻伐韓國，已經將上黨與韓國都城新鄭（今河南新鄭）之間的通道隔斷，上黨事實上已在秦國的掌握之中了，如今我國取之，不是虎口奪食嗎？再說韓人所以把上黨送給大王，這是要嫁禍於我國。秦國花了力氣，好處卻讓趙國得了，這種事就是強者也不能從弱者那裡得到，何況趙是弱者，又怎麼能從強大的秦國手中奪到上黨呢？大王若取之，這能算是有緣故嗎？秦國農業有牛耕，運糧有水道，拚死立功者得賞上等土田，法令嚴肅，政事通暢，千萬不可與秦抗爭，請大王三思！」

趙王惱羞成怒，質問道：「我國用百萬之兵，攻戰數年，未得一城一地，如今不用一兵一卒坐地得城十七座，憑什麼不要呢！」

趙豹看到趙王動了怒，無話可對，默默地退下。

孝成王眼見難與趙豹取得一致看法，便召平原君趙勝和宗室趙禹入見，告訴二人：「韓國不能守上黨，如今其太守願將上黨郡送與寡人，共有城邑十七座，二位以為如何？」

平原君和趙禹早知孝成王求地心切，便連聲說：「我國用兵多年，未曾見過一城一地併入，如今坐而得城，實乃我國的巨大利益，機不可失，望大王早作決斷。」

孝成王聽了非常高興，立即派平原君趙勝為特使，前往上黨郡受降。趙勝來到上黨，宣布趙王旨意：「敝國之王派使臣趙勝諭令各將帥：『請以三萬戶之都邑封給太守，千戶之邑封給縣令，其餘官吏爵位提升三級，百姓能聚合者，每家賞賜黃金六鎰（一鎰約合當時二十四兩）。』」

馮亭流涕推辭道：「罪臣身處三不義之地：為主人守土而不能戰死疆場，卻將土地轉送他人，這是一不義；我家主人本將上黨獻於秦國，臣不順從主人命令，這是二不義；賣掉主人土地而又食封戶於其上，這豈不是三不義嗎？」馮亭終究沒有受封，輾轉回到了韓國。也有人說他在趙國被封為華陽君，後來還和馬服子、趙括一起抗拒秦兵，長平之戰中戰死。

韓國得知趙國已經接受上黨郡，便立刻派出使臣赴秦國，通知說趙國已經起兵占領上黨，秦昭王大怒，派大將白起率大軍攻趙，與趙國大將廉頗統率的趙軍相持於長平。

西元前二六〇年，趙國誤中秦國的反間計，免去主帥廉頗的指揮權，任用只知紙上談兵的年輕親貴趙括為統帥。趙括中計被秦軍包圍，最後率軍投降，可憐趙國四十萬精銳士卒，全部被秦將擄起活埋。消息傳到趙國都城邯鄲（今河北邯鄲），孝成王捶胸頓足，大罵趙括無能，趙勝貪婪，後悔當初不聽趙豹的意見，導致此次的慘敗。其實，這還只是趙國走向衰落和滅亡的開始，更大的危機和災難正在等待著趙國君臣。

西元前二五八年，也就是長平之戰後的第三個年頭，秦國大軍乘勝包圍趙都邯鄲，趙國國勢危急，君臣震恐。孝成王責令平原君向各國求救，魏安釐王派將軍晉鄙率軍十萬救趙，卻因懼怕秦軍，停留在蕩陰（今河南湯陰）不敢前進。晉鄙派下屬將軍辛垣衍潛入城中拜見平原君，慫恿趙國倡議尊秦昭王為帝，企圖以此勸秦國撤兵。面對這種愚腐懦弱的建議，平原君竟不知如何是好，猶豫不定。幸虧齊國義士魯仲連恰巧也在城中，他見到平原君，曉以利害，才解除了趙國當政者的疑慮，拒絕了尊秦昭王為帝的荒唐意見。

當時在力量上可與秦國匹敵的，只有齊國和楚國，可是秦昭王採用遠交近攻戰略，拉攏齊國，兩國一東一西，形成連衡之勢，而趙、魏、韓、楚卻從南到北構成縱向聯合，與秦國對抗。因此，只有楚國是趙國最大的盟國和抗秦力量，平原君決定親自出使楚國求援。

臨行前，要選拔二十名文武雙全的門客隨行。平原君把門客集中起來，黑壓壓一大片占滿了庭院，平原君站在堂前的石階上，大聲宣布此行的任務和目的及選人標準：「若一紙文書能發揮作用便好，否則我們就要求和楚人舉行歃血儀式，這回一定要與楚國定下長期的聯盟，然後才能返回。隨行人員一概不外請，有門下諸位先生就足夠了。」

選來選去選出十九位，還缺一人，這時門客中有個叫毛遂的走上前來，自我推薦說：「毛遂聽說君要到楚國談判合作之事，現今還少一位，正好由我毛遂來補充吧！」

平原君看著面前的毛遂，並不認識，便問：「先生在趙勝門下多久了？」

「三年。」毛遂回答。

平原君有點不相信這位相貌平常的毛遂有什麼本事：「賢士生在世上，就好像錐子在口袋中，錐尖立刻就會穿透出來，被人看見。先生在我門下三年，時間不能算短，可左右卻沒有稱道的，我也從未聽說過，看來先生沒有什麼了不得之處，能力恐怕不足以當此次大任，還是留下吧。」

毛遂急了：「臣現在就請求處在『口袋』中！其實，毛遂若有機會進入『口袋』，早就脫穎而出，豈止是錐尖，恐怕連錐環也露出來為人所見了。」

平原君忍不住被毛遂的話逗笑了，看到他態度如此堅定，只好答應了。但其他十九人卻偷偷交換了一下眼神，露出輕蔑的笑意，毛遂看在眼裡，只作不知。

一路上，毛遂與十九人不斷討論此次任務的重要意義與可能發生的情況和應付的辦法，還沒到楚國，十九人已經完全被毛遂的才智折服了。到了楚國，平原君率領隨從與楚王談判兩國結盟合縱的問題，詳細分析利害關係，意在說服楚王。早晨太陽剛出來時開始談判到了太陽正中午，仍未見有什麼結果，十九人等得有些焦躁，不約而同地把目光集中到了毛遂身上，異口同聲地說：「先生上！」

毛遂整了整衣冠，手扶劍柄，快速跨過臺階來到堂上，大聲向平原君道：「合縱的事本來出於兩國共同的利害關係，三言兩語即可談妥，如何從早上談起，到了中午仍不見結果？」

楚王從未見過這種人物，竟敢在殿上大聲責問尊者，吃驚地問平原君：「這位客人是幹什麼的？」平原君如實相告：「他是趙勝的舍人。」

一聽說毛遂不過是個門客，楚王便來了威風，大聲喝斥道：「為何還不退下？寡人正和你家主人談論天下大事，你是何等人，膽敢在此放肆？」

楚王說完，本以為這個無禮的門客會被震懾住，乖乖地遵命退下，沒想到毛遂不但毫無懼色，反倒手按寶劍向前邁了一步，提高了嗓門咄咄逼人地質問道：「大王之所以喝斥毛遂，不過是因為楚國人多勢眾罷了。但現在，十步之內，大王無法使用楚國的勢力了，大王的性命就懸在我毛遂的手掌之中。我家主人在面前，大王為何喝斥他的門客？我聽說商湯用七十里方圓的土地作為資本而成為天下之王，周文王也不過因為百里方圓的土地而使天下諸侯臣服，這難道是因為他們地廣人眾嗎？不！這只是因為他們會利用自己的勢力，發揮它的威力罷了。當今楚國領土方圓五千里，手執戈矛的戰士達百萬之眾，這可是霸主的資本啊！楚國如此之強大，天下無人可以抵擋，可白起一介無名之輩，只率領數萬人，興師與楚國相爭，一戰而攻克楚國鄢陵（今河南漯河東），二戰而焚燒夷陵（今湖北宜昌），三戰而侮辱大王的祖先（指逼楚遷都），這真是百代的憤怒和仇恨，趙國都感到羞辱，可大王卻不知仇恨秦國，這實在令人費解。由此看來，合縱這件事，不僅對趙國有利，實際上對楚國也有利。我家主人不遠千里為兩國的利益而來，大王卻當著他的面斥責他的門客，這是應有的態度嗎？」

只見楚王滿臉羞愧，連說：「是，是，事情的確如同先生所說一樣，寡人謹請以全國而走合縱這條路。」

「真的定了？」毛遂又追問一句。

「定了，定了。」楚王連連回答。

這時毛遂轉過頭對早已呆在原地的楚王門客說：「快去取雞、犬和馬血來！」門客快速殺過牲畜，送上鮮血。毛遂雙手捧著銅盤，鄭重跪下獻給楚王：「請大王先歃血為盟以定合縱，然後我家主人歃血，最後由臣毛遂為證。」

楚王微飲血，與平原君及毛遂發誓定盟，然後依次是平原君、毛遂。毛遂歃完血，左手端盤，右手招呼殿下十九位門客說：「請諸公也借此機會在堂下歃血，成就大事。」

這次出訪取得了成功。趙勝回到趙國後不無感慨地說：「我趙勝以後再也不敢輕易評價士人了。我本人收留的士人，多說有千人，少說也有幾百，自認為門下不失天下一流的士，卻偏偏沒有看出毛先生的才能。毛先生一到楚國，令趙國為天下尊重。毛先生三寸之舌，勝過百萬雄師。我趙勝再也不敢隨便評價士人了！」於是便奉毛遂為上賓。

再說秦軍仍圍困邯鄲，情況越來越危急。楚國與趙國結盟後派春申君率軍救趙，魏國公子信陵君無忌也假藉王命奪得晉鄙軍權前來救援，就在兩軍還未到達的時候，趙國幾乎已經無法支撐下去，眼前只剩投降一條路了。平原君整天坐立不安。這時邯鄲城中有位驛站小官吏的兒子，名叫李談，前來求見平原君，說有良策進獻。平原君命他進見，李談見到平原君，開口便問：「君難道不憂慮趙國的命運嗎？」

平原君覺得話問得奇怪：「趙國滅亡，趙勝就會被俘虜，怎麼說不憂慮呢？」

李談這才說出自己的「良策」：「眼下邯鄲人民，析骨而炊，易子而食，已經到了萬分危急的時刻，可君家後宮美女數百人，女僕們都身穿綾羅綢緞，細米肥肉吃不完。而百姓呢？他們連粗布衣服都穿不上，糟糠都吃不飽肚子。百姓困乏，武器也損壞殆盡，只得砍樹木代替戈矛弓箭。可君家的器物依然豐富，鐘磬鼓樂齊備無損。假若秦軍攻破趙國，君怎麼可能還保有這些東西呢？趙國若得以保存，君又何愁沒有財富呢？若能讓夫人以下所有的人都編入士卒之間，分工勞作，各盡其能，把君家所有財產全部發給士兵，他們正在危難困苦之中，最能感恩戴德而奮勇殺敵。」

平原君極為吝嗇貪婪，可是看到眼前形勢，已經別無辦法，只得聽從李談的建議，打開倉庫分發糧食布匹。這個舉動的確影響很大，很快組成了一支三千人的敢死隊，由李談率領，拚力向秦軍發起衝擊，迫使秦軍後退三十里，以躲避其鋒芒。正巧楚、魏救兵趕到，秦軍已經疲憊，看到趙國力量加強，楚、魏救兵又前來夾擊，不得不撤走。邯鄲之圍終於解除。可是李談卻英勇戰死，趙國封他父親為李侯。

邯鄲解圍後，虞卿帶頭為平原君請功，要求趙王擴大平原君封地，趙王看到趙勝勢力太大，便只得表示同意。這時著名的名辯專家公孫龍，也就是那個辯論「白馬非馬」的詭辯家，來求見平原君，直截了當地批評道：「當初君沒有任何攻城略地的功勞而被封東武城，趙國豪傑之士，才能大都在君之上，可國相卻由君擔任，還不是因為君乃趙國宗室親貴的緣故嗎？當初受封東武城時，君並未因為無功而辭讓，佩趙國相印時也未因無能而推脫，這已經很不光彩了，如今國家大患剛剛解除，君就使人要求擴大封地，這不還是過去那種親戚無功而受封地，國人有功而只行賞的老做法嗎？替君考慮，還是不受的好。」

平原君本想藉這次立功的時機大撈一把，彌補損失，沒想到這麼有名氣的公孫龍出來反對，看來想再像從前那樣靠宗室貴族這招牌要到特權已是不可能了，便只好暫時作罷。

平原君趙勝無德無才，靠著宗室親貴的身分和剝削所得廣招黨羽，竟至爬上相位，執掌朝政。任內貪圖小利，接受上黨郡，又不懂軍事，不辨奸計，導致長平大敗，損兵折將。邯鄲之圍僥倖解除，全賴內有李談這樣的勇士捨生赴敵，外有楚、魏救兵相援。

平原君雖然在外結楚援、內散家財上做出了一定成績，但解圍之後，卻不思振作，恢復國力，反而急於擴大封地，充分暴露出他是一個十足的庸人。所幸的是，他尚知禮賢下士，儘管手段殘忍，殺美女來討好士人，但畢竟有毛遂之流智勇雙全的士人竭誠相助，甚至有公孫龍、魯仲連這樣的名家批評匡正，他本人又能接受正確意見，所以，雖然有朋黨干政之嫌，但在當時形勢下成就千古賢名，也算是時世造英雄吧！

趙孝成王十五年（西元前二五一年），平原君趙勝去世。二十三年之後，趙國被秦國所滅。

無忌興廢

為救姐姐竟買通王妃竊虎符，身佩將印卻難免家國同滅亡。

魏國的始祖叫畢公高，與周同姓。武王伐紂時，高被分封在畢（今陝西咸陽北），後代以畢為姓，後來又降為庶人，分散各地。晉獻公時，畢萬任太子申生的車右勇士，趙國祖先趙夙駕車的御者，一同隨太子率領下軍伐滅霍、耿、魏等諸侯小國。事後論功行賞，趙夙受封耿，畢萬得封於魏，成為大夫。受封時占卜，晉國掌卜祀的大夫郭偃說：「畢萬的後代一定發達。因為萬是個滿數，魏是大名。」

三家分晉，魏居其一。戰國初年，魏國迅速強盛，成為舉足輕重的頭等大國。著名的魏文侯魏斯（西元前四四五年至前三九六年在位）廣招賢才，手下有田子方、段干木、西門豹、李悝、吳起、樂羊等一大批賢臣，又禮遇孔子的大弟子子夏，成為當時很有影響的君主。到他的孫子惠王，即《孟子》書中屢次提到的梁惠王（西元前三六九年至前三一九年在位）時，仍號稱大國。後來卻多次被秦國打敗。桂陵（今河南長垣北）之戰敗於齊，損失慘重；馬陵（今河南范縣西南）之戰，魏太子申被俘，大將龐涓戰死，元氣大傷。之後又中秦國商鞅之計，失去河西之地（今陝西大荔一帶，黃河西岸）。不得已從安邑（今山西夏縣西北）遷都到大梁（今河南開封），躲避秦國的兵鋒。梁惠王的兒子襄王大會諸侯於徐州（今山東微山一帶），互相稱王，但對秦卻仍屢戰屢敗，喪地辱國。到他的孫子魏昭王時（西元前二九五年至前二七七年在位），國勢每況愈下。昭王的兒子安釐王即位時（西元前二七六年），魏國已經完全處於被動挨打的地位。

魏昭王有個小兒子名叫無忌，也就是安釐王同父異母的弟弟，從小受到昭王的喜愛，安釐王即位時，被封為信陵君。信陵君也以禮賢下士著稱，士人不論賢者、不肖者，他都想方設法與之結交，從不以自己的富貴身分地位輕視士人，方圓幾千里內的士人紛紛投奔信陵君，食客也達三千多人，形成巨大的朋黨集團。他的黨羽占據要津，神通廣大，就連安釐王也感到無法控制。

有一次，安釐王和信陵君一起下棋，突然來報說北方邊境舉起烽火，趙國入寇，快要進入國之地界。魏王聽了大驚失色，手握棋子，起身要召集大臣議事。只見公子無忌卻安然穩坐，微笑著勸安釐王說：「大王不必驚慌。那是趙王在打獵，並非寇我邊境。」魏王半信半疑，心神不寧，坐在那裡無法集中精力下棋，連丟了幾個棋子。過了一會兒，北方又來報說：「趙王打獵，並非寇我邊界。」魏王聽罷，又吃一驚，不禁脫口問道：「公子怎麼事先就知道趙王打獵呢？」信陵君笑道：「臣有一門客，能探知趙王的隱私，趙王每次有所行動，門客就會事先通報給臣，所以臣才知道。」魏王聽了愣了半晌，心中不免對公子無忌產生嫉恨和警惕，此後，不敢把國家政事委任給他。

信陵君門客眾多，勢力強大，做事果敢，為人也剛愎自用。有一次魏國軍隊進攻管（今河南鄭州），守將是安陵（今河南鄢陵北）人縮高的兒子。信陵君想透過關係讓縮高的兒子投降，便派人對安陵君說：「請君讓縮高到我這裡來，我要委任他為五大夫，擔任持節尉。」

沒料到安陵君卻不喜歡信陵君，派人回信說：「我們安陵是小國，不能像大國那樣有權勢，可以隨意命令境內之民，您若不介意，派您的使者自己去吧。」

信陵君碰了個大釘子，心裡有氣，但事情緊急，來不及與安陵君計較，便只好派使者到縮高那裡，請他到大梁來接受封賞。哪知道這位縮高卻並非那等勢利小人，他對使者說：「君之所以看重縮高，大概是要讓高去幫助你們進攻管吧！可是父親若去打自己的兒子，這會讓人恥笑的。若是讓縮高勸子投降，那不是讓他背叛自己的主人嗎？父親教自己的兒子背叛主人，這恐怕也不是君所願意看到的，請允許我推辭。」

使者回到大梁，一五一十地把縮高的話匯報一遍，信陵君大怒，又派了一名更高階的使者前往安陵，對安陵君下最後通牒：「安陵土地猶如魏國領土。如今我進攻管而不下，管在秦東，可以捍衛魏國。如果秦兵占領管，再從管向魏進攻，我們的國家就要危險了。請君務必將縮高活著捆來。不然，無忌將發兵十萬，到安陵問罪！」

安陵君偏偏毫不示弱，回答道：「我先君成侯受命於晉國趙襄子，在此守土立宗，親手接受上國的法令。法令說：『子弒父，臣弒君，常刑不赦。即使國家有大赦，投降的城市和逃亡之人也不得赦免。』如今縮高推辭高位，保全父子之義，可是君卻讓鄙邑『必須把他活著送來』，這不是讓我違背襄子的詔令而廢棄大國的法律麼？就是死也不能從命。」

縮高得知後，自忖道：「信陵君這個人，驕悍而剛愎，安陵君如此強硬，若讓他知道，安陵國可就要遭殃了，我不能為了保全自己而讓我君和人民遭受禍難。」想到這，趁信陵君的使者還未啟程返回大梁，他便自己來到使者的館驛，自殺而死。信陵君聽說縮高自殺身亡，出了人命，感到事態嚴重，輿論對自己不利，怕引起安陵人民和國內人民的憤怒，急忙採取補救措施，身穿素服，避開正舍，派使者到安陵君那裡謝罪：「我無忌是個小人。由於思慮過度，頭腦昏亂，所以對君失言，特此再拜請求寬恕。」

信陵君就是這樣一個兇狠狂暴的人。當然，對於自己的徒黨，以及想要結交的士人，他是不會這樣做的。

魏國有個隱士叫侯嬴，已經七十歲了，家境貧寒，在大梁的夷門當看門的監者。信陵君聽說侯嬴有名聲，便派人餽贈黃金和其他禮物，想讓他做自己的門客。侯嬴卻不收禮物，推辭道：「臣修身潔行幾十年了，總不能因為自己是個看門的、家裡貧困就接受公子的財貨。」

信陵君仍不甘心，他想藉機向整個大梁顯示他禮賢下士的氣量和胸懷，便在府中擺設酒宴，大會賓客。客人坐定後，信陵君不忙開宴，卻命人駕車，留出車上右面的位子，親自到夷門去迎接侯嬴。侯嬴對公子無忌的用意當然心領神會，認為自己報答公子知遇之恩的時候到了，便仍穿著破舊的裝束，撩衣徑直出門登車，坐在公子無忌的位置上，也不邀公子同坐，他想試試公子的誠意，看看他究竟如何反應。

只見公子無忌親自握著轡繩，顯得更加溫順恭敬。突然侯嬴對公子大聲說：「臣有位朋友在市上的屠宰場裡，希望公子能屈車駕，我要去看望他。」公子二話不說，遵照侯嬴的指點，引著車駕來到喧鬧的市場。只見侯嬴泰然自若，下車去見老朋友朱亥，兩人熱烈地聊了起來，好像沒有別的事情一般。這時侯嬴一邊與朱亥說著話，一邊用餘光瞟了一眼信陵君，只見公子神色更加溫和安詳。那些將軍、國相、宗室親貴，以及信陵君的門客們濟濟一堂，仍在等待公子舉酒開宴，市場上所有的人爭著目睹公子無忌為監者侯嬴執繩駕車的奇異景觀。隨行的騎士們心裡暗暗咒罵侯嬴。侯嬴看到公子神情始終不變，覺得這場戲該收場了，便告辭了朱亥回到車上，仍由公子引著來到信陵君府。公子親自引路，請侯嬴坐上座，鄭重地向來賓介紹，賓客們發現公子去這半日，請回的竟是這麼個落魄老人，都大吃一驚，不敢相信自己的眼睛。

這還沒結束，酒到半酣時，信陵君起身來到侯嬴面前，畢恭畢敬地為他祝壽，眾賓客大驚失色，侯嬴深深為公子的謙卑誠懇之情所打動，顫顫巍巍地起身道謝，這才說出了自己這樣做的真實用意：「今天侯嬴替公子做事也算差不多了。侯嬴乃夷門報關之人，公子卻親自屈尊駕車前往相請，使我有幸參加如此盛大的宴會。本來不應有什麼過分的做法，可是為了成就公子愛士的名聲，所以才讓公子的車駕長時間停留在市場上，侯嬴卻與朋友交談，觀察公子的動靜，發現公子更加恭敬。滿市的人都認為我侯嬴是個小人，佩服公子是位長者，能禮賢下士！」

酒宴過後，侯嬴成為信陵君的上客，二人合演的這齣戲就這樣結束了。

後來，侯嬴向公子推薦朱亥：「那天臣去拜訪的屠戶朱亥，實在是個賢者，世人卻不知道，因他隱居在市場。」信陵君聽說，幾次派人去請，朱亥都不肯出就，也不表示謝意，公子無忌感到很奇怪。

魏安釐王二十年（西元前二五七年），秦昭王攻破長平趙軍之後，又進軍圍困趙國都城邯鄲。信陵君的一個姐姐是趙國平原君的夫人，她派人火速送信給弟弟，請求魏國出兵援救。信陵君說服安釐王派將軍晉鄙率領十萬大軍救趙。幾乎就在同時，秦昭王也派使者到達魏國，威脅魏王說：「寡人此次圍趙，幾日就可攻下，諸侯有膽敢救趙的，攻下趙國後，必將移兵首先攻擊之！」魏王十分恐懼，立即派人命晉鄙在鄴縣（今河北滋縣南）屯紮，隔著趙國長城遙望北方不到百里而處於秦國圍困中的邯鄲，名義是救趙，實際上是首鼠兩端，取觀望態勢。

此時，趙國形勢更加危急，平原君的使者穿梭於趙魏之間，最後，平原君實在耐不住了，寫信責備信陵君道：「趙勝之所以與公子結為姻親，還不是因為公子高義，能急人之危難嗎？現在邯鄲眼看就要投降秦國，魏國救兵卻遲遲未到，公子所謂急人危難的義氣哪裡去了？公子既然輕視趙勝，把我丟給秦人，倒也罷了，難道就不可憐自己的姐姐嗎？」信陵君心裡焦急，坐立不安，一次又一次地向安釐王請求，門下的辯士紛紛動起來，製造輿論，企圖促使魏王下決心發兵出擊秦軍。可是安釐王偏偏懼怕秦國，終究未能聽從信陵君和群臣的意見。公子無忌眼看無法說服安釐王，又擔心趙國滅亡，姐姐遭殃，而自己卻苟活在世上遭受良心的譴責，於是便請來賓客，駕好車馬，約有四五百騎，準備和門客們一起開赴前方攻擊秦軍，與趙國共存亡。

正在這時，他忽然想起了侯嬴，自己對他不薄，如今有難，輪到他出謀劃策的時候到了。想到這，公子無忌便來到夷門，把自己想和門人一同上前線的事情一股腦地全告訴了侯嬴，慷慨激昂地說罷後與侯嬴訣別，出門上車，往回便走。本以為侯嬴會攔住，或者一同赴死，沒想到他只是輕輕地說了句：「公子努力吧！老臣不能跟從了。」公子無忌走了一段，覺得不快，暗想：「我對待侯嬴可說是無微不至，天下沒有不知道的，現在我要去戰死，他卻沒有一言相勸，難道我有什麼地方做的不對？」想到這，他立即下令回車到夷門，又見到侯嬴。

侯嬴見公子無忌又調頭回來，笑著說：「臣料到公子會回來的。」

公子忙問究竟。侯嬴接著說：「公子喜歡結交士人，名聞天下，如今有難，沒有別的良策就要與秦軍拚命，這好像用肥肉打餓虎，怎麼會有好結果呢？如果出什麼意外，您又怎麼照顧門客？公子對臣不薄，公子要前往戰場臣不去送行，所以知道公子會有所遺憾和蹊蹺，還會回來的。」

聽到這，信陵君又施大禮，拜了兩拜問侯嬴有什麼妙計，侯嬴示意公子屏退左右門客，悄悄地對公子說：「臣聽說晉鄙軍的兵符，一半在晉鄙手中，另一半在大王的臥室內。近來，如姬最受大王寵幸，經常出入大王臥室，只有她能盜出兵符。臣還聽說，如姬的父親被人殺害，她一直想找到仇人，三年之內，從大王到臣下，都想替她報仇，但兇手一直沒能抓到。如姬曾經哭求公子替她報仇，公子手下門客到底了得，斬了她的仇家，將人頭獻給了如姬。所以她一定願效死力來報答公子相助之恩。公子若開口請求如姬，她一定會答應的。那樣就會得到虎符，奪取晉鄙軍，北上救趙，打退秦軍，這就成了王霸之伐啊！」信陵君聽從了侯嬴的計策，請求如姬幫助。如姬果然盜得晉鄙軍的虎符，偷偷送給公子無忌。

當時各國實行合符發兵制度，兵符由竹、木或鐵、銅製成，一般呈虎形，從頭至尾中間剖開，一分為二，一半發給將軍，另一半在國王之手，必須兩半相合才可發兵。信陵君得到了安釐王的一半，便準備行裝要出發。

侯嬴又出謀劃策道：「常言說：『將在外，主令有所不受，以便利國家為準則。』公子即使與晉鄙合了符，晉鄙也可能仍不將兵權交給公子，而要向大王請示，如果那樣，事情可就危急了。我的朋友屠戶朱亥可與公子同行。此人力大無比，如果晉鄙聽從公子，那便好，若不聽，可讓朱亥擊殺他。」

侯嬴說到這，發現信陵君落了眼淚，不解地問道：「公子怕死嗎？為什麼哭了？」

信陵君擦著眼淚：「晉鄙乃是喜歡多事的老將，見到我他恐怕不會聽從，所以肯定要被殺死，想到這才哭的，哪裡是怕死呢？」

於是公子無忌去見朱亥，只見朱亥笑著說：「臣乃是市井操刀的屠者，公子幾番派人慰問，之所以一直不答謝，是因為那不過是一些小小不言的禮節，沒有什麼實際用處，如今公子有急難，這才是臣效力的時候！」說著，放下手中的活計，隨從公子而行，一同來到夷門與侯嬴告別。只見侯嬴神色莊嚴地對信陵君說：「臣本該隨公子同去，只因年老，不能成行，請允許在此計算公子行期，估計公子到達晉鄙軍時，朝北方自刎，以送公子。」

信陵君一行人馬不停蹄趕到鄴縣的魏軍駐地，晉鄙接待入內。信陵君拿出兵符，假借魏王旨意命令晉鄙率軍北上救趙。晉鄙拿過虎符，兩半合驗，看不出有什麼問題，看看焦急等待的公子無忌和風塵僕僕的幾個隨行人員，心裡仍有些疑惑，又舉起手中的虎符，注視著信陵君一字一句地問道：「目前我統帥十萬之眾，屯紮在邊境上，這可是國家的重任啊！公子卻只以單車來指揮晉鄙，這怎麼行呢？」看到晉鄙猶豫不決，又拒絕接受命令，屠戶朱亥偷偷在晉鄙背後抽出袖中重四十斤的鐵錘，猛擊晉鄙頭部將他擊殺。於是信陵君才得以奪取十萬軍隊的指揮權。

信陵君傳令軍中：「父子同在軍中服役的，父親回家；兄弟同在軍中服役的，兄長回去；獨子無兄弟的，回家奉養父母。」篩選下來，得強勁敢死兵八萬人，由公子統領，北上越過趙國長城，向秦軍發起進攻，正巧楚國援兵也趕到，秦軍久戰疲憊，在兩軍的夾擊下自動解散而去，邯鄲得以保全，趙國得救了。

戰後，趙孝成王和平原君趙勝親自出郭迎接信陵君，平原君還自告奮勇，替信陵君揹著弓弩箭矢在前頭引路，趙王也施大禮拜稱謝說：「自古以來的賢人沒有比得上公子的。」

身在夷門的侯嬴知道魏王發覺公子竊符救趙，一定會發怒並怪罪公子的門客，自己身為主謀，難逃罪責，所以估計公子到達鄴縣時，便面朝北方自刎而死。

而魏王得知信陵君盜走兵符、擊殺晉鄙時勃然大怒，恨不得親手殺死公子無忌。在趙國的信陵君聽說後，不敢回國，便打發一位副將統領魏軍返回，自己則和陸續趕來的門客留在趙國。

趙孝成王為了感謝信陵君拯救趙國的大恩，便與平原君商議，準備用五座城池封給信陵君。信陵君得知後，心裡不免驕傲起來，臉上也洋溢著意得志滿的神情，以恩人自居。這時有個門客前來勸諫說：「事情有的不可忘記，有的卻不可不忘。別人有恩於公子，公子可不能忘了；公子有恩於人，請公子把它忘了。再說，公子假借魏王將令，奪晉鄙軍來救趙，對趙是有功了，但對魏來說卻並非忠臣啊！公子不但未意識到這一點，反而居功自傲，這恐怕會傷天下士人之心。臣以為不應如此！」信陵君立即收斂起虛驕之氣，自我反省。此後每逢有人提起公子救趙之功時，他總是表現出若無其事的樣子，並不以為功勞。

一天，信陵君應邀前往趙王宮中飲宴，趙王命人灑掃殿堂，然後親自出迎，以隆重的敬賓之禮引導信陵君從西面的臺階前行，信陵君心裡記著門客的告誡，側著身子表示謙讓，然後退下西階，轉從東階前行，表示不敢居功。談話中自稱有過錯，有負於魏王，對趙也無功可誇，趙王聽了，漸漸地放鬆了拘謹的神情，賓主飲酒直至傍晚，盡歡而散，趙王卻一直未提獻五城之事。從這件事情之後，信陵君深感門客言之有理，幸虧及時提醒了自己，免卻了不必要的麻煩和危險。

信陵君留在趙國，趙王只以鄗城（今河北高邑東）作為他的湯沐邑，即休息處，也就是封地，他欣然接受，並無怨言。

此時的趙國一下子住著兩個養士的名公子，由此竟傳出一個有趣的故事。

信陵君聽說趙國有個隱士人稱毛公，整日遊走於賭徒中間，還有一個叫薛公，住在賣酒漿的家裡。信陵君想要與這兩人交朋友，沒想到他倆竟躲起來不肯見。後來信陵君打聽到兩人住處，便微服徒步尋去，與二人飲酒暢談，非常愉快。平原君趙勝得知後卻大不以為然，對妻子說：「過去聽說夫人的弟弟天下無雙，如今看來，他竟與賭徒酒販交往，看來公子只是個尋常隨便之人。」

夫人嘴上沒說什麼，心裡卻記下了。後來見到信陵君，便勸他不要與市井無賴來往，還把平原君的話告訴了弟弟。信陵君聽了，立即向姐姐辭行說：「過去聽說平原君賢明，所以才背著魏王來救趙，希望能與平原君相稱，沒想到平原君結交士人，只揀高貴豪強者，不是真的求士。我無忌在大梁時就聽說毛公、薛公二人有賢名，可是未能到趙國與之相見。如今弟在趙國，想見他們，還怕他們不肯見我哩！沒想到平原君竟替我感到羞恥，看來平原君不足交啊！」

夫人回到家，立即將信陵君的話轉告丈夫，平原君一聽，深感慚愧，趕快前往信陵君處，發現信陵君正在整理行裝，準備離去。平原君免冠謝罪，堅決挽留。據說平原君門下賓客聽到這件事，有一半離開平原君，投到信陵君門下，天下的士人也紛紛來歸附信陵君。其實，信陵君在趙國發展朋黨勢力，對平原君造成了威脅，這恐怕才是兩位公子發生齟齬的真正原因吧！

信陵君在趙國生活了十年，秦國連年進攻魏國，魏王無法支撐，便派人到趙國請信陵君回國。門客們都想回國，可信陵君卻仍害怕魏王加害自己，便對門客說：「有敢替魏王通使的，死！」這時毛公、薛公二人來見信陵君，勸道：「公子之所以受到趙國禮遇，名揚天下，只是因為有魏國為靠山。現在秦攻魏，魏國危急，公子卻不聞不問，假使秦國真的攻破大梁，毀壞魏國的祖廟，公子還有什麼顏面活在世上呢？」話未說完，信陵君陡然變色，下令驅車救魏。

魏安釐王三十年（西元前二四七年），信陵君回到魏國，魏王與信陵君相見，兄弟二人相對哭泣，敘闊別之情。魏王授給公子上將軍印。信陵君派使者聯絡諸侯組成五國聯軍，在河西擊敗秦軍，迫使秦國猛將蒙驁後退，據守函谷關，不敢出戰。

秦國認為信陵君是個障礙，便派人祕密到魏國活動，用金錢收買晉鄙的門客，讓他們到魏王那裡講信陵君的壞話，說：「公子流亡在外十年，如今任魏國大將，諸侯都與他結交，世人只知有魏公子，不知有魏王。公子正要趁此機會南面稱王，諸侯都怕他的威勢，也都擁立他。」秦國又派使者到魏，假作祝賀公子立為魏王，這一切使早有戒心的魏王不得不相信讒言。他下令派人接替信陵君的上將軍職位。

信陵君知道自己的敗亡已無可挽回，便與門下賓客長夜飲酒，與美女廝混，這樣過了四年，最終因酒色過度而過世，時為西元前二四三年。又過了十八年，西元前二二五年，秦將王賁率大軍攻魏，魏王假投降，魏國滅亡。

魏公子無忌喜結交士人，名揚天下，為戰國四君（公子）之一。他曾一度救趙、存魏，卻終究不能挽救國家滅亡的命運。表面看來，魏國不用信陵君，加速了滅亡的過程，實際上，像信陵君這樣的許多封君和大臣結黨營私，削弱公室，挖了自己國家的牆腳，即使有賢明之君，也無法挽回頹勢，只能聽任衰朽的國家一步一步走向滅亡。

黃歇亂楚

獻愛妾借巢孵卵，弄巧成拙一朝傾覆。

楚國原本是江漢平原一帶的蠻化小國，於春秋時代開始強大起來，不斷吞併周圍華夏民族和其他蠻夷諸侯國家。楚國自稱王，與以周天子為代表的中原華夏諸國對抗。隨著經濟生活的進步，政治上也發生變化，公族、大夫黨亂不休，楚莊王時有若敖氏之亂、夏徵舒之亂，楚惠王時有白公勝之亂。戰國時代，內鬨頻繁，朋黨眾多。楚懷王時，靳尚之流結黨營私，勾結寵妃鄭袖，將賢臣屈原排擠出朝；楚頃襄王時有州侯、夏侯、鄢陵君、壽陵君之黨干犯朝政；楚考烈王在位二十五年，黃歇任令尹即楚國最高軍政長官，封春申君，朋黨勢力達到極盛。

春申君也是戰國四君之一，楚國人，姓黃，名歇，與平原君趙勝、孟嘗君田文、信陵君無忌不同的是，黃歇與楚國王室沒有什麼血統上的關係，他是靠著自己的學識和辯才得到楚王的信任和重用，然後再將個人勢力培養起來。黃歇早年出外求學，由於博聞強記，學業精湛而聞名當世，後來投奔楚頃襄王。頃襄王發現黃歇能言善辯，思維敏捷，便派他出使秦國。

當時的秦國已經非常強大，不斷攻伐與之相鄰的韓、魏、楚等國，而這幾個國家卻因內部不和而國力減弱，皆在與秦國的交戰中處於劣勢。此時正值秦昭王在位，秦國大將白起幾次進攻韓、魏，大敗韓、魏軍於華陽（今河南新鄭北），生擒魏國大將芒卯，韓、魏損失慘重，不得不向秦國表示順服。秦昭王卻不滿足，又任命白起為大將，強迫韓、魏兩國出兵，與秦共同進攻楚國，就在秦國策劃這個行動時，黃歇作為楚國的使節來到秦國。

在此之前，白起已經屢次進攻楚國，占領過楚國的巫（今長江巫山、奉節一段兩岸）、黔中郡（今湘西吉首為中心的地區），甚至攻陷鄢（今湖北宜城）、郢（今湖北江陵）等中心地帶，東到江夏的竟陵（今湖北潛江），深入楚國內地。楚頃襄王無奈，不得不遷都到東部更遠的地方。此次秦國大有一舉消滅楚國的意圖。黃歇得知這個計畫後，連夜苦思冥想，起草了一份上秦王書。在信中，他大展辯術，反復說明秦國出兵攻楚是兩虎相爭，最後會秦楚兩頭空，讓他國趁虛而入。不知是真聽信了黃歇的辯詞，還是另有原因，秦昭王竟下令取消這次行動，並派人出使楚國，與楚結為與國。

黃歇認為自己取得了外交鬥爭的重大勝利，回到楚國向頃襄王匯報了出使經過，頃襄王大喜過望，立刻提升他為左徒。可是秦、楚締結盟約後，秦要求楚太子入秦充當人質，頃襄王對此心存不快，但盟約畢竟可以免卻楚國的燃眉之急，換來短暫的安定和快樂，楚王只好答應了。頃襄王看到黃歇善於辭令，便派他陪同太子完一起到秦國。

黃歇本是絕頂聰明之人，看到頃襄王信任自己，又與太子一起赴秦為質，便暗自下了決心要把自己的一生與太子完完緊緊地聯繫在一起，所以千方百計攏絡太子。太子孤身居住異國，失去往日的尊貴和威嚴，經常受到秦國君臣的奚落和白眼，失落和恐懼感交替襲擾，心中的苦悶是可想而知的，自然就把黃歇當作了自己的患難之交。

一晃幾年過去，楚國傳來消息：「頃襄王病重，朝不保夕。」太子想要回國，一旦父王去世，便可即位為君。秦國卻不放行。太子為此整日愁眉苦臉，唉聲嘆氣，與黃歇商議如何才能回國。原來太子完曾受到過秦國宰相應侯范睢的禮遇，黃歇認為可以透過范睢直接說服秦昭王。於是黃歇便來到相府求見范睢，向范睢施展他的辯才。他開門見山地問：「相國是否真的與楚太子友好？」

「是的。」范睢看了看眼前這個小人物，不是很在乎地回道。

黃歇又趁勢向范睢分析利害：「相國是否知道如今楚王有病，恐怕難以痊癒，秦國不如允許楚國太子歸國。如果太子得以即位，那麼楚國就會更好地服侍秦國，對相國的感激之情也是無窮無盡的。這可是和盟國加強聯繫、結交萬乘之國的大好時機啊！假若秦國不放楚太子歸國，他就不過是咸陽城裡的一介平民罷了，楚國會立個新太子，自然也就不會服侍秦國了。如此失掉與國，斷絕萬乘之國友好的事是很不聰明的做法。請相國深思熟慮之。」

范睢聽了黃歇的話後有點動搖，對黃歇的善辯也很欣賞，便把這番辯辭的精神轉告了秦昭王，秦昭王卻老謀深算對范睢說：「可以讓楚太子的師傅先回去探視一下，看看楚王的病情究竟如何，等他返回後再作商議！」

太子和黃歇得知秦王的態度後覺得情況緊急，若不抓住機會，就可能永遠無望回國，永遠不能即位為君。兩人又聚在一起密謀何去何從。只見黃歇皺眉想了半晌，然後下了狠心對太子說：「秦國之所以強留太子，是想得到好處。如今太子的處境和能力都無法做出什麼對秦國有利的事情來，這是臣最憂慮的事。現大王有病，危在旦夕，太子不在身邊，萬一大王去世，太子可就不能繼承王位、奉祀宗廟了。依臣之見，太子不如逃離秦國，和使者一同出去。臣則請求留在此地，就是搭上這條性命，寧可受秦國的懲罰，也要讓太子回國即位。」

黃歇深知，這是他此生榮辱生死的關鍵時刻，如不努力，很有可能永遠把自己的一生葬送在這個虎狼之國，若冒此一次危險，事情成功，即使自己死了，也會博得個好名聲，後代子孫皆可得福。如是僥倖得活，豈不就可以享受榮華富貴了麼。想到這裡，他心一橫，做出了決定。

太子受到感動，兩眼湧出淚水，情不自禁地抓住朝夕陪伴自己數年的黃歇雙手，哽噎的說：「完（太子自稱）這幾年在秦國煎熬，幸得先生陪伴幫助。如今先生又捨棄性命，助我回國即位，是自古未有的英雄之舉。若老天保佑，完回國即位，他日必當厚報！」

黃歇也熱淚盈眶，但他卻二話不說，催促太子更衣，喬裝成楚國使者駕車的車伕，乘著月色駕車朝函谷關方向飛馳而去。太子走後，黃歇獨自一人守在館舍之中，佯裝有病，不露面會客。估計太子一行人已經走遠，秦兵無法追趕上，他便叫起隨從人員，讓他們將自己捆綁起來，主動來見秦昭王。秦王宮殿，冷氣森森，階下的武士個個怒目圓睜，殺氣騰騰，兩班文武也是盛氣凌人，大殿的主位上坐著一位怒氣衝衝的白髮老人，正是秦昭王。

黃歇被押到殿上，摔倒在地，整個大廳裡一片肅靜，黃歇心裡不免有些恐懼，但一想到太子已經回國，自己只要保住性命就可平步青雲，即使死了，也無非是比陪著太子作人質老死在秦國早幾天罷了，別無損失，還多了一個希望。想到這裡，心中又產生了一股勇氣，他壯了壯膽，抬起頭大聲說道：「楚國太子已經回國，他已經走遠了，你們不會趕上的。我黃歇罪該萬死，請賜我一死吧！」

殿上的大臣和階下的武士聽了，個個面面相覷，他們被黃歇的勇氣震懾住了。還沒有過帶罪之人敢在秦王殿上如此放肆，坐在殿上的秦昭王則氣得暴跳如雷，大聲吼道：「讓他自殺！寡人倒要看看他如何自殺！」

大殿上又是一片寂靜，鴉雀無聲，所有人的目光都聚在黃歇一個人身上，似乎在等著看黃歇表演自己的死法。這時殿上一側響起了一個深沉的聲音：「大王且慢！請聽臣下一言。」

眾人幾乎同時轉眼望去，說話的不是別人，正是宰相范睢。范睢也善於辯辭，早先曾受魏國宰相魏齊的殘酷迫害，肋骨折斷，牙齒脫落，後來潛入秦國才發跡起來。對於黃歇的才能和遭遇頗有同情之感，同時對楚國太子逃走，以及未來楚國政治形勢及其前途另有自己的見解，認為黃歇對秦國是個有用之人，所以才敢在秦昭王盛怒之下，出來講情。

秦昭王一直倚重范睢，看到他出來講情，便忍住怒火，聽他說下去。范睢說道：「大王，黃歇作為人臣，寧可犧牲自己來保全主人，堪稱人臣楷模。楚太子若果然得以即位，必定會任用黃歇，所以我們倒不如把他無罪釋放，讓他回去，這一方面是我國對楚國表示友好，另一方面，黃歇回去，必會對大王感恩戴德，這對我國是有益而無害的。」昭王一聽，覺得有道理，便下令釋放黃歇。就這樣，黃歇居然大難不死回到楚國。二人相見，自有一番感慨和別後之情。

三個月後，即楚頃襄王三十六年（西元前二六三年）秋，頃襄王過世，太子完即位，他就是歷史上的楚考烈王。第二年改元，大賞功臣，黃歇第一個受到封賞，被任命為令尹，加封號為春申君，受封得到淮北十二縣，瞬間成為楚國當時最富貴的人臣。後來黃歇對考烈王說：「淮北之地與齊國接近，經常有戰事，作為私邑不便，請改為直屬於中央的郡縣，這樣更有利。」表面看來是獻出封地，實則是請楚王改封富庶之地。考烈王對黃歇已經是有求必應，對這個暗示也不例外的照辦，把江東的吳（今江蘇蘇州）封給他作為私邑。吳在春秋時代曾做過吳國的都城，戰國時成為廢墟，稱作吳墟。黃歇派人在吳王闔閭宮殿的遺址上重建館舍，並修復了城牆，形成了國中之國。

這時齊國的孟嘗君已經去世，但趙有平原君，魏有信陵君，加上各國封君大臣仍然爭相禮賢下士，招攬士人賓客，專權把持國政。春申君黃歇雖為後來者，卻也不示弱，積極加入禮賢下士的角逐。不同的是，戰國四君的其他三個都是貴族甚至王室出身，原來就身處尊貴，家業雄厚，在爭奪士人的鬥爭中具有先天優勢。黃歇則不然，他從一介士人的身分起家，經過捨生忘死的冒險奮鬥，爬上高位，因而更富有實際經驗。他在極為短暫的時間裡，招攬了幾千名徒黨，聚斂了巨大的財富。

秦國包圍邯鄲時，趙國平原君派人到楚國告急，又親自到楚國結盟，後來楚國出兵，由春申君黃歇統領前去救趙。邯鄲解圍後，平原君為了感謝楚國及春申君相救之恩，派使者到楚國來見黃歇，黃歇安排來使住在最好的館驛裡。趙國的使者是平原君的門客，以為平原君家最為富有，自己不能丟了主人的面子，讓楚人小看，於是便戴上飾有玳瑁的頭簪，刀劍的鞘上也裝飾著珠寶玉石，約好與春申君的門客在館驛相會。春申君的門客共有三千多人，來訪者都是有身分的，當這些人來到館驛時，趙國使者，也就是平原君門客吃驚地發現，春申君的門客不但頭上、佩劍上、腰帶上金光閃閃，就連腳上穿的鞋子居然也鑲著亮晶晶的珠寶！他驚得目瞪口呆，自慚形穢。

春申君黃歇把持相位，朋黨門客勢力越來越大，盤踞著中央地方政權的許多要害部門，這引起其他貴族大臣，甚至考烈王本人的嫉恨，只因黃歇勢力太大，一時無從下手。西元前二四一年，楚考烈王二十二年，也是春申君執政的第二十二年，東方各國諸侯看到秦國攻伐不已，便再次合縱，除齊國外，其他五國聯合起來向秦國發起進攻。楚考烈王被推舉為縱長，黃歇實際主持戰事。合縱聯軍逼近函谷關，由於內部不和，矛盾重重，所以秦軍一出，五國聯軍隨即土崩瓦解。楚國無奈，為避開秦國日益強大的攻勢，遷都到壽春（今安徽壽縣）。考烈王抓住這個藉口責怪黃歇，從此對他也開始疏遠了。眼看楚王對自己越來越疏遠，黃歇儘管大權在握，但心中不免泛起一種不祥的預感。他日夜焦慮，盤算著如何才能重新得到考烈王的信任和親近。

考烈王雖然後宮龐大，卻沒有兒子，黃歇認為這是自己表現忠心的大好機會，便四處尋覓生育力強的美女獻進宮去，可是過了很久，仍未見生出半個王子來，黃歇急得寢食不安。這種情形最容易被野心家利用，而野心家真的出現了。

李園是趙國人，他有個妹妹生得美麗動人，傾國傾城。得知楚王尋訪美女，李園便帶著妹妹來到楚國，打算碰碰運氣，把妹妹獻給楚王。可是到了楚國後，聽人說之前進獻到宮裡的女子都沒有如願生下兒子，李園擔心妹妹也會因此而失寵，便躊躇起來。不久聽人說春申君黨徒眾多，權勢炙手可熱，又與考烈王有患難之交，許多美女都經過他的手送進宮去，李園沉思良久，一條毒計便在他的心中醞釀成長。

這天，李園來到春申君府邸，請求春申君收他為舍人——即門客。黃歇見他眉清目秀，口齒伶俐，行動機敏，很喜歡，便欣然收留了他。沒過幾天，李園來向春申君請假，說是回家探親，黃歇同意，並與李園定下了回來的日期。時間很快過去，過了約定日期很久，仍不見李園的人影，黃歇十分生氣，心想：「這個人剛做我的門客就失期不歸，實在不像話！」

過了幾天，有人通報李園求見，黃歇命他進見。只見李園風塵僕僕，好像剛經過了很長的旅程，黃歇覺得奇怪便問緣由，李園急忙跪下請罪解釋道：「小人本來能準時返回的，只因齊王派使者到小人家裡，要小人將妹妹獻給齊王，小人與他周旋數日，屢次將他灌醉，才得以脫身，逃回楚國。」

黃歇問道：「令妹有何才氣，竟惹得齊王派人尋訪？」

「舍妹會彈琴，能讀《詩》、《書》，可通一經。」李園急忙答道。

黃歇聽了不覺心裡一動，又問道：「已將令妹聘給齊王了嗎？」

「哪裡，小人將齊國使者灌醉後，便和舍妹一同奔到楚國，所以未聘與齊王。」李園回答。

黃歇聽罷故作毫不介意，隨便問道：「黃歇可否有幸一見令妹？」

「當然可以！」李園回答。

黃歇說：「那麼好吧，明天你帶令妹到離亭來見我。」

看到黃歇中了圈套，李園心中一陣狂喜，便急忙回去為妹妹梳妝洗浴。準備第二天帶她去見春申君。

趙國出美女出了名，黃歇早有耳聞，李園知道妹妹的動人之處絕非尋常美女可比，所以才敢冒這個險。這天他用一輛小彩車載著妹妹來到春申君家別墅後園。黃歇早已擺下酒宴，備好琴瑟、手鼓。時值黃昏，只見一位少女身披晚霞，飄然而至，向黃歇深深下拜：「民女李環再拜將軍閣下。」

黃歇聽到這清麗柔潤的嗓音，不禁順聲望去，面前這位少女明眸皓齒、體態婀娜，渾身透出一股青春的生命力。只見她低垂眼簾，顯出幾分羞澀和嬌媚，看得春申君情不自禁，命她彈琴。一曲未終，黃歇早已嘆服叫絕。曲罷，又亮起歌喉，清脆甜潤，美妙無比。黃歇的心思立即被面前這位少女攝去，將一切禮法、尊嚴都拋諸腦後。他起身來到李環跟前，伸手挽住她的玉臂，懇求她留宿府中。

第二天上午，多年來早起晚歸、勤苦嚴謹的春申君黃歇竟第一次懶懶地躺在床上，欣賞著正在梳妝的李環。李環回身注視著黃歇，故作鄭重地說道：「妾聽說大王年老卻沒有子嗣，把國家都託付給將軍。將軍若在外面沉湎於酒色，不理政事，讓大王知道了，不是有負於大王的信任，也讓妾兄妹有負於將軍夫人嗎？所以請將軍趕快叮囑屬下，不要把這件事洩露出去。」

黃歇如夢方醒，立刻下令官屬門客：「不許說出淫於美女之事。」

大約過了一個月左右，李環發現自己有了身孕。這天她突然嗚咽著對黃歇哭訴：「妾承將軍愛憐，恨不能終生陪伴，以報知遇之恩。可是看到將軍處境艱難，妾身前途未卜，心中悲傷。」李環一句話，觸到黃歇的痛處：「是啊，大王一天比一天疏遠自己，形勢對自己不利，現在又淫於美女，政事有所荒廢，若讓大王知道，將如何是好？」想到這，他不禁長嘆一聲，卻默然無話。

李環一見有機可乘，便趁勢試探著說：「妾想來想去，只有一個辦法可解眼前危困。」

「有什麼辦法，美人請講。」黃歇聽說有辦法，眼睛為之一亮。

李環欲言又止，猶豫道：「妾不知當講不當講。」

「有話就講，怕什麼？」黃歇急了。

「將軍若赦妾妄語之罪便講。」李環又賣了一個關子。

「好，我赦罪，我保妳無罪。」黃歇說。

李環這才將她兄妹二人早已策劃好的一篇說辭和盤托出：「將軍莫急，聽妾說來。將軍知道，大王信任將軍，使將軍身居高位，富貴無比，就連大王的兄弟也比不上將軍。將軍擔任楚國令尹已有二十多年，也算位極人臣了。可大王沒有子嗣，一旦駕崩，只能立兄弟為王，他們即位，肯定要任用自己的親信，將軍如何能長久保有眼前的寵幸和富貴呢？如果那樣，將軍從前所做的和所擁有的一切不就都白白失掉了嗎？將軍掌權日久，總有對大王兄弟無禮之處，即使做得再好，他們也早就怨恨將軍獨占大王的信任和寵愛，所以一旦他們即位，將軍免不了要大禍臨頭，哪還能保住相印和江東的封地呢？」

看到黃歇額頭已滲出冷汗，李環掩飾不住內心的輕蔑和得意，轉入正題：「妾如今已有身孕，尚沒有人知道，妾仰承將軍的雨露之恩還不太久，將軍若能憑藉手中的權力，把妾進獻給大王，妾一定會讓大王以為腹中胎兒就是龍種，若蒼天保佑賜給我們一個男孩，那麼日後即位當王的不就是將軍之子嗎？到那時，整個楚國就是將軍的家業，還擔心什麼前途不測，還怕什麼君王怪罪呢？」

黃歇被這個大膽的計策嚇呆了，他不但沒有懷疑，反倒深深佩服於李環的聰明和機智，甚至為李環捨身救人的犧牲精神所感動，他不禁雙膝跪下握住李環的手說：「美人相救之恩，黃歇終身不忘！」說罷，兩人抱頭痛哭，宛若生離死別。

第二天，黃歇把李環安排到館舍中暫住，命令兵將嚴密護衛。五天以後，黃歇趁早朝對考烈王道：「城中有位趙國美女，臣已看過，非常適合大王，可為大王生育子嗣。」

考烈王聽了自然同意，召李環入宮，加以寵幸。李環十月懷胎，一朝分娩，果然生下個男孩。考烈王大喜，整個宮中都熱鬧起來，新生的小王子立即被冊立為太子，母以子貴，李環也被立為王后。李環向楚王推薦哥哥李園，楚王二話不說，立即任用李園，如此一來，李園離開了春申君府，入朝擔任大官。

短短一年時間，竟發生了如此戲劇性的變化，李環由一介平民女子變成楚國王后，兒子立為太子，李園則從一個江湖騙子、私家門客，搖身一變成為國家大臣、王室國舅，顯赫無比。兄妹倆的計畫還沒有全部實現，他們雖然實現了榮華富貴的夢想，卻擔心好景不長，害怕春申君黃歇把事情真相洩露出去，也怕他將來倚仗自己是新王的生父，驕橫跋扈，妨礙他們最終控制楚國的野心，所以必欲除之而後快。而要除掉黃歇，首先必須握有比黃歇勢力還要強大的朋黨集團。於是李園也開始禮賢下士，招攬門客，從頭組建自己的朋黨集團。不同的是，他還暗中豢養殺手，伺機殺掉黃歇，可見李園為首的新朋黨集團具有更大的破壞性。

楚考烈王二十五年（西元前二三八年），也就是春申君黃歇執政的第二十五年，考烈王病重，形勢對黃歇越來越不利，他不但一點沒有覺察，反倒沉浸在李環與他在枕畔立下的海誓山盟中，做著當太上王的美夢。

一天，有個叫朱英的門客深夜求見，說是有要事相告，黃歇屏退旁人，兩人便談了起來。門客很認真地問黃歇：「不知君知道嗎？世上本有意想不到的福祿，也有意想不到的禍患。眼下君正處在一個萬事變幻莫測的時代，一切都在意想不到之中，所侍奉的又恰恰是命運無法預測的君王。不過即使有如此嚴重的危機，怎不可能會有一個意想不到的有用之人呢？」

黃歇莫名其妙，疑惑不解地問道：「什麼叫『意想不到的福祿』？」

朱英笑了：「君任楚國令尹二十餘年，雖然名為相國，其實與楚王又有何區別？如今楚王病重，早晚要晏駕，太子年幼，身體也不健壯，到時君輔佐少主，實際上是攝政當國，就像商朝的伊尹和周初的周公那樣。待王年長後再把權力歸還給他，這不和南面稱孤而擁有楚國一樣嗎？這就叫『意想不到的福祿』。」

「那麼『意想不到的禍患』呢？」黃歇又問。

「李園並非為官出身，是大王的國舅，並未擔任軍事將官之職，卻偷偷豢養殺手死士，這情況已非一兩日了。大王一旦駕崩，李園肯定搶先入宮，擁立少主，假借王命，然後除掉我主。這就是『意想不到的禍患』。」朱英提醒道。

「那誰又是『意想不到之人』呢？」黃歇再問。

「臣此來特請君事先任命臣為郎中（即國王侍從）。大王駕崩後，李園必首先搶入宮中，臣請求替君刺殺李園。如此則君可免卻那意想不到的無妄之災。臣不就正是那個『意想不到的有用之人』嗎？」朱英回答。

春申君聽了哈哈大笑，揮手說：「先生算了吧，不要再說了。李園這個人我還不曉得？他是個軟弱無能之人，我對他一直很好，他對我也是感恩戴德的，怎麼會幹那種事呢？這是絕對不可能的。」朱英沒想到黃歇竟如此粗心大意，眼見無法說服主人，又怕事洩被殺，便急忙連夜遠走他鄉，躲開了這塊是非之地。

朱英走後第十七天，楚考烈王去世。黃歇想起自己年少時代與考烈王一同生活在秦國，歷盡艱險，回國後又一同享盡人間的榮華富貴，儘管後來有些隔閡，但到底是生死之交，一生沒有反目，如今考烈王死了，黃歇感到非常悲痛。他一邊處理喪事，一邊考慮未來的打算。而另一方面，考烈王死了，也就再沒有誰能把自己怎麼樣，想到這裡，黃歇在悲痛之餘又有些輕鬆自得了。他哪裡想得到，大禍就在眼前。

照慣例，國不可一日無君，第二天是大臣進宮商議立新君的日子，黃歇早早便起床，盛裝朝服，儀容整齊威嚴，招呼幾個門客，駕車往王宮而來，路上遇見別的大臣，他遠遠拱手示意，車子徐徐駛入宮城棘門。黃歇雖面色嚴肅，心中卻抑制不住興奮和愉快，想到自己的兒子就要成為楚國的國王，受到萬民的朝賀，自己實際上成了太上王、攝政王，甚至還可能有機會和美人李環重敘舊情，他的臉上不禁微微泛起一層紅光，嘴角露出一絲笑意。

突然，猛聽得背後一聲巨響，黃歇的車子剛剛進入棘門，他回頭看時，宮門已緊緊地關死，再看前頭，只見幾十個武士手執戈矛衝到車前，黃歇腦海中閃過各種記憶，他想起了朱英的話，感到事情不妙，剛要張嘴喊叫，殺手們一擁而上，從兩側亂槍齊刺，可憐黃歇少年辯才，用計強秦，二十年的宰相威風，三千多門客勢力，竟在幾秒鐘內倒在血泊中，殺手們一擁而上，爭著割下黃歇的人頭，血淋淋地扔出宮門之外。大臣們見了，嚇得紛紛逃避，幾個隨行的門客也早被殺手們滅口。這時李園出現了，只見他殺氣騰騰，手執寶劍，命令殺手們帶領官吏、兵丁、門客直奔春申君府邸，不分老幼，逢人便殺，很快便將黃歇滿門抄斬，門客們見主子身死，家勢敗落，便一哄而散，苦心經營二十多年，建立起來的巨大的朋黨集團就這樣頃刻間瓦解了。

黃歇和李環的兒子悍被舅父李園立為楚王，即楚幽王。幽王立十年便夭折，據說幽王之後的惠王名叫猶，是悍同母異父的弟弟，即李環入宮後生的兒子，不知他的父親到底是誰，即位不到兩個月，便被自己的庶兄，即考烈王另外的妃子或宮女所生的兒子負芻給殺死。這麼看來，考烈王似乎早有兒子，這說明考烈王並非不能生育，如果屬實，那麼黃歇、李環、李園之流冒的風險就更大，其計畫的投機性也就更大，這又從另一個面向切入告訴人們，朋黨也好，佞幸也罷，其實都是一夥亡命之徒，拿生命作賭注，敗則殺身，成則享盡富貴。春申君敗亡了，李園兄妹也未能善終。不到十年，兩個兒子相繼過世，發動暴亂奪取王位的負芻之流同樣逃不脫厄運。就在負芻即位的第五年（西元前二二三年），秦王政派大將王翦、蒙武率大軍攻陷楚都壽春，俘虜負芻，歷時千年的古老部族、八百年的著名諸侯國，就這樣滅亡了。

春申君少年之時能言善辯、機智勇敢，幾次出使秦國，又幫助太子逃脫虎口，立了大功，是個不可多得的人才。回國後擔任相國，雖內含考烈王知恩圖報的用意，但畢竟是憑藉才能，是黃歇努力奮鬥的結果，從這點來看，他比孟嘗君、信陵君、平原君這樣的公室貴族更符合時代的要求，在他的身上似乎可以看到新時代賦予士人的那股朝氣。可是當他身居高位，便大肆發展朋黨勢力，與平原君鬥富、向考烈王討封，這些有可能是引起考烈王猜忌與疏遠的原因。

而當他意識到自己權位不穩的危險後，不但不能認清利害，還鋌而走險，借助奸人李園兄妹，冒險演了一齣美人計；而在聽到朱英的告誡後，又不能盡早採取行動，結果身首異處，死無葬身之地。究其原因，都是由於朋黨作怪。他自恃徒黨眾多，勢力強大，無人能與自己抗衡，卻恰恰沒有意識到朋黨是以利益為基礎而結合起來的政治、社會集團，主人雖然可憑藉朋黨勢力翻雲覆雨，但說到底，朋黨都是靠主人而存在的，就像孟嘗君的門客，主人得勢，便門客大盛，主人勢敗，又一哄而散。春申君門客三千，以珠寶與趙客相鬥時真可謂濟濟一堂，但真正死心塌地效忠主人的竟無一個。黃歇死後，連一個替他喊冤報仇的都沒有，只能說這是一個極大的諷刺。

文景之亂

老宦官錯點鴛鴦譜，竇猗房三朝四黨爭。

西元前二二一年，秦王政統一了中原。由於秦朝有像秦始皇這樣的鐵腕人物統治，因此皆無朋黨集團產生，不過當時朝中以齊國博士為首的七十位博士官僚為一方，李斯為首的官僚為另一方，曾展開過有關分封制和郡縣制的辯論，但並未能形成固定的朋黨集團。究其原因，大概如李斯所指出的那樣，戰國時代，諸侯並爭，各國廣招遊學之士，如今天下已定，法令出於一人，士人只有學習法令辟禁的義務，不必像從前那樣，鑽研縱橫捭闔的策術。秦朝採取高壓政策，限制讀書人的活動和權利。正如當時兩位方士侯生和盧生所說，秦始皇帝剛愎自用，專任獄吏，雖有博士，即掌管歷史文化典籍的官員，卻都只是擺設，僅只等候著皇帝諮詢，並不聽從他們的意見，至於丞相大臣們則只是傳聲筒，皇帝有什麼命令，便照著吩咐去辦，一邊害怕有錯而獲罪，一邊又希冀立功而受賞，為保俸祿，不敢私結黨羽。當然，這種現象只能是暫時的，秦朝卻偏偏沒有等到朋黨形成，就被人民起義埋葬掉了。

十幾年後，漢朝再一次統一了中原，繼承了秦朝的政治體制，但是漢朝的統治者考慮到人們心理上的傳統影響，在實行郡縣制的同時，又在一定程度上實行了分封制。漢朝的分封制與先秦的分封制不同，先秦的分封也經歷過一個變化的過程。春秋以前的分封，主要是對各地原已存在區域城市國家的承認，以這個基礎又分封一些新的諸侯。戰國時代，這兩種分封基本上都已停止實施，盛行的則是衣食租稅的封君制度，即只封給某地若干戶農民的租稅，一般不在封地建立獨立於中央政權之外的國家機構。西漢前期的分封制是在全國郡縣制的基礎上分封一些功臣和皇室子弟，漢高祖劉邦在晚年又削平了異姓功臣諸侯勢力，立下了「非劉氏而王者，天下共擊之」的遺囑。漢朝的封國與郡縣並行，其內部制度是先秦分封制的綜合運用，即從獨立的封國向衣食租稅過渡。漢武帝以後，封國基本上已沒有獨立國家的性質了。

分封制下存在著與中央王權抗衡的朋黨是一件很自然的事情，每個諸侯王都有自己獨立的政治集團，一旦他越過職權範圍，干犯朝政，就會引起朋黨之亂。就像春秋時代的大夫朋黨一樣。

漢朝的另一個不同，是它有了不同於封君養士的官僚朋黨。這與新生的中央集權官僚制度有著密不可分的關係。當時中央統轄郡，郡下有轄縣，縣下則有鄉、亭、里，直到什、伍，於是從中央到地方，甚至到百姓個人，連鎖建立起一整套統治制度。為了使皇帝的意志貫徹到個人，使這套體系完整運作起來，就需要有大批官吏充實到各級官府中去，這就為官僚朋黨政治的形成提供了一個適宜的溫床。漢初，一方面是這種制度還很粗疏，另一方面從政者多是軍隊有功人員，他們習慣於聽命鐵腕領袖的軍事化統治，所以在地方諸侯與官僚之中，一時還不能形成朋黨。

然而，由於漢初實行黃老無為政治，採取放任政策，地方勢力開始膨脹。再加上思想意識形態控制的鬆弛，先秦百家之學紛紛復活，官僚中的武化集團隨著時間的推移，逐漸被文化集團所取代，相對的一元化軍事性統治不得不讓位於多元化的文人政治，各式各樣的朋黨到景帝時重新抬頭。這期間竇太后的長期干政，又達到加速和催化的作用。不論是地方諸侯，還是朝廷大臣，甚至學術思想界，都為黨爭所籠罩，而這些幾乎都與酷愛黃老之學的竇太后有關。

呂太后當政的時候，有一天，在太后宮中的偏院，一群年輕貌美的宮女正在等著分別遣送到當時的諸侯王國去，這是太后的旨意：「每個諸侯王，即劉邦的兒子們各賞五個宮女。」宮女們有的竊竊私語，有的拉手灑淚告別，惟獨有一個身材苗條、眉清目秀的姑娘獨自焦急地望著正在分遣宮女的老宦官，老宦官手捧聖旨，準備宣讀。這位姑娘名叫竇猗房，是清河郡觀津縣（今河北武邑、阜城之間）人，出身於當時清白的良家，從小入宮侍奉太后。猗房的爹早逝，她在家時孝順母親，照顧弟弟，很受鄰里大人們的誇獎，都說她將來會嫁個如意郎君。自從打聽出這次外放的消息，她就一心想到個離家近的去處，好就近照顧母親。當時的趙國在今河北南部一帶，距清河最近，所以她想到趙國去。看到老宦官手中的名單，猗房不禁想起了幾天前她去見老宦官的情景。那天也是在這個院子，她在老宦官每天必經的地方等待，遠遠看到老宦官一步三晃地從院門走過來，她小跑幾步，迎上去施禮。老宦官冷不防見一個宮女擋住去路，心中有些不快，正要發火，卻聽得這個攔路的小宮女急切地說：「公公萬福！我叫竇猗房，家住清河觀津，請公公勞神，把我編到去趙國的五人中吧，那樣，我就能見到我娘了！」說罷，又施一禮，沒等老宦官醒悟過來，姑娘便一溜煙跑回去了。看到小姑娘這樣膽怯性急的樣子，老宦官搖頭嘆了一口氣：「唉，難得孩子有這個孝心哪，真可憐，這麼小就離開家好幾年了……。」

當時每個宮女也有個記載姓名、生年的竹簡，叫作「籍」，就像如今的人事檔案，調配宮女時只要把她的籍轉到哪個國家，這個宮女就必須到那個國家去。老宦官把遣往各國的宮女的籍編排好，呈報上去，很快得到太后批准，此時正要當場宣讀。看看時辰已到，一聲聖旨下，宮女們都跪下聽旨，猗房更是聽得仔細，當聽到派往趙國的宮女的名字時，連大氣都不敢喘，五個人的名字唸完了，卻沒有自己，她不禁愣住了。再往下聽，發現自己的名字竟在遣往代國的名單中。代國在今河北的北部，靠近內蒙古，不但離家遠，而且荒涼寒冷。聖旨和名單都宣讀完了，宮女們紛紛準備啟程，只有猗房待在原地痛哭失聲。原來，老宦官耳聾頭昏，那天根本就沒有聽清她的話，也搞不清清河到底在什麼地方，只恍惚記得在北方，便錯點了鴛鴦譜。猗房流著淚找到老宦官，埋怨他搞錯了，說什麼也不去代國。老宦官也無法收回，聖旨都下達了，難道還能改變嗎？在宮女們的百般勸說下，猗房才勉強收住淚水，不情願地前往了代國。

當時的代王是劉邦的次子劉恆，他的母親薄氏也住在代國。五個宮女來到代王宮中作妃子，只有竇猗房最得代王的喜歡，薄太后也對她很好。第二年，她便生了一個女兒，取名嫖。後來又生了兩個兒子，大的叫劉啟，小的叫劉武。猗房做了母親，稱竇妃，她特別喜歡小兒子劉武。

後來，呂太后病死（西元前一八〇年），朝中大臣陳平、周勃等迎立劉恆到長安當皇帝，他就是漢文帝，全家也從代國遷到長安。

劉恆當代王時的王后在他當皇帝之前就病死，他即皇位後的幾個月，大臣們請求立太子，劉啟在諸子中年紀最長，所以被立為太子。然後，大臣們又請求立皇后，薄太后提議立太子母為皇后，當初哭著不願到代國的宮女猗房卻由於歷史的誤會而當上了漢朝的皇后，女兒劉嫖成為長公主。第二年，小兒子劉武被立為代王，不久又遷往梁國（今河南山東交界處），他就是梁孝王。梁孝王仗恃母后縱容，心懷野心，貪婪成性，結交朋黨，成為與皇帝抗衡的第一大私黨魁首。

竇后在代國時，劉恆本有王后，王后還生了四個兒子（一說三個），代王寵幸竇妃後，王后不明不白地死了，據說代王被立為皇帝以後，原先王后所生的四個兒子也相繼過世。從劉恆即皇帝位到劉啟被立為太子，不過幾個月，四位皇子竟相繼病死，至於其中究竟，司馬遷的《史記》和班固的《漢書》都沒有能留下什麼有價值的線索，這也許是個歷史疑案。不過，不管怎麼說，凡是跟竇后有關的人，都得到了想得到的一切：竇后的父親生前釣魚為生，不幸墜泉而死，到劉啟為景帝時，竇太后猗房派使者到觀津填平父親墜死的深淵，在觀津城南修起大墳，當地人稱之為「竇氏青山」。

竇后很得薄太后的信任，薄太后曾下詔，追尊竇后之父為安成侯，母為安成侯夫人。竇后有兩個兄弟，兄叫竇建，弟叫竇廣國。廣國在四、五歲時，因家裡貧困被賣給別人家，後來又轉賣了十餘家，最後流落到宜陽（今河南宜陽西洛河北岸）。有一次他替主人入山燒炭，晚上回不了家，和百餘人一起睡在懸崖下，不幸懸崖崩塌，只有廣國一人安然無恙，其他同伴全被壓死。廣國下山見到卜者，算命的說他不久就能當上侯爺，廣國笑而不信。

幾天以後，他又隨主人家遷往長安。這天他聽說新立的皇后姓竇，家在清河觀津，廣國離家時雖然幼小，卻記得縣名和自家的姓氏，還記得小時候姊姊常帶自己去採桑葉，有一次自己從樹上墜落下來，姐姐嚇得哭了起來。他想，這位新皇后該不會是姐姐吧。這時他又突然想起算命說的話，難道自己真的要找到姊姊當上侯爺了嗎？他大著膽子找到一個識字的人，替他寫了上書送進宮去。竇后看了十分驚奇，趕忙告訴了文帝，文帝同意她召見廣國。

這天，竇后坐在後宮偏殿，宦官引進一個瘦小的男子進來，看到廣國又黑又瘦、滿臉驚異駭然的樣子，竇后忍不住心酸，落下淚來。廣國跪在地上，一聲不敢吭。過了一會兒，竇后收住淚，慢慢地問起廣國的身世經歷，聽到廣國講起小時的故事，竇后又不禁痛哭失聲。哭著哭著，她好像想起了什麼，突然停止哭泣，抬頭問道：「那麼，你說我是你姊姊，還有什麼可以證明的嗎？」

廣國頓了一會兒，努力回憶著什麼，忽然臉上漾起一陣興奮的神色，說：「對了，姊姊離家而去時，弟弟送到郵亭驛站，哭著要姊姊，姊姊也哭了，姊姊還要了熱水替弟洗臉，要了飯讓弟吃，然後才走的。」聽到這兒，竇后的眼淚又像斷了線似的直往下滾，不禁起身抱住廣國失聲痛哭，廣國也忍不住抽泣起來，兩旁侍者看到這般情景，都跪伏在地，陪著竇后哭泣。

後來，竇后厚賞田宅、金錢給兄弟倆，讓他們住在長安。竇建和廣國兄弟倆兒出身寒微，為人也老實，從不敢以尊貴的地位欺壓別人。太子劉啟即位後，是為漢景帝，竇后則為竇太后，很有權威。弟弟廣國被封為章武侯，哥哥竇建已死，兒子彭祖受封為南皮侯，竇太后堂弟的兒子竇嬰也因軍功被封為魏其侯，竇氏共有三人為侯。

竇后後來生病，雙目失明，文帝又寵幸邯鄲的慎夫人、尹姬，但二人都未生育，所以沒有對竇后造成威脅。竇太后的兄弟倒安安分分地沒有形成勢力，兒子劉武卻鬧出了亂子。

梁孝王劉武幾乎每年入朝，文帝死後，長子劉啟即位，不久，梁孝王入朝。這時景帝尚未選定太子。兄弟倆在後宮中舉行家宴，酒至半酣時，景帝高興，隨便對梁孝王說：「等我千秋萬歲（委婉語，意指死亡）後傳位給你。」梁孝王聽了伏身便拜。其實，梁孝王心裡明白哥哥說的並非心裡話，但畢竟聽了受用。竇太后看到哥倆如此友好，也滿心歡喜。

西元前一五四年，即景帝前元三年的春天，吳、楚七國叛亂，首先攻擊梁國的棘壁（今河南永城西北），殺死數萬人。梁孝王率兵堅決抗擊吳、楚，保衛哥哥和自己的江山。平息叛亂時，梁國殺死和俘虜的敵人竟與漢朝相等。

第二年，景帝立皇子劉榮為太子。同姓諸侯中，梁國為大國，最親近朝中，又有戰功，居天下最肥沃的土地，境內有四十餘城，大多是大縣。竇太后又經常厚賞梁孝王，梁孝王便修建了東苑，方圓三百餘里，其中有落猿岩、棲龍岫、雁池、鶴州、鳧島，豢養珍禽異獸，樓臺亭榭宮觀掩映在群山綠樹的環抱之中，又栽種奇花異樹，無所不備，當地百姓戲稱之為「梁孝王竹園」。梁孝王還在睢陽（今河南商丘）城中大肆興建宮室道路，又被允許使用天子的旗號儀仗，出外時隨從千輛車，萬餘人騎兵，彷彿皇帝一般。又廣為招攬四方豪傑遊說之士，著名的有齊人羊勝、公孫詭、鄒陽等，特別是公孫詭，最多奇謀邪計，第一次拜見梁孝王時就受賞千金，被任命為中尉，巡守都城，號稱公孫將軍。與此同時梁孝王還大量製造弓弩戈矛等兵器數十萬件。他的府庫中金錢將近萬萬，珠寶玉器比京師長安城裡還要多。在太后的羽翼下，梁國成為諸侯中第一大私黨勢力。

西元前一五一年農曆十月，梁孝王入朝，景帝派使者持節乘輿駟馬迎接孝王，朝罷，梁孝王上疏請求留在長安。梁孝王每次入宮都與景帝同車而行，出外打獵也與景帝同車，梁孝王的侍中（內侍天子諸侯之官）、謁者（掌管傳達之官）出入宮門都有專門的證件，與皇宮官員沒什麼兩樣，可見其權勢之盛。

十一月，景帝廢黜栗太子劉榮，將他改封為臨江王，竇太后想讓梁孝王立為後嗣。但大臣們，特別是袁盎卻講了一番大道理，說什麼「漢家傚法周朝的禮教，立子不立弟」。竇太后沒有辦法，只好作罷，不再提讓梁孝王繼位的事。這件事本屬於機密，世上無人知道，梁孝王還以為自己將來當皇帝有望，便高高興興地辭別太后和景帝回到梁國。

第二年農曆四月，景帝立膠東王劉徹為太子，梁孝王得訊，怒氣沖天，後來知道是大臣們反對自己當皇帝，便怨恨袁盎等人，私下與門客徒黨羊勝、公孫詭等人密謀刺殺了袁盎及其他幾位大臣。景帝懷疑是梁孝王幹的，派人調查，果然是梁孝王主使。景帝對自己這位胞弟早就恨之入骨，只是礙著母親竇太后的面子，也因為沒有找到合適的藉口，所以一直隱忍不發，這次抓住了把柄，絕不能放過。於是他一道接一道地下了詔書，逮捕梁孝王的謀士公孫詭、羊勝。二人躲在梁孝王宮中想逃走，但使者這次是奉了景帝之命，堅持要抓人。梁國的相國軒丘豹、內史韓安國也來勸梁孝王，梁孝王無奈，便迫令羊勝、公孫詭自殺，把屍體交給使者。此後，兄弟倆鬧翻了，景帝公開譴責梁孝王，梁孝王十分恐懼，派韓安國帶著自己的信件和禮物找到大姊長公主劉嫖，讓她到太后那裡去說情。景帝看到母親出面講情，只好答應不再追究。

看到景帝怒氣已消，梁孝王又上書請求入朝，到關時，徒黨茅蘭勸梁孝王乘坐普通百姓的車子進關，表示卑順。梁孝王同意，只帶兩騎跟隨。入關後先到大姊長公主的花園中暫住。漢朝迎接的使者到關時，梁孝王已入，車騎儀仗隊伍留在關外，使者只見到隨從，不見了梁孝王，大驚，飛速回朝向竇太后報告，太后一聽，大哭不已，命人扶著來見景帝，罵道：「皇帝殺死我兒！」景帝見母太后這回真的悲傷，心裡也十分害怕，正在宮裡鬧得不可開交時，宦官來報，說梁孝王把自己捆綁了，在宮門外伏罪，太后和景帝聽到這個消息，立刻轉憂為喜，命人鬆綁並宣入宮，母子三人相見痛哭。這件事發生後，景帝不敢再對梁孝王施加壓力，但也不再像以前那樣親熱地與弟弟同車出入了。

西元前一四五年冬，梁孝王又一次入朝，上書要多留些日子，景帝不許，梁孝王不得已，回到梁國，悶悶不樂。打獵時有人獻來一牛，後背竟生出一條腿，孝王心中厭惡。第二年六月，梁孝王中了暑氣，病了僅僅六天便過世。

梁孝王特別孝順，每當聽說竇太后有病，便吃不下飯、睡不好覺，總想留在長安侍奉太后，太后也非常喜歡梁孝王。聽到梁孝王死訊，竇太后悲痛欲絕，整日哭泣，邊哭邊罵：「皇帝果真殺了我兒！」看到母親如此傷心，景帝也不知所措，便與長公主商量，長公主提議把梁國分為五份，梁孝王的五個兒子都立為王，五個女兒都有湯沐邑，然後通知太后，太后這才高興。可是梁國的強大勢力和龐大財富卻被分散，梁孝王苦心經營一生的私家勢力也隨之消失。可見，在漢代，諸侯國的力量到底無法與中央抗衡。

景帝、竇太后時的朋黨之爭除了諸侯王之外，就是大臣之間的傾軋和排擠。袁盎和鼂錯兩派勢力的鬥爭就是突出的一例。

鼂錯是潁川（今河南禹縣）人，此人性格刻薄剛毅，少年時曾跟從張恢學習申商的形名法術之學，後來以「文學」的身分擔任太常掌故，屬六百石的中級官僚。漢文帝時，被派往濟南（今山東濟陽、章丘之間）跟從先秦遺老伏生學習《尚書》，回朝後便能活學活用，受到文帝的賞識，升任太子舍人、門大夫、家令等太子屬官，俸祿是八百石。因為他能言善辯受到太子的器重，太子宮中都稱呼他「智囊」。文帝時他屢次上書，建議削藩，即削減諸侯國，文帝雖未能採納他的建議，但對他的學識和見解大為欣賞，又升他作中大夫，掌管議論之責。太子劉啟卻非常贊同鼂錯的政治主張，而文帝皇后竇氏支持的袁盎等大功臣們卻不太高興。他們是既得利益者，對觀點尖銳新奇的鼂錯極為不滿，不願意看到他在朝中形成氣候，因此鼂錯與元老大臣們便形成兩個對立的集團，鼂錯勢單力孤，但有皇帝的賞識和太子的支持，另一邊大臣們勢力強大，也有竇后在背後撐腰。

太子劉啟即位後，鼂錯升任為內史，似朝廷祕書之長，他的許多計策都被景帝採納，實際地位和重要性超過了九卿，許多法令都經他審核後重新確定。丞相申徒嘉對此極為不滿，可惜一直沒有找到鼂錯的把柄。

鼂錯的內史府位於太廟的堧中，堧也就是內牆外牆之間的地方，門朝東，出入宮中很不方便。鼂錯便命人鑿開外牆，從南面通行，可直接進入宮中。申徒嘉知道後大怒，便想藉這件事好好整治鼂錯。他率領一些大臣，準備奏請皇帝斬了鼂錯。沒想到鼂錯事先得知消息，連夜求見景帝，把事情經過講明，求得景帝的諒解。

第二天早朝，景帝端坐殿上，只見申徒嘉等大臣果然面帶怒容，奏說鼂錯擅自鑿穿廟牆為門，要求逮捕，下廷尉處治罪。景帝笑了笑，說：「眾卿所報有誤，朕已查明，那不是廟牆，乃是廟外短垣，不至於犯法。」聽到皇帝這麼說，申徒嘉知道鼂錯已搶先一步，困窘得漲紅了臉，退朝後怒氣衝衝地對長史說：「我們要是先斬後奏就好了，沒想到讓這個傢伙占了先，我真該死！」中徒嘉竟因此而一病不起，憤懣而死，從此晁錯更加貴幸。

袁盎的父親是楚人，曾為強盜，文帝時袁盎靠兄長的關係當上了中郎，即皇帝的侍衛軍官，也以剛直著稱。絳侯周勃任丞相時，每次下朝，快步走出，面帶得意的神情，文帝對他很尊重，一直目送他離開大殿。私下裡袁盎便問文帝：「陛下認為丞相屬於什麼樣的人？」文帝說：「是社稷之臣啊！」袁盎不以為然，竟說：「臣以為不然。絳侯乃是所謂功臣，不是國家社稷之臣。所謂社稷之臣，主子在便與之同在，主子亡便與之同去。呂后當政時，呂家幾人封王，劉氏雖不滅亡，卻已經極為微弱了，那時絳侯身為太尉，掌握兵權，卻不能予以匡正。呂后崩，大臣們密謀背叛諸呂，太尉主持軍事，以致成功。所以說絳侯只是功臣，而非社稷之臣。如今絳侯似乎有驕氣，瞧不起陛下，而陛下卻謙讓，臣子和主子的禮節都丟掉了，臣以為陛下不應如此。」

第二天朝會，文帝越來越威嚴，周勃感到畏懼，退朝時抱怨袁盎說：「我和你兄袁噲是老朋友，如今你卻在朝廷上詆毀我！」袁盎目不斜視，未置可否，也不道歉請求寬恕。後來周勃被罷免相位，出朝回到自己的封地，有人上書告周勃謀反，請求治罪，滿朝宗室大臣沒有一人替周勃講情，惟獨袁盎挺身而出，講明原委，說絳侯無罪，這才使周勃免去殺身之禍。周勃這才悟到袁盎耿直，便真心與他結交。

袁盎雖然有時言辭激烈，但忠於主上之心昭然若揭，這點極得文帝和竇后的喜歡。一次，文帝到霸陵巡遊，打算向西飛馬馳下陡峭的山坡，袁盎趕上來，勒住文帝的車馬，文帝大笑，問道：「將軍害怕了？」袁盎卻十分嚴肅地說：「臣聽說千金之家的兒子都不坐屋簷之下，百金之家的兒子也不倚靠樓邊欄杆，聖明之主不登高，不存僥倖心理。陛下卻驅馳六駿，要飛馳下坡，一旦馬驚車毀，陛下縱然英勇，對祖廟和太后應如何交代？」文帝這才放棄飛馳下坡的念頭。太后知道後，極為感動。

還有一次，文帝到上林園中遊玩，竇后和慎夫人也一同前往。在住處休息時，文帝和竇后、慎夫人同坐一席，袁盎任中郎將，負責警衛工作，這天也在場。當地的官員布置好坐席，袁盎卻上前引導慎夫人離席坐下位，慎夫人羞紅了臉，不肯坐下位，文帝看到美人受了侮辱，也十分生氣，起身進入內帳。袁盎非但不怕，反倒跟入帳中，勸文帝說：「臣聽說尊卑有序，上下才能和睦。如今陛下既然已經立了皇后，慎夫人乃是妾，怎麼可以和主人同坐呢？如果那樣，不是失掉了尊卑貴賤了嗎？如果陛下喜歡她，可以賞賜豐厚，但這樣亂了尊卑，實是害了她啊，陛下難道忘了高祖戚夫人變成『人彘』的故事嗎？」聽了袁盎的勸說，文帝方才猛然省悟，召慎夫人進帳，將袁盎的話告訴她。慎夫人無話可說，只得聽從文帝的安排，賞賜袁盎五十金。竇后也感激袁盎，認為他忠誠可嘉，值得信任。

滿朝大臣都知道袁盎耿直，得到皇帝、皇后信任，所以便與他結交。袁盎曾任吳國相，離任後，在回家途中遇見丞相申徒嘉，他下車拜見丞相，申徒嘉卻只在車上答禮，袁盎十分惱火，回家後仍無法平復心情，他越想越氣，命人備車，又來到相府，求見丞相。可是等了好久，申徒嘉才遲遲出來接見。見到丞相出來了，袁盎立即跪下請求道：「願和丞相私下談話。」

申徒嘉白了袁盎一眼，不冷不熱地說：「君所說的是公事還是私事？要是公事，請到曹掾那裡去，我可替你上奏，若是私事，本丞相不受私語。」袁盎聽罷，更加生氣，仍然跪著不走，說：「君為丞相，自以為與陳平、周勃相比如何？」申徒嘉看到袁盎動了氣，覺得有些不對勁：「我不如他們。」

袁盎激動地說：「好！君自謂不如。陳平、周勃輔佐高帝平定天下，為將為相誅滅諸呂，保存劉氏，可丞相您呢？不過從山地作戰的勇士材官升為隊率，後來當上了淮陽太守，並未出過什麼奇謀，也沒有什麼攻城野戰的功勞。當今陛下從代國來即位，每次上朝，郎官上書奏報時，沒有任何時候不是停下車子聆聽奏議的，言不可用便放下，可用便採納，但不管可用不可用，沒有不稱好的，為什麼呢？無非是要招攬天下的賢士大夫。所以皇上每天都能聽到從前聽不到的話，學會從前不知道的事情，一天天變得聖明。而丞相卻自我封閉，堵天下之口，所以一天天愚昧。如果皇上查問丞相，所學如何，為國家網羅人才如何，竊以為丞相未必能有滿意的回答。如果是這樣，那麼丞相的禍患也就不遠了。」申徒嘉看到袁盎如此慷慨激昂，知道得罪不輕。他記起袁盎與皇帝、皇后的友好關係，感到有些害怕，慌忙不迭地道歉：「嘉乃山野鄙夫，不懂道理，今天聽到將軍教誨，實是三生有幸！」然後扶起袁盎，引入上座，奉為貴賓，從此二人結好。

袁盎與文帝、竇后及大臣元老們關係密切，惟獨與新潮人物晁錯針鋒相對，難以合拍，他與大臣們聯合起來與晁錯對抗，儼然成為黨魁。文帝時，袁盎就與晁錯勢如水火，每到一處，只要看到有晁錯在場，袁盎扭頭便走，袁盎在場，晁錯後到，也隨即抽身返回，雖然同朝為官，兩人竟從未在一起說過話。後來，文帝駕崩，景帝即位，晁錯受寵，升任御史大夫，為最高監察長官。他指使下屬調查袁盎，發現他曾收受吳王劉濞的財物賄賂，立刻上奏景帝，要求重治其罪，將他斬首。景帝怕太后發怒，便說袁盎罪不當死，下詔削去一切官職，貶為庶人。

漢朝從高祖劉邦、呂太后時就奉行休養生息的政策，到文、景時期，社會生產已經得到恢復，可是各諸侯國的力量也極度膨脹，形成尾大不掉之勢。晁錯算是比較有遠見的政治人才，他早就看出了地方藩鎮割據叛亂的苗頭，屢次上書要求削藩，懲治諸侯僭越之罪，削減其領地，收回附屬於諸侯國的支郡。景帝同情晁錯的見解，曾命公卿列侯宗室大臣們當朝集會，討論晁錯的建議。大臣們昏瞶無能，只要個人升官發財，哪管國家興亡盛衰。他們忌妒晁錯得寵，怨恨他升職太快，只要是晁錯的主張，沒有人不反對的。可是當著景帝的面，又都不敢公開與晁錯爭辯，他們知道晁錯的主張基本上也就等同景帝的意思。只有竇太后的堂侄魏其侯竇嬰敢出來與晁錯爭論，但每每都被晁錯駁得張口結舌，從此也對晁錯心懷仇恨。

面對諸侯、大臣們的朋黨勢力，晁錯毫不動搖，他修訂法令三十章，堅持自己的主張並著手實施。一時間，朝野震盪。晁錯的老父知道了，特地從潁川趕到長安找兒子，對他說：「皇上即位不久，你當政用事，卻削弱諸侯，疏遠人家親骨肉，別人都在罵你呢，你這是何苦呢？」

「兒一定要這樣做的，」晁錯態度堅決，「不然，天子就不能尊貴，宗廟國家就不能安穩啊！」

老爹看兒子這麼固執，急得團團轉，指著兒子數落道：「劉氏倒是安穩了，我們晁氏卻危險了，我可要離開你回家了！」

老頭兒脾氣倔，回家喝了毒酒，臨死時說：「我不忍心看到禍及我身啊！」

十幾天以後，吳、楚七國之亂爆發。

吳王劉濞是漢高祖劉邦的哥哥劉仲的兒子，仲是排行，其實他名叫劉喜。劉濞二十歲時跟隨劉邦與淮南王英布叛軍作戰，因為有魄力，被立為吳王，統轄三郡、五十三城。文帝時，吳國太子入朝，與皇太子劉啟飲酒賭博發生爭執，劉啟隨手操起棋盤，失手將吳太子打死，從此劉濞痛恨劉啟。後來，隨著天下安定，諸侯國勢力迅速膨脹。吳國據有豫章郡（今江西南部）的銅礦，招徠天下逃亡奴隸，私鑄錢幣，私煮海鹽，財富大增。其他諸侯國具體情形雖有不同，但勢力都有不同程度的擴大，與中央政權抗衡。

景帝即位後，晁錯建議削藩，吳國首當其衝。景帝前元三年（西元前一五四年），楚王劉戊入朝，晁錯上書揭發楚王為薄太后服喪期間在宮中淫亂，請求治罪。景帝下詔免罪，但卻借勢削了楚國的東海郡，同時削去吳國的豫章郡和會稽郡，趙國的河間郡和膠西國六個縣。於是吳、楚約合趙、菑川、膠東、濟南、膠西共七國發動叛亂。藉口是：「漢有賊臣，無功於天下，卻侵奪諸侯土地，大興獄訟，侮辱諸侯，蔑視劉氏骨肉，排擠先朝功臣，專任奸人，惑亂天下，危害國家，而陛下玉體多病，神志不清，不能明察，所以我等起兵清君側，安定天下！」七國把反書發往各地。一時間天下動盪，漢朝中央政權面臨一次嚴重的危機。

景帝立即派條侯周亞夫率三十六將軍抵禦吳、楚，派曲周侯酈寄進攻趙，將軍欒布擊齊，命大將軍竇嬰屯駐滎陽（今河南滎陽北），監視齊、趙動靜。

晁錯得知七國叛亂後，對手下丞史說：「袁盎曾經任吳國丞相，而且還收受吳王劉濞的金錢賄賂，專門替吳王隱惡，他曾向天子保證吳國不會叛亂，現在吳國果然帶頭反叛，我們何不借此機會治他個知情不舉之罪呢！」

丞史卻說：「若是叛亂之前治他的罪，或許還可以制止七國叛亂。可如今七國叛兵已經向西來進攻了，治袁盎的罪又有何益呢？況且袁盎乃國家大臣，似乎也不可能參與吳、楚陰謀。」晁錯聽了覺得有道理，大敵當前何必先鬧黨爭呢，也就不打算先提此事。

但萬萬沒有想到這件事竟被袁盎知道了，他怕晁錯藉機害他，便先下手為強，連夜來見竇太后的堂侄，也就是自己的同黨，大將軍竇嬰。竇嬰此時尚未出發，袁盎見到竇嬰，對他講了一通吳國之所以謀反的原因，請求竇嬰幫他見到景帝親自上奏。竇嬰當即帶著袁盎來見景帝。兩人來到宮裡時，景帝正在和晁錯商量徵調軍糧事宜。袁盎見了，心往下一沉，以為這下壞了，被晁錯搶先告了自己的狀。景帝抬眼看見袁盎，劈頭就問：「君曾擔任吳國丞相，知道吳臣田祿的為人嗎？現在吳、楚反叛，君有何良策？」

袁盎聽出來了，景帝沒有治自己罪的意思，他得意地瞟了晁錯一眼，只見晁錯仍在注視地圖，裝作不知有人進來。袁盎拱手對景帝說：「陛下不用擔心，叛賊很快就破！」

景帝聽了仍心中沒底，反問道：「吳王有銅礦鑄錢，海水煮鹽，吸引天下豪傑，等到白了頭，一切準備妥當才起事，若計不周全，豈能發難？怎麼能以為他們沒有什麼了不起呢？」

袁盎忙應道：「吳有銅、鹽，或許有利，但是他怎麼能得到豪傑呢？如果吳王真的得了豪傑，就不會反叛了，那些豪傑們會輔佐他全心向義。吳王所吸收的，全是些無賴之子弟、逃亡的奸人，吳王是聽從了這些奸人的挑唆才反叛的。」袁盎的確老奸巨猾，話一出口，就給景帝吃了個定心丸，也使晁錯放鬆了警惕。

「那麼袁公一定有良策了？」出乎意料的，晁錯問了這麼一句，他想聽聽袁盎到底會有什麼主張。

「有什麼良策，快講。」景帝也等不及了。

袁盎看了看晁錯，故作神祕地對景帝說：「請陛下屏退左右。」

景帝果然以為袁盎有重要機密稟告，便命左右旁人退下，只剩晁錯在旁。袁盎故作遲疑，又吞吞吐吐地說：「臣所要說的話其他做臣子的不可知道。」

景帝看了看袁盎，不知這老頭葫蘆裡賣的是什麼藥，但相信他忠心耿耿，不會無緣無故提出這個要求，便扭過頭示意晁錯暫且退下。晁錯氣得七竅生煙，但既然皇帝下了令，只好遵從，快步避入東廂房。看看宮室內已別無他人，景帝便轉回臉面對袁盎，袁盎這才說道：「陛下難道不知，吳、楚發布的檄文上明確寫著『高帝分封子弟為王，駐守各地，如今賊臣晁錯，擅自整治諸侯之罪，削奪藩國土地』，他們謀反，實是聯合起來要殺晁錯、恢復故地罷了。如今之計，只要斬了晁錯，派使者赦免吳、楚七國的叛亂罪，恢復被削奪的土地，就可兵不血刃，使其收兵。」

景帝是個沒有主見的人，離了晁錯，也就把晁錯的是非標準忘了，聽了袁盎的話，覺得有道理，而且他還心存僥倖，以為吳、楚或許真的是為了殺晁錯才起的兵，或者說他本人倒希望吳、楚七國僅僅是為清君側而來。沉默了良久，景帝猶豫地說：「若是這樣，無論如何朕不會愛惜一人，以謝天下。」也就是說他要把晁錯拋出去，來挽救自己的皇位。

袁盎大喜，又緊跟上一句：「臣的愚計就是如此，希望皇上深思。」

於是，景帝便任命吳國故相袁盎為太常，主管宗廟之事，吳王的侄兒德侯劉廣為宗正，擺出對吳親善、攏絡的姿態。袁盎便準備出使吳軍，完成勸降任務。十幾天以後，景帝命中尉逮捕晁錯，綁赴東市，晁錯身著朝服被處死。之後，太常袁盎為正使，宗正劉廣為副使，前往吳國。

袁盎借吳、楚七國之亂殺了反對派晁錯，可是吳王並不聽從他的勸降，連見都不見一面，就把他禁閉在軍中，並準備把他殺掉。袁盎身陷囹圄，想起自己設計殺死晁錯，而自己卻要死在吳營的囚室中，不禁長吁短嘆，咒罵自己自作聰明，結果弄巧成拙。

半夜時分，昏睡中的袁盎似乎聽到有人喚著自己的名號，他努力睜開眼睛，發現是看守軍兵中的司馬，只聽得司馬說：「君可以走了，不然明早就要被吳王殺死。」

袁盎不信，問道：「你是誰？你怎麼知道吳王要殺我？」

「君不記得了？」司馬不好意思地說：「臣乃是您的從史，就是從前與君侍女相好的那個從史啊！」

聽到這話，袁盎一陣驚喜。他想起來了，在他當吳國丞相時，有個從史曾偷偷與自己的一個婢女相愛。從史可能就是從事使，相當於參謀、祕書之類的近侍官職，所以有機會接近主人家室和僕役。袁盎知道這件事後，並未發火，反而對待從史一如往常。後來有人告訴從史丞相其實一直都知道這件事，從史害怕受到處罰，便逃離相府，想回老家，沒想到袁盎卻親自將他追回，並把那個婢女賞給他，仍然讓他擔任原職。後來袁盎罷相，從史也和其他人一樣另謀出路，在吳國軍中當了一名下級軍官，這天正好當班看守袁盎等人犯。他得知袁盎有生命危險後，便下決心救他出去。晚上，他買了兩石好酒，請士卒飲酒，待大家喝醉睡倒後，他才來見袁盎，勸他快逃。

袁盎聽從司馬的安排，便起身要走，但又躊躇起來：「你有父母妻小，我怎麼好連累他們？」「君只管快逃，臣也要離開這裡把家小藏起來，請不要替我擔心。」司馬說著，用刀砍斷軍帳，拉起袁盎，分開醉臥的士卒，出了吳營。二人分手後，袁盎解下節毛揣在懷裡，拄著枴杖走了七、八里，投奔到梁孝王的軍隊中。節就是符節，是當時使者的憑證，由竹木製成，裝飾著旄牛尾等。蘇武等漢使就以不失漢節為信念，表明了自己的人格，維護了國家的尊嚴。

袁盎忠於皇帝、太后，為人耿直，同時又善於結交朋黨，自擔任太常後，與大將軍竇嬰過從更加密切。諸侯中貴戚之家和長安城裡的士大夫們爭著攀附二人。二人出行時，跟隨的徒黨每天竟有數百乘之多。但是由於袁盎趁國難之機，排除異己，殺了景帝信任的大臣晁錯，卻並未能夠平息叛亂，景帝嘴上不說，心中卻有反感，只因袁盎是前朝老臣，得母太后的信任，在朝中很有威信，再加上他不辭勞苦，冒著生命危險勸降吳王，雖未成功，卻有苦勞，所以無法治罪。後來吳、楚七國之亂被武力平息，景帝封楚元王之子、平陸侯劉禮為楚王，任命袁盎為楚相。袁盎又幾次上書，所提建議都沒有被採納。他知道景帝對自己心懷不滿，生怕時間久了會得罪景帝，壞了一世的英名，便只好稱病辭官，回家養閒，整日與些個無賴小人為伍，在街巷閭裡閒蕩，鬥雞走狗，怡然自樂。洛陽俠客劇孟曾拜訪袁盎，袁盎熱情款待，安陵富人卻對袁盎說：「聽說劇孟乃賭徒，將軍為何要與他來往？」袁盎卻回答：「劇孟雖是賭徒，可他老母死時，朋友送葬之車有千乘之多，代表他也有過人之處。況且，誰沒有個緊急危難的時候？一旦急事找上門來，能不以有親在堂而推託，不以有生命危險而拒絕，從而使天下仰望，這只有劇孟才能做到啊！可諸位如今只有幾騎人馬相隨，一旦有急難，這幾個人能夠用嗎？」

可惜袁盎雖老奸巨猾，仍難逃厄運，因為他反對梁孝王為嗣，竟被梁國刺客殺死在安陵城外的荒路上。有了危險急難之事，連朋黨和俠客也救不了他。

景帝、竇太后時期，另一個著名的朋黨之爭的故事，就是黃老學派和儒家學派的爭論。秦朝奉行商鞅以來的法家政策，實行嚴刑峻法，對老百姓進行殘酷的壓榨，結果激起人民的反抗，陳勝、吳廣揭竿而起，天下響應，秦朝帝位的傳遞不到三代，便在人民起義的洪流中滅亡了。

漢朝建立後，吸取了秦朝二世滅亡的慘痛教訓，屏棄了單純法家路線，採取比較有彈性的黃老思想，成效極為顯著。黃老思想主張政策上要清靜無為，不改變秦朝已經確立的政治制度，只是在郡縣制的基礎上，又分封同姓宗室子弟為諸侯王，形成郡、國並行的局面，兩者互相牽制，一定程度上是對不甚完善的新生中央集權制的補充。統治者對內減輕剝削；對外，與北方強大的匈奴展開和親外交。他們就是這樣來緩和內外壓力。黃老思想適應了漢初中央政權比較虛弱的事實，到文帝時取得了很大成績。文帝、竇后夫婦極力提倡，身體力行，一直延續到景帝時，保證了漢朝經濟和社會的安定和發展，促成了文景之治空前盛世的出現。

可是，隨著經濟的恢復和發展，國家逐漸強大，統治階級的貪慾也越來越大。他們已經對與民休息、對外和親的謹慎小心和屈辱的外交感到羞恥，對黃老之學中道家柔弱虛靜的主張產生反感；另一方面，幾十年的「漢承秦制」，君主專制政體不斷得到補充和加強，法家尊君抑臣治民的理論和主張已經外化成了現實的政治、社會制度。統治階級開始覺得這時所需要的不是赤裸裸的專制理論和猙獰的專制臉孔，面對著日益尖銳的階級矛盾，他們更需要改頭換面，以人民保護者的偽善臉孔出現，來緩和嚴重的階級矛盾和鬥爭。而消沉了半個多世紀的儒家學說恰好能在這兩個方面代替黃老之學，從而適應新時代的要求。儒家的大一統思想和仁君賢相的仁政、禮制學說重新抬頭，與不甘心放棄在意識形態領域中占有統治地位的黃老學說正式發生衝突。

此外，漢朝初年，高祖劉邦、呂后、文帝逐漸放寬對學術文化事業的箝制，解除了秦朝的禁書令，任用儒生，讓他們進入政權機關，部分地恢復古代禮制，這為儒家學術的復興提供了一個寬鬆的環境。隨著儒生越來越多地加入中央政府，儒家學派與黃老學派之間的衝突也就越來越頻繁。中國秦漢以後的士大夫官僚朋黨之爭，總是離不開意識形態領域中的理論鬥爭。漢初的這場鬥爭是在以竇太后本人為首的黃老學派和以轅固為代表的儒生之間展開的。

文帝崇尚黃老之學，竇后也養成了學習黃老的習慣。景帝時，竇太后的權威很大，她指定黃帝、老子的著作為必讀課本，連皇帝和太子，以及竇家的人都必須學習，不得違抗。可是景帝和太子劉徹卻是貌合神離，心裡都嚮往儒家學說，這無疑助長了儒生的勢力。有個傳授《詩經》的齊國儒生叫轅固，當時人稱轅固生，曾經擔任清河王的太傅，景帝時又改任博士之官。在景帝和太子的縱容下，他曾公開向黃老學派發難，挑起幾次學派爭論。有一次在景帝面前，他與黃老學派的代表人物黃生發生激烈的辯論，論題是湯武革命的合理性問題。黃老之學具有法家內容，要求君主專制，臣下必須絕對服從，因此否定湯武革命。

儒家講求中庸，凡事要求互相對應，矛盾雙方必須有個適當的「度」，才能共處於一個範疇之內，否則，矛盾激化，過度的一方終會被另一方消滅，因此贊同湯武革命。辯論到激烈時，黃生大聲宣稱：「商湯和周武王的革命並非出自天意，而是犯上作亂，弒父弒君！」世人都知漢初黃老之學講求柔弱空虛、清淨無為，一副軟綿綿的樣子，殊不知它骨子裡卻是法家學說，要是一味地軟弱，怎麼能完成「漢承秦制」的大業呢！特別是對待君臣父子的關係這樣重大的問題，它和法家一樣，強調單向的絕對君權和父權。

孔孟之道講的是君要有做君的樣子，臣才有臣的忠心，父首先要具有慈愛之心，做出表率，子才會有子的孝順，雙方的關係是對應並且雙向的。轅固生便依據儒家的道理反駁黃生：「不對！夏桀和殷紂暴虐淫亂，天下百姓之心都已歸向商湯和周武王，湯、武順應了天下人民的心願，才能誅滅桀、紂，而桀、紂的百姓不願被他們統治而歸順湯、武，湯、武不得已才建立商、周二朝，這不是秉承天意又是什麼呢？」

黃生見轅固生援引歷史來論證自己的觀點，便玩起了偷換概念的詭辯之術：「帽子再破舊，畢竟是帽子，必須戴在頭上；鞋子雖然新，也不過是鞋子，必須穿在腳上。這是為什麼呢？凡事都有上下之分，難道可以亂來嗎？桀、紂雖然無道，但他們到底是君父，湯、武再賢明，也不過是臣下。主子的行為有過失，臣子不能勸諫，從而使他們改過，然後重新尊崇他們，反而因為主子有錯就誅滅他們，代替他們南面稱孤道寡，這不是弒又是什麼呢？」

看到黃生強詞奪理，氣得轅固生乾脆講起了漢朝開國的歷史：「照黃先生所言，那我高祖斬白蛇起義，代替秦而即天子之位，難道是錯了？」

景帝聽到這裡察覺情況不對，再辯下去，連自己也坐不住了，便插言道：「二卿不必爭了，俗話說『吃肉不吃馬肝，不算不知味』，學者不討論湯武革命，也不算沒有學問嘛。」景帝的意思是這個話題像馬肝一樣，沒有必要透過「品嚐」它來顯示自己「知味」即有學問，不討論這個問題不妨礙二人作為知名學者的聲譽。從此以後學者們不敢再公開討論受命和放弒的論題。

這場爭論本來可以作為學術問題對待，不必放到政治上去爭鬥。但事不湊巧，偏偏竇太后知道了。她聽說後十分生氣，決心好好治一治這班儒生的驕氣，於是下令召轅固生入宮。

轅固生一聽說竇太后宣召，嚇出一身冷汗。他知道竇太后一生推崇黃老，若知道自己與黃生的爭辯，一定會生氣。不過，轉念一想，自己的一套理論，無非是為漢高帝代秦受命造輿論，對當今漢朝統治者是有利的，儘管觀點不一致，但竇太后應該不會對我怎麼樣的，想到這他才壯著膽子來到宮中。

見到竇太后，轅固生恭恭敬敬地上前施禮。竇太后開始還能沉住氣，問了一些閒話，然後話鋒一轉，問：「先生可讀過《老子》嗎？對這本書有何高見？」轅固生看到太后態度友好、語氣和緩，便一時忘了處境，順口實說：「《老子》不過是家僮僕役之言，粗得很。」轅固生回話禮貌些倒也罷了，但偏偏丟不掉學者的固執和倔強，沒想到這句話可惹火了竇太后，只見她氣得發抖，反詰道：「老婦哪有司空城旦書啊？」司空在秦之前是管理築城和城市建設的官職，城旦是判罰修築城牆的刑徒。秦始皇焚書令中曾明確規定，有違犯法令，三十天內不燒書的，罰為城旦。城旦歸司空管理。那麼所謂「司空城旦書」指的也就是儒者之書，是竇太后因為轅固生污衊《老子》而巧罵儒生之語。

轅固生知道這下得罪了太后，慌忙跪下請罪。景帝看到事情可能會鬧大，也替轅固生求情。太后餘怒未息，非要治罪不可。最後決定讓轅固生打扮成家僮僕役，下到豬圈中去刺死一頭雄豬，而且必須一刀殺死，否則重罰。景帝怕轅固生真的被殺，使天下儒生寒心，便命人找來一柄十分鋒利的寶劍，交給轅固生。轅固生平日讀《詩》誦經，哪懂得殺豬，但性命攸關，不得不下到豬圈裡去，全力對付面前這頭巨大的公豬。雄豬本來就兇猛，見有人入圈，更是暴跳如雷，衝著轅固生就直撞過來。轅固生驚出一身冷汗，來不及躲閃，雙手擎劍趁公豬往上一撲時直刺豬心，公豬應聲仆倒，轅固生也頹然跌坐在地，被侍衛扶了出來。竇太后看到這個情景，認為不便再加罪，只得作罷。此後，轅固生雖然不敢再公開貶低道家，但他的學術活動並未受到影響，他所傳的齊詩是當時最大的三家詩學之一。

西元前一四〇年，景帝死後，太子劉徹即位，他就是著名的漢武帝。竇太后仍健在，稱太皇太后，對朝政仍有很大影響，與儒生們的矛盾仍是尖銳。《詩》學還有一支魯國系統，它的祖師是魯人申培，當時人尊稱申培公，很有威望。他曾拜望過高祖劉邦，擔任楚太子劉戊的太傅，後來長期在魯地教授《詩》學，弟子達千餘人。

武帝剛即位時，申培公的弟子王臧任郎中令，另一弟子趙綰任御史大夫，都是重要的官職，很受武帝重視。二人建議武帝恢復古代的明堂作為接見諸侯朝覲的場所。但二人都不知古代的明堂究竟如何建制，便說自己的老師申培公可以請教。武帝立即派人帶著禮物聘請申培公入朝，任命為太中大夫，屬郎中令，掌議論，專門研討明堂之制。申培公已經八十多歲，皇帝把他請來，引起了太皇太后的注意。她派人監視趙綰、王臧等人，一發現過失便借題發揮，說二人要利用明堂之事搞詐騙活動。漢武帝不敢違抗祖母，只好逮捕二人，二人被迫自殺，申培公也借病被罷免回鄉，幾年後過世。竇太后與儒生的關係仍然緊張，她去世後，這種矛盾仍在繼續。

竇太后、景帝時，太后的堂侄竇嬰被封為魏其侯，權傾朝野，賓客盈門。景帝、竇太后去世後，新起的景帝王太后之弟田蚡勢力興起，田蚡封武安侯，並擔任丞相，魏其、武安兩家又展開了驚心動魄的朋黨鬥爭。

竇嬰是竇太后堂兄的兒子，祖輩生活在觀津。竇嬰沾了竇太后的光，在文帝時便擔任吳國丞相。他喜歡結交賓客，後因有病而免職。景帝即位，又起用為詹事，掌管皇后和太子家務。竇嬰性格忠直，有一次梁孝王劉武入朝，與景帝兄弟兩人飲酒，當時還沒有立太子，景帝酒喝得微醉，一時高興，對母親竇太后許諾道：「等我千秋萬歲後傳位給梁王。」太后聽了十分歡喜。竇嬰聽到景帝失言，便舉杯向景帝祝酒，趁勢說：「天下是高祖打下的天下，父子相傳，這是漢朝的約法，皇上怎麼能隨便傳給梁王呢？」太后聽了很不高興，便從此厭惡竇嬰，總想罷免他，竇嬰也瞧不起自己這個不值錢的官職，又一次因病免職。太后藉機除掉竇嬰在宮中名籍，禁止他入朝。

吳、楚七國叛亂，景帝想在宗室和竇氏中找個靠得住的人統帥軍隊，挑來選去，發現沒有能比得上竇嬰的，於是下詔徵召竇嬰入朝。竇嬰上朝面見皇帝，口稱身體有病，不適宜擔任軍職，實際上是怕再次得罪太后。景帝告訴竇嬰，太后也後悔當初對竇嬰過於嚴厲，並且勉勵他說：「如今天下正有危急，王孫（竇嬰字）難道還要推託嗎？」竇嬰這才答應出山。於是景帝任命竇嬰為大將軍，賞賜千金，竇嬰又推薦同黨好友袁盎、欒布等名將、賢士。皇帝賞賜的千金，竇嬰自己分文不動，把錢全都陳放在屋簷下的走廊上，手下將士可根據需要隨意取用。七國叛亂被平息，竇嬰因功被封為魏其侯，那些到處遊說鑽營的士人賓客爭搶著歸附魏其侯，魏其侯勢力不斷擴大，與條侯周亞夫同樣最為顯赫，其他列侯沒有敢與之分庭抗禮的。

景帝前元四年（西元前一五三年），栗姬之子劉榮被立為太子，稱栗太子，魏其侯被任命為太子的太傅。

三年後，栗太子被廢，膠東王劉徹被立為太子，魏其侯幾次力保栗太子的地位都沒有成功，一氣之下又稱病回家，跑到藍田南山下的別墅裡，一住就是好幾個月，沒有上朝。門客們一看主子不來上朝，大家的飯碗都成了問題，他們便選派能言善辯的門客前去勸說主人上朝，但都一直沒有成功。後來有個梁人名叫高遂，他的一番話卻打動了魏其侯。見到魏其侯後，他故意危言聳聽：「能使將軍富貴的，只有皇上；能使將軍親近的，只有太后。將軍身為太子師傅，太子被廢而不能爭回，爭取不成又沒能去死。如今稱病閒居，整日擁抱趙國美女，閉門謝客不上朝廷，這樣做不是分明在張揚主上的過失嗎？好像太后、皇上兩宮和將軍過不去似的。這樣下去，妻子兒女都要被株連滅絕，斬草除根啊！」魏其侯冷靜下來一想，這位高遂說得也對，到底是身家性命要緊，小胳膊擰不過大腿，便回到京城請求入朝。門客們知道了，各個歡欣雀躍，朋黨為之一振。

有一次丞相出現空缺，竇太后幾次推薦魏其侯，景帝都心不甘情不願，向母親解釋說：「太后難道以為兒子愛惜這個位置而不任命魏其侯嗎？其實不是的。魏其侯這個人自視甚高，以為了不起，做事輕率，不持重，所以難以擔當起丞相的重任。」景帝終究沒有任命魏其侯，而是讓建陵侯衛綰當了丞相。

武安侯田蚡是景帝王皇后同母異父的弟弟，生於長陵（今陝西涇陽南）。原來，王皇后的母親叫臧兒，先嫁與槐里（今陝西興平東南）的王仲為妻，生兒子王信和兩個女兒。王仲死後，又嫁給長陵田氏，生兒子田蚡、田勝。臧兒的大女兒曾嫁給金王孫為妻，生有一個女兒，後來臧兒占卜算卦，聽說兩個女兒都有富貴之命，她異常興奮，想讓夢想成真，於是便到金家把大女兒接回家中。金家看到媳婦去而不返，就派人來接，得知臧兒想要退婚，便堅決不答應。臧兒無法，便將大女兒送入太子宮中，當時的太子就是後來的景帝劉啟，他見到臧兒的女兒，非常喜歡，結果連連寵幸，讓她生了三個女兒、一個兒子，這個兒子就是後來的漢武帝。臧兒的女兒得幸宮中，身價大增，宮中稱為王美人。後來，臧兒又把小女兒送進太子宮中，小女兒也得到太子的愛幸，生了四個兒子。景帝時，王美人立為皇后。景帝死後，武帝劉徹即位，王美人被尊為太后，哥哥王信被封為蓋侯，弟弟田蚡封為武安侯，田勝為周陽侯。全家貴幸無比。

田蚡為人貪婪，又能說會道，口齒伶俐。魏其侯任大將軍以後，朋黨勢力大盛，田蚡當時卻只是個郎官，他經常前往魏其侯府中，侍奉魏其侯飲酒，跪拜服侍，猶如兒子一般。到了景帝晚年，王皇后的地位一天比一天高，田蚡也逐漸受到皇帝的重視，升任太中大夫，負責朝中議論之事。這個職位正適合他喜歡辯論、愛讀雜書的特點，一下子頗顯得很有才幹，姐姐王皇后因此很得意，更加倚重弟弟。田蚡也開始培植自己的勢力，從魏其侯門下獨立出來。武帝即位後，他為新皇帝建立新的統治秩序絞盡腦汁，和門客一起提出一些計策，得到武帝的讚賞，因此得封武安侯。

武安侯胃口很大，一封為侯爵就瞄準了丞相的位子。他曾在魏其侯門下服務，深知徒黨門客的重要作用，他們可以造輿論，擴大影響，顯示出主人身分的高貴，於是他便裝出謙虛卑下的樣子，禮賢下士，重賞那些能推薦隱士到門下的賓客，準備和魏其侯好好較量一番，爭個高低上下。

武帝建元元年（西元前一四〇年），丞相衛綰有病去職，武帝命大臣推舉丞相和太尉，遊說之士籍福向武安侯獻策：「魏其侯地位高貴已經很久了，天下之士一直歸附、嚮往他，如今將軍剛剛興起，勢力和聲望還不如魏其侯，即使皇帝想讓將軍當丞相，也千萬不要接受，一定要把丞相的位置讓給魏其侯，他當了丞相，將軍就可以當太尉。太尉和丞相尊貴相等，又掌軍事，將軍因此還會得到謙讓的美名。」武安侯聽從了這個建議，偷偷來到後宮見姐姐王皇后，求她在皇帝耳邊吹風。

後來武帝果然任命魏其侯為丞相，武安侯為太尉。事後，籍福又來到魏其侯府中道賀，提醒魏其侯：「君侯天性耿直，喜善如友，疾惡如仇，如今善人稱揚君侯，所以才能當上丞相。然而君侯卻仇恨惡人，可是惡人又太多，他們可會詆毀君侯的。君侯若能兼容善惡，就會長久得到皇上的信任，若不能兼容，就有可能受到誹謗而失去權位。」籍福說的很對，在官場上，水太清就無大魚，是非界限分明，就會樹敵太多，在官僚體制裡，當官者最高的準則不是道德高尚、是非嚴明，而是對上唯命是聽，對下唯利是求，只要對自己的官運有利，惡人可以為友，與自己仕途相左，善人為仇，為了結黨營私，擴大「群眾基礎」，不分善、惡，兼而禮之，就會無往而不勝。可惜魏其侯生性直率剛毅，只能適應狹隘的小集團朋黨，不可能建立更廣泛的大規模的集團勢力，自然不會聽從籍福的建議。

魏其侯和武安侯都喜好儒術，推薦儒生趙綰任御史大夫，王臧為郎中令，迎魯申培公到京師，商議設明堂之事，同時又下令列侯回到各自的侯國，減少關隘徵收的關稅，約束越過禮法的服制，嚴格處理諸竇和宗室品行節操不善之人，廢除其屬籍。當時外戚之家大多為列侯，這些列侯又反過來娶公主為妻，所以都不願意返回侯國，他們聯合起來抗拒丞相的命令。竇太皇太后仍在世，權威依舊，對魏其、武安之流推崇儒術、貶低道家的做法早就不滿，得知他們如此對待尊貴之家，更是怒不可遏。武帝建元二年（西元前一三九年），御史大夫趙綰竟在太歲頭上動土，上奏武帝，提出今後有事，勿須向東宮太皇太后請示。竇太皇太后大怒，強迫武帝將趙綰、王臧下獄，令其自殺，同時罷免丞相、太尉。魏其、武安二人離職家居。

兩人雖同時被免職，但由於王太后的關係，武安侯田蚡得到武帝的信任和照顧，在政治上仍有影響。這時，官僚中那些勢利之徒看出苗頭，便紛紛離開魏其侯而歸附武安侯。從此武安侯勢力越來越大，超過了魏其侯，人也變得日益驕橫。

漢武帝建元六年（西元前一三五年）農曆五月，歷經文、景、武三朝，積極推行黃老無為政治，對「文景之治」做出巨大貢獻的太皇太后竇氏崩，入霸陵與文帝合葬。死前立有遺詔，將東宮所有金錢財物賞賜給女兒長公主嫖。竇太后的死，標誌著黃老之學作為官方意識形態的終結，儒家學說走向統治地位的開始，也標誌著以黃老學說為理論指導的官僚貴族朋黨集團即將失去政治優勢，而以儒生為主體的官僚朋黨勢力正式走上中國官僚政治舞臺。竇太后本人就是一個時代的標誌，這個時代就是「文景之治」，它有自己輝煌的一面，那就是安定，也有其黑暗的一面，即安定下隱藏著的危機，危機的一個突出表現就是激烈的朋黨鬥爭。其特殊意義在於，隨著「文景之治」的結束，出現了漢武帝的大一統政治和定儒學於一尊的轉變，在此基礎上，傳統意義上的以貴族為首領、以士人為依附的朋黨政治開始轉變為以士大夫為主體的新型朋黨政治。

竇太后的去世，本來給由於意識形態鬥爭而失勢的魏其侯、武安侯二人提供了平等的機遇，可是二人雖同屬儒家，但由於竇嬰乃是竇太后的堂侄，與武安侯相比，就失去了一個最有力的支持者，而武安侯卻因為王太后地位的突然提高而居於有利地位，於是，朋黨鬥爭又在同一儒學思想下不同的政治利益集團間展開了，其激烈程度較之與黃老學派的鬥爭有過之而無不及。因為決定朋黨鬥爭激烈程度的更重要因素是利害關係，而不是意識形態。

魏其侯耿直，為了學派的利益竟和自己的姑母過不去，講道義而不認親情，連自己身分地位來自哪裡都忘了，從這一點來看，他遠不如武安侯更富有政治經驗，更實際。失去了太皇太后的支持，竇嬰便只剩下挨整的命運了。

很快，漢武帝聽從王太后的指使，藉口丞相許昌、御史大夫莊青翟為太皇太后辦喪事不利，將二人撤職。其實，二人都是竇太后黨羽。一朝天子一朝臣，主子死了，黨羽勢敗，在這裡表現得很明顯。武安侯田蚡又被起用，擔任剛剛騰出來位置的丞相，大司農韓安國任御史大夫。這時，天下的士人，就連郡、國的屬員也開始依附武安侯。

武安侯權勢越來越大，每次入宮奏事，與武帝一談就是半天，提的建議武帝都聽從，由他推薦而任用的人員竟至二千石的郡守一級，幾乎侵奪了皇帝的用人大權。武帝越來越感到憤恨不平。一天，武安侯談興甚高，高談闊論之後又推薦自己的黨羽做官，武帝實在忍不住了，突然張口大聲問道：「君任用人物還有完沒完？朕也想任命官吏！」武安侯嚇了一跳，突然意識到自己太過分了，立刻緘口不語。從此他知道武帝雖然年少，但不可輕視，便稍稍收斂。

皇帝不敢欺，其他人可不怕。有一次武安侯邀客飲酒，同母異父兄長蓋侯王信也在場，他讓哥哥南面而坐，自己則面向東坐，當時酒席座位和後世不同，坐西朝東者為上首。武安侯是在兄長面前擺漢朝丞相的尊嚴，不但不把兄長放在眼裡，實際上對姐姐王太后也有不敬之處，因為王信除了是兄長，還與王太后同父同母，比武安侯更親近。

武安侯自從當上了丞相，更加滋生了驕奢之氣，所修建的宅院在大臣中居上乘，田園也非常肥沃優良，到各地郡縣購買器物的使者往來於各條要道之上。家裡面，前堂陳設鐘鼓，插著曲旃大旗，已經超過他的身分。後院之中，豢養的美女數以百計，各地諸侯進獻的金玉狗馬和各種珍奇玩好之物不可勝數。

與武安侯的富貴奢華形成鮮明對照的是魏其侯。自從竇太后去世，魏其侯失去了後盾，與皇帝越來越疏遠，不得任用，無權無勢，朝中的官僚幾乎無人光顧竇宅，門下的徒黨紛紛離去，路上遇見也不掩飾怠慢高傲的神色。目睹這炎涼世態、冷暖人心，魏其侯不禁心中憤懣。只有灌夫一人常來看望他，使他內心深深感動，也真心實意地結交灌夫。

灌夫家本姓張，是潁陰（今河南許昌）人，父親名叫張孟，曾經是潁陰侯灌嬰的舍人，受到灌嬰的信任，做到二千石的高官，被賜姓灌，叫灌孟。吳、楚七國之亂時，灌嬰已死，其子灌何任將軍，歸屬太尉。灌何請求太尉，任命灌孟為校尉，灌夫率領一千人跟隨父親。灌孟年紀已高，灌何極力勉強他出征，後來灌孟果然戰死在吳軍中。

據當時的軍法，父子同時從軍的，有一人戰死，其他人可以陪屍體一同返回。灌夫卻不肯隨父親屍體回到後方，他情緒激奮，對諸將說：「願取吳王或敵將之頭，以報殺父之仇！」說罷，披掛持戟，挑選軍中勇猛親信數十人準備出擊敵營，但到出營時，卻只剩下兩個勇士和十幾騎家僕跟隨。他毫無畏懼，一直飛馳到吳國大將的軍旗下，殺傷數十人，密集的敵軍圍攏上來，灌夫不能向前，便又飛馳返回漢軍壁壘，這時身邊只剩一騎隨從。眾將見灌夫渾身是血，脫下鎧甲，發現他受大傷十幾處，正巧營中有專治槍傷的良藥，這才保住了性命。傷勢稍有好轉，灌夫又急不可耐地請求出戰：「我已知曉吳軍中的路線，請求再次出擊。」諸將都被灌夫的勇氣所感動，但都怕損失了這員猛將，便向太尉周亞夫匯報，太尉下令不許灌夫出擊，這才制止住了他。吳軍被攻破後，灌夫因此名聞天下。後來，潁陰侯灌何把灌夫的英勇事蹟匯報給景帝，景帝十分欽佩灌夫的勇敢，擢升他為中郎將，成為皇帝的近衛軍官。但是只做了幾個月便因犯法而免職。

後來遷家到長安居住，長安城中的高官顯宦們沒有不稱道他的。此後，灌夫一度擔任代國的丞相。武帝剛即位時，認為淮陽（今安徽淮陽）是天下樞紐，軍事要地，便調灌夫為淮陽太守。後又入朝任太僕之職，掌管宮廷車馬，屬九卿之一。武帝建元二年（西元前一三九年），灌夫與長樂衛尉竇甫飲酒，因竇甫喝得少，引起灌夫不滿，以致乘醉毆打竇甫。竇甫乃是竇太皇太后的堂弟，武帝怕太皇太后懲罰灌夫，便讓他遷為燕國丞相，幾年後又因犯法而免職，回到長安家中居住。

灌夫這個人也是性情剛烈直率，不喜歡諂媚阿諛，但卻好借酒使性，許多事情壞就壞在酒上。皇親國戚、高官顯宦，他從不去攀附，有時還表現出高傲蔑視的姿態，而對那些比自己地位低的人反倒尊敬禮待，與他們平起平坐，越是在人多的場合越是尊重下等之人，因此受到士人的愛戴。灌夫不喜歡文學，卻推俠義之氣，重允諾，講信用，朋友之交除了地方豪傑，就是一些不法之徒，這在當時被看做是具有豪俠之氣的壯舉。灌夫家財產累達千萬之多，每天有食客幾十甚至上百人。在潁川一帶，他的宗族賓客黨羽橫行霸道，獨占好處便利，灌夫家的良田水池遍布各地，潁川童謠甚至唱道：「潁水清，灌氏寧；潁水濁，灌氏族。」可見灌夫在潁川勢力之大，百姓對他恨之入骨。

灌夫家雖巨富，可惜已經失勢無權，朝中卿相同僚、宮中近侍、朋友賓客也越來越疏遠。魏其侯失勢後，二人同病相憐。魏其侯要靠灌夫樹立個榜樣，給那些富貴時仰慕跟隨後來離散而去的賓客們看看；灌夫也要靠魏其侯來表明自己仍和列侯外戚大臣為友，來維持名聲，兩人互相借重聲勢，關係就像父子一般，往來密切，十分投機。

一天，灌夫閒著無聊，來拜望丞相武安侯田蚡，談話中武安侯看到灌夫身穿孝服，知道他有家喪，便隨意賣乖，說：「我本想和仲孺（灌夫字）去看望魏其侯，不巧仲孺有服在身。」

灌夫一聽，丞相要去看望魏其侯，這對久已無人光顧的魏其侯來說無疑是一次顯示其身分、影響的大好機會，灌夫豈能放過這個幫助朋友的時機？連忙說：「將軍竟肯看望魏其侯，這真是幸事！灌夫怎敢因為有服在身而推託呢？請允許通知魏其侯在帳中設下酒席，將軍明早可一定要來。」武安侯笑著答應了。

灌夫哪敢怠慢，出了相府直奔魏其侯家來通報。魏其侯和夫人得知丞相要來看望，歡天喜地，立刻命人到市上買了牛肉和好酒，連夜灑掃庭院門階，早早便擺好座席酒具。天剛剛亮，便命僕人在門外等候，吩咐他們一見到丞相車騎，立即報告。灌夫也早早來了，和魏其侯一起在堂上靜候。二人說些閒話，一直等到晌午，仍不見丞相的影子。魏其侯看了看急得滿臉是汗的灌夫，終於忍不住了，輕聲問道：「丞相會不會忘了呢？」灌夫立刻漲紅了臉，顯得很不自在，說：「我昨天不顧有服在身請他來，他也答應了，不會忘的。我去迎他一下吧。」說罷，命人駕車，親自去迎丞相。

其實武安侯壓根兒就沒有想來看望魏其侯，他不過是隨便說說而已。灌夫到相宅時，武安侯正在床上午睡。灌夫這一氣非同小可，不待通報，徑直闖到武安侯臥室，大聲說：「將軍昨日答應去看望魏其侯的，他夫婦二人早就準備好了酒宴，從早晨到現在，沒敢嘗一口哩！」

武安侯見灌夫怒氣衝衝地站在床前，突然想起昨天似乎確曾說過要去魏其侯家的話，知道自己有些過分，只好藉口說：「我昨天喝多了，竟忘了與仲孺說的話了。」在灌夫的催促下，只得命人駕車前往。灌夫嫌武安侯車子行走太慢，氣也越積越多。

等待了大半天的魏其侯夫婦，好歹迎來了貴客。酒過三巡，灌夫起舞，邀請武安侯同舞，武安侯推託不動，灌夫老大不高興。舞畢，回到座席上，出言不遜，屢屢譏刺武安侯。魏其侯知道灌夫容易醉酒滋事，怕鬧出禍事來，便推說灌夫喝醉了，把他扶起，命僕人先送他回家，自己替灌夫連連向武安侯道歉。武安侯似乎並不在意，一直飲到半夜，才盡歡而去。

魏其侯、武安侯雖然互相禮貌有加，其實，在沒有人民起來反抗，沒有外敵兵臨城下的情況下，他們爭奪利益權勢的摩擦、鬥爭就一刻也不會停止。身為丞相的武安侯曾指使籍福拜望魏其侯，其實是想向魏其侯要城南的良田。籍福婉轉地說明來意後，魏其侯大為不滿，忍不住衝口而出：「老僕（自稱）雖然不幸失勢在家，將軍（指武安侯）雖然高貴已極，難道還能倚仗權勢奪人田產嗎？」堅決不答應。當時灌夫也在場，聽了不由大怒，痛罵籍福為虎作倀、助紂為虐。

籍福是個明白人，自知無奈，又怕魏其侯、武安侯二人由此發生摩擦，便自編了一套話，勸丞相武安侯說：「魏其侯老了，還能活幾天？將軍最好還是耐心等待吧。」

武安侯嘴上沒說什麼，心裡卻覺得不暢快。武安侯黨羽遍布各地，這點小事豈能瞞過他？不久，他便得知魏其侯實是發怒而拒絕了自己提的要求，灌夫又大罵籍福。武安侯不由得怒火中燒，對人說：「魏其侯好不曉事！他的兒子曾經殺人，是我說情才保住他一條性命。我對魏其侯可是沒有說的，他卻怎麼能愛惜幾頃田地？此事與那灌夫有什麼關係？何勞他來湊熱鬧？看來我是不敢再向他要那幾頃田了。」從此，武安侯對魏其侯和灌夫更加懷恨在心，準備尋機整治他們。

武帝元光三年（西元前一三二年）春天，丞相武安侯田蚡向武帝匯報，說灌夫家在潁川橫暴，目無國法和中央政令，欺壓百姓，百姓痛恨灌家，並舉民謠為證，請求治罪。武帝當時正集中精力打擊地方豪強勢力，聽到灌夫的事，便對丞相武安侯說：「這是丞相職權範圍內的事，何必問我，可以查辦。」

誰知灌夫在朝中還有幾個朋友，所以很快得知這個情況，便立即做了準備，要上朝揭發丞相的一些醜聞，如貪贓枉法、收受淮南王金錢。淮南王祕密謀反，武安侯與淮南王暗中勾結，這件事若被公之於眾，他將非常被動，兩家賓客一看，形勢不妙，怕事情鬧大了對雙方都不利，弄不好兩敗俱傷，賓客們都得丟了飯碗，於是他們紛紛從中奔走斡旋，武安侯看到灌夫也不好欺負，只得暫時忍下。

這年夏天，丞相武安侯田蚡娶燕康王劉嘉的女兒為夫人，王太后下詔，命列侯宗室必須前往祝賀。這天，魏其侯來邀灌夫一同前往丞相府宅。灌夫雖然剛直，但透過春天的事，也知道武安侯對自己沒安好心，隨時可能下手，因此不得不小心從事，便推辭道：「灌夫幾次因為飲酒失禮而得罪丞相，如今丞相又與我有仇，還是不去了吧。」

魏其侯不知其中利害，便勸道：「唉，那件事不是已經了結了嗎？」灌夫見魏其侯真心地希望自己一同赴宴，也就同意了。

這天，丞相府裡張燈結綵，熱鬧非凡。酒至酣時，武安侯直起身，提議為客人上酒，客人都離開座席伏身拜謝。到魏其侯提議上酒時，只有過去的幾個老朋友離席拜謝，其他人則僅僅直起身，膝蓋仍不離座席拜謝。灌夫看在眼裡，氣在胸中，忍不住起身離席，挨個兒地斟酒，到武安侯時，武安侯直起身子，膝蓋仍在席上，推辭道：「不能斟滿。」

灌夫聽了愈加生氣，強裝出一副笑臉諷刺道：「將軍今天可是貴人啊，怎能不喝呢，請一定把它喝乾！」武安侯自恃身為丞相，到底沒有喝乾。灌夫憋了一股火，強忍住不讓它噴發出來，繼續行酒。來到臨汝侯灌賢面前時，灌賢正在和程不識耳語，沒有注意到灌夫，所以沒有離席拜謝。灌賢是灌嬰的孫子，灌夫雖係賜姓，但從禮法上說，卻是灌賢的長輩，看到灌賢那副自得無忌的樣子，灌夫再也忍不住了，滿肚子的怒火一下子爆發出來，破口罵道：「平時聽你背後說程不識不值一錢，今日長者敬酒，卻學女孩子那樣竊竊耳語，真不知羞！」

武安侯聽到有人罵街，一看，又是灌夫，心中不快，暗想：「我有好事，又是你灌夫來搗亂！」便禁不住隨口接上茬：「程不識將軍和李廣將軍乃為東西宮衛尉，仲孺當眾侮辱程將軍，這不是不給李將軍面子嘛！」

武安侯話裡有話，沒懷好意，灌夫酒氣往上湧，只求一快，早忘了忌諱，直著脖子大聲嚷道：「灌夫連死都不怕，哪知什麼程李！」

看到形勢不妙，一場大禍就要降臨，座席上的人紛紛起身更衣，客人漸漸躲避起來。魏其侯看到灌夫又借酒使性，心驚肉跳，早就坐不住了，他抓住空當，起身揮手示意，把灌夫叫了出來。這時武安侯已經氣得發昏，他咬牙切齒，對席上剩下的客人說：「這都是我驕慣縱容灌夫犯罪。」說罷，喝令近衛騎兵留住灌夫，禁止他離開相府。灌夫被魏其侯喚出來後，踉踉蹌蹌，想要回家，卻被衛士攔住。籍福看出事態有些嚴重，怕灌夫吃虧，便起身強按灌夫的脖子讓他謝罪。誰知灌夫見了，更加憤怒，硬是不肯道歉。武安侯命令衛士把灌夫綁了起來，押在傳舍之中，找來屬官長史，對他說：「今天召集宗室大臣聚會，是有太后懿旨的，灌夫無禮，這是抗旨犯上！」長史心領神會，知道丞相這次要置灌夫於死地，便秉承其意，彈劾灌夫罵坐不敬，拘留於守宮，並據以前幾次犯罪實情，加重處罰，下令派員逮捕灌氏家族，全部罪當棄市。

魏其侯十分內疚，感到是自己邀請灌夫赴宴才使他闖下了大禍。於是拿出錢財上下疏通，找到過去許多賓客朋友，請他們替灌夫說情，但一切努力均無濟於事。一時間，朝野如臨大敵，殺氣騰騰，武安侯的門客、屬員、朋黨都成了他的耳目，灌氏家族朋黨抓的抓，跑的跑，灌夫本人身居囚室，所以竟沒有人能揭發武安侯與淮南王勾結的事，替灌夫減輕罪責。

只有魏其侯不顧個人安危，到處奔走，營救灌夫。他的夫人看到形勢太緊，怕丈夫吃虧，便勸他說：「灌將軍得罪丞相，與太后家對著幹，還能救得了嗎？」

魏其侯卻倔強地說：「這個侯爵是我自己得的，在我手裡丟了也沒有什麼可惜的，總不能讓灌仲孺一個人去死，而我卻活著！」

後來，他乾脆躲開家人，偷偷出來，上疏給武帝。幸好武帝很快召他入見，當著皇帝的面，他便把灌夫酒醉失言的經過一五一十地詳細上奏一遍，並指出其罪不足以斬首。武帝聽了，似乎贊同他的看法，留魏其侯在宮中用餐，邊吃飯邊告訴他：「明日在太后那裡再理論吧！」

第二天，宗室、外戚大臣朝會太后宮中，魏其侯以為有皇帝同情，所以在朝上極力表揚灌夫的為人和性格，稱讚他的功勞，並指出他因醉酒而得罪，實際是丞相因為別的事情與他有仇而有意誣陷。武安侯哪裡肯讓步？沒等魏其侯說完，便忍不住反駁。他大講灌夫如何如何驕橫刁蠻、罪不容赦。

魏其侯見武安侯在朝中勢力大，周圍的大臣們都依附於他，再看看座上，武帝仍安然穩坐，不露聲色，他感到不妙，形勢對自己極為不利，便一不做二不休，公開揭露武安侯的短處，這下更加激怒了武安侯，只見他冷笑一陣，然後對武帝說：「如今天下幸而安樂太平，田蚡才能因為與皇帝、太后親近而有條件欣賞音樂狗馬田宅，喜愛樂師倡優和能工巧匠，哪能和魏其侯、灌夫相比？他二人夜以繼日，招聚天下豪傑壯士，無故而議論，心懷誹謗，仰觀天象，俯劃地輿，惟恐太后、皇上兩宮不出亂子，天下不發生變故，自己好借國家變難之機立功請賞，與他們相比，我可差得遠了！」說完，陰險地看了看魏其侯。皇帝和眾大臣的臉色越來越嚴肅。魏其侯氣得渾身發抖，一時語塞，竟說不出話來。這時突然聽到皇帝發了話：「諸卿，他們二人哪個說得對？」

大臣們你看看我，我看看你，不知如何回答。尷尬了一陣，御史大夫韓安國上前，先躬了躬身，謹慎地說道：「據魏其侯所述，灌夫父親為國家殉難，本人持戟馳入勢大不測的吳軍營中，身受重創十餘處，名冠三軍，這是天下壯士，只不過是爭杯酒，並無大罪，不至於用其他過失來處罰。這樣看來，魏其侯所說的是對的。」

眾人聽到這裡，精神為之一振，魏其侯也睜大了眼睛，感到絕處逢生，灌夫和自己有了指望。可是還沒等大家做出反應，又聽韓安國繼續說道：「又據丞相說，灌夫勾結奸猾之人，侵逸小民，家財積聚巨萬，在潁川老家橫暴恣虐，踐踏皇家宗室，侵犯骨肉至親，正如所謂『枝葉大於樹幹，小腿粗過大腿，不予翦除，必生禍亂』。由此看來，丞相所言也對。請明主裁定。」

好個老奸臣猾的韓安國！竟把皇帝的問題原封不動地奉還回去。不過，畢竟有人帶頭發了言，幾個同情魏其侯的人站了出來表態，主爵都尉汲黯認為魏其侯對，內史鄭當時也表示魏其侯對，後來看到大臣們都不表態，又不敢堅持自己的看法。武帝生氣了，指著鄭當時罵道：「先生平時不是總說魏其侯、武安侯二人如何如何嗎？今天當朝辯論，怎麼像個套在車轅下的馬匹，侷促小心，看朕不把你們都斬了！」說罷，起身入內，侍候太后進食。其實，太后在內室早已派人刺探前庭動靜，一切了如指掌，見皇帝進來，便滿臉怒容，也不吃飯，說：「如今我還在世，人家就作踐我弟，一旦我百歲後，還不把他吃了！皇帝能像石頭人一樣長生不老嗎？如今皇帝在，他們還這麼不明事理，若百歲後，這些人豈有能夠信賴的嗎？」

武帝看到母親真的動了氣，只好安慰她：「都是皇親國戚，所以才在廷上分辯清楚，不然，這點小事派一個獄吏就足可以決斷了。」這時，郎中令石建特地向皇帝匯報對魏其侯、武安侯的調查結果。武帝一邊聽著，一邊醞釀出處理的辦法。

下朝後，武安侯田蚡招呼御史大夫韓安國與自己共乘一車，埋怨說：「本想和長孺（安國字）共同整治一下魏其侯這個禿老頭，不知大夫為何首鼠兩端，瞻前顧後的？」

韓安國悶坐在車上半天沒有吭聲，他在想著如何推脫干係。過了一會兒，他抬頭看了看怒氣未息的武安侯，不禁笑了：「君侯為何不表現出謙遜而高興的樣子來對付魏其侯呢？剛才魏其侯當廷抨擊君侯，君侯應當即脫下冠冕，解下印綬，還給皇帝，然後說：『臣只因與太后和皇上親近而得罪，本來就不該當這個丞相，魏其侯所言都對。』如此一來，皇上一定會表揚君有禮讓精神，不會免去君侯的職位。魏其侯呢，一定會羞愧難當，閉門咬舌自殺。可如今，人家攻擊君侯，君侯也反過來攻擊人，就好像市場上小販或女流鬥嘴爭言，怎麼能如此不知大體呢？」

這一番不著邊際的道理，竟使武安侯如夢初醒，連連拱手道謝：「唉，當時爭辯起來一時性急，沒想到還有如此高招。」

其實，武安侯根本不必擔心自己有什麼方法不當的地方，有自己的姐姐王太后，外甥漢武帝，這就足夠了。太后的一頓教訓，使皇帝明白了：「丞相雖姓田，畢竟是母親的同母弟弟，是自己的舅舅，魏其侯只不過是祖母堂弟的兒子，論關係當然田蚡要親得多；再說竇家早已失勢，除掉這個人可以安定眼前局勢，又不會引起什麼麻煩。何樂而不為呢？」於是，他命令御史根據紀錄資料核對魏其侯竇嬰的言論，指責他替灌夫所做的辯護前後不一致，與事實不符，下令將他逮捕，拘押在宗正控制下的都司空那裡，罪當滅族。

這下魏其侯可急了，知道自己這個外戚可遠不如田蚡吃香，全家想盡辦法來保全性命。景帝時，魏其侯曾受遺詔：「事有不便，可論說原委而上達於天子。」眼下事情緊急，全族性命危在旦夕，朝中公卿大臣沒有再敢說情的，魏其侯便想到了這個救命符。他讓自己的侄兒給皇帝上書，希望得到召見。沒想到上書送進宮後，武帝下令尚書調查，尚書秉承皇帝旨意，回報說據查先帝並無這道遺詔。又派人到魏其侯家中，發現所謂詔書是用家丞的印信封上的。於是武帝大怒，定魏其侯假造先帝遺詔、欺君罔上，罪上加罪，全家罪當棄市。

這年農曆十月，灌夫及家族全被殺戮。

竇嬰得知自己罪名已定，一時急火攻心，中風，他乾脆絕食，準備一死了之。過了幾天，又聽說皇帝無意殺他，覺得有希望平反，便又開始進食治病。將近年關，魏其侯盼著春天快到，冬天不死，春天便可遇赦。但沒過多久，武安侯又製造輿論中傷他，又讓太后催促皇帝下了決心，終於在這年十二月最後一天在渭城將魏其侯處死。

歷史往往富有戲劇性。竇嬰被殺了，其實是作為朋黨鬥爭的殘餘受害的，田蚡勢力更盛，處於巔峰狀態。但事情竟這樣湊巧，也不知是物極必反的道理起作用，還是輪迴報應真的靈驗。春天來了，已經沒有對手的武安侯田蚡卻病倒了，渾身疼痛，好像有人抽打一般，整日呼喊謝罪，請求赦免。皇帝派巫師去驅鬼，巫師回報說：「魏其侯和灌夫兩個鬼守著丞相，整天鞭笞他，實是想殺死他啊。」一時間，皇宮內外個個怕鬼，人人自危。皇帝下詔祭祀祖先神靈，祈求平安。

三月，田蚡竟死在家中，他苦心經營一生的官僚朋黨勢力自然也就隨之而瓦解了。

後來淮南王劉安謀反，有人揭發說當初劉安入朝，田蚡為太尉，到霸上（今陝西藍田西）迎接劉安，並對劉安說：「皇帝沒有太子，大王（指劉安）最賢，又是高祖之孫，如果皇上晏駕，不立大王為天子，誰又能即位呢？」淮南王因此贈送很多金錢寶物給田蚡。

武帝得知此事，不禁悻悻地說：「要是武安侯還活著，免不了滅族之罪！」田蚡的兒子田恬曾繼承侯爵，在劉安事發之前已經因罪免除。

竇猗房歷經三朝，培植四起重大的黨爭，在她的影響下，「文景之治」的積極成果難免要被朋黨禍亂的屢屢發生而減弱。事實證明，這段歷史是漢朝政治由前期向後期轉變的關鍵時期。

清流鉤黨

名士聯翩標榜清流，有幾人不是為了爭個當官的門階？

西漢時代的朋黨雖有官僚集團作為階級基礎，但其主要的首領仍不出皇親國戚，與戰國時代相比沒有什麼太大的不同。這說明當時封建官僚制度剛剛產生，官僚階層還無力作為一個獨立的社會團體與貴族勢力抗衡。到了東漢，形勢卻發生了新的變化。首先是鞏固皇權需要士人，西漢的滅亡基本上是由於階級矛盾，特別是土地、奴婢問題引起的。但事實上，從外戚朋黨的專權發展到篡位，則是劉氏失去政權的直接原因。王莽改制擾亂了社會秩序，激化了各種矛盾，結果給人一個錯覺，彷彿土地兼併、奴婢問題、政治腐敗、天下大亂都是王莽造成的，劉氏反而成為秩序的代表，於是就出現了劉玄、劉盆子、劉縯、劉秀等野心家紛紛打出恢復漢家天下的旗號，天下豪強也聯合起來擁護劉氏，反對新莽政權，鎮壓農民起義。因此，就某種意義上來說，東漢政權的建立，實際上是西漢皇權及統治秩序的重建。

王莽改制的一切措施都被取消，劉氏恢復了皇權，社會秩序得到了穩定，表面上看來，歷史似乎打了個漩渦又回到原來的地方。但事實上，東漢初期統治者所考慮的問題卻與西漢後期有所不同。第一，他們考慮的是如何進一步加強皇權，限制三公的權力，三公是指太尉、司徒、司空，主管軍事、行政和監察之職，相當於西漢的大將軍、丞相和御史大夫。朝中由六位尚書分掌政事，宮內宦官設中常侍、小黃門、中黃門等職，負責傳達皇帝口詔，閱覽尚書呈上的奏書，這就在外戚以外，又樹立了兩個有力的制衡力量，一是中下級官僚，一是閹宦集團。東漢時代的皇權就在外戚、宦官和官僚三種勢力的矛盾鬥爭中求得苟延殘喘。

東漢時期任用官僚與西漢大體相似，有三種主要途徑：一是所謂公府辟召，即由三公等大臣特聘著名士人做本府的屬官；二是由地方郡國舉薦，即由郡太守、諸侯國的丞相根據二十萬人口選舉孝廉一人的比例，每年向朝廷保薦若干孝廉，考試及格後便可授予各種官職；三是由中央和地方的曹掾即各級長官的屬吏積累資歷逐級陞遷。

東漢統治者發現儒家思想對維護封建統治秩序的重要意義，於是便大力倡導儒學，奉所謂「孝」為最高綱領。他們自稱「以孝治天下」，任用官吏也必須以「孝悌」為原則。由以上三種途徑當官的人首先必須是士人，即通曉儒家經學的儒士，並且必須能作奏章，有一定文化水準，還一定要獲得「孝廉」的頭銜。因此，普通人要想當官，必須首先學習儒學。東漢時期，儒學教育的發展達到了空前的繁榮程度，中央有太學，地方則官學與私學並行發展，士子們為了當官，紛紛投身到學校之中，於是出現了一個龐大的學生階層。

西漢武帝時中央設五經博士的官職，今文經學成為官方學派，但那只是在意識形態的學術層面下功夫，還沒有完全把將它與官吏的選任聯繫起來。東漢時代則不同，儒學作為官方哲學，不但已無可爭議，而且除了研究經學的理論人才以外，更迫切地需要由儒家思想武裝起來的大批士人補充到各級政權機構中去。漢光武帝劉秀標榜「以孝治天下」，一方面是要皇親國戚功臣們能夠忠君愛國，另一方面，也是更主要的原因，就是要用儒家學說武裝各級官吏的頭腦，或者讓儒家的士人們進入政權機構，擴充皇權的政治基礎。他知道，自己的權位是靠豪強們擁護而得到的，失去豪強的擁護，這個權力是不會穩固的，可是豪強竊據高位，對皇權造成嚴重威脅，因此對豪強們宣傳儒家的忠孝仁愛，讓他們老老實實、忠心耿耿地為劉氏政權服務，不要犯上作亂，覬覦皇位。另一方面，只有將整個官僚階層用儒學武裝起來，才可以從根本上加強皇權，與豪強抗衡，保持皇權永固。經過不懈的努力，大批儒生湧入東漢各級政權。

隨著時間的推移，一些身居高位的士人官僚由於歷年薦舉儒生做官，從而形成了無數大大小小的儒學士人朋黨集團。有的大官僚幾代以儒學傳家，連任同一職務，門生故吏也積年累月不斷擴大，遍布天下，形成了名門世家，走上了官僚貴族化的道路。到了東漢後期，士人便逐漸從外戚為代表的官僚集團中分化出來，形成比較單純的士大夫集團，與外戚、宦官勢力並駕齊驅，成為一種獨立階層，其首領往往是士人出身的三公或大名士。其政治傾向一般來說更接近外戚集團，而與宦官集團對立。東漢後期的政治鬥爭基本上就是在這三種勢力之間展開。

從東漢中期開始，在最高統治集團中出現了一個近乎規律的現象，皇帝早逝，幼主登基，母后臨朝，外戚掌權，幼主聯合宦官殺盡外戚勢力，宦官掌權，接著又是皇帝早逝，幼主登基……如此的往復循環。章帝過世（西元八九年）、十歲的和帝即位、竇太后臨朝稱制、外戚竇憲獨攬大權，竇家徒黨大都做了官，後來和帝聯合宦官鄭眾密謀殺死竇憲，將竇家徒黨全部革職下獄，鄭眾被封侯，宦官從此參與政事。和帝死後，十三歲的安帝即位，鄧太后臨朝，外戚鄧騭參政，儘管鄧太后同時任用外戚和宦官，還吸收大批儒士進入政權，但她死後，安帝還是聯合宦官殺逐鄧家勢力，宦官又糾集徒黨形成專政，士大夫楊震等一些耿直的官僚起而抗議宦官專政，士人朋黨介入政治鬥爭從此開始。

楊震也不是尋常人家出身，他的八世祖楊喜為漢高祖劉邦的部卒，垓下戰役中衝鋒陷陣，追殺項羽立了大功，被封為赤泉侯。楊震祖父的祖父，楊敞於昭帝時曾任丞相，是霍光朋黨中的得力幹將，因此得到霍光的嘉獎，被封為安平侯。父親楊寶是傳習《歐陽尚書》的經學家，一生教學授徒，未曾做官。楊震受父親的影響，從小喜歡讀書，跟隨太常桓郁學習《歐陽尚書》，很有成就，被當時的學子們戲稱為「關西孔子楊伯起」。伯起是楊震的字。楊家世居弘農華陰（今陝西華陰東），屬關西，所以說他是「關西孔子」。

當時的社會崇尚孔學，標榜名節，士人們都以能成名士為高，越是有名，就越有可能被辟召或舉薦為高官，以致出現了許多沽名釣譽的士子。有個叫許武的人，舉為孝廉以後和兩個兄弟分家，自己拿了最好的一份，兩個兄弟慷慨相讓，毫無怨言，得到謙讓的美名，也被舉為孝廉。然後許武又大會賓客，宣布自己使兩個弟弟成名的本意，然後把自己得到的那一份財產又分給兩個弟弟，因而得到了更大的名聲。

還有一個叫趙宣的士人，父母去世。他為了贏得孝名，安葬了父母後，孝期已滿，仍不離開父母的墳墓，住在墓道中服喪，一直過了二十多年，遠近都稱讚他是個孝子，州郡多次請他出來做官，他都謝絕了，孝名因此越來越大。後來，陳蕃任郡太守，查出趙宣在墓道中不但娶妻成家，而且還生了五個兒子，欺世盜名的騙術這才被揭穿，趙宣被判惑眾欺神的罪名而處死。

楊震當然不會傻到如此程度。他長期客居在湖（今河南靈寶西北），教授經學，州裡幾次召他做官，都被他藉口有病而推託了。他從小失去父親，家裡貧困，便借地耕種，養活老母，他的學生曾打算幫助他，都被他謝絕，鄉里人人稱他是個孝子。二十多年過去了，學生們見他年近半百仍未做官，都替他惋惜，但他仍志堅意篤，邀取更大名氣。楊震不是不想出來做官，他是在耐心等待時機。五十歲那年，楊震實在忍不住了，終於應召到州郡裡去做官，據說這個舉動是被一隻鸛雀觸動的。有一天，一隻鸛雀口銜三條鱣魚飛到講堂前，主持學舍的都講過去把魚取下，對楊震說：「蛇鱣的花紋是卿大夫服飾的圖案，三條正合三台的數目（尚書、御史、謁者稱三台，為皇帝近臣），先生從此可要高昇了！」

大將軍鄧騭執政時，聽說楊震有賢名，就辟召他為茂才，茂才本為秀才，從西漢時就是士人做官的一種身分，東漢時為了避光武帝劉秀之諱才改為茂才。後來歷任荊州刺史、東萊太守。在赴東萊的路上，經過昌邑（今山東金鄉西北），昌邑縣令王密是楊震在荊州時舉薦的茂才，得知恩師路經昌邑，便懷揣黃金十鎰深夜求見，楊震指著黃金生氣地問道：「故人知君，君不知故人，這是為什麼？」王密以為楊震怕人知道受賄，便說：「夜已深了，無人知曉。」楊震更生氣了，反問道：「天知、神知、我知、你知，怎麼能說無人知道呢？」王密慚愧而退。後來楊震又轉任涿郡（今河北涿縣一帶）太守，還是不受私人賄賂拜請，兒孫們粗茶淡飯，外出步行。有的老朋友勸他趁著當官置點產業，楊震堅決不肯：「讓後代成為清白官吏的子孫，把這個清白的美名傳給他們，這不是更貴重的遺產嗎？」

安帝元初四年（西元一一七年），楊震入朝擔任太僕，負責國家車馬事宜，為九卿之一，不久又轉任太常，掌管宗廟禮儀之事，也是九卿之一。楊震位居九卿，有權選拔士人為官，藉此機會，他開始網羅人才，培植同黨，發展勢力。

從前，朝中博士官的選舉大多名不符實，楊震特意舉薦明經名士楊倫等五人為博士，請他們到朝中執掌經學、教授太學，受到儒生們的稱讚。從此楊震成為以儒術出身的清流領袖。「清流」只是士人們自我標榜的招牌，清流中許多士人弄虛作假，沽名釣譽，本身就不清，一旦步入官場，徇私舞弊，賄賂公行，絲毫也不比那些出身微賤的，或非儒學出身的「濁流」差，像王密那樣深夜懷金感謝恩師的現象極為平常，楊震這樣清廉正直的名士畢竟太少。安帝永寧元年（西元一二〇年），楊震升任司徒，位居三公，成為丞相。

第二年，臨朝稱制的鄧太后崩，外戚鄧騭等著被除掉，安帝的乳母和宦官等內寵開始專權橫行。安帝的乳母叫王聖，她依仗養育皇帝的功勞，恣行妄為，女兒伯榮時常自由出入宮掖傳送賄賂，通風報信。外戚遭到猜忌，清流之士也感到危險。楊震挺身而出，上書安帝，公開指斥：「阿母王聖出身微賤，不知綱紀，擾亂天下，損辱朝廷。」請求盡快驅出宮闈。安帝看了奏書，隨手讓阿母等人看，阿母氣得發瘋，嚷著要皇帝治大臣的罪。王聖的女兒伯榮更是驕奢淫逸，竟與已故朝陽侯劉護的從兄劉環相好，劉環也知道阿母的地位，便娶伯榮為妻，因此竟能承襲從弟劉護的爵位，並升任侍中。對這種因僥倖升官的「濁流」之黨，楊震深惡痛絕。他又親自到午門上書，援引漢初制度，指出劉護雖死，卻有同胞弟在，不應因內寵而讓劉環襲了爵位，而安帝對楊震的上書根本沒有理會。

安帝延光二年（西元一二三年），楊震任太尉，安帝的舅父、大鴻臚耿寶向楊震推薦中常侍李閏的哥哥當官，宦官親屬被認為是「濁流」的下等，楊震堅決不同意，耿寶無法成功便親自前往太尉府說情：「李常侍乃是國家倚重之人，想請公辟召他的哥哥任官，我耿寶不過是傳達皇上的旨意罷了。」楊震仍毫不動搖：「如果朝廷要讓三府辟召，應該由尚書來傳達旨意。」耿寶碰了個大釘子，心中極為怨恨。皇后的哥哥閻顯也想讓楊震辟召自己的親信，楊震仍堅持不從。楊震為了維護「清流」的清白，下決心要堅持到底。可是朝中見風轉舵的大有人在，司空劉授就是其中一個。他聽說楊震拒絕皇帝的舅父和內兄，依照他的想法，這兩個人將來都是執掌大權的人物，贏得他們的好感就等於鋪好了升官的道路，於是他主動辟召李閏的哥哥和閻顯的親信。從此，楊震便成了「濁流」的眼中釘。

這年，安帝又下詔派遣使者為阿母王聖大修府第，中常侍樊豐和侍中周廣、謝惲等人更是互相煽動，推波助瀾，整個朝廷為之騷動。楊震怒不可遏，再次上書勸止。他指出當今災害嚴重，百姓空虛，邊境危急，兵備不足，應該休養生息，培植國本才是。周廣、謝惲等人是依靠近幸得寵的奸佞之人，他們和樊豐、王永等宦官聯合起來，又勾結地方州郡，招攬地方上的貪污之人，收受賄賂，以致使世所不齒的無賴之徒得到任用，甚至「白黑混淆，清濁同源」。因此請求皇帝治其罪，沒想到安帝仍不理睬楊震的上書。

樊豐、謝惲等人一看，楊震的上書絲毫不起作用，便更加無所顧忌，甚至假作詔書，調發大司農的錢糧和大匠令的匠人材木，各自修建家舍、園池、廬觀，征發勞役，花費錢財無數。楊震又借京師地震之機，援引災異之說，建議嚴懲奸臣，仍未能勸動安帝。

楊震幾番上書，言辭比較激烈，安帝儘管不予理會，但心裡也難平靜。樊豐等人更是側目憤恨。可是楊震是天下名儒，就連皇帝也不敢輕易加害於他，對待其他人就不同了。河間有個叫趙騰的也到皇宮門前上書，指陳天下得失利害。惹惱了安帝，被捕下獄，判為蔑視尊長，不守法度之罪。楊震得知後，上書營救，卻未能挽回趙騰的性命。

延光三年（西元一二四年），安帝東巡泰山，楊震的部掾高舒調查大匠令檔案，發現樊豐等人偽造的詔書，又連同樊豐私乘皇帝專車，競相修建第宅等罪名，擬好一份奏稿，準備等安帝回宮後奏明皇帝，嚴懲樊豐。不料此事先為樊豐等人探知。他們十分恐慌，準備先反誣楊震，以攻為守，保護我輩。正巧太史匯報星象逆行的災異現象，樊豐之流便利用這件事誣告楊震：「自趙騰死後，楊震深感不滿，怨恨皇上。況且楊震乃是鄧騭的屬官舊吏，鄧氏失勢，他也因而對今上有怨恨之意。」安帝車駕回宮看到狀奏，認為時機成熟，便命樊豐等人深夜派遣使者執策收繳楊震的太尉印綬。楊震被免職，從此徒黨散亡，賓客離去，但樊豐等人仍不肯罷休。他們請大將軍耿寶上書，誣陷楊震不服罪，積私憤。安帝下詔遣送楊震回歸本郡。

楊震離開京師，兒子和幾個門人隨護回鄉，走到城西幾陽亭時，眼望故鄉的土地，他感慨悲憤，流著熱淚對兒子和門生說：「為正義而死原是士人的本分。我蒙皇恩身居高位，痛恨奸佞狡猾之人，卻不能誅滅他們，仇視嬖女傾亂國家，卻不能制止他們，有何面目頭戴日月，再見家鄉父老啊！我死之後，只以雜木為棺，單層壽衣能遮蔽身體就行了。不要葬在家族墓地，也不要設祭祀祠堂廟宇。」當晚，楊震服毒自殺，時年七十餘歲。弘農太守秉承樊豐的旨意，派人到陝縣留住楊震靈柩。棺材露宿道旁，甚為悽慘。

楊震的死象徵著「清流」黨的第一次失敗。

安帝在位十八年，延光四年（西元一二五年）三月崩，終年三十二歲。閻皇后尊為太后，臨朝稱制，太后的哥哥大鴻臚閻顯為車騎將軍，迎立章帝之孫濟北惠王劉壽之子北鄉侯劉懿為帝。四月，興起大獄，整治「濁流」宦官佞幸，中常侍樊豐、侍中謝惲、周廣下獄死，大將軍耿寶自殺，安帝乳母野王君王聖被遷徙於雁門（今山西代縣北）。同時任命閻景為衛尉，閻耀為城門校尉，閻晏為執金吾，閻氏兄弟把持要津，外戚再次上臺，然後才下葬安帝。

可是不巧，新皇帝還未來得及改換年號，就於這一年的十月病逝。宦官孫程等十幾人密謀擁立年僅十一歲的安帝太子濟陽王劉保為帝，閻顯兄弟正在物色新皇帝人選，沒想到宦官動作更快。他們策動虎賁軍和羽林兵打敗了閻顯的支持者，閻景被殺。宦官們挾持新皇帝，將閻顯、閻耀、閻晏逮捕下獄處死。第二年，新皇帝改元永建元年（西元一二六年），他就是漢順帝。正月，太后閻氏卒，十九位宦官得封侯，宦官勢力更加猖獗，他們居然可以做朝官，甚至可以傳爵位給養子，舉薦人做官，儼然成了非士人豪強地主階級的代表，使下層地主豪強能夠透過非正常的入仕途徑做官，這大大激怒了讀書的士人階層。李固一派士大夫聯合梁皇后和外戚勢力，企圖和宦官對抗。

李固字子堅，漢中南鄭（今陝西漢中）人，父李合曾任司徒。李固從小喜愛讀書，經常步行外出訪尋名師，不遠千里，結交英賢，以致成名。四方有志向的士人，慕名來跟從他求學，京師裡都稱讚他：「又一個李公（指他的父親李合）啊！」司隸校尉和益州郡都舉他為孝廉和茂才，辟召為司空掾，他都以有病為藉口推託，從此名聲更是大震。

順帝陽嘉二年（西元一三三年），國內屢次發生地震、山崩、火災等天災，朝廷震恐，衛尉賈建舉薦李固對策，皇帝也下詔，問當時的弊病和為政應遵循的方針。李固見時機已到便慷慨陳詞，指出自然界的災異是因為陰陽失調造成的，王道有失，政治乖亂是得罪天心，導致陰陽紊亂的原因。古代聖賢之世，晉用有德之人，如今卻只講財富和勢力，安帝封爵阿母，縱容樊豐之流，造成朝綱紊亂。接著，話鋒一轉，又指出當朝梁皇后外戚梁冀，應該卸去步兵校尉的官職，還居黃門之官，如此才能使權力從外戚手中回到國家。然後又指出中常侍倚仗侍奉皇帝、皇后，藉機染指權力，薦舉子弟為官，毫無限制，致使各地諂偽之徒望風入仕，應該禁止。只有尚書乃是陛下的喉舌，應該由他們出納王命，賦政四海。

說來說去一句話，就是要皇帝限制外戚和宦官勢力，免得他們專權欺主，只有士人擔任的公卿尚書們才最為可靠。這篇上書無異於士人朋黨的宣言，一下子得到士人的擁護和響應，在朝廷裡也產生了巨大反響。迫於輿論壓力，順帝立即將自己的乳母送回宮外的茅舍。中常侍們得知這篇上書，嚇得向順帝叩頭謝罪。一時間，朝廷內竟出現了一個短暫的肅穆清寧的局面。朝廷準備任命李固為議郎，伺機反撲的順帝乳母、宦官等人奏章陷害他，阻止皇帝任用李固。後來還是大司農黃尚請求大將軍梁商，僕射黃瓊等多方力保，過了好長一段時間，李固才被任命為議郎，後來又被貶出京師去做地方縣令，李固受不了這樣的對待，便自動放棄印綬，回到漢中老家，閉門謝客，不務世事。

後來，梁商派人徵召李固到他那裡任從事中郎。梁商是梁皇后的父親，為人謙和自守，政治上不能決斷，執政以後，「濁流」橫行，士人側目。李固倒也希望借梁商的地位和威望先正風化，於是便寫信給梁商，援引經義和前朝政治得失開導他，指出安帝任用伯榮、樊豐、周廣、謝惲之徒，開門納賄，致使「濁流」橫行，天下紛亂，怨聲載道。本朝初雖有短時期的清靜，但沒多久，外戚、宦官等左右黨近者天天高昇，苦讀詩書的士子們卻像乾涸河塘裡的魚蝦般無法得進。更糟的是對此竟沒有改進的辦法。皇帝即位十幾年無太子，讓臣下白白空等。大將軍為朝廷柱石，應該一方面在宮中廣為挑選嬪妃媵妾，同時也應該兼采身雖微賤但適宜生子的民間女子，送進宮中，順助天意。若有皇子，由其母親親自哺乳，不可委託給乳母醫巫，以免釀成漢成帝趙飛燕毒殺皇子事件。李固還告誡梁商應以天下為重，不要一有權力就只顧經營自家祠堂，費工耗財，時刻提防宮省之內的陰謀。可惜梁商利令智昏，竟不能採納李固的建議。

後來李固升任荊州刺史、太山太守，將作大匠，任內薦舉楊倫、尹存、王惲、何臨、房植等儒士，形成黨勢。李固又升任大司農。他不遺餘力地聯合士大夫，糾劾宦官和「濁流」，擴大士人仕途。

順帝漢安三年（西元一四四年）農曆三月，皇子劉炳立為皇太子，改元建康。八月，順帝崩，年僅三十歲。太子即位，即漢沖帝，年兩歲，梁皇后尊為皇太后，臨朝稱制，太后之兄梁冀開始執政，李固升任太尉。

第二年改元永嘉，就在正月，兩歲的沖帝夭折，皇位又出現危機。李固主張立清河王劉蒜為帝，大臣同意，便迎劉蒜入京師，他指出：「此次立皇帝，應當選擇年長有德、能親自主持政事的，請大將軍慎重考慮，記取歷史上周勃立文帝、霍光立宣帝使漢家興盛的功業，鄧太后立殤帝、安帝，閻太后立北鄉侯，利用幼主，導致宮廷內亂的教訓。」

太后和梁冀當然不會聽從士大夫的意見，對他們來說，揚名後世遠不如控制朝廷更為重要，更切實際。他們決定立章帝玄孫劉纘為帝，即漢質帝。質帝年僅八歲，仍由梁太后臨朝，大將軍梁冀執政。於是又形成外戚把持朝政，以李固為首的士大夫只居於從屬地位，宦官卻受到貶抑。梁冀因李固曾經上書奪自己的兵權而懷恨在心，這回大權在握，便開始對士人，特別是針對李固猜忌、打擊。

順帝時朝廷任用官吏經常照顧宦官和外戚的私人關係，很少顧及「清流」士人。李固在任內則極力抗爭，他曾上書皇帝免去一百多位「濁流」的職務，這些人自然心懷不滿，總想找機會報復。看到梁冀得勢，他們便紛紛投靠他，聯名陷害李固，梁冀藉機替他們傳遞上書，慫恿太后除掉李固。太后卻認為李固之流士大夫還有用處，因而沒有採取行動。

李固與梁冀的矛盾由於小皇帝的死而更趨激化。皇帝雖小，但對梁冀專權十分反感，梁冀看到小皇帝很聰慧，害怕他長大後對自己不利，便指使人給皇帝下毒。小皇帝吃了毒藥，痛苦焦躁，派人召李固。李固得訊，飛奔入宮，來到皇帝跟前。看到小皇帝面色紫黑，眉頭緊鎖，他上前問道：「陛下怎麼得的病？」小皇帝此時還可以講話，他睜開眼，看了看李固，氣喘吁吁地說：「吃了煮餅，現在肚子悶得慌，喝點水才能活。」

這時梁冀也趕到，聽到皇帝這麼說，便連忙制止道：「恐怕要嘔吐，不可喝水。」梁冀話音剛落，小皇帝頭一歪，停止了呼吸。此時是質帝本初元年（西元一四六年），質帝年僅九歲。李固伏屍痛哭，同時派人選定侍醫，處理質帝屍體。梁冀怕事情敗露，心裡痛恨李固。

梁冀集會三公、中西千石、列侯商議迎立新皇帝。李固、司徒胡廣、司空趙戒和大鴻臚杜喬等士人出身的官僚都主張立清河王劉蒜為帝。在這之前，蠡吾侯劉志準備娶梁冀的妹妹，住在京師，梁冀想立他為帝，看到官僚士大夫們議論紛紛，意見與自己不合，心中憤懣不得意，但又沒有適當理由改變大家的看法。中常侍曹騰等人聽說這種情況，深夜造訪梁冀，說道：「將軍幾代有椒房之親（即外戚），秉攝萬機，賓客縱橫，難免有過失差錯之處，清河王為人嚴明刻薄，一旦立為皇帝，將軍之禍就不遠了，不如立蠡吾侯，富貴可以長保。」這些話正說到梁冀的心裡，促使他下了決心。

第二天，梁冀又大會公卿。大臣們來到後，發現苗頭不對，只見梁冀氣勢洶洶，言語激切，胡廣、趙戒等人有些懾憚，他們開始是吞吞吐吐，不置可否，後來看到梁冀不達目的絕不罷休，便乾脆說：「一切聽從大將軍的。」只有李固、杜喬二人仍頑強地堅持原來意見，看到會議仍不能取得一致意見，梁冀氣得渾身發抖，厲聲吼道：「罷會！」

眼看外戚和宦官已經暫時聯合起來擁立蠡吾侯，李固仍不甘心妥協，想扭轉形勢，力挽狂瀾。他給梁冀寫信重申自己的觀點，梁冀更加氣憤，便說通太后，下令罷免李固的太尉之職，任命胡廣為太尉，趙戒為司徒，太僕袁湯為司空。然後三公一致同意梁冀的主張，立蠡吾侯為帝。蠡吾侯劉志是肅宗（章帝）的曾孫，時年十五歲，即漢桓帝，梁太后臨朝，梁冀專權。

一年以後，謠傳甘陵劉文、魏郡劉鮪密謀立劉蒜為天子，梁冀借題發揮，誣告李固為同謀，妖言惑眾，將他逮捕下獄。這一關，天下為之震動，士人群情激憤。李固的門生渤海王調貫械上書，力證李固無罪，實屬冤枉；河內的趙承等幾十人也宣稱要上訴。太后認為士人勢力龐大，這樣鬧下去會引發更大的混亂，便下令赦免李固，釋放出獄。出獄這天，李固昂首挺胸走出牢獄，整個京城沸騰了，到處都有士人太學生高呼萬歲。面對如此這般的情形，梁冀大驚，他才驚覺李固的名聲如此之大，士人氣焰如此囂張，而李固終究是自己的心腹大患。於是他力排眾議，徵得太后的同意，迅速將李固下獄處死。李固臨死時不改初衷，在獄中給胡廣、趙戒寫信，責備他們屈從外戚宦官，致使國家衰微傾覆。李固死時年五十四歲，兒子李基、李茲也同時遇害，只有小兒子李燮逃亡外地。

梁冀一方面為了平息士人的不滿，表示重用士大夫胡廣、趙戒，為他們加官晉爵，另一方面為了殺一儆百，震懾那些不合作的士人，下令將李固暴屍街頭，敢有哭臨者嚴懲不貸，同時處死的杜喬也一同暴屍。可是李固的弟子仍有以身試法者，汝南的郭亮年僅十五歲，正在洛陽遊學，他左手提著章鉞，右手握著鑽，詣闕上書，請求為李固收屍，不得允許，他乾脆到街上哭奠，在李固屍前擺放寫好的悼辭，大聲朗誦，然後守喪不去。嚇得群臣百姓不敢上前勸阻，只有夏門（洛陽北面西門，門外有萬壽亭）亭長上前喝斥道：「李、杜二公身為國家大臣，都不能安定朝廷、獻進忠言，引起無端事變，爾是何等酸腐的儒生，竟敢公然干犯詔令，以身試法，與有司對抗！」哪裡想到，十五歲的郭亮淚猶未乾，卻微露冷笑，毫不畏懼，大聲答道：「我郭亮身含陰陽二氣，生在世上，頭戴皇天，腳踏后土，為大義驅使，哪知什麼性命，何必以死相懼？」亭長聽了，感傷地嘆息說：「生在當今世上，天下昏亂，人都無法保全性命，不得壽終，皇天雖說高，可誰敢不低頭曲身，躲避它的壓迫？大地雖厚，誰又敢不輕落腳步，防備它塌陷呢？耳朵還可聽聽，眼睛還可看看，嘴巴可不能亂講呀！」早有人把郭亮的事上奏給太后，太后知道士人不滿，恐怕處理嚴苛了會進一步激化矛盾，便下令免除郭亮之罪。還有一個南陽人叫董班，年輕時在太學讀書，以李固為師，聽到老師的死訊，星夜趕到洛陽，伏屍哭祭李固，守護屍體十天。太后仍不敢治罪，甚至默許他護送李固靈柩歸葬漢中。二人從此名聲大震，三公爭著辟召他們做官。這充分說明當時士人階層已經成為強大的社會集團，外戚為了掣肘宦官，不得不向士人做出一定的妥協和讓步，不敢過分鎮壓。

李固被下令免職時就知道梁冀不會放過自己，他做好了赴死的準備，偷偷遣送三個兒子回鄉。李固有個女兒叫文君，嫁給了同郡的趙伯英為妻，賢惠而富有智謀。她見三個兄弟回來，知道父親可能有難，便與兩個哥哥商量如何保護十三歲的么弟李燮。他們把弟弟藏匿起來，對外人說是回京師去了，鄰里親朋都信以為真。後來李固事發，郡裡派人前來搜捕李固的三個兒子，兩個哥哥遇了害，只有小弟李燮倖免。文君覺得弟弟總是這樣躲躲藏藏的不是辦法，便祕密地找到父親的門生王成，請求他幫助：「君跟從先父多年，為人重義氣，有節行，現在文君把六尺之孤（古時十五歲以下的少年為六尺孩童）委託給君，李氏的存亡，就全靠君了！」

王成很受感動，便冒著生命危險帶李燮出逃。李燮哭著辭別了姊姊，在夜幕中跟隨王成乘船順長江東下來到徐州界內，改名換姓，在一個酒家當了幫工，王成則在市上賣卜算命，兩人裝作互不相識，只能暗中往來，互相幫助。李燮跟從王成學習不輟，學識深厚，酒店老闆十分驚奇，覺得這個年輕人非比尋常，將來一定有出息，便把女兒許配給他。李燮就這樣邊做活計，邊鑽研經學。

十幾年後，梁冀被誅，朝廷下了赦令，登記當年梁氏專政時，由於黨同伐異而冤死大臣子女中的倖存者，李燮看形勢轉變，便把自己的真實身分與家中所遭不幸告訴了岳丈，酒店老闆聽了大喜過望，立刻為他備車治裝，送他回鄉。李燮回到闊別多年的故鄉，姊弟相見，悲喜交加，抱頭痛哭，鄰里鄉親都為之感動。姐弟倆這才正式替父親李固與兩個哥哥服起喪來。

後來，文君得知弟弟要外出做事，便語重心長地告誡弟弟：「先公（指父親李固）為人正直，是漢朝的忠臣，只是遇到朝廷傾軋內亂，梁冀肆虐，致使我李家宗祀血祭幾乎斷絕。如今弟弟幸而無恙，這不是天命嗎？今後從事，應該杜絕私人，不要隨便往來、結交朋黨，要謹慎小心，不要講梁家的壞話，因為怪罪梁氏就會牽連皇上，禍害又會來了。」李燮點頭稱是，一生不忘姊姊的忠告。

王成和李燮一同回鄉，完成文君交託的使命。後來王成去世，李燮以禮安葬了他，並且每年四季在家祠中設上賓牌位祭祀他，表示不忘恩情。

梁氏滅亡代表外戚勢力的又一次失敗。桓帝延熹二年（西元一五九年）農曆八月，二十七歲的桓帝聯合宦官唐衡、單超等人設計除掉梁家外戚勢力，桓帝藉口大將軍梁冀陰謀為亂，下詔命司隸校尉張彪率兵包圍梁冀府第，收繳大將軍印綬，梁冀與妻子自殺，衛尉梁淑、河南尹梁胤、屯騎校尉梁讓、越騎校尉梁忠、長水校尉梁戟，以及內外宗親數十人被殺。徒黨三百餘人被驅逐，梁冀家財被沒收的達三十餘萬萬。

梁氏誅滅，宦官當權，中常侍單超、徐璜、具瑗、左悺、唐衡五人同日封侯，號稱「五侯」。五侯的勢力紛紛湧入中央地方政權機關，對正途出身的「清流」士人階層大加貶斥，以阿附梁冀的罪名免去胡廣的太尉之職，藉口他事免去尚書令陳蕃、太常楊秉的職務。

梁太后和梁冀當政時，為了穩定統治秩序，確保自己的權力不致傾覆，曾經對宦官和士人兩面討好，凡與梁太后親近的宦官，不但本人受到重用，家中子弟親友還可被薦舉做地方官，朝官又大多被外戚徒黨所竊據，如此一來，留給讀書人的仕途越來越窄，因此才有李固之流與宦官、外戚的鬥爭。現在宦官獨掌政權，走宦官門路的「濁流」不但可以做地方官，而且開始做朝官。單超本人就擔任車騎將軍，這就是宦官勢力擴展到朝堂之上的象徵。從前宦官徒黨做地方官的，大多只是縣官，現在卻可以堂而皇之地做起州刺史、郡太守。更有甚者，宦官們竟公開標出價格，出售官職，大批「濁流」用剝削百姓得來的骯髒錢買得郡守、縣令等官職，搖身一變成為朝廷命官，反過來瘋狂地搜刮民脂民膏，人民痛苦不堪，一場大規模的反抗鬥爭正在醞釀之中。而那些苦讀經書，準備入仕的名士、太學生們對「濁流」的橫暴也恨之入骨，他們企圖透過合法鬥爭的方式限制宦官的權勢，得到自己應有的政治權利。於是，名士出身的官僚、名士、太學生、各地郡縣學校裡的官學生，以及私家學堂裡的學生等各類儒士或儒生們便結成了廣泛的士人集團，掀起更大規模和聲勢的反宦官鬥爭，由此激出了兩次黨錮之禍，東漢政權也因之而滅亡了。以下陳蕃的故事可以生動地說明這段歷史。

陳蕃字仲舉，汝南平輿（今河南平輿北）人，祖父是河東太守，家裡幾代官僚。陳蕃從小苦讀經書，立志入仕為官，輔佐聖王，治國平天下。十五歲時，自己住的院子裡雜草叢生，骯髒不堪，父親的老朋友來訪，看到他如此邋遢，便笑著問他：「年輕人為什麼不灑掃乾淨了才接待客人？」陳蕃不但不害羞，反倒大言不慚地宣稱：「大丈夫立身處世，應當去掃除天下，何必為了一個小房間而花費心血？」弄得客人哭笑不得，嘴上誇他胸有大志，心裡卻著實厭惡他的狂妄和懶惰，「哼，一室不掃，何以掃天下？」客人暗自冷笑。其實，陳蕃雖然年少，所說的話卻並不幼稚，古往今來，那些自認為「掃除」天下的英雄豪傑，有幾個是掃清了一室的？

後來，陳蕃被舉為孝廉，歷任郎中、刺史、別駕從事，因與上司意見不合，憤而離職。公府又幾次辟舉他為方正，也被他拒絕。由於李固的表薦，才又出來擔任議郎，後升任樂安（今山東博興北）太守。當時另一著名士大夫李膺任青州太守，監督地方官，他辦事嚴厲、果決，青州境內許多貪官污吏害怕受到查處，紛紛主動離職逃走，只有陳蕃為政清廉，政績顯著，仍留任上。陳蕃嚴格按照儒家的道德標準選士任官。郡裡有個叫周璆的儒生，遠近稱頌為高潔之士，前任郡守屢次辟召，他卻認為郡守貪污腐化，不屑與之為伍。惟獨陳蕃才能請動他的大駕。陳蕃每次見到周璆都稱他孟玉（周璆的字），以示尊重，他還在官府中專設一張床榻，供周璆使用，因此贏得了士人學生的擁護和稱頌。

對待真正的高潔之士他禮敬有加，對那些虛偽欺詐的野心家則嚴厲懲罰。郡內有個叫趙宣的士人，父母死了他為之厚葬，為了邀取名聲，他不封閉墓道，而是自己搬進去，一住就是二十多年，弄得遠近聞名，鄉邑到處稱讚他的孝名，州郡長官幾次備禮隆重地請他出來做官，他都不答應，這樣一來更為世人敬重，名聲越來越大。陳蕃到任後，有人向他推舉趙宣，說他如此這般地孝順，是天下奇才。陳蕃聽了不信，親自到墓中察看，發現趙宣在墓道裡竟娶妻生了五個兒子。於是陳蕃大怒，立刻治了趙宣的罪。

陳蕃的聲望越來越高，又歷任豫章太守、尚書令、大鴻臚、議郎、光祿勳等職，從地方升入中央。此時朝廷封賞過濫，不合制度，外戚、宦官勢力強大，陳蕃痛感士人入仕路途的縮小，儒家正義難以伸張，便屢次上書批評時政。任光祿勳時，與五宮中郎將黃琬共同負責選舉官員的工作，二人選拔士人，縮小「濁流」人員，因而得罪了外戚和宦官，被人誣告，免職回鄉。不久，陳蕃又被徵召為尚書僕射，又轉任太中大夫，負責議論。延熹八年（西元一六五年）升任太尉。

這時正是宦官勢盛、與士大夫的矛盾愈趨激化的時候，中常侍蘇康、管霸等又被重用，他們聯合朝中「濁流」，排斥打擊「清流」。大司農劉祐、廷尉馮緄、河南尹李膺等人均被判了忤旨罪，等候發落。陳蕃在朝會上替李膺等人評理伸冤，請求不但免罪，還要將他們升官。他不厭其煩，反覆陳詞，言語懇切，但皇帝偏偏不聽，急得陳蕃流淚而起，卻仍無可奈何。陳蕃的舉動更加激怒了宦官，他們伺機施加報復，而機會真的來了。

小黃門趙津、南陽地方豪強張汜等人仗恃大宦官為後臺，在太原、南陽兩郡犯法，太守劉瓆、成瑨分別將二人逮捕問罪，他們不顧朝廷已發了赦免令，仍堅決把二人拷問致死，宦官集團群起抗議，司法部門秉承宦官旨意，上奏說兩位太守有罪，應當棄市。山陽太守翟超沒收中常侍侯覽的財產，被判服苦役。

陳蕃知道這是宦官借皇帝的支持對士大夫進行反擊，便聯合司徒劉矩、司空劉茂請求皇帝赦免這幾位官員的罪名。沒想到桓帝竟對陳蕃等人非常不滿，司法官也提醒陳蕃等人不要過分，免得激怒宦官。劉矩和劉茂不敢再吭聲了，陳蕃卻不顧這些，單獨上書，繼續指出：宦官流毒海內，上天震怒，授意天下要收而戮之，官僚士大夫除噁心切，情真意懇，所作所為與國家有益而無害，因而冒死請求赦免上述幾位官員。

桓帝看了上書，更加生氣，宮內一片怨恨陳蕃之聲。但因為他是當時天下名士，不可輕易加害，宦官們便全力慫恿桓帝，將劉瓆與成瑨下獄，結果二人死在獄中。

桓帝延熹九年（西元一六六年），第一次黨錮禍起。宦官指使「濁流」徒黨上書檢舉李膺等人共為黨部，誹訕朝政，疑亂風俗，桓帝下詔，指名士李膺、范滂等二百餘人為黨人，下獄治罪。陳蕃不顧一切上書營救，言詞激烈，惹惱了桓帝，以「辟召非人」的罪名被免職。

永康元年（西元一六七年）桓帝崩，三十六歲，無子，竇皇后臨朝下詔說：「天生烝民，為他們樹立君主，讓他來管理，必須有良佐忠臣來鞏固王業。前太尉陳蕃，忠誠、清廉、正直、光明磊落，今特以陳蕃為太傅，錄尚書事。」原來桓帝時，受寵幸的田貴人爭為皇后，陳蕃以田氏卑微、竇家高貴為理由極力擁立竇氏，桓帝無法，最後立竇氏為皇后。陳蕃與竇皇后的父親竇武是好朋友，二人早就同心協力與宦官鬥爭，要把權力從宦官手中奪回來。這次桓帝去世，給皇后外戚創造了一個有利時機，也為陳蕃提供了一個施展抱負的良好條件。當時正值大喪，一時還沒有皇帝，尚書們經歷了多次政治屠殺以後，變得謹小慎微，他們一時還看不出風向，所以害怕得罪權官，為了保命便紛紛託病躲在家裡，不來上朝。陳蕃一看，心想這樣下去會影響政令的發布和執行，便寫信責備那些躲在家裡的官僚尚書，尚書們只好戰戰兢兢地上朝辦公。很快地，竇皇后被尊為太后，竇武任大將軍，執掌國政，新一輪的外戚專權再次形成，立章帝玄孫解瀆亭侯劉宏為帝，劉宏年十三歲，即漢靈帝。

為擴大統治基礎，竇太后和大將軍竇武重用陳蕃，大力徵用名士賢達參與政事，天下士子大為振奮，以為天下太平就要實現，事實卻難以令人滿意。靈帝的乳母趙嬈朝夕在太后左右獻媚，中常侍曹節、王甫與乳母勾結，也得到太后的信任，太后這樣做恐怕也是防止士人獨斷的一種措施。陳蕃對宦官的行為極為警覺，主張趁早剷除禍患，竇武也表示同意。陳蕃見竇武支持自己，太后對自己又感恩戴德，天下士人眾望所歸，一時智昏，以為實現抱負的時候到了，便上書公開指責宦官侯覽、曹節、公乘昕、王甫、鄭颯等人，以及乳母趙嬈和宮中一些女尚書們恃寵為非，禍亂天下，致使依附他們的「濁流」得以陞遷入仕，不合他們心意的「清流」士人受到中傷誅殺，這些人已經成為朝廷的元惡大奸，請求徹底清除，以免後患。出乎陳蕃意料的是，太后並沒有聽從他的意見，朝廷百官看到這個上書，無不震恐驚駭。陳蕃一看太后不許，自知冒失，事情不妙，便與大將軍竇武密謀誅滅宦官勢力。

這天，陳蕃來見大將軍，竇武正為宦官之事心煩，一聽說陳蕃求見，不覺一陣驚喜，自語道：「吾事成矣！」二人來到密室，屏退下人，竇武便急不可耐地問計：「太傅此來必有以教竇武。」陳蕃也不客氣，開門見山直陳己見：「中常侍曹節、王甫等人，先帝在時就操弄國權，擾亂天下，人民不滿，現在不誅滅他們，將來就難以制裁了。」竇武聽了，覺得這話正說到自己的心病，便深深地點了點頭。一看竇武同意，陳蕃異常興奮，他以手扶席，伏身便拜。於是二人開始討論行動計畫，認為首先要起用士人，聯合「清流」勢力，形成堅固的政治集團，才可鎮壓宦官。

第二天，竇武上朝，奏明太后，任命尹勳為尚書令，劉瑜為侍中，馮述為屯騎校尉，又解除禁令，起用第一次黨錮之禍被罷官並禁閉在家的前司隸校尉李膺、宗正劉猛、太僕杜密、廬江太守朱寓等士人回到朝廷共定大計。

靈帝建寧元年（西元一六八年），農曆五月的一天出現日蝕，朝中宮內都議論紛紛。陳蕃這天夜裡又來見竇武，急不可待地對竇武說：「從前元帝時，宦官石顯任中書令，進讒言誣告御史大夫蕭望之，迫令他自殺，如今宦官們使李膺、杜密遭受黨錮之禍，豈止是一個石顯，而是數十個石顯哪！陳蕃雖然年老，卻還要在八十高齡時幫助將軍除掉禍害。現在我們正可以利用這次日食，罷免驅逐這些宦官，以防止變故。此外，乳母趙夫人和那幾個作祟的女尚書早晚迷惑太后，也應盡快趕出宮去，請將軍三思。」竇武聽從了陳蕃的建議，隨即入宮來見竇太后，行過禮便徑直對太后說：「按常規，黃門、常侍等閹人只應在宮內服務，看守宮門，主管一些內部財物什麼的。可現在卻允許他們參與政事，擔任重權，他們的子弟朋友靠著他們的關係陞官發財，貪污橫暴。如今天下不穩，正是因為他們之故，最好將他們全部廢免，逐出宮外，使朝廷清淨，上天息怒。」太后本是個喜歡發號施令的女人，很看重自己的地位權勢，不願聽從父親的教訓，但這次看到父親是認真的，再加上日蝕天象示警，只好同意處罰幾個宦官。她對父親說：「我漢家故事代代都有，只宜誅滅有罪者，豈可全部罷免呢？」於是殺死中常侍管霸、蘇康等人。竇武和陳蕃覺得太輕，又建議誅殺曹節等人，太后猶豫不決，以致事情一直拖了下去。

農曆八月，太白金星出現於西方，劉瑜藉機上書，指出天象繼續示警，有奸人在君側，希望防之。他又寫信給竇武、陳蕃，敦促他們早定大計。二人得信，便任命朱寓為司隸校尉、劉祐為河南尹、虞祁為洛陽令，罷免黃門令魏彪，讓親信小黃門山冰接替，並指使山冰奏稱長樂尚書鄭颯謀反，押送北寺獄，拷問後，牽連曹節、王甫，於是準備逮捕二人。

這天竇武出宮回府，負責中書事務的宦官把官僚上書謀誅宦官的事通知了長樂五官史朱瑀，朱瑀偷偷溜進宮中，發現了竇武的奏摺，他邊看邊罵道：「中官放縱者你可以誅殺，我們這些無權無勢的小人物，你也要斬盡殺絕！」看過上書，朱瑀撒腿跑回宮中，逢人便喊：「陳蕃、竇武上奏太后要廢掉皇上，殺死全部中官，陰謀作亂！」朱瑀連夜召集親近而體格健壯的長樂從官史共普、張亮等十七人，歃血為盟，誓殺竇武、陳蕃等人。大宦官曹節睡夢中被外面的吵嚷聲驚醒，得知形勢不妙，他急中生智，連忙跑到皇帝的寢宮對皇帝說：「外面形勢緊急，請陛下趕快駕幸德陽前殿。」說罷，讓小皇帝拔劍在手，踴躍前行，命乳母趙嬈等人簇擁護衛在靈帝左右，取了棨信（進入宮門的簿籍），關閉禁城之門，召來尚書官屬，用刀劍相威脅，命他們起草詔書，任命王甫為黃門令，持節到北寺獄收捕尹勳和山冰。山冰知道宮中陰謀，懷疑王甫假奉詔旨，拒不接受詔書。王甫突然抽刀殺死山冰，隨從宦官殺死尹勳。他們放出同黨鄭颯，二人進宮劫持太后，奪下璽印，下令中謁者守住南宮，關閉城門，斷絕復道。鄭颯等人又持節準備收捕竇武、陳蕃。

竇武聽說宦官奉詔逮捕自己，知道宮中有變，他拒絕接受詔書，騎馬馳入步兵營，射殺使者，召集北軍五校士數千人屯駐都亭之下，傳令軍士說：「黃門常侍謀反，盡力殺敵者封侯受賞！」

宦官以皇帝、皇太后名義下詔，任命少府周靖行車騎將軍事，加節，與護匈奴中郎將張奐一起率五營士討伐竇武。天快亮時，王甫親率虎賁、羽林、廄騶、都侯、劍戟士一共千餘人出屯朱雀掖門，與張奐等合兵一處。平明時分，宦官統帥的宮中武裝與竇武的北軍在城外對峙。王甫軍勢漸漸強盛，他命手下武士向竇武軍中大聲喊話：「竇武謀反，你們都是皇帝的禁兵，本該宿衛宮省，為什麼跟隨叛賊造反？皇上知道你們受騙，趕快投降不但無罪，還可受賞！」

軍人在正常情況下是服從命令，遵守法紀的，竇武手中沒有詔書和兵符，士兵們又看不到皇帝、太后的支持，因此對他心存疑惑，現在看見王甫等人可是持節奉詔，口口聲聲皇上、太后有旨討賊，所以聽到喊話，便紛紛奔往王甫軍中。從天明到早飯時分（約早上九點左右），竇武手下的營府兵已經跑光了，眼見大勢已去，竇武僅率幾個親信奪路逃跑，宦官揮軍追殺，竇武自殺，腦袋被砍下，掛在洛陽都亭示眾。他的宗親、姻屬許多人被捕殺。劉瑜、馮述被滅族，餘下的親屬徒黨流放到日南（今越南中部），竇太后被遷到雲臺（宮中高臺）幽禁起來。

陳蕃聽說竇武逃出城去，知道自己不能倖免，便召集身邊的官屬和學生八十多人，大家人人拔刀在手，衝進承明門替竇武喊冤：「大將軍忠勇衛國，黃門宦官陰謀造反，不是竇氏不道！」正巧王甫率人出宮與陳蕃相遇。仇人相見分外眼紅，聽到陳蕃等人喊的話，他大聲反斥道：「先帝撒手天下，陵寢未成，竇武有何功勞，兄弟父子一門三侯，又多取掖庭宮人，作樂飲燕，個把月間，就耗費資財以億萬計。身為大臣，如此行為，難道還是有道嗎！先生身為國家棟樑，屈身與他結為同黨，該當何罪！」說罷，下令捉拿陳蕃。陳蕃手握寶劍，高聲痛罵王甫，王甫手下兵士不敢近前，漸漸地又圍上幾層兵士才將陳蕃擒獲，押送到黃門北寺獄中，黃門從官騶（騎士）一邊踢著陳蕃，一邊破口罵道：「死老妖！看你還敢裁減我等員數不敢！」當天，陳蕃就慘死在北寺獄中。家屬被流放到比景（今越南洞海北），宗族、門生、故吏全被逐出官府，不許錄用。

陳蕃的友人中有個叫朱震的當時擔任銍縣令，聽說京師發生政變，陳蕃被殺，便棄官奔赴洛陽，哭奠陳蕃，收屍埋葬，並偷偷把陳蕃的兒子陳逸送到甘陵藏匿起來。可惜事機不密，被人告發。朱震被捕入獄，受盡嚴刑拷打，誓死不說出陳逸的去向。後來黃巾起義，朝廷大赦黨人，陳逸出來做官，官至魯相。

朱震和陳蕃一樣，是士人中堅決與宦官及下層豪強地主「濁流」勢力鬥爭的突出代表，當州從事時，就曾揭發濟陰太守單匡的罪行，單匡是中常侍車騎將軍單超的弟弟，在地方上無惡不作，民憤極大。桓帝迫於壓力，只好將單匡逮捕下獄，並譴責單超縱弟犯法，嚇得單超詣闕謝免。以致民間有「車如雞棲馬如狗，疾惡如風朱伯厚（朱震字）」的諺語民謠，朱震成為士人中的英雄人物。

竇武、陳蕃死後，宦官興起黨獄殺害李膺、范滂等一百多位名士，逮捕太學生一千餘人，黨人五服以內親屬，以及門生、故吏凡是有官職的人全部被免官回鄉，禁錮終身不許做官，這就是歷史上有名的第二次黨錮之禍。

士人朋黨的另一位著名領袖是李膺，字元禮，潁川襄城（今河南襄城）人。李膺也出身官僚世家，祖父李修在安帝時任太尉，父親李益任趙國相。李膺為人簡樸高昂，以孝廉身分被司徒胡廣辟召為屬官，後來升任青州刺史，青州所屬郡縣的太守、令長們畏懼他的清明威嚴，紛紛掛印棄官逃走。此後李膺又歷任漁陽太守、蜀郡太守、烏桓校尉。當時北方鮮卑人多次侵犯邊塞，李膺總是親自率領步騎衝鋒陷陣與敵交戰，身受創傷仍不後退，擦乾血跡繼續戰鬥。李膺多次擊退敵人，部下共斬敵二千餘級，鮮卑人都害怕他。後來李膺還居綸氏（屬潁川郡）授徒講學，門生千餘人，一時號稱名士。南陽人樊陵曾上門拜求為門生，李膺因為瞧不起他的人品而謝絕，後來樊陵果然阿附宦官，竟當上太尉，但卻被士人所不齒。荀爽品學兼優，慕名前來拜望，正巧那天李膺要外出，荀爽主動提議為李膺駕車，回家後興奮地逢人便說：「今天我為李君駕車了！」其仰慕之情於此可見一斑！由此可知李膺作為名士所具有的巨大影響。後來鮮卑又侵擾雲中（今內蒙古呼和浩特一帶），桓帝聽說李膺守邊有方，又徵召他為度遼將軍。之後，又轉任河南尹。當時宛陵人羊元群在北海郡被免職時，見郡舍裡的廁所房間建築別緻奇巧，便將其窗子載回老家，李膺上表要治其罪，元群卻買通宦官，反訴李膺誣告不實，自己不但無罪，倒讓李膺降為左校。

李膺擔任司隸校尉（即首都地區最高長官），這時宦官張讓的弟弟張朔任野王（今河南沁陽）令，屬司隸校尉部，此人貪婪殘暴，嗜殺成性，曾殺害孕婦。聽說李膺擔任司隸校尉，成了自己的頂頭上司，嚇得不敢再待下去，逃到京師，躲在張讓家裡的合柱中，不敢露面。李膺最恨宦官弄權、縱容子弟親友盤踞州縣，欺壓百姓，限制「清流」。他早聽說張朔殺人如麻，下定決心要殺一儆百。得知張朔逃跑後，便親自率領將吏來到張讓家裡，不由分說，命人搗毀合柱，搜捕張朔，押送洛陽獄中。回到部堂立即審訊，取得口供後便下令處決。張讓看到李膺如此神速，連自己找關係說情的時間都沒有容得，又氣又怕，連哭帶嚷跑到桓帝面前叫冤。桓帝召李膺入殿，責問他為何不先請示就下令殺人。

李膺振振有辭、慷慨陳述：「當初晉文公執衛成公送往京師，孔子任魯司寇不到七天就誅殺少正卿。現在臣到任已經十天，天天擔心因辦案遲緩而得罪，不想反倒因為太疾而獲罪。不過我自己早知自己的職責是什麼，至死不改，現請陛下寬限五天，處理任內要案首惡，然後再前來就刑，這是我始生的願望。」桓帝聽了，不知如何回答，回頭看了看張讓，說：「這都是你弟弟犯的罪，司隸校尉有什麼不是？」仍命李膺為司隸校尉，派人送出殿門。從此不論是黃門還是常侍，宦官們都不得不有所收斂，鞠躬屏氣，即使是休息也不敢邁出宮門，風氣竟一度為之整肅。桓帝感到奇怪，問宦官們這是怎麼回事，宦官們跪地叩頭，流涕答道：「怕李校尉。」

這種局面並未維持多久，朝廷一天比一天黑暗，綱紀廢弛，奸宄橫行。李膺以士人代表自居，恃名聲而保持清高，成為士人學子的領袖和旗手，朝野士人以被他接納為榮幸，美其名曰「登龍門」。第一次黨錮之禍時，李膺名列首位。案經三府時，太尉陳蕃反對，認為「此次考案，都是海內稱譽的士人，他們是憂國憂民的國家忠臣，這些人本應十世寬赦，怎麼能無罪而逮捕呢！」桓帝得知後，愈加發怒，下詔將李膺等人關進黃門北寺獄。李膺等人看到情況危急，便主動招出許多與士人有關的宦官子弟，宦官一看危及到自身利益，害怕受到牽連，便請求桓帝以天時宜赦為藉口，大赦天下，將李膺等人罷免官職，送回鄉里，禁錮終生，永不錄用。原來當時士人勢力壯大，「清流」名聲大震，就連許多宦官的親友等「濁流」也紛紛結交士人，引以為榮耀，所以才被士子們用來做了擋箭牌。李膺被送回老家，居住在陽城山中，天下士大夫仍以他為榜樣，推崇他的為人和品格，繼續批評時政。

陳蕃被免去太尉之職時，朝野士人更寄希望於李膺。不久，桓帝崩，陳蕃又被委任為太傅，與大將軍竇武共同主持中央政務，二人聯絡士人打擊宦官，所以沿用天下名士入朝為輔，李膺被起用為長樂少府，陳蕃、竇武被殺後，李膺等人又被貶出朝。

為了與宦官「濁流」相鬥爭，士人們互相標榜，指認天下名士三十五人，為他們立有稱號，如竇武、陳蕃、劉淑為「三君」，是士人最高的領袖；李膺等八人被稱為「八俊」；郭泰、范滂等八人被稱為「八顧」（有德行）；張儉、劉表等八人被稱為「八及」（能引導後進為及）；度尚等八人被稱為「八廚」（有錢以救濟貧士）。地方士人也紛紛立稱號，山陽郡以張儉為首的士人也有八俊、八顧、八及共二十四人，他們結為山陽朋黨，張儉為黨魁。不料其鄉人朱並受宦官中常侍侯覽的指使，告發張儉祕密結黨，圖危社稷，靈帝下詔收捕，大長秋（皇后近侍宦官之首領）曹節也趁機慫恿有司拘捕前司空虞放、太僕杜密、長樂少府李膺、太尉掾范滂等百餘人。鄉里人對李膺說：「快逃吧，不然將大禍臨頭。」李膺卻淡然一笑，回答說：「有事不辭艱難，有罪不逃刑罰，這是做臣子的本分。我已年紀六旬，死生有命，還往哪裡逃呢？」李膺被捕後死在獄中，妻子兒女被遷徙到邊疆，門生、故吏及他們的父兄都被禁錮。這就是第二次黨錮之禍，時間是西元一六九年。

侍御史蜀郡景毅的兒子景顧為李膺的門生，案發後景毅被漏掉，沒有錄在牘中，所以沒有被遣送回鄉，但他卻主動請求免職回鄉禁錮，並且對人說：「本來因為李膺是個賢士，所以才讓兒子跟他學習，如今李君已經死難，我豈可因為被漏掉就苟且偷安在京為官呢？」景毅的舉動又引起當時士人的稱讚。

儒生官僚士大夫結成朋黨，大約發生於漢朝文景之世，經過幾十年的發展，到漢武帝崇尚儒學，立五經博士後，經學宗派日益發展壯大。東漢桓帝即位後，擢升自己的老師周福為尚書，與周福同為甘陵人的河南尹房植有名節，鄉人編了歌謠：「天下規矩房伯武（房植字），因師獲印周仲進（周福字）。」說本郡兩個大官，一個是行為規範的「清流」，一個是因為曾經當過皇帝的老師才當了大官的「濁流」，兩家賓客也互相譏誚，各樹朋黨，從此甘陵有了南北部之分，東漢黨人之議從此開始，一般把東漢後期的朋黨之始定在這時。桓靈之世，由於主荒政謬，閹寺當道，外戚橫行，所以匹夫激憤，處士橫議，黨派風起雲湧，士人命運與統治階級內部鬥爭緊密相連。

第二次黨錮之禍以後的第十五年，即靈帝中平元年（西元一八四年），黃巾起義爆發，為了緩和統治階級內部矛盾，加強鎮壓農民起義的力量，中常侍呂強建議靈帝：「黨錮之禍積怨太深，若長時間不予寬赦，很容易使士人與張角合謀，那樣禍亂就更大了。」靈帝這才大赦黨人，誅徙之家都回到故郡，士人重新被起用。可是國家已經被宦官和「濁流」糟蹋得不成樣子。宦官們在京師開辦了一個叫西園的官職交易所，把各級官職標出價格公開拍賣，地方官比朝官貴一倍，同級官職也因治地貧富不同而肥瘦不等，買官者可以投標定價，以出價高者為準，地主豪強花錢買了官，到任後壓榨百姓，人民已經忍無可忍，各地民眾到處揭竿而起，匯成強大的農民起義洪流，東漢政權已經處於風雨飄搖之中。靈帝於中平六年（西元一八九年）過世，年三十四歲，東漢最高統治權力爭奪戰的最後一次表演以最快的速度完成：皇子劉協即位後，何太后臨朝，太后兄何進執政，很快被宦官張讓、趙忠等十常侍謀殺，宦官們還未來得及組織自己的統治秩序，便被新近掌握兵權的世家官僚袁紹斬盡殺絕。於是外戚、宦官、士人的循環鬥爭與沒落的東漢政權一起結束於軍閥混戰之中。

牛李黨爭

一個要急流勇退，卻難以明哲保身；一個自比松柏，反倒攀附藤蘿。

東漢黨錮之禍，士大夫暫時受到抑制，宦官當道，政治黑暗，終於激起了人民的反抗鬥爭。在統治階級內部的最後一輪角鬥中，外戚何進被宦官十常侍殺掉，宦官又被四世三公的世族（士族）代表袁紹消滅，腐朽不堪的東漢王朝在軍閥混戰中搖搖欲墜，最後被北方新的統一勢力曹魏所取代。從三國鼎立，中經西晉短暫的統一、南北朝的大分裂，又到隋唐的重新統一，經歷了四五百年的時間，中國的政治舞臺上，由兩漢特別是東漢後期形成的士族地主階級成了主導力量。這些人以士人身分起家，世代儒學相傳，步入政壇後又反過來用手中的權力搜刮民脂民膏，擴充自己的經濟實力。由於經濟力量的不斷增長和文化壟斷的日益加深，這些士人官僚漸漸地成為世代做官的貴族式士大夫。從東漢後期起，隨著階級矛盾和民族矛盾的不斷激化，許多人擁有私人武裝，他們修築防禦性的塢壁堡壘，成為士人豪強集團，當時人稱「士族」、「世族」、「門閥」，指的就是這樣的豪強集團。曹魏時期，他們又利用「九品中正制」即按品行取士的任人制度，來劃分門第出身的高下等級，作為入仕做官的標準，結果形成了「上品無寒門，下品無士族」的貴族化士族官僚政治，這個體制竟沿用了八百年之久。經過無數次農民起義和下層地主階級的鬥爭，到了唐代中葉，隨著兩稅法的實施和科舉制的進一步完善，士族制才徹底衰落。掙脫了士族制枷鎖的官僚們在新的政治舞臺上演出了又一幕朋黨鬥爭的戲碼。

唐朝後期的政治形勢與東漢後期有點相似，皇帝昏庸腐朽，宦官勢力強大，與官僚對立，出現了南司（朝官）和北司（宦官）之爭。不同的是，東漢時期，由於宦官勢力深入到中央和地方政權，對士人入仕途徑構成很大的威脅，所以當時的朋黨鬥爭以官僚名士太學生為一方，與宦官為代表的「濁流」勢力為另一方而展開。官僚士人之間固然也有朋黨之爭，但相比之下卻是次要的。唐朝後期的朋黨鬥爭主要是官僚內部的派別鬥爭，當然，這場鬥爭也與南北司之間的鬥爭有關。

唐朝前期，士族勢力依然強大，唐太宗就曾頒布《氏族志》，定士族為二百九十三姓，一千六百五十一家。唐代雖有比較嚴格正規的科舉考試制度，但對士族仍照顧有加，允許士族子弟由非科場出身入仕做官，由此，官員們便有科場出身和非科場出身的區別。這種士族制度的殘餘和隋唐科舉制之間的矛盾到了唐朝中期就已暴露出來，唐朝後期，矛盾鬥爭愈演愈烈，牛李黨爭就是其集中表現。

當時士人的出路主要是做朝官，而做朝官的主要途徑之一就是科場成功，取得進士的頭銜。隨著科場競爭的日趨激烈，應考的士子不得不奔走於各公卿大臣門下，想方設法博得他們的賞識，求他們向考試官推薦，這樣才有成功的希望。一旦及第，新進士們便要到主考官家裡通報姓名，自稱門生，向主考官謝恩，在行禮時，推薦他們的公卿大人們也在堂上觀禮。這種師生之誼、同年之交，再加上與推薦者之間的複雜關係，自然地使他們互相援引，為形成朋黨準備了適宜的土壤。由於主考官不可能連任，新的主考官上任，相應的推薦人也隨之不同，所以即使同由科場入仕，不是同年及第的進士們不一定會同屬一黨。除了科舉之外，門蔭出身也是當時做官的一條途徑。許多官僚靠前代父兄的功勛地位而取得做官的資格，他們與科場出身的士人在瓜分官職上存在著尖銳的矛盾，因此互相輕視乃至仇視。進士們瞧不起門蔭入仕者，認為他們缺少文采，未經正途；門蔭入仕者則嘲笑進士們出身寒微，自信公卿子弟本來就熟悉政事，從政不必非有文采不可，所以門蔭入仕也給朋黨的形成提供了條件。當然，由於門蔭出身的人也可以任主考官，可以推薦士人給主考官，因而他們免不了與科場有關，朋黨中也會有進士及第者。而科場出身者地位提高後，也有權利推薦門蔭子弟做官，因此他們的朋黨中也會有非科場出身的人。

穆宗時，鄭覃、李德裕結成一個朋黨。鄭覃的父親鄭珣瑜曾任宰相，鄭覃便靠父親的地位門蔭得官。李德裕的父親李吉甫在憲宗時任中書侍郎，同中書門下平章事。唐代制度，皇帝在大臣中選任若干人，授予「同中書門下平章事」的頭銜，使他們成為事實上的宰相，李德裕也靠父親的宰相身分蔭為官員。

與鄭、李之黨對立的另一派是科場派，首領是進士及第的李宗閔和牛僧孺。兩派各有大批黨羽徒眾，一派得勢，首領做了宰相，便排斥貶逐另一派，把空出的官職分賞給自己的徒黨。由於藩鎮割據，中央財政吃緊，宦官勢力侵奪朝中官位，致使空缺越來越少，朋黨之爭也越來越激烈。由此可見，所謂科場出身與非科場出身的相互排斥，不過是爭奪權位的一種藉口。當然，形式並非毫無意義的，牛黨堅持科場主義，對於統一官制、淨化仕途，使選舉合理化，從而加強中央集權是有利的。不過，從另一方面看，即使科場主義貫徹到了最大限度，也並不意味著政治進步的必然實現。而個別公卿子弟如李德裕之流，的確在政治經驗和實際才能上較許多進士略勝一籌，所以，政治改革的關鍵，不僅僅在於形式的統一，如科舉制的建立和擴大，和其他非公平制度的縮小甚至消滅，而在於如何使統一的形式在內容上更適應實際生活的要求。當然，這在封建時代，特別是在專制主義時代是不可能實現的。不論是牛黨，還是李黨，他們更關心的，是如何戰勝對手，在朝中占據更多的官位。

唐朝後期有兩大政治問題：一是藩鎮割據，地方軍閥與中央對抗，唐朝中央政權管轄的地區越來越小；二是宦官勢力猖獗。唐憲宗被宦官殺死，太子穆宗為宦官所立。此後，宦官便擁有對皇帝的廢立、生殺大權。皇帝和宦官的矛盾鬥爭具有決定的意義，制約著整個官僚集團的政治立場和傾向。朝官們關心皇帝對宦官的態度，皇帝強硬，他們之中的一些人就敢於反對宦官，皇帝懦弱，另一些人便依附宦官，朋黨之爭與這兩個問題有直接關係。

以下先對李德裕和牛僧孺等幾位士人的出身經歷做些簡單的介紹。

牛僧孺（西元七七九年至八四七年）字思黯，安定鶉觚（今甘肅靈台）人。祖上有個叫牛弘的人，隋朝時曾擔任僕射，位居相位，但在宗法上找不出兩人有直系的關係。牛僧孺的祖父牛紹、父親牛幼簡官位卑下，沒有什麼值得稱道的。父親去世早，僧孺從小靠著幾頃賜田度日。德宗貞元二十一年（西元八〇五年）牛僧孺科場得意，進士及第。憲宗元和三年（西元八〇八年）又以賢良方正對策，與李宗閔、皇甫湜一起名列前茅。他們指斥時政得失，抨擊權貴，言辭激烈，惹惱了宰相李吉甫，所以一直不得重用，穆宗即位前只擔任過伊闕尉、監察御史、考工員外郎、集賢殿直學士等閒散官職。

李宗閔（西元？至八四三年），字損之，為唐鄭王李元懿的四世孫，祖父李白仙任楚州別駕，父親李翻曾任宗正卿、華州刺史等職，只有伯父李夷簡於元和中曾任宰相。李宗閔本是宗室遠支，在宗法關係上與王室已經疏遠，祖父及父親身居中下級官職，所以他不得不靠科舉尋求出路。他與牛僧孺同年進士及第，又同年登制科，應制時與牛僧孺一起抨擊時政，觸犯了宰相李吉甫，不得重用，歷任洛陽尉、監察御史、禮部員外郎等閒職。李宗閔與牛僧孺結成朋黨。

二人結黨除了同年登進士及第和制舉賢良方正科外，還真的有些志同道合。所謂制舉賢良方正科是皇帝臨時設置的特殊考試科目，制即皇帝的詔令，這次考試就是皇帝下令選舉賢良方正。對策時，二人同心同德，指切時政之失，無所迴避，考策官楊於陵、韋貫之、李益等人同情僧孺、宗閔，對他們的對策大為讚賞，將其列為上乘，並作為是否中第的標準卷。李吉甫得知自己被兩個初出茅廬的年輕人羞辱，氣得發瘋，跑到憲宗皇帝那裡哭訴委屈，結果皇帝下令貶吏部尚書楊於陵外放為嶺南節度使，吏部員外郎韋貫之為果州刺史，又貶為巴州刺史。牛僧孺、李宗閔長期不得任用。憲宗元和九年（西元八一四年）李吉甫卒，李宗閔方才入朝為官，任監察御史，累遷到禮部員外郎。牛僧孺也入朝，先任監察御史、禮部員外郎，後又轉任考功員外郎，集賢殿直學士。

李德裕（西元七八七年至八四九年），字文饒，趙郡（今河北趙縣）人，祖父李棲筠，曾任御史大夫，父親即元和初宰相李吉甫。俗話說：「龍生九子，各有不同。」公卿子弟雖說大多逍遙浪蕩，但也有個別出人頭地的有才之子，李德裕就是這種有才之人。他從小胸有壯志，學習刻苦勤奮，吃苦耐勞，精通《漢書》、《左傳》，學問人品傾向於莊重嚴謹的一類，但卻恥於與諸生吟詩作賦，也不喜歡科舉考試。貞元年間（西元七八五年至八〇五年）就跟隨父親投身戎旅，憲宗元和初年，父親升任宰相，李德裕為了避嫌，不入中央台省做官，只擔任諸府從事。元和十一年（西元八一六年），宰相張弘靖免相出京，鎮守太原，李德裕被闢為掌書記。三年後，張弘靖再次入朝，李德裕也隨之入朝做官，擔任監察御史。

元和十五年（西元八二〇年）正月，服了金丹的唐憲宗李純感到不適，竟死於大明宮的中和殿，輿論都認為是宦官陳弘志謀殺天子，但是宦官專權，朝臣們竟眼睜睜地看著皇帝過世，不敢追問也不屑追問，這樣雙方才能保持相安無事。宦官立唐穆宗李恆，改元長慶。長慶年間（西元八二一年至八二四年），牛李黨爭開始變得更加激烈。

穆宗長慶元年（西元八二一年）右補闕楊汝士和禮部侍郎錢徽主持貢舉，四川節度使段文昌、翰林學士李紳，就是那首《憫農詩》的作者，寫信給考官錢徽推薦自己的親信，放榜時，二人推薦的人一個也沒有錄取，及第者有鄭覃之弟鄭朗、元和宰相裴度之子裴譔、中書舍人李宗閔之婿蘇巢、楊汝士之弟楊殷士。段文昌等人氣不過，便向皇帝告狀說：「今年禮部辦事不公，錄取的進士都是高官子弟，他們不學無術，是靠關係走後門才選上的。」皇帝便詢問諸學士。這時李德裕正擔任翰林學士，得到穆宗信任，李德裕因李宗閔曾譏刺自己的父親李吉甫，心裡痛恨李宗閔，他與李紳同為翰林學士，關係要好，見皇帝徵詢，便藉機稱段文昌、李紳所言極是。另一位翰林學士大詩人元稹，也因曾與李宗閔爭權奪勢而積下仇怨，這時也添油加醋講了許多李宗閔的壞話。於是皇帝下令命中書舍人王起等人主持複試，同時下詔取消鄭朗等十人的錄用資格，貶錢徽為江州刺史，李宗閔為劍州刺史，楊汝士為開江令。這時有人勸錢徽上奏皇帝，講明段文昌、李紳之輩曾寫信託門路之事，這樣皇帝必定知道他們的用心。錢徽知道此事關係朋黨之爭，非同小可，自己又不願意得罪任何一方，所以寧願自己受罰，竟乾脆把段文昌、李紳的來信燒燬。錢徽的舉動受到時人的稱讚，看來錢徽倒是位明哲之士，不過從此李德裕、李宗閔便各樹朋黨，互相爭鬥達四十年之久。

長慶二年（西元八二二年）農曆六月，裴度、元稹二人被罷相，兵部尚書李逢吉任門下侍郎同平章事，也就是宰相。李逢吉字虛舟，隴西人，明經科入仕，進士及第，屬科場派。元和時期，因政見不同，李逢吉與李吉甫、裴度結怨。此時入朝為相，便積極準備報復。當時李德裕、牛僧孺都受皇帝器重，有入朝為相的聲望，李逢吉想引牛僧孺入朝，又怕李德裕和李紳從中阻撓，便設法將李德裕貶出朝廷，任浙西觀察使，然後引牛僧孺為同平章事，當上了宰相。從此，牛僧孺一派與李德裕一派結怨愈深。

穆宗皇帝對牛僧孺、李德裕二人均有好感。對牛僧孺信任是因為他廉，有個叫韓弘的官僚在朝中做官，因為過去與人有過節，所以引出許多流言，兒子韓公武為使父親權位坐穩，便用家財厚賂權幸和那些多言的人，朝中班列都受到餽贈。後來，父子倆都死了，子孫幼弱，賄賂事發，穆宗命人取韓弘家財帳簿親自查閱，看到中外大臣多收受韓家禮物錢財，不覺盛怒，只有一行紅色小字寫著：「某年月日，送戶部牛侍郎（僧孺）錢千萬，不納。」皇帝大喜，隨即將帳簿展示給左右，得意地說：「怎麼樣？朕果然不謬知人吧！」與其他人相比，牛僧孺的確是比較廉潔的。

李德裕為政頗富才幹，這是穆宗倚重他的原因。穆宗在當太子時就認為李吉甫有名，所以對李德裕就特別厚愛，另眼看待，許多詔書都命李德裕起草。李德裕被貶在外仍盡心從政。他改革舊制，剷除陋俗。由於地方叛亂後，前任視察使傾府中所藏賞給士兵，弄得軍旅驕浸，財用殫竭。為了扭轉形勢，李德裕便提倡節儉，從自己做起，每州所得全部贍養軍士，儘管不多，但將卒看到觀察使自己節儉廉潔，也就沒什麼怨言了。兩年之後，賦稅接濟，軍餉又轉豐盈。當地人民迷信巫祝，惑於鬼怪，父母兄弟若患厲疾，全家便把他丟棄，然後離去。李德裕選鄉里有識之士，向群眾宣傳醫藥知識，又用法律嚴加整治，幾年間，舊俗大為改觀。李德裕又根據方志記載，整頓祠堂，凡前代名臣賢后則祠之，其他「淫祠」一千另十餘所被廢除，同時廢去私邑山房一千四百六十座，掃清了寇盜，百姓都感到政治安定的快樂，德裕因此受到嘉獎。由此可見，牛、李二人在做人為官上都有值得肯定之處。

李逢吉任宰相，內結知樞密王守澄，勢力傾動朝野，朝中只有翰林學士李紳為李德裕之黨，每逢皇帝詢問，便盡力排斥李逢吉，並草擬訴狀，送到內廷，臧否人物，品評是非。李逢吉極為厭惡，只是礙著皇帝的面子，不敢把他貶出朝去。正巧御史中丞出了空缺，李逢吉便極力推薦李紳，稱他清直，適合擔任此職，皇帝詔准，李紳便由翰林轉任御史中丞。可是此時李紳正與京兆尹兼御史大夫韓愈爭奪職事，二人書文往來，言語不遜。李逢吉瞧見機會，奏稱二人不協，有損朝廷威望，皇帝一時聽信了李逢吉的上奏，便任命韓愈為兵部侍郎，貶李紳為江西觀察使，二人進宮謝恩，各自敘述事情原委，結果皇帝省悟，知道是黨爭造成的，便重新任命韓愈為吏部侍郎，李紳為戶部侍郎，同在朝中供職。李逢吉一計不成，氣急敗壞。

李紳有個族子叫李虞，喜愛文學，有點名氣，自稱不願做官，一直隱居在華陽川，後來，等到從父李耆任左拾遺，李虞便耐不住寂寞了，寫信給李耆請求推薦，萬萬沒想到這封信竟錯投到李紳名下。李紳覺得李虞壞了名聲，便給李虞寫了一封信，譏笑他用心不專，而且還對別人說起這件事，表明自己崇尚清高，言行一致。李虞得知後，羞愧難堪，從心裡痛恨這位刻薄的族父，便索性進京找到李逢吉，一五一十地把李紳平日裡與人祕密議論李逢吉的話告訴了李逢吉。李逢吉愈加憤怒，便指使李虞、補闕張又新，以及河陽掌書記李仲言等人等待時機，祕密蒐集李紳的醜聞在士大夫間到處傳布，並添油加醋說李紳如何偷偷偵察士大夫們的言行，見有群居議論的，便指為朋黨，向皇上匯報，於是士大夫們便漸漸嫌惡李紳。

長慶四年（西元八二四年），穆宗皇帝在位僅僅四年便因服用長生丹藥而去世，太子李湛即位，即敬宗皇帝。敬宗比穆宗更加荒淫無道，李逢吉與牛黨士人害怕新皇帝重新起用李紳，便日夜密謀如何陷害李紳。楚州刺史蘇遇提醒李逢吉之黨：「主上新即位，必開延英，起用異黨，急需提防。」徒黨們立即敦促李逢吉：「事情緊急，不能袖手旁觀了，一旦皇上聽政，就可能後悔不及了！」於是，李逢吉透過宦官王守澄向皇帝進讒言：「陛下之所以能被立為太子儲君，奴才盡知其中原由，這都是李逢吉的功勞，是他極力支持，在朝官中廣為動員、擁立的結果，而杜元款、李紳之流卻主張立深王。」隨後，度支員外郎李續之等人又聯名上書提到李逢吉擁立之功。此時敬宗十六歲，多少有些思考能力，有點懷疑，未全相信。李逢吉看火候已到，便上奏敬宗，揭露李紳曾謀不利於皇上，請求加以貶斥。敬宗又再三復問核查，然後下令貶李紳為端州司馬。

看到奸計已成，李逢吉大喜，便率百官上表慶賀。退朝後，百官又到中書省慶賀，只有右拾遺內供奉吳恩偏不來慶賀，李逢吉大怒，藉機奏明敬宗任命他為吐蕃告哀使，趕出京師；又順勢貶翰林學士龐嚴為信州刺史，蔣防為汀州刺史。龐、蔣二人都是李紳引進的。給事中于敖平素與龐嚴友好，得知好友被貶後，將發給自己的敕書封好送還，同僚看見了很替他擔心，私下裡議論說：「于給事替龐、蔣二人伸冤，不怕觸犯宰相，真是難能可貴啊！」哪知，奏議公開時，大家才愕然發現，這不是替龐、蔣二人伸冤，而是一份上奏，說對二人貶得太輕！李逢吉轉怒為喜，立即嘉獎表揚了于敖。可見當時的朋黨之中也有以利害得失為轉移的十足小人。

李紳一事至此還不算完，李逢吉黨羽張又新對李紳仍心存忌恨，天天上疏抱怨說貶得太輕，最後竟說動了皇帝，同意改為死刑。朝臣大多畏懼牛僧孺、李逢吉的勢力，不敢有異議，惟獨翰林侍讀學士韋處厚上疏揭露事實真相，指出李逢吉黨讒陷李紳，人情欺瞞，致使事情真相不明，李紳本蒙先朝獎用，即使有罪，也應論功赦免，何況無罪？敬宗看了上疏，有所開悟，正巧這幾天他翻閱禁中文書檔案，發現了穆宗時封存的一篋文件，打開一看，裡面有裴度、杜元款和李紳上疏請立敬宗為太子的奏議，這才恍然大悟，知道李逢吉之黨借刀殺人，故意誣陷，一怒之下，將那些詆毀李紳的上書全部焚燬，儘管沒有立即召回李紳，但對李逢吉黨失去信任。另一方面，李逢吉仍自鳴得意，不可一世，大肆任用自己的徒黨親信，張又新、李續之、李虞、李訓等八人，和依附於這些人的另外八位勢利小人在朝中形成獨霸局面，那些失勢並仇視李逢吉的人便將李逢吉之黨稱為「八關十六子」。當時士人若想做官，先找「十六子」，透過他們上達於李逢吉，便無求不應。

牛僧孺雖由李逢吉引入朝中為相，但對李紳之事有自己的看法，朋黨畢竟不同於現在的政黨，沒有那麼分明的政見之別和嚴格的紀律約束。牛僧孺比較清醒地意識到李逢吉這樣做法難以持久，裴度、李紳之流有可能捲土重來，朝中乃是是非之地，不可久留，再加上皇帝荒淫無度，佞幸小人當道，害怕時間久了不免得罪，便屢次上表請求出朝任官。敬宗寶曆元年（西元八二五年）正月，牛僧孺以同平章事充任武昌節度使，以宰相的身分出任地方官，暫時躲了起來。

這年，敬宗上尊號曰「文武大聖廣孝皇帝」，對李黨的制裁開始鬆動，李紳轉任江州長史。牛黨李逢吉的徒黨李訓犯法被流放，牛黨失勢已露端倪。年底，朝中放出風來，稱頌裴度賢明，不應將他棄置藩鎮。皇帝頻繁派使臣慰勞裴度，祕密告訴他回朝有望，裴度會意，上書請求入朝，李逢吉之流大恐，一場朋黨較量已在所難免。

寶曆二年（西元八二六年）正月，裴度自興元鎮入朝，李逢吉黨感到末日來臨，卻又不甘心失敗，便千方百計地詆毀裴度。在此之前民間流傳的歌謠就唱道：「緋衣小兒袒其腹，天上有口被驅逐，長安城中有橫亙六剛如乾象，度宅偶居第五岡。」張權輿上言，說裴度之名正應圖讖，宅占岡原，不召而來，皇帝雖然年少，但對這些無稽之談完全明白，這是為裴度入朝主政造輿論。於是便重用裴度，改任李逢吉為同平章事山東道節度使，戴著宰相銜被逐出朝。這一輪角逐，牛黨失勢，李黨掌握朝政。

李黨剛有抬頭之勢，宮中又傳訃告：「皇帝駕崩！」這年農曆十二月辛丑日，敬宗為宦官劉克明謀害，年僅十八歲。劉克明等人擁立憲宗之子繹王李悟，樞密使王守澄等人又發禁軍迎穆宗之子李昂為帝，即唐文宗，殺劉克明等人。第二年改元太和。文宗心裡明白眼前形勢複雜，卻又不甘心成為宦官手中的傀儡，便有意借重朝官來與宦官對抗，於是南北司之間的矛盾又一度上升，一些朝官長期受制於宦官，只因皇帝無能，才忍氣吞聲，任宦官橫行，現在看到皇帝有意與宦官對抗，便也提起精神，準備從宦官手中奪回權力。朋黨鬥爭也因朝官地位的提高而驟然變得激烈起來。

不過，朝官與宦官的關係並非簡單的對抗，由於朋黨鬥爭的複雜形勢，以及宦官勢力的強大，朝官中總有一些人要借助宦官力量與另一派鬥爭。李黨一般來說擁護皇帝，牛黨則更多地依靠宦官的支持，皇權和宦官勢力的此消彼長制約著牛李二黨的進退。由此可知，最高權力的分裂或矛盾往往是官僚朋黨鬥爭激化程度的決定因素。

文宗太和三年（西元八二九年），任浙西觀察使八年之久的李德裕被召入朝，任兵部侍郎，裴度又推薦他做了宰相。李宗閔卻依靠宦官的支持，由吏部侍郎升同平章事，也當上了宰相。由於皇權還不敵宦官勢力，很快，李德裕便失勢，再次被排擠出朝，任義成節度使（治滑州）。第二年，李宗閔引自己的同年老友武昌節度使牛僧孺入朝，任兵部尚書同平章事，也當上了宰相，二人合力排斥李德裕黨。裴度無奈，以年邁多病為由，請求辭去機要之職，皇帝詔准，改任司徒，平章軍國重事，待疾病略好轉，三五日一入中書。過了不久又乾脆將他貶為山南東道節度使。李德裕又從義成調任西川節度使，離朝廷又遠了許多。這輪搏鬥，牛黨獲勝，控制了朝廷，實際上是宦官勢力又占了上風。但文宗皇帝仍然想著除掉宦官，奪回權力。他任命宋申錫為宰相，祕密策劃著行動，新一輪的朋黨鬥爭正在醞釀中。

可惜事機不密，文宗和宋申錫的謀劃被宦官王守澄的親信鄭注發現，王守澄便想出一條借刀殺人的毒計。他誣告宋申錫謀立皇弟漳王李湊為帝。唐文宗最怕的就是有人篡奪皇位，早就提防著李湊，宦官們看準了他的這塊心病，所以才兜售奸計，沒想到此計還真靈，文宗立刻被激怒。他召集百官，宣布宋申錫的不赦之罪，堅決要處死他。朝官都知道這是個冤案，就連對立派的宰相牛僧孺也出來替宋申錫做了辯解，一些朝官還藉機要求將此案移到外朝審理，鄭注害怕真相暴露，暗中勸王守澄請求皇帝從輕處理，免得惹朝官發怒，宋申錫這才保住了性命，貶為開州（今四川開縣）司馬，李湊也被削去王位，貶為巢縣公。

太和五年（西元八三一年）農曆秋九月，吐蕃維州（今四川理番西）副使悉怛謀祕密請求歸降唐朝。李德裕派遣行維州刺史虞藏儉率兵乘機攻占維州城，並上奏朝廷，報告事情經過，請求乘勝出擊吐蕃，以獲大勝。文宗拿不定主意，便命大臣們討論，實際上他個人是傾向於支持李德裕的。牛僧孺卻不以為然，他認為：「吐蕃領土廣大，四面各有萬里之遙，損失一個維州對其勢力並沒有多大的影響，而我大唐卻反倒因為貪得眼前這點小利而失掉了誠信的名聲，李德裕的作法與主張實在是有害而無益的。」文宗覺得牛僧孺的議論頗有見地，便下詔命李德裕將維州城歸還吐蕃，將悉怛謀遣返，李德裕只得遵旨而行。維州城又歸吐蕃，悉怛謀在邊境上被吐蕃殺死。因為這件事，李德裕更加怨恨牛僧孺。

第二年，西川監軍使王踐言入朝任樞密，多次對文宗講述悉怛謀如何嚮往大唐，又如何被綁押回吐蕃的慘狀，並說大唐拒絕遠人向化的誠意，是何等的可悲可嘆。文宗聽了，也覺得失去城池又失掉遠人的歸順之心，實在可惜，認為牛僧孺失策。

隨著對牛僧孺失去信心，文宗又聯想到宦官的專橫，想想當初本想削弱宦官勢力，反倒中了奸計，被人捉弄，罷黜了宋申錫，他更是惱羞成怒，覺得與宦官的鬥爭迫在眉睫，刻不容緩。與宦官鬥爭首先要斬斷宦官在朝中的代理人，於是他想要罷黜牛僧孺。這時朝內外附和李德裕的人嗅出了皇帝態度的變化，便趁機製造輿論，說牛僧孺如何與李德裕早就不和，又如何嫉妒李德裕的才幹和功勞，所以才做出這等有損國家的勾當。從此，文宗對牛僧孺日益疏遠。牛僧孺知道皇帝對自己已經失去信任，整日寢食不安。

一天，文宗召牛僧孺，問他：「天下什麼時候才能太平？卿有意於此嗎？」言外之意是說你牛僧孺身為宰相，這麼久了還不能使天下太平，為什麼還在任上不辭職呢？牛僧孺當然知道皇上的用意，卻只能說：「太平無象，如今四夷不至交侵，百姓不至流散，雖然不能說是天下大治，但也可算是小康了。陛下若想在此之外還求什麼太平，那就不是臣等所能做到的了。」回到中書衙門，他對同列的幾位宰相們抱怨道：「主上要求也太高了！這樣下去我還能在此久待下去嗎？」於是，他幾次上表請求辭職。這年農曆十二月乙丑，文宗以牛僧孺為平章事淮南節度使，禮貌地把他請出了朝。當時的唐朝已經衰朽不堪，宦官專權，藩鎮割據，中央政權所控制的土地越來越小，而人民的負擔卻越來越重，牛僧孺美其名曰小康，現在看來也實在是荒唐。不過，就當時情況而言，能做到外敵不入侵，民眾不造反，維持李唐王朝苟延殘喘，已屬不易，如此黑暗的政治，如此昏庸的皇帝，還指望什麼天下大治呢？

牛僧孺退出了朋黨鬥爭的漩渦，總算是有自知之明。眼看著李德裕黨勢又盛，即將入朝，奸臣李訓、鄭注之流整日迷惑文宗，形勢日益嚴峻，牛僧孺雖挾朋黨私心，但還不至於像李逢吉那樣無行，所以能進退都合乎情理和形勢，為人所稱讚。

牛僧孺主動要求出朝，離開是非之地，頗有些政治家的風度，但是李宗閔卻不甘心，準備迎接新的角鬥。同月，文宗調西川節度使李德裕入朝為兵部尚書委以重任，下一步就是加平章事的頭銜，升為宰相了。李宗閔千方百計阻撓李德裕當宰相卻不能奏效。這時同黨京兆尹杜悰到李宗閔府上求見，看到李宗閔面有憂色，杜悰問道：「是不是因為李德裕事而煩心？」

「唉，正是此事！」宗閔嘆了一口氣，「先生如何救我？」

「我有一計，可平宿憾，只怕先生不能採用。」杜悰賣了個關子。

「有何妙計？快講。」宗閔問。

「李德裕雖有文才，卻不是科舉出身，常常因此而遺憾，若讓他當個知舉官，他一定會高興的，那樣一來也就沒有必要非當宰相不可了。如此，先生的宿敵不就不戰可勝了嗎？」杜悰說道。

李宗閔沉默了一會兒，覺得辦法雖好，但主考官卻不能讓他當。一來，科場是牛黨的陣地，無科場就無牛黨，像這等發展朋黨勢力的重要機會絕不可拱手讓人；二來，牛李二黨區別的一個主要標誌就是科場出身與非科場出身，牛黨自認為出身正，地位高，理直氣壯，全憑著這神聖的科場，若讓李黨染指科舉，不就等於降低自己的身分了嗎？這是萬萬不可的。想到這，他搖了搖頭，又問道：「還有沒有別的什麼職務？」

「要不然讓他當御史大夫怎麼樣！」杜悰又獻一計。御史大夫雖號稱三公之一，地位崇高，實際上僅僅是御史台的長官，專掌監察、執法等事，不能染指政務，李宗閔認為這個位置正好可以既提高李德裕的地位，又束縛他的手腳，便同意杜悰的提議。

杜悰與李宗閔商量好了便來拜訪李德裕。李德裕聽說杜悰來訪，急忙出迎，拱手作揖，恭恭敬敬地問：

「先生光臨寒舍，不知有何指教？」

杜悰笑道：「靖安相公（李宗閔）令悰轉達他的意思，希望先生能擔任御史大夫。」

李德裕聽說李宗閔之流推舉自己做御史大夫，一時竟受寵若驚，感動得流下淚來：「這，這可是大門官，德裕何足以當之？」對杜悰千恩萬謝。

但事後李宗閔又與給事中楊虞卿討論了這件事，可能因為二人不想給李德裕任何漏洞可鑽，又把推舉御史大夫的事擱置起來。李德裕空歡喜了幾天，得知李宗閔沒有推舉自己的意思，覺得受了戲弄，發誓要把牛黨全部逐出朝去。

太和七年（西元八三三年）農曆二月丙戌，文宗任命兵部尚書李德裕同平章事，與李宗閔等一同為宰相。李德裕上朝謝恩，文宗便和他議論起了朋黨的事。文宗問：「你知道朝廷有朋黨嗎？」

李德裕春風得意，正待施展抱負，於是乾脆回答：「如今中朝，一半是黨人，儘管那些後來者見利忘義，趨之若鶩，也陷入朋黨之中，陛下若能任用中正無私的人，那麼朋黨就會不攻自破。」

當時給事中楊虞卿與從兄中書舍人楊汝士、弟弟戶部郎中楊漢公、中書舍人張元夫、給事中蕭澣等人結交依附權要，干犯執政，阻撓有司，替士人求官直至科第，沒有他們辦不成的事，文宗聽說後極為氣憤，正想借李德裕之手除掉他們，便對李德裕說：「這些人以楊虞卿、張元夫、蕭澣為黨魁。」李德裕便順勢建議將這些人貶出朝外去當刺史，文宗同意。於是下詔，以楊虞卿為常州刺史、張元夫為汝州刺史、蕭澣為鄭州刺史。

李宗閔一看自己的黨羽要被拆散，便赤膊上陣，直接出面保護黨羽。上朝時對文宗說：「楊虞卿在朝中任給事中，任州官不應在張元夫之下。李德裕在外時間太久，對黨人瞭解不如臣等詳細。楊虞卿每日在家裡見賓客，世號行中書，所以臣從未給他美差和高官。」

李德裕也不讓步，他向前質問道：「給事中不是美官是什麼？」問得李宗閔張口結舌，不知如何回答。

李德裕見文宗支持自己，便藉機黨同伐異，凡與自己不同黨者全都排擠出朝。散騎常侍張仲方曾駁李吉甫的謚號，李德裕任宰相後，張仲方便稱疾不出，仍被貶為賓客分司。六月，李德裕以工部尚書鄭覃為御史大夫，讓自己的老同黨一下子當上了三公，掌管監察權。李宗閔厭惡鄭覃，因為鄭覃在宮中多次向文宗進言詆毀牛黨。李宗閔曾上奏要求罷免鄭覃宮中侍講的職位，文宗卻說：「鄭覃經術很好。」李宗閔申辯說：「可是他的議論不足聽。」李德裕任宰相後出來干涉說：「鄭覃的議論別人不願聽，只有陛下願意聽！」鄭覃的任命公布後，李宗閔氣急敗壞，對樞密使崔潭峻說：「凡事只等宮中宣布出來，還要中書幹什麼？」沒想到崔潭峻卻說：「八年天子，聽其自行事亦可矣。」就是說文宗當皇帝已經八年了，自己做一回主有何不可。這分明是譏刺李宗閔專斷朝政，目無君上。李宗閔突然不語，面色淒愴可憐。當月，李宗閔被貶為同平章事充山南西道節度使。

李德裕勤奮苦幹，在地方上政績頗為顯著，才能無可挑剔，正因為他政治能力強，所以做起黨同伐異的勾當也頗覺得心應手。牛僧孺雖身背黨魁之名，卻知難而退，缺少政客那種堅韌不拔、至死方休的毅力，在實際朋黨鬥爭中幾乎成了無用之材。這一輪鬥爭，牛黨慘敗，李黨大勝。

正在牛李黨爭最為激烈之時，文宗中風，一個多月不能言語。太和八年（西元八三四年）正月十六，文宗才帶病朝見群臣百官，宰相們問安，皇帝嘆息說沒有名醫能治療此病。於是宦官王守澄引進鄭注為皇帝治病。文宗看到鄭注，想起當初宋申錫被罷官就是鄭注誣陷的，本想治他的罪，可如今自己身體不好，又聽說這位鄭注善於調製藥劑，只好命人款待他。王守澄又引李訓入朝，做皇帝近臣。鄭注是翼城（今山西翼城東）人，祖輩出身微賤，以方術遊蕩於江湖上，因為他多才多藝，詭譎狡詐，善於窺探隱情，投其所好，所以為襄陽節度使李愬任用，後由任襄陽監軍的宦官帶入京師，他為宦官出謀劃策，陷害朝官，以致有司曾立案治他的罪，被王守澄保住。

李訓字子垂，最初名叫仲言，字子訓，後以字行。李訓身材魁梧，能言善辯，好說大話，自我標榜，進士及第後曾任太學助教，又在河陽節度使府中做過事，從父李逢吉為宰相時，因其陰險、善於謀略而被器重。後來因犯法及母喪而離開政界。他在流放象州時遇赦，返還東都時去拜望任東都留守的李逢吉。這時李逢吉正準備再度入朝當宰相，李訓便自稱與鄭注有交，可以出力，便一同來到京師。李逢吉為了得到文宗的好感，便讓李訓給鄭注送厚禮，鄭注極為高興，引李訓去見王守澄，王守澄便把李訓推薦給文宗皇帝，說李訓善治《易》學，文宗立即召見。這時李訓正服母喪，按禮制戴孝之人不便進入宮禁之中，文宗便命李訓身著百姓便服，改換姓名，稱王山人，然後入宮。文宗見李訓儀表偉岸英俊，風流倜儻，氣度非凡，又工於文辭，機敏而有謀略，認為是天下奇才，大加讚賞。李訓喪服已滿，文宗想任命他為諫官。

鄭注、李訓二人成了文宗皇帝的親信佞臣，李德裕剛剛取得的勝利轉瞬之間又面臨著付諸東流的危險，所以對文宗親近鄭、李二人，他忍不住出面勸諫。得知文宗要委任李訓為諫官的消息後，李德裕立刻上言勸諫：「李訓是個小人，千萬不可安放在陛下左右。此人為人邪惡，天下誰人不知，如今無故而任用，必然會使天下人驚駭和失望。」

文宗卻不以為然，說：「人誰無過？有過還要等他改過哩。朕因為李逢吉有所託付，不忍心食言。」

李德裕更進一步爭辯道：「臣聽說，只有顏回才能不貳過，聖賢之人所以有過，乃是由於一時思考不周所致，至於李訓，豈止是過？簡直是罪惡，那是發自他內心的，怎麼可以改過呢？李逢吉身為宰相，推薦奸邪小人，誤國殃民，也是罪人。」

「那麼，讓他任別的官吧。」文宗想妥協。

「不能委任任何官職。」李德裕一步不讓。

文宗很尷尬，扭頭求援似的看了一眼站在一旁的王涯，王涯馬上一躬身，連連說：「可以任官，可以任官。」

李德裕怒不可遏，禁不住做手勢制止王涯，偏巧文宗回過頭，看到李德裕這個動作，臉色一變，頓生厭惡之意。王涯聽到皇上說要任命李訓時心裡也很氣憤，後來看到皇帝態度堅決，又害怕李訓，李逢吉勢力太大，不可得罪，便中途改了主意。

李訓到底被任命為四門助教，但給事中鄭肅、韓佽二人揣摩李德裕之意，封還敕書，拒不下發。李德裕在離開中書回家之前得意地對王涯說：「可喜給事中們封敕不發！」說罷，狠狠地瞪了一眼王涯便出了中書省。見李德裕走遠了，王涯當即召來鄭、韓二人，對他們說：「李公（德裕）剛剛留下話，請二閣老不必封敕。」

二人聽了立刻照辦，下發敕書，第二天，將此事告知李德裕。李德裕暗吃一驚，忙問：「德裕沒想封還敕書，你們當面聽到過我說了此話嗎？何必信人傳言呢？況且有司封還敕書，難道還要再秉承宰相的意志嗎？」鄭、韓二人本為李德裕之黨，實是看準了李德裕的心思才封敕不發的，由於誤信同黨王涯的傳達，急著照辦，才忤了李德裕的本意，這也是出於朋黨自身的習慣而出的差錯，沒想到李德裕既要他們堅持朋黨立場，又要他們做得像是出於自己的意願，而非為有人指使或授意，所以二人很感委屈，悵恨而去。

這年九月，王守澄和鄭注、李訓陰謀排擠李德裕出朝，他們慫恿文宗召山南西道節度使李宗閔入朝。十月，文宗下詔，任命李宗閔為中書侍郎同平章事，貶李德裕為同平章事充山南西道節度使，兩人來了個調換。同一天，又任命李訓為翰林侍讀學士。李德裕不甘心，便面見皇帝，自陳請求留在京師。文宗皇帝本是個毫無主見的人，聽到李德裕的陳述，也沒了主張，便同意了他的請求，准他為兵部尚書。十一月，李宗閔又勸皇帝態度堅決，說前番李德裕的任命已經下達，不應自便行事，失信於臣下。文宗無奈，又貶李德裕為鎮海節度使，不掛同平章事的頭銜。李德裕的最後努力已告失敗，只好出朝。這一輪角逐，以文宗有病、宦官奸佞當道，結果牛黨李宗閔派獲得大勝。

看到朝中兩黨互相傾軋排擠，文宗無奈地嘆息道：「去河北賊易，去朝中朋黨難！」殊不知，牛李黨爭的熾烈正是由於他的昏聵無能而更加嚴重。李宗閔趕走了李德裕，自以為天下又在自己的掌握之中，卻不曾想到自己本來是被李訓、鄭注之流奸黨所利用，一旦目的達到，就會被一腳踢開。

太和九年（西元八三五年），文宗與李訓、鄭注祕密設計除掉宦官，委二人以大權。這時他們覺得李宗閔在朝成為一個多餘的人，甚至可能成為障礙，便決定除掉他。文宗有病後，鄭注得幸，京城到處謠傳說鄭注替皇帝調製的金丹是使用小孩心肝製成的，百姓無不驚恐，文宗聽到後十分震怒。看到皇帝動了脾氣，鄭注覺得機會又來了。原來他一直憎恨京兆尹楊虞卿，這下可好，機會送上門來，他和李訓二人合夥陷害楊虞卿，向文宗進讒言，說京城的謠言出自楊虞卿家人之口。

文宗歷來是偏聽偏信，這回也不例外，頓時龍顏大怒，將楊虞卿下御史獄中審查。鄭注又想當兩省官中書侍郎同平章事，也就是宰相，李宗閔不許。鄭注早就在文宗耳邊說了許多李宗閔的壞話，正巧楊虞卿案發時李宗閔又竭力營救，文宗一看，認為李宗閔果然在製造朋黨，一怒之下把他貶為明州刺史，趕出了朝廷。接著，李訓、鄭注二人又對李德裕、李宗閔之黨，也就是牛黨，大加排斥，接連罷逐三相，威震天下，凡看不順眼的，就指為二李（李德裕、李宗閔）之黨，貶出朝外，牛李二黨同時失勢，朝廷一度成了李、鄭奸黨的一統天下。

李訓由翰林學士、兵部郎中升任禮部侍郎同中書門下平章事，成了宰相，鄭注任工部尚書、翰林侍講學士、鳳翔節度使。二人開始替文宗消滅宦官，殺死王守澄等一大批宦官。李訓為了獨吞消滅宦官之功，竟瞞著鄭注先下手發動甘露之變，結果被宦官仇士良發覺，反遭失敗，李訓、鄭注都被宦官殺死，徒黨被殺一千餘人，文宗也成了宦官的俘虜，朝廷被北司控制。後來由於地方強藩的抗衡，南司才多少恢復一些權力。很快，牛李二黨又在朝中展開角逐。

開成三年（西元八三八年），牛僧孺回朝任左僕射。開成四年（西元八三九年），李宗閔擔任太子賓客。老對手鄭覃先前就已經在朝中任職，牛李黨爭又開始復甦。但經過甘露之變，朝官、宦官互相之間的態度也比從前有所緩和，士大夫之間的朋黨鬥爭主要限定在南司之內進行。

開成五年（西元八四〇年）正月，文宗皇帝李昂崩，年三十三歲。宦官仇士良立皇太弟潁王李瀍為帝，即唐武宗，殺文宗太子陳王李成美、安王李溶、賢妃楊氏。李宗閔做為太子賓客，自然不會有好結果。九月，淮南節度使李德裕應召入朝，任門下侍郎同平章事，入宮謝恩。君臣相見，李德裕趁機向武宗建議，提出他的朋黨鬥爭的綱領：「至理之要，在於辨群臣之邪正。邪正二者，勢不相容。正人指斥邪人為邪，邪人也指斥正人為邪，作為人主，辨之甚難。臣以為正人如松柏，特立不倚，邪人如藤蘿，非依附他物不能自起，所以正人一心事君，而邪人則競相結為朋黨。先帝（文宗）深知朋黨之禍患，可是所任用之人最終都是朋黨之人。這都是由於執心不定，所以奸邪之人得以乘間而入。再說宰相，不能人人忠良，有的曾經欺君罔上，於是人主開始心懷疑惑旁詢小臣，偵察執政大臣，比如德宗末年所任用之人，只有裴延齡等人，宰相只是個署名的工具，這就是為什麼政事一天天混亂的原因。陛下若真能謹慎小心，選擇賢才為宰相，有奸邪欺罔者，立即罷黜，保證政事都出自中書，推心委任，堅定不移，天下還愁不治嗎？」看武宗專心聆聽，頗受觸動，李德裕又接著說：「先帝（文宗）對大臣好以形跡來判斷好壞忠奸，有小過卻涵容不講，這樣日累月積，最後導致禍敗，這是最大的失誤。願陛下深以為戒。臣等若有罪過，陛下應當面責罰，事若不屬實，也好因此辨明清楚，若屬實，自然理屈詞窮。若是小過，則容他改正，若是大罪則加以誅譴。這樣，君臣之間才不致有疑慮和空隙。」

武宗很讚賞李德裕的這番議論，李德裕以松柏比喻正人，藤蘿比喻小人，是有道理的。雖說皇帝和官僚朋黨都同屬統治階級，在當時情況下，作為最高權力者，君主畢竟代表著秩序，政令統一，意志集中是社會安定、進步的保證和象徵，而忠君則是統一政令、減少官僚體制內部摩擦的有效原則。但問題是，私結朋黨並非就不忠於君主，封建官僚們都是君主豢養的走狗，在本質上都是忠君的，不同的是，有很大一部分士人，或其他地主階級分子不必透過皇帝，而是透過朋黨就可以得到官職和好處。而皇帝又不可能事事親自過問，他必須依靠眾多的大臣來實現自己的意志，這就是為什麼在專制君主之下，儘管有比較統一、公正的科舉制、三省六部分權制，朋黨卻無法消除的原因之一。

其實，人人忠君守法只是個絕對的理想，而朋黨的存在及其相互間的鬥爭卻是相對現實的存在，這是由官僚政治的規律和本質決定的。李德裕雖然不瞭解這個本質，但他能說出這個現象，並提出正人成松柏，獨立不阿，效忠皇帝，盡心公利，反對小人藤蘿攀附，互相糾結援助、營私舞弊，這也算是當時最為明智的見解了。不過可悲的是，他本人儘管標榜自己為正人的楷範，卻並非如松柏那樣獨立不倚。他剷除別人的藤蘿，不遺餘力，卻往往是為了保護自己培植的藤蘿。朋黨是當時不以人的意志為轉移的客觀存在，李德裕也逃不脫它的魔掌。

李德裕曾三次在浙西任職，前後幾十年，後來又擔任淮南節度使，頂替牛僧孺的位置。牛僧孺得知老政敵李德裕要來接替自己，便把地方軍事工作託付給副使張鷺，自己則提前離任，可見兩人不和，積怨太深，竟連見一面都不可能。當時淮南府錢八十萬緡，李德裕到任後便清查帳目，上奏中央，說府中實存只有四十萬，張鷺用其半，彈劾牛僧孺貪贓枉法。牛僧孺得知後，立即上訴於文宗皇帝，諫官姚合、魏謨等人則一起上書彈劾李德裕挾私怨中傷牛僧孺。

文宗竟置章不下，詔李德裕核實。核實後，得知牛僧孺離任時府中確有八十萬數，李德裕十分尷尬，不得不找藉口上書辯解：「諸鎮更代，按例殺半數用以備水旱，助軍費，因索王播、段文昌、崔從等人相互轉授，所有帳簿俱在，崔從死在任上，牛僧孺代之，其所殺數最多。」這番辯詞仍舊不能說明牛僧孺貪污，只好自我彈劾道：「剛到鎮時，失於用例，以致有此失誤，並不敢妄自陷害他人。」又說剛到任時自己正在生病，受下吏欺瞞，才出了差錯，請求治罪。文宗看李德裕態度良好，也為了息事寧人，便下詔免罪。李德裕多年擔任節度使，既然藩鎮有殺半數的慣例，他不會不知道，可這次卻偏偏借題發揮，栽贓陷害，用意無非是為了與牛黨對抗，斬斷他人的藤蘿。在此之前，他幾次主持朝政，排斥牛黨，也不外是為了樹立自己的黨派勢力，哪裡是特立不倚的松柏之行呢！

李德裕任淮南節度使的時候，文宗召監軍宦官楊欽義入京，大家都說這回楊欽義必知樞密。李德裕向來以不阿附宦官自詡，這次對待楊欽義也無甚加禮，和對待普通回朝官員一樣，楊欽義心裡很生氣。忽然有一天早上，不知為了什麼，李德裕竟單獨邀請楊欽義到自己的府中，大擺筵宴，禮節極重，又拿出好多古董玩好之物，酒罷，全部送給楊欽義，楊欽義大喜過望。當他回京走到汴州時，又接到新的詔命要他回到淮南任上。楊欽義便將所有禮物歸還李德裕，李德裕卻做出慷慨大度的樣子，對楊欽義說：「這不過是點小意思，不至於還我。」又將禮物全數送給楊欽義。後來楊欽義果然回京知樞密，不久李德裕也回朝執政，在很大程度上還是得了楊欽義這位宦官的力量。

回朝後，李德裕仍大力排擠牛黨，擴大自己勢力。武宗會昌元年（西元八四一年），前山南東道節度使同平章事牛僧孺任太子太師，地位崇高，李德裕藉口漢水漲溢，沖壞襄州民房，牛僧孺防患不利，將他降為太子少保。第二年，李德裕調同黨淮南節度使李紳入朝，任中書侍郎同平章事。會昌三年（西元八四三年）他又藉故將太子賓客分司李宗閔貶為湖州刺史。會昌四年（西元八四四年）他又上書指責太子太傅東都留守牛僧孺、湖州刺史李宗閔與上黨叛將劉從諫勾結，縱容割據反叛。又派人在潞州準備劫獲牛僧孺、李宗閔與劉從諫交通的書信，卻無所獲。同時又指使徒黨鄭慶到處散布謠言，說劉從諫每次得到牛僧孺、李宗閔的書信，讀後皆自行焚燬。武宗下詔追鄭慶下御史台按問，河南少尹呂述寫信給李德裕，揭發牛僧孺聽到唐朝軍隊在前方的捷報時出聲嘆恨。李德裕如獲至寶，立刻上奏，武宗大怒，降牛僧孺為太子少保分司，貶李宗閔為漳州刺史。不久，再貶牛僧孺為汀州刺史，李宗閔為漳州長史。到這年冬十一月，又貶牛僧孺為循州長史，李宗閔為長流封州。史家評論說：「李德裕執政日久，好徇愛憎，人多怨之，不論朝官還是宦官，都說他太專橫，就連皇帝對他的過分舉措也感到不快。」給事中韋弘質上疏指出：「宰相權重，不應再兼管三司錢谷。」李德裕辯解說：「制置職業，乃是人主的權柄，弘質受人指使，正所謂賤人圖謀權柄，臣下不宜有言。」不到年底，韋弘質就被貶斥，從此大家更怨恨李德裕。

會昌六年（西元八四六年）農曆三月，武宗崩，年三十三歲。宦官擁立憲宗第十三子，武宗、文宗的叔父，宣宗李忱，時年三十七歲。宣宗為人外寬內嚴，大智若愚，對朝內黨爭早有洞悉，厭惡李德裕專權。即位那天，李德裕奉冊即罷，宣宗便對左右說：「剛才近我者不是太尉嗎？他每看我，都使我毛骨悚然。」從此，李德裕失寵。農曆四月辛未朔，宣宗開始聽政。第二天，貶門下侍郎同平章事李德裕為同平章事充荊南節度使。百官聞聽，莫不震驚。甲戌，即又過了兩天，李德裕徒黨、工部尚書判鹽鐵轉運使薛元賞被貶為忠州刺史，其弟京兆尹權知府事薛元龜為崖州司戶。這年八月，循州司馬牛僧孺又被貶為衡州長史，封州流人李宗閔為郴州司馬，未離封州而卒。牛李二黨全部被貶出朝外。

李德裕執政時，引白敏中為翰林學士。白敏中本為牛黨李宗閔派，武宗崩，李德裕失勢，他趁上下對李德裕不滿之機，竭力排斥李黨，命自己的徒黨李咸指控李德裕之罪。宣宗大中元年（西元八四七年）農曆秋九月，前永寧尉吳汝納指控李紳、李德裕相互勾結，欺罔武宗，枉殺其弟吳湘，請召江州司戶崔元藻對辯。宣宗下令御史台調查。冬十二月，御史台奏，據崔元藻所列吳湘冤狀，吳汝納所言屬實。宣宗下詔貶李德裕為潮州司馬。第二年，再貶為崖州司戶。崖州即今海南瓊山附近，司戶即管理戶籍賦稅的屬官。大中三年（八四九年）冬閏十一月己未，崖州司戶李德裕卒，年六十三歲。

李黨中的其他黨魁，裴度已於文宗開成四年（西元八三九年）農曆三月四日病卒，年七十五歲，時任司徒中書令。鄭覃於武宗會昌二年（西元八四二年）卒，時以司徒之職退休在家。李紳於武宗會昌四年（西元八四四年）中風，會昌六年（西元八四六年），宣宗立，李德裕失勢，李紳死在淮南節度使任上。

牛黨雖以牛僧孺命名，實是為了敘述方便，事實上，牛僧孺主持朝政時間不長，又幾次退出朝廷，甘居下游，雖政績平平，無所建樹，但為人清廉方正，閒時經常與白居易等人吟詠遣懷，也算曠達。武宗時被李德裕貶為循州司馬，宣宗大中初年，又遷衡、汝二州。後來回朝為太子少師，死時年六十九歲，謚曰文簡。

此後，朋黨之爭漸漸平息，唐王朝也已被鬧得更加衰弱，在宦官專權、藩鎮割據和農民起義的輪番打擊下，一步步走向滅亡。

東林黨議

家事、國事、天下事，事事都可鬧一番，鬧垮了大明鬧大清。

唐朝滅亡後，經過五代十國，北宋統一了中原，又在新的高度上恢復了君主專制和封建官僚制度，兩宋時期的官僚朋黨之爭也相當嚴重，後來南宋被元朝滅亡。元朝統治中原只有短短的九十年便被人民起義推翻，趕回了漠北草原。朱元璋的大明政權在農民起義的基礎上，定都南京，最後統一了大部分中國。他死後，由長孫建文帝即位。但他鎮守北方的兒子，燕王朱棣不服，發動了「靖難之役」，趕跑了建文帝，奪取了皇位，並把明朝政權從南京遷到自己的統治巢穴北京。

明朝初年，有一些改革氣象，在朝中，廢除宰相制度，皇帝直接掌握軍隊和六部，並加強對地方的控制。另外，明初在農民起義之後，農民多少獲得一些土地，生產積極性有一定的提高，人民展現了一股努力向上的氣勢。可是越到後來，皇帝們便越是腐朽凶暴，官吏們也越來越貪污腐敗。到了明朝中葉，一系列政治、社會問題暴露出來，皇位爭奪、蒙古侵擾、宦官干政、藩王叛亂、倭寇之患、黃河氾濫、礦稅之弊、盜賊蜂起，以及朋黨之爭層出不窮。到了萬曆時期，政治越來越黑暗。明末黨爭就是以東林黨議為主線進行的。

東林黨得名於東林書院。東林書院坐落在江蘇無錫，本為宋朝學者楊時講道的地方。明萬曆年間，因黨爭而被削職回鄉的顧憲成和弟弟顧允成倡議修復東林書院，常州知府歐陽東鳳、無錫知縣林宰主持營建工程。落成後，顧憲成便集合志同道合的士大夫高攀龍、錢一本、薛敷教、史孟麟、于孔兼等人到書院講學。顧憲成（西元一五五〇年至一六一二年）字叔時，無錫人氏，萬曆四年（西元一五七六年）舉鄉試第一，萬曆八年（西元一五八〇年）進士及第，號稱涇陽先生。和他一起在東林書院講論學術、諷議朝政的同仁們都很有學問，在當時聲望很高。因此人們便把朝野與他們一派的人物稱為東林黨。

萬曆初年，張居正（西元一五二五年至一五八二年）擔任首輔，主持內閣，權力極重，連皇帝都得聽他的，朋黨尚不能公開存在。然而，明朝的政治體制卻為朋黨的活動提供了條件。明太祖朱元璋在洪武十三年（西元一三八〇年）大興胡惟庸黨獄，誅滅其黨三萬餘人，罷黜中書省，廢除宰相制度，皇帝直接控制六部，改大都督府為五軍都督府，軍隊也由皇帝直接掌握。為了便於實現皇帝個人意志，提高統治效率，皇帝又在廷內設立機構，召幾個機要祕書幫助處理來往文件和具體事務。到明成祖朱棣時，這個機構就成為「內閣」。內閣本是皇帝的祕書和顧問班底，本來沒有什麼實際權力。可是後來隨著實際需要的不斷擴大，內閣的職權範圍也隨之越來越廣，實際上變成了相當於中書宰相的機構，首席內閣大學士（稱首輔）成了事實上的宰相，張居正就是內閣大學士，他的權位實際上即相當於宰相。

此外，宮中還有一個給皇帝個人辦事的機構，叫司禮監，由宦官充任秉筆太監，成為皇帝的貼身祕書。秉筆太監到後來竟至操縱政治，玩弄權柄，形成太監獨裁。英宗時有太監王振弄權，武宗時有劉瑾當道，熹宗時有魏忠賢閹黨，出現了內廷與外廷之爭。明代後期的特務機關東廠也由宦官掌握，成了鎮壓人民和士大夫的工具，宦官獨裁又往往與掌握東廠有直接關係。明代皇帝和唐代後期一樣，還任命宦官充當監軍來監督統兵打仗的總兵官，哪裡有總兵官，哪裡就有監軍的太監。不但總兵官受監軍挾制，就連巡撫之類的地方長官也要聽從他們的。

這還沒結束，皇帝為了直接搜刮民脂民膏，還派宦官出任各地的礦監稅使，這些人根本不懂找礦、開採，只是一聽說哪裡有礦，就到那裡收錢開採。並隨意定出開採利潤指標，或三百兩，或五百兩，如果開採不出礦石，他們便胡說百姓不盡力，硬要他們賠償。看哪個百姓不順眼，便指使打手以他家房屋下面有礦為藉口，強行拆遷，弄得百姓家破人亡，妻離子散。全國各地的主要礦區，從遼東到雲南，還有內地各大城市，都派了礦監稅使，對手工業實行重稅盤剝，特別是對紡織機戶高額加稅，每一張織機要加若干錢，激起各地手工業者市民起來反抗，趕走甚至殺死那些可惡的礦監稅使。

內閣、宦官之外，還有一個勢力比較大的「言官」集團。古來有御史制度，是專門負責監督政府的機構。最高統治者利用官僚機器行使自己的統治，實現自己的意志，可是這架機器並非真正的機器，他們是一群和皇帝一樣貪婪殘暴的統治者，皇帝們深知這一點，對他們的貪慾和野心早有提防。為了限制官僚集團的貪慾，打消他們覬覦皇位的野心，迫使他們規規矩矩地替皇帝一個人辦事，帝王們便利用御史這類的監察官去監督各級官僚，防止他們越過界線與皇帝爭利。隨著皇權越來越專制，御史的地位越來越高，職權範圍也越來越廣。

明朝的御史由六科給事中和十三道御史組成，是一個比較完備而龐大的監察隊伍。當時士人考取進士後，有一部分進入中央和地方行政權力機關，另外一部分便被安排當了這種科道官。六科給事中即是針對中央六部而設置的各類御史機構。十三道御史則是根據地方十三個布政使司而分別設立的，布政使司是當時的地方大行政區劃，相當於現在的地方縣市。如此一來，中央六部和地方十三行省就都有了各自的御史官，他們被稱為言官，專門負責監察六部十三布政使司及其官員的工作，向皇帝匯報，並提出自己的看法和建議。言官力量的強大就為議政、輿論和結黨提供了條件。

明朝任官黜陟升降制度主要有兩條途徑，大官一般由會推擔任，小官則由考察決定。吏部的考核（察）是進退官吏的唯一機會，當時把這種制度叫做「京察」，即由吏部尚書、吏部侍郎主管文官的登記、資格審查、成績考核及任免、升降、調轉、俸給、獎恤等事。到了明中葉，形勢發生了變化，內閣權力越來越大，六部變成了內閣的辦事機構，聽命於內閣大學士，反過來說，就是皇權削弱了，官僚權力加大了。這樣一來，六部間的關係就失去了有力的平衡力量，特別是對官員的考察，由於政府本身制約機制減弱，例如吏部成為內閣的附屬品，喪失了皇權強盛時所具有的獨立性，考核的公正性就受到損害，於是御史們的職責就變得更為突出，他們不得不經常出來彈劾政府，政府與言官之間勢如水火的鬥爭由此而形成。在當時一般人的眼裡，言官清正，代表了社會輿論，往往受到人民的同情，今日許多清官戲演的就是言官。

內閣六部中也不是清一色一個派別，必要時他們之中的某些人或集團也會勾結言官。御史們同樣是封建統治者，怎麼可能真正做到清正廉潔？由於同學、同年、同鄉、同僚、同族等社會關係，他們也會與政府內閣六部官員結成不同的黨派。後來宦官專權，控制了政府，除少部分無恥的官員投靠他們形成閹黨，其他御史和六科給事中們則又與閹黨對立起來。於是，官僚之間、言官和行政官之間、朝官和內侍之間、閹黨和「清流」之間錯綜複雜的黨爭就不可避免了。從萬曆朝中期開始直到明亡，凡是朝廷中的一點爭端，都成了朋黨之間無盡無休的爭議的焦點，人人熱衷於黨爭，拉幫結派，唇槍舌劍，至於什麼國家安危、民族興亡，全然置於不顧。

萬曆年間，正是明代朋黨興起的時期，究其根源，張居正是有一定責任的。萬曆初年，他入主內閣，實行改革，在財政和吏治方面的確取得不小的成效。但是，他獨攬大權，採取各種手段，提高內閣的地位，致使行政權力膨脹，言官們紛紛阿諛內閣。到了張居正晚年，他大權在握，傲慢驕橫。言官給事中余懋學請求實行寬大政治，惹惱了張居正，很快丟了烏紗帽。另一個言官御史劉台議論張居正獨裁，不合制度，張居正大發雷霆，竟下令將劉台杖打一百，然後貶到遠方並死在那裡。張居正就是這樣壓制輿論、壟斷朝政，甚至與宦官馮保串通一氣，收受賄賂，憑自己個人的愛憎好惡來升降官員，自己的兒子張嗣修等人都中了高等，勢力更是炙手可熱，朋黨恰恰就在這時醞釀成熟了。

萬曆五年（西元一五七七年），張居正的父親去世，按禮法他應離職回家守孝三年。一個大權在握的人怎情願放棄手中的權力回家去呢？親信戶部侍郎李幼孜當然知道張居正的心思，他覺得拍馬屁的機會到了，便公開提出奪情的建議。所謂奪情，就是朝廷對應回家守孝的官員下令命其不必去職，繼續留用或提前起用，讓他們身穿孝服辦公，只是不參加吉禮罷了。張居正見有人提出奪情，心中歡喜，想留在朝中繼續執政。但長期受張居正和依靠內閣勢力的行政官們壓制的言官們，卻藉禮義人倫的大道理來反對。一些翰林、進士也因此而受到廷杖、挨了棍子。還有一些無恥的士大夫藉此機會整治這些言官，以取悅於張居立。翰林趙用賢因為彈劾張居正奪情而遭杖打，戶部郎中楊應宿便藉機落井下石，詆毀趙用賢，另一派後來形成東林黨的士大夫高攀龍、吳弘濟之流又出面替趙用賢鳴冤叫屈，這些人也遭到貶斥，朋黨鬥爭之勢業已形成，只待時機，便會爆發出來。

萬曆十年（西元一五八二年），張居正卒，長期被他壓制的輿論一下子如火山一樣噴發出來。受張居正挾制的萬曆皇帝感覺到自己奪回了權力，便趁勢抄了張居正的家，削去他的封爵名號，宦官馮保也遭貶謫。從此，言官勢盛，言路大開，朋黨官僚藉著朝中宮中的一點小事就可爭吵不休。這種爭吵彷彿是對張居正時代萬馬齊喑狀態的一種反動，可是這種反動卻大大地矯枉過正，鬧得人心不齊，朝政不整，上下一片混亂，明朝就是在這種狀態中走向沒落。

「奪情」之爭以後，便有所謂「京察」問題。京察就是指政府官員的考核制度，相當於今日的考績。從萬曆二十二年（西元一五九四年）京察開始，直到明朝被推翻，前後五十年間，明朝政治舞臺上比較正規地出現了「東林黨人」，以及另一些反對者，即「非東林黨人」，非東林黨人又漸漸形成齊、楚、浙三派，與東林黨對立，一有風吹草動，兩黨之間便互相攻訐。

萬曆二十一年（西元一五九三年），政府舉行大計，即大規模考核官員，主持者是吏部尚書孫鑨、考功郎中趙南星。他們本想透過這次京察澄清吏治，整頓衙門作風。顧憲成擔任考功主事，負責具體的考核事宜。孫鑨、趙南星等人堅決杜絕走後門請託保職者，員外郎呂允昌是孫鑨的外甥，首當其衝，考核不合格被斥退；趙南星也主動斥退親家給事中王三余。一時間，輿論認為不好的人幾乎被貶斥光了，就連內閣大學士趙志皋的弟弟也在其中。內閣首席大學士王錫爵從外地回京後，本想保護一些人，等到京察報告送上來，一看才發現自己所要包庇的人都在貶黜之列。於是內閣中人人心慌，不滿情緒在朝中蔓延。

這時，有言官上疏彈劾員外郎虞淳熙，郎中楊於廷、主事袁黃，而孫鑨卻上言主張保留虞淳熙、楊於廷。

給事中劉道隆立刻上書彈劾趙南星等人專權營私、培植黨羽。皇帝下詔貶趙南星三級，免去孫鑨俸祿。左都御史李世達因自己參與主持京察，便上疏替趙南星鳴冤。接著，僉都御史王汝訓、右通政魏允貞、大理少卿曾乾亨、郎中於孔兼、員外郎陳泰來、主事顧允成、張納陛、賈岩、助教薛敷教等人交章論救。所有上疏都送到皇帝那裡，神宗皇帝很生氣，斥謫於孔兼、陳泰來等人。李世達又接著抗疏論救，神宗更為震怒，索性將趙南星、虞淳熙、楊於廷、袁黃等人貶為平民。孫鑨一氣之下，上疏請求辭職，皇帝不許，他便杜門稱疾，不去上班，一次接一次地上疏請求，到了第十次，皇帝才准許他回鄉。

第二年，即萬曆二十二年（西元一五九四年），顧憲成因為吏部缺官，會推閣臣時推舉王家屏，與當政者意思不符，被削了官職。他毫無戀棧之意，很痛快地就南下回鄉講學，修復東林書院。從此，東林黨議便興起了。

儘管孫鑨主持的這次京察失敗了，吏部也全體換了人馬，但新上任的吏部尚書孫丕揚是陝西人，他和東林顧憲成、趙南星關係很好，因此，東林一派人物雖然歸了田裡，但在朝中和地方仍有發言的機會。這時任淮揚的巡撫李三才也是顧憲成的好友，他比顧憲成這些人更有實力，所以在地方上具有一些影響。同時在朝中任部郎的江南人于玉立與陝西籍的官員們來往密切，陝西和江蘇兩地的士大夫們便結成一個陣營。

另外一些來自山東（齊）、安徽（楚）、浙江（漸）地區的士大夫們成為另一個陣營。這樣，士大夫們就漸漸地分為兩黨。從一五九三年開始，明朝進行了多次大計、外計（即外察，考察地方官），這次是東林主持，那次就是三黨主持，雙方這樣一來一往，不斷地循環下去。

與行政官、言官互相爭鬥的同時，皇帝和皇后宮中也頻頻出事，這反過來又成為朋黨爭議的重大議題。皇帝的家庭糾紛非同小可，常常聯繫著整個中央統治集團中的派系利益。漢唐時代，後宮中的太子爭立、后妃爭位、外戚爭權、宦官爭利就曾鬧出過無數件牽動朝廷、擾亂天下的慘劇，朋黨鬥爭又時常夾雜糾纏在裡面，往往使政治更加黑暗險惡。明朝也不例外，而且有過之而無不及。

神宗皇帝是一個胸無大志，只知享受安閒舒適生活的庸人，他對政治幾乎毫無興趣，這或許是張居正十年的壟斷朝綱，給少年時代的神宗的一個終生影響。不但在政治上毫無興趣，在家庭生活上的應對也是拖泥帶水，優柔寡斷，這一點可能是由於生母李太后過於嚴厲所致。正由於這個特點，他才鬧出了轟動一時的「國本之爭」。所謂「國本」，指的是太子，國本之爭指的就是立誰為太子的爭論。萬曆六年，在太后授意下，神宗皇帝冊立王皇后，但王皇后沒有子嗣，神宗皇帝壓根兒就不喜歡這位皇后。

萬曆九年（西元一五八一年）的一天，神宗皇帝到李太后居住的慈寧宮去看望母親，偏巧太后不在，一個宮女上前侍候，起初神宗並沒在意，但抬眼之間突然覺得這個宮女有種莫名的異樣之處，頓時生起一陣好奇感，便示意隨行太監退下，留這個宮女單獨說話，問話中得知她也姓王。或許是這位王宮女有種未經雕飾的質樸打動了神宗皇帝那久覆塵埃的心，致使他一時忘情，寵幸了王宮女。事畢，年輕的皇帝又恢復了往日的小心和冷漠，生怕李太后得知後會責備他，便只賞給王宮女頭面首飾一副，然後悄悄地離開了慈寧宮。按照宮中的規矩，皇帝的一舉一動，包括吃喝拉撒睡，都要由文書房內侍宦官寫入《起居注》中，此次私自寵幸王宮女當然也逃不過文書房的職責，予以記錄在案。偏偏皇帝不想讓這件事公之於眾，所以身邊的內侍們誰也不敢到處亂說。

沒想到王宮女竟因這次寵幸懷了孕，李太后覺得奇怪盤問她，得知是皇上做的好事，又命文書房查了《起居注》，果然與王宮女所說的時間、地點一致，太后不但沒有責怪王宮女，反倒心中歡喜，盼著早一天抱上孫子。一天，皇帝陪太后飲酒，太后便藉機拿話敲打皇帝，皇帝怕惹太后生氣，就裝聾作啞，緘口不語。太后命人拿過《起居注》讓皇帝看，並和顏悅色地對他說：「唉，我老了，卻還沒有抱上孫子，若能生個男孩，那可真是我們家、也是國家的福氣啊。古人不是有言嗎，母以子貴，到時她（王宮女）的兒子是皇子，對她還論什麼等級差別呀！」看到太后不但沒有責怪，反而很高興，皇帝的心才又鬆懈下來。萬曆十年（西元一五八二年），王宮女被封為恭妃，正式搬到宮中居住。這年農曆八月十一日，恭妃果然不負眾望，生下一個男嬰，取名常洛，就是後來的光宗皇帝。

皇帝得了第一個皇子本應高興才是，但神宗皇帝卻顯得麻木不仁。原來，這位閒適的浪蕩皇帝這年裡曾一日娶了九個嬪妃，對其中一個年方十四歲的淑嬪鄭氏極其著迷，因而早就把懷有身孕的恭妃忘記了。萬曆十四年（西元一五八六年）正月，鄭妃生皇三子常洵，神宗大喜，立刻封鄭氏為貴妃，並有了立常洵為太子的念頭。按常理，皇后無子，常洛、常洵都算「庶出」，雖有長幼之分，但按「母以子貴，子以母貴」的原則，常洵自然比常洛更有資格當太子，因為他的母親鄭氏進宮時的身分是嬪，常洛的母親王氏封妃前只是個宮女，這次神宗又封鄭氏為貴妃，用意也在壓過恭妃，為常洵當太子製造口實。在一般情況下，這種安排本是無可非議的，偏偏神宗皇帝本人又是個優柔寡斷的人，什麼事都不能自己作主，總要聽太后和大臣們的意見。

從李太后的角度來看，鄭氏受寵，她的兒子若當了太子，就有了和太后作對的資本，皇帝就更難控制了，王恭妃本是太后自己的人，身分雖低，不得皇帝寵幸，但易於操縱，因此太后傾向於立常洛為太子。一次，太后問神宗為什麼不立常洛為太子，皇帝未假思索，只據「子以母貴」和「立於以貴不以長」的古訓衝口而出：「常洛乃宮女所生，不便冊立。」太后一聽，立刻變了臉色，神宗這才意識到說錯了話。原來當年李太后也是當宮女時得到穆宗皇帝的雨露之恩才生下神宗，所以她最忌有人貶低宮女身分。神宗看到母親動了怒，嚇得魂飛魄散，忙不迭地跪下求太后息怒。

在一些傳統派的大臣們看來，寵妃之子立為太子，總是有威脅和危險性的，歷史上因立寵妃之子為太子，不知釀出多少宮廷內鬥的苦酒，於是一些「正直」的大臣反對立鄭妃之子常洵為太子，主張立恭妃之子常洛。另一些官員則出於朋黨鬥爭的需要起而反對。於是圍繞著立太子、建國本的問題，朋黨之間便展開了激烈的爭吵。支持常洛的多為東林，支持常洵的主要為三黨。

首先是戶科給事中姜應麟上疏，以長幼有序為理由，請求神宗皇帝收回成命，先封恭妃為皇貴妃，立常洛為太子，以此定天下之本。這個上疏是將恭妃、鄭淑嬪等而觀之，用長幼有序來壓常洵和鄭妃。神宗本來可以用「子以母貴」、「立子以貴不以長」來爭辯一番，但偏偏自己就是宮女所生，他雖然想用，卻不能用這個道理來否定自己和母親二人的合法地位。這種打掉了牙往肚裡咽的苦楚實在令他難以忍受。當他讀完姜應麟的上疏，氣得拍案大叫：「立儲當然有長幼！姜應麟懷疑君上，賣弄正直，應位降為極邊遠地區的雜職。」可憐的皇帝，明明想立寵妃幼子，卻不得不承認長幼順序，照顧太后的顏面和自己的合法身分，這種煎熬實在非常人所能忍受。

禮部尚書沈鯉也被罷官。其他一些老臣，如顧憲成等也為太子未立而憂慮。萬曆十八年（西元一五九〇年）正月，內閣首輔申時行等人請求早立太子，以定國本。神宗皇帝又推諉說常洛年紀還小，等長大一些再說。大臣們對此非常不滿。十月，吏部尚書朱纁、禮部尚書于慎行便率領群臣聯合上疏請求冊立太子。神宗大動肝火，免了這夥人的官，但在詔書裡提到「明年傳立」，於是大臣們便耐心等待。一年以後，即萬曆十九年十月，內閣、公部大臣上疏請求皇帝履行諾言，神宗無言對答，乾脆惱羞成怒，藉機處罰一些低級官員，以發洩心中積恨，鎮住臣下的議論。從此以後的十年間，國本之爭成為宮內朝外爭吵的話題，皇帝、鄭妃和少數官僚為一方，藉故百般拖延，而另一些官僚則聯合起來，不斷上疏請求立皇長子常洛為太子。這樣爭來爭去，毫無結果。

在這期間，內閣首輔王錫爵曾提出三王並封的建議，就是將皇長子常洛、皇三子常洵和皇五子常浩一起封為王，等他們長大後，再擇其善者立為太子。神宗認為這樣可以應付大臣們的爭議，表示同意。但大部分廷臣表示反對，絕不讓步。結果這個建議被取消。此後又是一邊藉故拖延，一邊不斷爭議，一拖就是十五年。

這段時間裡，發生了兩件事，使神宗皇帝和鄭妃之間出現了不大卻足以影響立儲的嫌隙。有一次神宗皇帝生病，處於昏睡中，清醒過來後發覺自己枕在王恭妃的手臂上，朦朧中又似乎看到恭妃面帶憂愁悲哀的神色，淚痕未乾，清晰可見。他想找鄭妃到跟前來，卻不知跑到什麼地方去了，對此神宗心中略有觸動。

神宗曾與幾個皇子宴飲，各位都有小賜物，賜常洵的是一只小玉碗，命鄭氏代為收藏。後來神宗突然要看看自己賜給常洵的玉碗，鄭妃找了幾次都沒有找到。而當神宗要看常洛的賜物時，恭妃隨手進於皇帝。神宗由此感覺到鄭妃用心不平，很生氣。

鄭妃嚇壞了，故意撕破自己的衣服，摘掉首飾，頭髮蓬亂，赤著腳領著幾個宮人匍匐在殿門外請罪，過了好半天，神宗才息怒，但對鄭妃已失去了往日的信任。第二天，便傳旨命禮部盡快商議冊立常洛為太子事宜。這年，即萬曆二十九年（西元一六〇一年）農曆十月，朱常洛入主東宮，成為太子。皇三子常洵封為福王。國本之爭就這樣告一段落。但宮廷內部的權力之爭並未歇息，官僚朋黨之間的爭議仍在繼續。

常洛當上了太子，常洵封了福王。支持常洛的大臣們又援引慣例，請福王赴洛陽福王藩府。神宗、鄭妃卻不願福王離開京師。這樣一拖再拖，在廷臣一次又一次的爭議中，一晃又是十幾年過去了。萬曆四十一年（西元一六一三年）夏天，錦衣衛百戶密報說：「鄭妃內侍宦官龐保、劉成等人勾結奸人王子詔詛咒皇太子，又指使刺客趙恩聖陰謀在東宮侍衛時伺機謀殺太子。」神宗一聽，怒不可遏。原來，在古代人們迷信用巫蠱術咒人可致人死地，法律嚴禁巫蠱，特別是在宮中，犯巫蠱之罪屬十惡不赦。更何況是針對太子，這是對皇帝權威的蔑視，皇帝如何不發怒呢。可是他又不願鄭妃和福王受牽連，便不予深究，只嚴厲處罰王子詔等人便草草收場。

大臣們卻不甘心，他們藉機掀起強大的輿論壓力，迫使神宗下決心讓福王離開京師，到洛陽藩府去住。第二年，也就是萬曆四十二年（西元一六一四年），已經當了十三年福王的常洵才不情願地動身到洛陽自己的封國藩邸去就任。常洵本是驕奢淫逸的腐朽皇子，在洛陽整日閉門飲美酒，擁美女，賞佳樂，搜刮百姓民脂民膏，激起民眾的憤恨。後來被李自成的大順軍捉住，殘殺後和鹿肉一起烹煮，喚作喝福（福王常洵之肉）祿（鹿肉）酒，落得可悲的下場。

福王離開京師後，宮中又出現新的鬥爭。萬曆四十三年（西元一六一五年）農曆五月初四日傍晚，一陣喧鬧打破了紫禁城的靜謐。原來，有一個男子手持棗木大棒突然衝進太子所在的慈慶宮，打傷了守門太監李鑑。

男子衝到房簷下，被跑出來的韓本等眾宦官擒住，送到東華門守衛指揮朱雄那裡看押。太子受到驚嚇，一夜未能成眠。第二天，神宗皇帝接到報案，立即下令審訊。初審後，巡城御史劉廷元上奏，這位出現在禁宮裡的持棒人名叫張差，是薊州井兒峪人，此人言語顛倒，貌似瘋癲，其實黠猾，形跡可疑。提審主事王之寀經過仔細盤問，發現張差的瘋癲是偽裝出來的，梃擊一事乃有人指使，張差供認是由太監龐保、劉成引入宮中並指使他幹的。

王之寀立即將奏本連同審問記錄和供詞呈進宮去。神宗接到這些資料，大吃一驚，只見張差的供詞這樣寫道：「據差供，龐公名保，在薊州東黃花山修鐵瓦殿。馬三舅、李外父嘗往龐公處送炭。劉公名我說了劉成吧。龐保與劉成商量，叫馬三舅、李外父逼我來，對我說打上宮去，撞一個打一個，打了小爺吃也有，穿也有。劉成跟我來，竟走進宮去。又說：『你打了，我救得你。』前說引到京城騎馬的即龐保……。」

張差從小喪父，馬三舅、李外父二人常常照顧他，這次跟著太監龐保走就是馬、李二人教他這樣做的，並說事成之後給他幾畝地。張差從小就聽馬、李二人的話，又窮得無路可走，聽說有這等好事，沒想別的就跟著龐保走了。兩天後來到京城，住在一個大院子裡，又有一個太監，就是劉成，來給他飯吃，並帶他進了宮，交給他一根木棒。於是便發生了梃擊一案。

神宗開始時還僅僅是生氣，看到後來，察覺事情並非那麼簡單，似乎又牽涉到鄭妃，便又躊躇起來，一時不知如何處理是好。這時王之寀卻要求把張差提到文華殿由皇帝親自審理，或者授權給六科給事中、十三道監察御史和刑部、都察院、大理寺長官，由他們組成特別會審法庭審理。朝中許多大臣也紛紛要求追查幕後主使者，口口聲聲稱宮中有「奸戚」主謀。神宗沒料到王之寀和大臣們對此案如此重視，不覺嚇出一身冷汗，真怕查到鄭妃身上，鬧出更多的醜聞。於是趕緊又派人到薊州蒐集新的證據，準備重新定案。不久，薊州知州戚延齡呈上公文，說鄭妃派宮中太監去薊州建造佛寺，張差棄農專門賣柴，木柴被人放火焚燒，他找到太監訴冤，反遭太監斥罵，一時激憤，導致精神失常，闖到京城告狀。另外一些同情鄭妃的官僚便據此斷言張差瘋癲，主張就此結案。

刑部、都察院、大理寺「三法司」不同意改變原來審查報告，下令迅速將薊州一干人捉解到京，奏請神宗批准提審龐保、劉成當堂對質。神宗怕案情水落石出，自己出醜，便將大臣的奏請強行壓下。但大臣們反倒群情激憤，紛紛繼續上奏，請求將龐保、劉成送交法司拷訊，甚至指出鄭妃之兄鄭國泰有重大嫌疑，應順藤摸瓜，繼續查下去。神宗慌了手腳，立刻下詔，一面說張差乃是瘋癲奸徒，一面又不得不同意三法司會同擬罪。同時又逼著鄭妃到太子宮中去求情，請太子替她向大臣解釋。鄭妃見了太子，跪倒在地哭訴梃擊與自己無關，請太子出來解圍。

大臣們仍紛紛上奏，爭論不已，神宗無奈，便於當月二十八日早晨，到慈寧宮謁見太后，同時召見大臣，當眾拉著太子的手對群臣說：「此兒極孝，我極愛惜。」說罷，又轉過臉來對太子說：「爾有何語，與諸臣悉言無隱。」太子知道父親的用意，當然不敢當著父皇的面說不合他意的話，只好對大臣們說：「瘋癲之人，決了便罷，不必株連。我父子何等親愛，外庭有許多議論，使爾等為無君之臣，使我為不孝之子。」見太子如此說，大臣們一時也不好再說別的，神宗見目的已達到，便趁機下令把張差押赴刑場凌遲處死。

皇帝畢竟是皇帝，不但心狠手辣，而且有權力做出任何自己想做的事情。為了滅口，神宗在宮中將龐保、劉成祕密處死。那些堅持查明真相的官員也都被他藉故懲罰。王之宷削職為民，何士晉貶出京師，張問達削減俸祿。至此，東林黨和非東林黨大吵特吵的「梃擊案」就這樣草草收了場。

萬曆四十八年（西元一六二〇年）農曆七月，神宗崩。八月，太子朱常洛即位，準備第二年改元泰昌。九月，常洛卒，廟號光宗。就在光宗去世前後，又爆發了使朋黨之爭再度激化的「紅丸案」和「移宮案」。

常洛登基時年已三十八歲，和父親神宗皇帝一樣是個昏庸無能之輩，只知聲色風馬，在這方面比他父親更甚。這個弱點早被機巧的鄭妃看在眼裡。她很會見風轉舵，知道需改變方法，從另一個方面攏絡新皇帝、保護自己。光宗從初曉人事就放蕩縱慾，身體一直虧損虛弱，鄭妃瞧準了機會，投其所好，精心挑選了四個美女，同時送給光宗淫樂。光宗除了酒色，哪裡還記得有政治二字？看到四個美女，更是心花怒放，對鄭妃感激不盡，早把福王與自己爭立，鄭妃幾番陷害自己的事忘得一乾二淨，更顧不得什麼先帝駕崩的大喪期限，盡情歡樂。這天，他興致極高，擺酒舉樂，召來美女，準備好好享受一番。幾杯醇酒落肚，春情勃發，看到面前這些豔麗動人的女孩兒，個個歌喉清亮，玉體舒展，他不禁熱血沸騰，怦然心動，一夜連幸幾個女子，以致面色蒼白灰暗，元氣大傷，第二天便一病不起。

皇帝病了，宮廷御醫官陳璽等人被宣召入宮診治。鄭妃又命充當宮廷醫生的宦官崔文升給光宗診脈開藥。崔文升診過脈後，說是邪熱內蘊，開清火去燥的通利藥方，將大黃、石膏等藥性較猛的瀉藥開入處方。光宗吃下之後腹痛難忍，一晝夜便跑了茅房了三、四十次之多，轉眼之間消瘦下去，不人不鬼，在床褥之間掙扎。

皇帝病未見好，議論已經沸沸揚揚。東林派的許多人都說鄭妃有意指使崔文升濫用瀉藥。給事中楊漣、御史左光斗、吏部尚書周嘉謨等人讓鄭妃內侄鄭養性傳話，逼鄭妃早日搬出乾清宮，免得事態進一步擴大。鄭妃見東林黨官強勢大，知道對抗不會有好結果，只好搬到慈寧宮。楊漣又立即上書請求懲辦崔文升，內閣首輔方從哲奉命草擬聖旨，將崔文升逮捕，關押在司禮監的牢獄之中，可是皇帝依然在與死神拔河。

這天，內閣首輔方從哲神情激動，彷彿得到寶貝一樣，快步進宮面見光宗，奏稱：「鴻臚寺丞李可灼自稱有仙丹，包治皇帝的病，可臣等未敢輕信。」方從哲的話很有心機，治好了，我舉薦有功，治不好，我其實早也不怎麼相信。用與不用，全在皇帝自己選擇，治好治壞則全在藥的靈與不靈。光宗一聽，昏暗的眼神裡閃過一絲亮光，問大臣們意見如何。大臣們互相看了看，不知如何是好，李可灼是個掌管朝聘祭祀儀式的禮賓官，既不是御醫，又不是家有祖傳，誰敢保證他的藥就一定有效呢？光宗受疾病折磨，求醫心切，哪還顧及這麼許多，便下令宣李可灼入宮。

對皇帝這種精氣損耗過甚的病，御醫們本來就毫無辦法，他們甚至不敢直接指出皇帝的病因是縱慾過度，因為那樣做豈不是說皇上的龍體太經不起風雨了麼？對李可灼的自告奮勇，他們真不知道是同意的好，還是阻止的對，他們半信半疑，所能做的就只是互相觀望，一言不發，免得多言有失，且看李可灼如何治法。

李可灼入宮後，也真不含糊，面過光宗便正經八百地看起病來。診視過後，竟煞有介事地講了一通病源和療法，聽得光宗一陣高興，忙不迭地下令進藥。「仙丹」原來是一顆豆粒大小的紅丸，以紅鉛為主要配料，又摻以參茸泡製而成，有提氣昇陽的功能。

光宗起身喝了點熱水，便上氣不接下氣，喘息不定，鎮定了一會兒，服下一顆紅丸。又過了一陣子，自覺精神一振，說感覺好多了，接著便連連稱讚李可灼是忠臣。得意忘形的李可灼怕藥力不夠，又讓光宗吃了第二丸。這時正當晌午，待到下午日頭偏西以後，看看無大變化，李可灼才出得宮來，大臣們紛紛迎上前去問詢治療情況，李可灼只說皇上恐怕藥力不足，又服了一粒。大臣們又問結果如何，李可灼說與以前無大變化。就這樣又過了半天，看看沒有什麼新情況，大臣鬆了一口氣，各自出宮休息。

五更時分，突然傳來消息，急召群臣快速進宮。大臣們又驚又怕，不知出了什麼事，半路上就聽到宮中舉哀，只當了二十九天皇帝的光宗朱常洛因為酒色過度喪了命。

李可灼進紅丸之前，朝中黨爭就已開始，這回皇上一死，各派士大夫更是鬧得不可開交。東林黨人和一些朝臣利用「紅丸案」掀起一場倒閣運動，楊漣、左光斗等上奏，參劾內閣首輔方從哲，指責他辦事不妥。御史王安舜上疏大談先帝病情，說脈象屬三焦火動，望氣色為滿腹火結，本應清火，不宜提氣。又說紅鉛乃陽中之陽，屬純火之精，把它投入虛火燥熱之症，能不促使先帝速逝嗎？這位御史極盡其事後諸葛的能事，大罵李可灼膽大之極。最後竟直指「輕率使用無方無制之藥，其罪固然大，然而輕率推薦庸醫之罪也不小」。

另一位御史鄭宗周也上言，翻出陳年老帳，說當年「梃擊案」就沒有處理好，致使如今又有紅丸一案。給事中惠世揚直接參劾內閣首輔方從哲，歷數宮廷內爭的歷史，指出鄭妃早就包藏禍心，先帝隱忍不敢言，而方從哲首鼠兩端，這是循平日之交通而忘宗社之隱禍，是無君之罪，按理當誅；再者，光宗寵姬李選侍本為鄭妃私人，麗色藏劍，欺擾先聖母，方從哲身為人臣，不加諫阻，這也是無君之罪，按理當誅；崔文升輕用剝伐之藥，廷臣交章言之，方從哲卻加以曲庇，若將他比之於趙盾，怎麼能辭弑君之罪？這又是無君之罪，按理當誅者三。

南京太常寺少卿曹珍上書請求朝廷深究「醫藥奸黨」。東林黨主帥之一的光祿寺卿高攀龍更有意將梃擊案和紅丸案聯繫起來，危言聳聽，說崔文升故意用瀉藥，使光宗元氣不可復收，這無異於謀害皇帝，梃擊案中的張差乃是鄭國泰指使，此次崔文升又是鄭妃心腹，其罪不在張差之下。給事中魏大中更把所有責任直接推到鄭妃身上，明確表示鄭妃當年利用梃擊進行暗殺，這次又用美人計謀害皇帝，然後又用瀉藥進一步抽空龍體，最後用紅丸促其快死。其他東林黨人如楊漣、左光斗等更加猛烈地攻擊鄭妃。一時間，非東林黨大臣們竟張口結舌。

儘管東林黨人士的攻勢很猛，可新即位的皇帝明熹宗朱由校卻不敢觸及宮中積怨過深的矛盾，只是一昧地息事寧人，判李可灼充軍，崔文升軟禁南京，鄭妃依然如故。東林黨這次攻勢所獲得的最大成果就是首輔方從哲的下臺並告老還鄉。

紅丸案尚在爭吵之中，又發生了「移宮案」。光宗當皇帝才僅僅二十九天，根本還來不及考慮立太子的事就一命嗚呼了。在光宗臨終時，寵妾李選侍就企圖控制皇長子，把持朝政。沒想到東林黨楊漣等人行動更快，打壞了她的如意算盤。光宗去世的那天凌晨，楊漣和劉一燝急忙趕進宮去，到了乾清宮，侍衛的宦官擋住他倆不放行。楊漣急了，揮手大喊：「你們這些奴才！皇帝召我等進宮，你們不放行，究竟想幹什麼？」宦官聽了，有些膽怯，互相看了看，便不由自主地向兩旁退去，楊漣等人便進得宮來。看皇帝已經晏駕，他們便請求見皇長子，準備扶他登基。這時李選侍想在乾清宮裡立皇長子為帝，自己臨朝稱制，便把皇長子阻留在暖閣中，不讓群臣見到皇長子，幸虧近侍宦官王安同情東林大臣。騙過李選侍，抱皇長子出來交給楊漣等人，大臣們前呼後擁，來到文華殿，把皇長子推上寶座，山呼萬歲，即算是讓皇長子即了位，然後讓皇長子暫回東宮，等待登基大典。

李選侍後悔自己上了當，又派太監去東宮，要把太子帶回來，此時內閣大臣們已經下令錦衣衛嚴密護衛，李選侍派去的宦官無法進入東宮見到太子，只好悻悻而歸。李選侍正在為不得控制太子而發愁，沒想到更讓她發愁的事卻發生了。

楊漣、劉一燝、左光斗以李選侍不是皇后、不能居住乾清宮為藉口，請她立刻搬出去。李選侍看到皇長子已經失去，又想賴在乾清宮（正宮）不走，直到立為太后才同意搬出去。但宮中、朝中都在紛紛謠傳李選侍要垂簾聽政，還要逮捕左光斗等人，於是大臣們感到事不宜遲，便和皇帝聯合起來逼李選侍移宮。

皇長子原定九月初五日登基，楊漣等人見李選侍仍賴在乾清宮不走，便聯絡大臣們到東宮請願，要求皇帝下詔命李選侍移宮。皇長子已經十六歲，自然知道垂簾聽政對自己將意味著什麼，便趁大臣們請願之機下詔：「請選侍移居仁壽殿。」李選侍看到皇帝已經和大臣們站到一邊，只得承認失敗，搬出乾清宮。熹宗登基的第二天，九月初六日，下了一道聖旨，羅織李選侍罪名若干，命她居住到宮女養老的噦鸞宮去，至此，移宮案也告結束。

三案以後，東林黨與非東林黨仍進行著無休止的爭論。東林黨最初是指一些在野的士大夫，因其學問和人品清高，聲望極大，以致許多在朝的官員與他們遙相呼應，這些官僚也就被稱為東林黨。這個名稱是反對者加給他們的，但作為統治階級中的一個派別，他們的確有比較清晰的團體。東林黨人一般是比較正直的士大夫，但卻是當時的非主流派，他們主張加強中央集權，反對內閣當權派的專橫，希望自己一派的人士如李三才、葉向高、王錫爵等推上首輔的地位，由他們組閣，進行政治改良。為了宣傳東林黨的政見，讓社會瞭解乃至承認，他們主張開放言路，並常常公開批評朝政，攻擊內閣首輔和部院長官們。

非東林黨人則往往是朝中當政大臣和依附於他們的官僚及一些科道官員。雙方爭來鬥去，說穿了無非是為了權力。開始時多少還有些正義與非正義之爭的味道，後來則完全成了無謂的黨爭，某派的官員一旦提出一個主張，另一派不問青紅皂白，立刻組織反駁，甚至連最基本的是非觀念都全然不顧。

萬曆二十一年的京察就是由東林黨主持向當權的朝臣，特別是內閣發起的攻勢。萬曆二十三年的外計、萬曆三十三年的京察主持者仍是東林黨人。萬曆中葉以後，浙黨的沈一貫和東林黨的沈鯉同時去了位，東林黨人王錫爵入了內閣，李廷機、葉向高等東林黨人也一度入閣主政。萬曆三十八年（西元一六一〇年）大計外吏，南北言官群起攻擊李三才、王元翰，連及裡居的顧憲成，說他們是東林黨。祭酒湯賓尹，諭德顧天竣各收徒黨，干預時政，謂之宣黨、崑黨，因為湯賓尹是宣城人，顧天竣是崑山人。一些御史給事中則力排東林黨，與湯賓尹、顧天竣相聲援，許多大臣不得不畏避。湯賓尹、顧天竣乃是齊、楚、浙三黨的首領。湯賓尹這個人卻不是太守廉直的。有一年在禮部考試中審卷子，曾越房將韓敬報取第一名，韓敬便成了湯賓尹的門生，此人貪財好色，聲譽敗壞，以致使湯賓尹因薦人不利受到攻擊，況且他的做法本身就有舞弊的嫌疑。東林黨自己也有不能堵人之口的地方。比如王圖的侄兒王淑抃在寶坻縣任內貪贓枉法，遭到輿論的批評。此類事情也並非僅有。

東林黨首領之一的孫丕揚本打算舉薦一些東林名士入朝，以加強官僚隊伍中的東林勢力，卻為三黨阻撓，一個也沒有用，便只好自行告退。葉向高也離了職。到萬曆四十五年（西元一六一七年）京察，就進入了三黨當政時期，首先罷東林黨王之宷為民。萬曆四十七年（西元一六一九年）會推閣員，由三黨操縱，東林黨人士幾乎沒有在朝的。不久，齊、浙兩黨又互相鬧了起來。明朝政治一片混亂。

概括地說，萬曆二十年至萬曆三十年（西元一五九二年至一六〇二年）東林黨主持考核官員，排斥異黨；萬曆三十年到萬曆四十五年（西元一六〇二年至一六一七年）之間是兩黨對峙並交替主政時期；萬曆四十五年（西元一六一七年）以後是三黨專政時期；到天啟初年（西元一六二一年），東林黨才又得到政權。三黨專政或東林黨主政，內部又分裂為黨中之黨，派中之派，繼續鬥爭。

萬曆中葉以後，鬧得朝中出現了嚴重的缺官現象。原因是言官動輒掀起糾紛，吏部已經喪失效力，只要言官彈劾，被參者就自動離職，不辭而去，一度造成中央許多部曹空虛。內閣只有葉向高一人，甚至出現三個月無人辦公的局面；六部長官只剩一個趙煥，吏部也沒有堂上官，兵部尚書李化龍死了，新任尚書王象乾還未到任，戶、禮、工三部各只有一個侍郎在，都察院自從溫純罷任後，八年沒有正官。過去給事中五十人，御史一百一十人，這時各不過十人。後來趙煥任內閣首輔，多次上書呼籲補充官員，萬曆皇帝也不作答，原來這位皇帝自己已有十多年不上朝了。朝政腐敗到了如此程度，正好為奸人竊國提供了良好時機，這個奸人就是大宦官魏忠賢。到了閹黨橫行時，東林黨議就自然而然地發展成了東林黨禍。

萬曆朝後期，三黨專政，東林失勢，到天啟初年，東林黨人葉向高、韓爌入閣，張問達、趙南星做了吏部尚書。天啟三年（西元一六二三年）的大計，東林黨人趙南星主察，指責齊黨的給事中亓詩教、趙興邦和官應震、吳亮嗣在先朝結黨亂政，建議黜之。言官吏部科都給事中魏應嘉力持不可，趙南星特為這件事寫了《四凶論》的文章。這時官場上人人奔走，競相鑽營，言官更加專橫，政府每次下文選郎，動輒被言官阻撓。言官還為別人向政府求官，若不滿足他們的要求，就誣衊政府有關官員，或者製造輿論彈劾該官員，弄得尚書們也只能嘆息，毫無辦法。針對這種狀況，趙南星銳意澄清，經過一番努力，東林黨又逐漸得勢，可是三黨的積怨卻越來越深了。

東林黨自己壁壘森嚴，黨見太深，凡是與自己觀點不合的人就斥之為異黨，口誅筆伐，貶斥出朝。一些內閣官僚像黃克纘、畢自嚴、崔景榮諸人，只因在三案的爭論中與東林黨意見不一致，就遭到東林黨人的排擠。東林黨重新得勢後，禮部尚書孫鑨舊話重提，追論三案的是非，參劾方從哲包庇李可灼。京察中趙南星又過於刻察，連自己老友魏允貞的兒子魏廣微也因黨派不同而擯而不見，因此得罪了許多人，從此，東林黨把三黨和其他一些本可以爭取的官僚推向了宦官魏忠賢一邊。

魏忠賢（西元一五六八年至一六二七年），河間肅寧縣（今河北獻縣、河間一帶）人，是當地的一個無賴。從小狡黠精明，好酒善啖，喜歡騎馬，有點小本領，右手執弓，左手控弦，射多奇中。雖然目不識丁，但膽子很大，為人兇狠，喜熱鬧，善於溜鬚拍馬。曾與一群惡少賭博，輸了錢跑到市場躲起來，後來被惡少追急了，逼得他走投無路，便主動找人做了宮刑，改名換姓叫李進忠。

萬曆十七年（西元一五八九年）隸屬於司禮監東廠太監孫暹。當時熹宗為皇長孫，魏忠賢謹慎小心侍奉長孫，整日引著他到處遊玩，深得長孫的歡心。後來魏忠賢入宮辦膳，引進他的人是太監王安的屬下宦官魏朝。王安為人比較正直，主持宮中大小事務，得到皇帝的信任，魏朝經常在他面前稱讚魏忠賢，王安也漸漸地對魏忠賢另眼看待。皇長孫有個乳母客氏，與魏朝相好，當時把有這種關係的人叫做「對食者」。宦官本來失去性器官，可是有些人在受宮刑時已經成年，或進入青春期，男性心理尚未全部消逝，所以才有這種特殊的兩性交往。這位客氏本是定興（今河北保定）百姓侯二之妻，十八歲進宮，兩年後丈夫去世，有個兒子叫國興。魏朝當時一面要侍奉王安，一面又要幫助照顧皇長孫，所以很少有時間陪這位寡居而年輕的乳母，魏忠賢就乘機和她相好起來。

光宗即位，長孫變成皇長子，魏忠賢被任命為皇長子的典膳官，這是客氏推薦的結果。光宗駕崩後，長子暫居慈慶宮，一天，魏忠賢突然聽說大臣楊漣上疏參劾自己，他感到很意外，自己與外朝從無關係，為何受到朝官的參奏，他嚇壞了，哭著求魏朝到王安那裡替自己說情，王安真的出力營救，到底免了他一場大禍。原來，李選侍宮中還有個宦官也叫李進忠，他幫助李選侍密謀策劃垂簾聽政，遭到東林黨人士的忌恨，沒想到楊漣的上奏竟錯栽到這個冒名李進忠的魏忠賢頭上。從這天起，魏忠賢才開始瞭解東林黨人的專橫，也逐漸產生了走出宮闈、介入朝政、與東林黨作對的念頭，可以說，朝中的朋黨之爭給這位不懂政治的小宦官上了第一堂政治鬥爭的啟蒙課。而對楊漣來說，這次小小的失誤竟是他日後慘遭殺身之禍的起點，他的名字已經深深印在魏忠賢的腦海中了。

這件事以後，魏忠賢十分感謝魏朝，兩人結為兄弟。可是不久，皇長子（熹宗）即位幾個月後的一個傍晚，皇帝已經睡下，突然乾清宮暖閣裡傳出吵鬧聲。原來，這晚魏忠賢和魏朝二人喝了點酒，爭搶著摟抱客氏，結果傷了和氣，互相罵了起來，吵醒了皇帝。二人被帶到皇帝御榻前，跪下聽候發落。客氏早就厭煩了魏朝那副柔弱輕薄相，對魏忠賢的憨厚勇猛很著迷，熹宗知道乳母的心思，便藉機將魏朝貶斥出去，留下魏忠賢。魏忠賢看到自己得勢，便假借皇帝之命，將自己昔日的恩人魏朝送往鳳陽，半路上命人將他絞死。從此，他便和客氏無憂無慮地在一起廝混，仗著乳母和皇帝的信任，把手漸漸伸向朝政。

眼看魏忠賢越來越得到皇帝信任，王安感到很不自在，認為他是個隱患，於是便與朝官方震孺等人聯合，要將客氏和魏忠賢一同剷除。結果，事機不密，反被魏忠賢和客氏一起設計殺死。除掉了王安，魏忠賢氣焰更盛。他召用司禮監李永貞為參謀，網羅一批宦官打手為爪牙，自任東廠太監，掌握了特務機構，開始了對宮中、朝中的反對者實行恐怖政治。客氏也被封為奉聖夫人，她的兒子侯國興被任命為錦衣衛指揮使，控制了宮廷護衛和首都治安部隊的指揮權。於是，廠、衛聯成一體，明朝的特務統治達到頂點。魏忠賢又蔭兩個侄兒做官，遭到言官的反對，但已經無濟於事，閹黨這股惡勢力已經無法遏制。在這之前，東林黨人得勢，非東林黨人士都遭排斥，三黨中的王紹徽、阮大鋮、崔呈秀、魏廣微、馮銓等人便紛紛投到魏忠賢一邊，借助這股惡勢力與東林黨對抗。於是，在天啟朝就形成了以魏忠賢為核心的閹黨和東林黨之間的對峙和鬥爭，朋黨鬥爭終於又跳出了單純朝官的派系鬥爭，而與宮中宦官勢力糾纏在一起，和平的政治鬥爭也變成血腥的屠殺。

閹黨最忌恨的東林人士是汪文言、楊漣等，必欲除之而後快。閹黨給事中傅櫆和魏忠賢的外甥傅應星結為兄弟，他藉機誣陷汪文言、左光斗、魏大中等東林著名人士，結果，汪文言被逮捕下了鎮撫司獄。鎮撫司原負責人是東林黨人劉僑，現在也被撤職，換上了閹黨許顯純。這位許顯純乃是魏忠賢的親信死黨，深得主子的賞識，許多東林黨人慘遭酷刑，甚至死在獄中，大多是這個劊子手幹的，對於東林黨和朝中正直官僚來說，他簡直就是閻羅妖。

面對魏忠賢的恐怖活動和閹黨的猖獗，東林黨人和其他較有氣節的士大夫卻毫不畏懼，他們挺身而出，繼續鬥爭。李應升等人上疏揭露魏忠賢練習內操，引用私人，卻被魏忠賢假借皇帝詔旨詰責。副都御史楊漣氣憤不過，奮筆疾書，起草了一篇言辭激烈的上疏，指控魏忠賢二十四條罪狀，要求皇帝會集文武官員和勳戚討論制裁，下令刑部嚴格審訊，以正國法。同時請求將奉聖夫人逐出宮去，消除隱患。一時間朝廷震盪，群情激憤。左光斗、魏大中也起來彈劾魏忠賢。東林黨人這樣英勇鬥爭，似乎已經把生死置之度外，他們或許沒有意識到此時的閹黨已不同於從前的三黨，他們是一夥兇殘無恥的小人，而且正在磨刀霍霍，伺機大開殺戒，一場血腥的屠殺即將來臨。

天啟初年，東林黨當權時藉口三案整了三黨和其他一些異己人士，這回，凡是與東林黨有仇的官僚又都藉著宦官的勢力起來翻案，要徹底清查東林黨。御史楊維垣首先提出翻梃擊一案，他指出張差的瘋癲本來屬實，王之寀處置過當，應予治罪。給事中霍維華更是徹底，乾脆說東林黨對三案的處理都有錯誤，應該全面翻案。喬應甲提出為京察翻案，倪文煥建議清理黨人，盧承欽請求榜黨籍，將所有罪過一古腦兒地全都推到東林黨頭上。

當時東北建州女真興起，努爾哈赤建立了後金政權，屢次擊敗明軍。明朝在東北的許多重鎮如開原、鐵嶺、瀋陽、廣寧等地相繼失守，後金兵鋒已經接近長城和山海關。這時關內的北京明朝政府卻正陷入朋黨爭吵之中，無人認真對待遼東局勢，不僅如此，還把遼東抗金戰略和將領也捲入朋黨鬥爭的漩渦之中。熊廷弼任遼東經略，因失地喪師退回而被下獄，另一位同樣失利後退的守將王化貞係魏忠賢的親信，他與熊廷弼不和，致使戰局不利。但在朝中爭論誰應負這次敗退（即所謂「封疆案」）的責任時，只有熊廷弼倒霉被處死，王化貞卻因與魏忠賢的關係而安然無恙。熊廷弼是湖北人，與東林黨本無關涉，可是閹黨卻偏要借刀殺人，利用「封疆案」對東林黨大開殺戒。

天啟五年（西元一六二五年）農曆三月，閹黨將前副都御史楊漣、僉都御史左光斗、給事中魏大中、御史袁化中、太僕侍少卿周朝瑞、陝西副使顧大章等東林人士逮捕，關入鎮撫司獄中，罪名是這些人收受熊廷弼賄賂。其中楊漣、左光斗坐贓二萬，魏大中、袁化中等人則坐贓數千至一萬不等。天啟六年（西元一六二六年）農曆二月，太監李實又誣劾應天巡撫周起元、前左都御史高攀龍、吏部員外郎周順昌、諭德繆昌期、御史李應升、周宗建、黃尊素等東林黨人，派緹騎前往各處搜捕。這些東林人士有的早已退職，有的也已免了官，這回卻舊案重論，一併處罰，總共一、二十人，全被劊子手許顯純濫用非刑打死在獄中。他們先遭酷刑和百般凌辱，五天一次過堂，跪在階前，先被辱罵，然後剝光衣服示眾，身帶刑具，解開手銬就用夾指棍（桚），放鬆腳鐐就用夾腿棍，不然就是用棍棒毒打。到後來刑訊時已不能跪起，只好戴著刑具平臥在堂下聽審，目擊者無不心驚肉跳，不敢注視。其中楊漣死得最慘：土囊壓身，鐵釘貫耳。左光斗、魏大中都是體無完膚。他們死了幾天以後才上報，屍體都已經無法辨認。

與此同時，閹黨魏廣微、顧秉謙等人又把殘餘的東林黨和其他一些比較正直的朝官趕走，他們編了一部《縉紳便覽》，將葉向高、韓爌等一百多位東林士人和正直官僚指為邪黨，而把黃克纘、王永光、徐大化等六十餘名閹黨視為正人，以備查證。至此，凡與閹黨作對者都被指斥為東林黨。齊黨官僚王紹徽又仿效《水滸傳》，編了一部東林一百零八位人士的《點將錄》。御史盧承欽又仿效《點將錄》，把顧憲成、李三才、趙南星等第一流東林人士以外的王圖、高攀龍等二流東林人士稱為「副帥」，把曹於汴、湯兆京、史紀事、魏大中等人稱為「先鋒」，丁元薦、沈正宗、李朴為「敢死軍人」，孫丕揚、鄒元標為「土木魔神」，以黨人姓名罪狀榜示海內，稱「東林黨人榜」，於天啟五年十二月榜示天下，掀起了曠古未有的聲討運動。此外，他們還著有《天鑒》、《雷平》、《同志》、《稊稗》、《點將》、《蠅蚋》、《蝗蝻》等七錄，類似後代所謂批判材料，揭批東林黨的罪惡。他們還將東林、關中、江石、徽州、首善等各書院全部拆毀，企圖以此剷除東林黨的活動陣地。

天啟六年（西元一六二六年），魏忠賢又據霍維華的建議，下令編纂《三朝要典》，以最高文件的形式，重新論定三案是非。其中關於梃擊案，斷定王之寀挑撥皇家骨肉之親，誣衊皇祖，有負先帝。紅丸一案，孫慎行製造邪說，以為宮中無嘗藥之制，妄疑先帝（光宗）不得正其終，更加上其所謂不討賊之論，輕率詆毀今上不得正其始，實為欺君罔上，大逆不道。移宮一案，楊漣等人與內侍王安勾結，故意誇大李選侍之罪，以襯托擁戴今上之功。因此，王之寀、孫慎行、楊漣為三案首惡。

這時，《光宗實錄》正在修撰，凡是事關三案的歷史，都下令據這部《要典》加以改正。這樣一來，《三朝要典》成了評定三案乃至朋黨正邪的最高標準，魏忠賢的話成了不可更改的聖諭，不論朝野，凡是為楊漣、左光斗、熊廷弼講幾句公道話的人，立刻被誅死。民間偶有議論，稍微觸及魏忠賢及其閹黨，動輒被戮，刑罰極其殘酷，剝皮割舌，殺人不計其數。而魏忠賢本人則被尊為上公，本家魏良卿封為寧國公，充當爪牙的三黨領袖顧秉謙、崔呈秀、霍維華等竊據要職，盤踞在朝廷，閹黨專政已經形成，魏忠賢簡直成了太上皇，地方上的督撫大員如閻明泰、姚宗文之流更爭著替魏忠賢立生祠，無恥的監生陸萬齡甚至請求將魏忠賢比擬孔子，魏忠賢的父親配啟聖公，閹黨毒焰熏天，勢力已經登峰造極。

天啟七年（西元一六二七年）農曆八月，二十二歲的熹宗皇帝過世，五弟信王朱由檢即位，第二年改元崇禎。崇禎皇帝一上臺，敏感的士大夫立即嗅出政治空氣中有一絲新鮮的味道，一場新的變局就要發生。閹黨似乎也有一種不祥的預感。九月，東廠太監魏忠賢請求辭職，不許。魏忠賢此時勢力依然極盛，他想試探一下新皇帝的意向，但崇禎皇帝並沒有上他的當。按規律，皇帝死了，他的乳母自然也就失去依仗，奉聖夫人客氏不得不退出宮闈，到外宅居住，如此一來魏忠賢失去了與皇帝聯絡的重要關係。朝中棲身韜晦的士大夫看到魏忠賢失去了皇權的支持，膽子也壯了起來，發起了斬斷閹黨爪牙的鬥爭。國子司業朱之俊參奏監生陸萬齡、曹代等在太學中祠魏忠賢一事，皇帝詔准有罪，命下獄。魏忠賢一看苗頭不對，立即請求停止為他建祠。一些閹黨官僚如楊所修、楊維垣之流為了明哲保身，便合謀參劾同黨崔呈秀，試探皇帝的態度，沒想到這位十七歲的崇禎皇帝還真不含糊，竟立即詔准，罷免崔呈秀，並順勢宣布魏忠賢的罪狀。

許多同情東林黨的士大夫們眼看皇帝的態度明確了，便紛紛起而聲討魏忠賢。工部主事陸澄源，兵部主事錢元慤上疏指責魏忠賢奸黨之罪。貢生錢嘉徵上書列出魏忠賢十大罪狀，指控他凌駕於皇帝之上，脅迫臣工，威逼宮闈，目無聖人，濫賞爵位，私邀邊功，勞民傷財等等。崇禎皇帝據此下詔宣布魏忠賢有罪，免除職務。十一月，崇禎皇帝又下詔遣送魏忠賢到鳳陽，全家抄沒。魏忠賢自知害人太多性命難保，便在阜城尤氏邸舍中自縊身亡。魏良卿被下到鎮撫司獄中，奉聖夫人客氏也被判有罪而處死，子侯國興下獄。不久，魏良卿、侯國興都被處死。與魏忠賢結為閹黨的許多朝臣和內侍或被罷免，或者下獄，或遭遣戍邊疆，或被斬殺。崇禎皇帝得知魏忠賢、客氏已死，又下詔令在河間將魏忠賢分屍，將客氏戮屍，在薊州將崔呈秀斬決，閹黨屠夫劊子手許顯純和田爾耕也被殺死。

閹黨在短短的兩三個月裡便被迅速清除，這說明魏忠賢的勢力實在有限得很，除了乳母客氏和幾個打手作為死黨，並沒有真正強大的社會基礎。他之所以能夠以東廠太監這麼一個特務頭子的身分獨攬了朝綱，除了他利用昏庸腐朽的熹宗皇帝這塊招牌外，主要還是以三黨為主的非東林黨官僚們為了朋黨鬥爭、爭權奪利而認賊作父。專制皇權和朋黨勢力相結合，促成了魏忠賢的專權。由此可見，官僚政治中的黨派鬥爭一旦被最高層的野心家所利用，就會造出駭人聽聞的政治浩劫。歷史上這樣的災難不只一次。

閹黨被清出了朝廷，黨爭還在繼續。中央政權機構這回換上了清一色的東林黨人，他們的首要任務是推翻閹黨對三案的結論，銷毀《三朝要典》，公布閹黨罪惡，請求崇禎皇帝詔定閹黨逆案。

就在崇禎朝東林黨全力剷除閹黨殘餘的時候，關外的清兵已經攻到長城和山海關，關內李自成、張獻忠等農民起義也已經如火如荼，席捲了神州大地。面對如此嚴峻的內外形勢，崇禎皇帝和大臣們不思整頓朝政，解決危機，反倒斤斤計較黨派利害得失，陷入無休無止的內部鬥爭中。崇禎朝短短十七年，入閣主政的大臣，也就是宰相竟達五十個之多。這五十個宰相大致又可分為三派，明爭暗鬥，沒有竟時，明朝政治都誤在這些朋黨手中，明朝政權可以說就這樣被朋黨鬧得七零八落，最終免不了滅亡。

明崇禎十七年，也就是清順治元年、西元一六四四年農曆三月，李自成的大順軍攻入北京，崇禎皇帝逃到煤山（今北京景山）自縊身亡，明朝對全國的統治宣告結束。四月，明山海關守將吳三桂引導清軍入關，擊敗李自成的大順軍。清朝隨即向全國進軍，開始了新的統一戰爭。倖存的明朝遺老和皇親國戚紛紛向南方撤退，南京明朝一些大臣開始商議擁立新君，繼續明朝的統治。同時，北方東林黨勢力和閹黨殘餘也紛紛集結到以南京為中心的江南一帶，展開了新的朋黨之爭。

崇禎皇帝死後，北方迅速淪入清人之手，皇太子慈烺不知去向，王孫貴冑四處逃竄。南方明朝殘餘勢力中一派以史可法為首，一般東林黨人都附和他，繼續高舉東林旗幟；另一派以馬士英為首，而像阮大鋮這般閹黨逆案中的重要人物紛紛依附於他，兩派在建立南明朝廷等一系列問題上又展開了激烈的爭吵。

史可法（西元一六〇二年至一六四五年），字憲之，大興籍，祥符（今河南開封）人，幾代任錦衣百戶。祖父史應元官至黃平知州。父名從質，母尹氏，據說她懷孕時曾夢見文天祥降到家裡，於是生史可法。史可法從小就以孝聞名。崇禎元年（西元一六二八年）進士，官至南京兵部尚書，參贊機務。原來，明太祖建都南京，明成祖遷都北京，但在南京仍保留一套人馬，後來北京政府，是明朝的實際政府，南京政府在形式上建制相同，但只是虛設，所任官員也多是榮譽頭銜。隨著明朝的滅亡，南京這套班底倒派上了用場，代替北京的明朝廷開始運作起來。史可法由一個虛銜官員成為實權人物。

史可法與東林黨淵源很深。東林黨中的大人物左光斗就是他的恩師。崇禎元年（西元一六二八年），左光斗在京畿一帶擔任視學。一天，時值隆冬，風雪交加，天寒地凍，左光斗帶著幾個人騎馬微服巡訪，來到一座古廟的房簷下，發現客房中有一個少年書生正伏案小睡，桌上放著剛剛草就的文章，墨跡尚未全乾。這位視學大人見有人如此發奮苦讀，心中很感動，便不禁走進房間，拿起桌上的文章來讀，看到文章筆勢灑脫，寓意深刻，不禁暗自稱奇，低頭看了看這位少年，只見他身材短小單薄，面容黝黑瘦削，一股憐惜之情油然而生，隨即解下自己的貂皮大氅，輕輕地蓋在少年身上，返身出來，又輕輕關上房門。來到寺僧處一問，才知這位少年叫史可法。這年的會試開始了，左光斗是主考官之一，當考試官員叫到史可法的名字時，左光斗猛然抬頭注視這位少年，發現史可法相貌平平，但雙目卻炯炯有光，只見他畢恭畢敬，呈上自己的卷子，左光斗面署第一名，然後讚嘆說：「他將來一定是安定國家之臣啊！」後來史可法到左光斗家拜見左夫人，左光斗對夫人說：「我們的幾個兒子都碌碌無為，他日能繼承我志的，只有這個學生。」說罷對史可法勉勵道：「童子努力吧，前半節事在我，後半節事在你！」

後來，左光斗被閹黨陷害入獄，史可法焦急萬分，他想方設法去見老師，卻因閹黨看守甚嚴，一直未能見到。後來又聽說左光斗在獄中遭受酷刑，生命垂危，史可法急了，設法弄了五十兩金子，來到監獄，求看守允許他見老師一面。看守見史可法眼中含淚，意誠無欺，也受了感動，便讓他換上破舊的衣服，穿上草鞋，裝扮成打掃衛生的差役，然後領著他來到左光斗的牢房。這時左光斗背靠石牆，坐在地上，臉上、額頭早已皮開肉爛，難以辨認，左膝下筋骨已斷，史可法忍不住悲憤，撲上去輕輕抱住老師的膝蓋，嗚咽起來。左光斗聽到聲音，知道是史可法，但他面部浮腫，睜不開眼睛。他吃力地抬手用指頭撥開眼眶，目光像火一樣噴射出來，厲聲喝斥：「沒用的奴才！這是什麼地方，你還要來？國家政事已經糜爛到這般地步，你卻輕身不顧大義，天下之事誰還能支持呢？還不趕快離開，不等奸人陷害，我就先打死你！」說著便摸索著抓起地上的腳鐐做投擊姿勢，史可法不禁打了個冷顫，哆嗦著不敢吭聲，而後拔腿跑出牢獄。事後，每當提起這段往事，史可法都不禁流涕不止，嘆道：「我師的肺肝都是鐵石鑄造的啊！」

崇禎皇帝死後，噩耗傳到南京，諸大臣便謀議立君。馬士英等主張立福王朱由崧，史可法等人主張立潞王朱常淓，黨爭又一次爆發。原來，神宗皇帝鄭貴妃的兒子常洵被封為福王，住在洛陽，他就是老福王，大順軍把他做了「福祿酒」，他的兒子由崧在懷慶（今河南沁陽）自立為福王，然後逃到南京。潞王常淓是神宗的侄兒，此時也避難逃到南京。南京大臣張慎言、呂大器、姜曰廣等人認為福王由崧是神宗之孫，若按繼承順序應當輪到他即位，但是由崧即位卻有「七不可」，這七條是說由崧為人貪婪、淫亂、酗酒、不孝、虐下、不讀書、干預有司，所以不能立他為帝。潞王常淓雖為神宗之侄，但卻賢明，可以立為皇帝。他們把自己的意見寫成文件，轉呈史可法，史可法同意他們的看法。

鳳陽總督馬士英卻暗中與阮大鋮商議，主張立福王，徵求史可法的意見，史可法便將「七不可」告知馬士英。原來，東林黨和福王有仇，三案時，東林黨支持太子常洛，屏斥鄭妃、常洵，而這正是馬士英、阮大鋮擁立福王的動機，因為福王即位，一定會斥逐東林黨，這樣閹黨逆案就可翻案，阮大鋮之流被禁錮的閹黨也就有了出頭之日。馬士英掌握軍隊，他聯絡大將黃得功、高傑、劉澤清、劉良佐等實權派，吏科給事中李沾復從中主其議，這樣，立福王為監國的動議便得以通過。五月己丑，群臣勸進，福王假意辭讓一番，最後為避免反對派爭議，便只以福王身分監國。群臣入朝，福王覺得不好意思想起身迴避，史可法大聲勸阻道：「請王不要迴避，應該正面接受朝見。」可見史可法並未力阻福王監國，對馬士英等的主張也未表示堅決反對。

朝見已畢，開始議論戰守問題，這是當時頭等重要的問題。史可法提議道：「大王應該身穿素服、臨郊祭天，然後發師北伐，讓天下知道自己要為明朝報仇之義。」福王連連應承，但並未認真對待。

第二天又上朝，議論監國事。張慎言建議：「國虛無人，可遂即大位。」請福王即皇帝位。

史可法卻不同意：「太子存亡未卜，倘若來到南京，那時該怎麼辦？」

誠意伯、劉孔昭堅持動議說：「今天若做出決定，誰還敢再變更？」

史可法這回卻下決心阻止馬士英等人的陰謀得逞，堅決不同意立即讓福王當皇帝。馬士英等見史可法態度強硬，怕一時難以收場，便只得暫時讓步。可見，史可法想的是如何快速組織起有效的武裝力量和實際的北伐行動，而馬士英之流卻一心要透過立皇帝來翻舊案，奪權位。

又過了一天，廷議推舉閣臣，許多人推舉史可法、高弘圖、姜曰廣。劉孔昭爭搶著要與史可法等三人並列當閣臣，可眾人藉口本朝沒有勳臣入閣的先例而加以阻止。劉孔昭急了，大聲喊道：「就是我不行，馬士英入閣有何不可？」眾人無法便又將馬士英推入內閣。

閣臣已經選定。接著，大家又討論起用以前廢棄不用之人，鄭三俊、劉宗周、徐石麟被起用。劉孔昭則推舉阮大鋮，史可法一聽就火了，大聲喝道：「先帝（崇禎）欽定逆案，大鋮乃逆案中人，請不要再提此事！」大家看史可法動了怒，便都緘口不語。

又過了兩天，史可法被任命為禮部尚書兼東閣大學士，仍行兵部尚書事，馬士英、高弘圖同時入閣，馬士英仍督師鳳陽。本來馬士英天天盼著入朝為相（首輔），盼到命令下達，卻是史可法當了首輔，大怒，便將史可法所議的「七不可書」奏上，並且擁兵入朝覲見。史可法見朝中險惡，無法與馬士英之流抗衡，便請求出鎮淮、揚，督師抵抗清兵。

五月十五日，福王在馬士英等人的擁戴下，即皇帝位，以明年為弘光元年。第二天，史可法入朝辭行，加太子太保，改任兵部尚書、武英殿大學士。馬士英入直為首輔。

史可法離開南京，馬士英、劉孔昭等人更加肆無忌憚地迫害東林人士。劉孔昭、誠意伯參劾都察院右都御史張慎言喧嘩殿上，劉孔昭甚至拔刀斥逐張慎言。李沾已升任太常寺少卿，參奏呂大器定策懷有二心。劉孔昭、李沾已都是阮大鋮同黨。馬士英正式舉薦前光祿寺卿阮大鋮參與軍事，允許朝服朝冠，由弘光帝召見，閹黨準備全面平反「逆案」中人，重新執政。一下子，朝野沸騰，戶科給事中羅萬象、御史王孫蕃、陳良弼、大理寺丞詹兆桓、應天府丞郭維經、懷永侯常延齡等東林人士紛紛上書，指出阮大鋮名在逆案，不宜召見。弘光帝不聽。

這天，阮大鋮朝服入對，見到弘光帝，匍匐在地，號啕大哭，邊哭邊訴說冤屈，並慫恿福王向東林黨人報復。他別有用心地問弘光帝：「陛下只知君父之仇（指崇禎自殺，老福王常洵為大順烹死）未報，知不知道祖母之仇未報呢？」「祖母」即是鄭妃。阮大鋮是個十足的小人，這回得了機會，便又從三案入手，慫恿弘光皇帝，對東林黨全面反撲。閹黨曾擁戴魏忠賢為首領，在政治舞臺上叱吒風雲一時，他們深知只有掌握了皇帝，才能在黨爭中立於不敗之地，因此阮大鋮一見皇帝，便迫不及待地進行挑撥活動。偏偏這位弘光皇帝和他父親老福王一樣，也是一個十足的昏君，聽信了阮大鋮的讒言，對東林人士頓生嫌惡之感。從此以後東林黨士大夫又漸漸被排擠出朝。

黨爭失意的史可法來到揚州，這時清兵已經攻克邳、宿等縣，前方形勢危急，他飛章報急，馬士英穩坐朝堂，不予理睬，存心借刀殺人。到清順治二年（西元一六四五年）正月，由於缺餉，各路兵馬都難以支持下去，馬士英不但不予支援，反倒忌恨史可法威名日盛。他提升自己的親信衛胤文為兵部右侍郎，總督興平軍，奪史可法兵權。衛胤文秉承馬士英的旨意，專與史可法作對。四月，清兵大隊屯兵班竹園。南明總兵李棲鳳、監軍副使高岐鳳拔營出降，揚州城頓感勢單力孤，文武屬官分陣拒守，舊城西門險要處，由史可法親自守衛。這時，他有種不祥的預感，知道朝廷為閹黨把持，自己不可能與他們同流合污，只有誓死戰鬥，用鮮血證明自己對大明朝的一片忠心。他抽空給母親和妻子寫了一封信，要求死後將他葬在高皇帝陵（明孝陵）側，以示必死的決心。清兵發起總攻，炮擊城西北隅，城被攻破，史可法見大勢已去，拔劍自刎未遂，被一員參將扶著出小東門，準備逃回南京。很快，清兵追趕上來，史可法壯志未酬，悲憤萬分，他仰天大呼：「我就是史督師！」終於被清軍殺害。一個傑出將領，英勇的愛國者，就這樣被內部的黨爭斷送了。

在這之前的二月份，阮大鋮升任兵部尚書。東林黨人士吏部尚書張慎言要起用吳甡、鄭三俊，被劉孔昭、趙云龍排擠，張慎言去了官。東林黨另外兩位主要人物高弘圖、姜曰廣因為阻撓阮大鋮出山而受到馬士英的迫害，也離開朝堂。「逆案」中的閹黨餘孽張捷、楊維垣、虞廷陛之流又進入朝廷，錢謙益也因為恭維阮大鋮而恢復了原職。

這些閹黨官僚在國難方殷之時，首先想到的不是如何整軍經武，恢復明朝對全國的統治，而是恢復東廠緝事的特務政治，重新翻刻《三朝要典》，宣付史館，又借立「順案」（即與李自成大順軍「通敵」）之機，狠狠地整了周鍾、項煜等士人。周鍾是復社領袖，曾為李自成起草登基詔書。接著又興起周雷之獄，把東林人士周鑣、雷演祚等一網打盡，並順便將復社領袖吳應箕、黃宗羲、陳貞慧、侯方域等逮捕。復社是崇禎朝後期一些東林黨人的後代和地方上的讀書人組織的一個團體，其領袖人物侯朝宗（方域）、陳貞慧、吳應箕、冒辟疆，號稱四公子。弘光朝時，他們繼承東林黨的政治主張，起而反對阮大鋮，南京國子監的太學生們支持他們，於是又形成了一個反對閹黨餘孽的學生運動。

閹黨之所以如此急不可待地為三案翻案、大肆迫害東林和復社人士，除了他們自身的卑鄙無恥之外，東林黨的黨同伐異、成見太深不能不說也是一個重要原因。弘光皇帝初立時，史可法、馬士英同入內閣，兩派不是沒有合作的可能的。有一天閣中上班，閣僚們隨便談起了已故庶吉士張溥，馬士英說：「（張溥）吾故人也，他死了，我曾灑酒哭奠他。」張溥也是東林人士，馬士英這樣說，的確有討好東林的意思。姜曰廣聽了，卻不以為然地冷笑道：「公哭東林，難道也是東林？」馬士英卻鄭重解釋說：「不是我背叛東林，是東林拒絕承認我呀。」對於馬士英的這種友好表示，東林人士並未認真對待。劉宗周仍上疏參劾馬士英等人，阮大鋮乘機挑撥說是姜曰廣唆使劉宗周幹的，於是馬士英怒不可遏，從此以後與東林勢如水火。再來，阮大鋮與雷演祚本來很要好，他曾幾次拜訪雷演祚，雷演祚卻不回報，有一天阮大鋮帶著好酒來看雷演祚，雷演祚預先知道後，便跳牆躲過，避而不見，阮大鋮覺得受了羞辱，十分惱怒，便對東林起了殺機。

就在弘光朝內黨派紛爭不休時，清軍一路南下，於這年五月，也就是史可法殉國僅一個月以後，占領了南京，弘光皇帝逃到蕪湖，被清軍抓獲，押到北京殺害。馬士英倉皇南逃，後被清軍俘虜投降，也被殺死。阮大鋮逃奔浙江，後來投降清朝，卻未能保全性命，落得失節被殺的可恥下場。

明朝滅亡了，由明末興起的黨社運動不但沒有隨之消亡，反倒更趨蓬勃發展，並一直影響到近現代。正如有人挖苦道：「鬧垮了明朝還不夠，到了大清還接著鬧。」

沉睡的帝國：
權臣的上位鬥爭與朋黨派系之患

作　　者　王若、蔣重躍

發 行 人　林敬彬
主　　編　楊安瑜
編　　輯　王艾維、李睿薇
封面設計　蔡致傑
編輯協力　陳于雯

出　　版　大旗出版社
發　　行　大都會文化事業有限公司
11051 台北市信義區基隆路一段 432 號 4 樓之 9
讀者服務專線：（02）27235216
讀者服務傳真：（02）27235220
電子郵件信箱：metro@ms21.hinet.net
網　　　址：www.metrobook.com.tw

郵政劃撥　14050529 大都會文化事業有限公司
出版日期　2021 年 03 月初版一刷
定　　價　420 元
I S B N　978-986-99436-4-2
書　　號　History-132

Metropolitan Culture Enterprise Co.， Ltd.
4F-9， Double Hero Bldg.， 432， Keelung Rd.， Sec. 1，
Taipei 11051， Taiwan
Tel:+886-2-2723-5216 Fax:+886-2-2723-5220
E-mail:metro@ms21.hinet.net
Web-site:www.metrobook.com.tw

國家圖書館出版品預行編目（CIP）資料

沉睡的帝國：權臣的上位鬥爭與朋黨派系之患 / 王若、
蔣重躍著 . -- 初版 -- 臺北市：大旗出版：大都會文化發行，
2021.03；384 面；17×23 公分 . --
（History-132）
ISBN 978-986-99436-4-2（平裝）

1. 中國史

610　　109013164

大都會文化　讀者服務卡

書名：沉睡的帝國：權臣的上位鬥爭與朋黨派系之患

謝謝您選擇了這本書！期待您的支持與建議，讓我們能有更多聯繫與互動的機會。

A. 您在何時購得本書：　　年　　月　　日

B. 您在何處購得本書：　　　書店，位於　　　　（市、縣）

C. 您從哪裡得知本書的消息：

1. □書店　2. □報章雜誌　3. □電臺活動　4. □網路資訊
5. □書籤宣傳品等　6. □親友介紹　7. □書評　8. □其他

D. 您購買本書的動機：（可複選）

1. □對主題或內容感興趣　2. □工作需要　3. □生活需要
4. □自我進修　5. □內容為流行熱門話題　6. □其他

E. 您最喜歡本書的：（可複選）

1. □內容題材　2. □字體大小　3. □翻譯文筆　4. □封面　5. □編排方式　6. □其他

F. 您認為本書的封面：1. □非常出色　2. □普通　3. □毫不起眼　4. □其他

G. 您認為本書的編排：1. □非常出色　2. □普通　3. □毫不起眼　4. □其他

H. 您通常以哪些方式購書：（可複選）

1. □逛書店　2. □書展　3. □劃撥郵購　4. □團體訂購　5. □網路購書　6. □其他

I. 您希望我們出版哪類書籍：（可複選）

1. □旅遊　2. □流行文化　3. □生活休閒　4. □美容保養　5. □散文小品
6. □科學新知　7. □藝術音樂　8. □致富理財　9. □工商企管　10. □科幻推理
11. □史地類　12. □勵志傳記　13. □電影小説　14. □語言學習（_____ 語）
15. □幽默諧趣　16. □其他

J. 您對本書（系）的建議：

K. 您對本出版社的建議：

讀者小檔案

姓名：______________ 性別：□男　□女　生日：____年____月____日

年齡：□20歲以下 □21～30歲 □31～40歲 □41～50歲 □51歲以上

職業：1.□學生 2.□軍公教 3.□大眾傳播 4.□服務業 5.□金融業 6.□製造業
7.□資訊業 8.□自由業 9.□家管 10.□退休 11.□其他

學歷：□國小或以下 □國中 □高中／高職 □大學／大專 □研究所以上

通訊地址：______________________________

電話：（H）______________（O）______________ 傳真：______________

行動電話：______________ E-Mail：______________________

◎謝謝您購買本書，歡迎您上大都會文化網站（www.metrobook.com.tw）登錄會員，或至Facebook（www.facebook.com/metrobook2）為我們按個讚，您將不定期收到最新的圖書訊息與電子報。

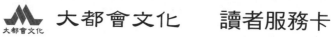

沉睡的帝國

王若、蔣重躍◎合著

權臣的上位鬥爭與朋黨派系之患

北區郵政管理局
登記證北臺字第9125號
免貼郵票

大都會文化事業有限公司
讀者服務部 收

11051臺北市信義區基隆路一段432號4樓之9

寄回這張服務卡〔免貼郵票〕
您可以：
◎不定期收到最新出版訊息
◎參加各項回饋優惠活動